普通高校"十二五"规划教材·物流学系列

仓储管理

傅莉萍 ◎ 编 著

清华大学出版社
北 京

内 容 简 介

本书在借鉴与吸收国内外仓储管理理论和最新研究成果的基础上，基于仓储与配送作业实际工作过程的逻辑主线编排教学内容，紧密结合仓储管理的工作任务。在内容上体现了仓储管理的最新实用知识与操作技术，本书共 10 章，精练地介绍了仓储管理的内容、仓储规划与布局、入库作业组织、在库作业组织、出库作业组织、仓储实用技术、仓储成本管理与控制、特殊货物仓储管理、仓库安全管理，以及仓储经营与商务管理。本书系统性强，体系编排新颖、严谨，语言精练，并且每章后面均附有相关练习和案例。

本书适合作为相关专业本科生教材及研究生辅导用书，也适合作为物流工作人员培训教材，同时也可作为相关技术人员、管理人员的参考书籍。

本书封面贴有清华大学出版社防伪标签，无标签者不得销售。
版权所有，侵权必究。举报：010-62782989，beiqinquan@tup.tsinghua.edu.cn。

图书在版编目（CIP）数据

仓储管理/傅莉萍编著．－北京：清华大学出版社，2015（2023.8重印）
（普通高校"十二五"规划教材·物流学系列）
ISBN 978-7-302-40246-6

Ⅰ．①仓… Ⅱ．①傅… Ⅲ．①仓库管理－高等学校－教材 Ⅳ．①F253.4

中国版本图书馆 CIP 数据核字（2015）第 110054 号

责任编辑：陆浥晨
封面设计：王新征
责任校对：宋玉莲
责任印制：沈　露

出版发行：清华大学出版社
网　　址：http://www.tup.com.cn，http://www.wqbook.com
地　　址：北京清华大学学研大厦 A 座　　邮　编：100084
社 总 机：010-83470000　　邮　购：010-62786544
投稿与读者服务：010-62776969，c-service@tup.tsinghua.edu.cn
质量反馈：010-62772015，zhiliang@tup.tsinghua.edu.cn

印 装 者：三河市铭诚印务有限公司
经　　销：全国新华书店
开　　本：185mm×230mm　　印　张：22.5　　字　数：464 千字
版　　次：2015 年 7 月第 1 版　　印　次：2023 年 8 月第 6 次印刷
定　　价：55.00 元

产品编号：064424-02

前言

在现代物流活动中,仓储是现代物流的重要组成部分,是连接生产、供应、销售的中转站,是物流、信息流、单证流合一的作业基础。物流仓储管理是对仓库以及储存的管理,是仓储机构为了充分利用所具有仓储资源提供高效的仓储服务所进行的计划、组织、控制和协调过程,其基本任务是提供物流的储存功能,创造时间价值,提高资源效益。高效合理的仓储管理可以帮助企业加快物资流动的速度,降低成本,保障生产的顺利进行,并可以实现对资源的有效控制和管理,帮助企业获得更大的收益。配送活动及其管理的好坏,直接关系到生产流通成本的大小、生产流通速度的快慢以及效率的高低,也直接关系到供应链、价值链和服务链的战略目标。

仓储管理是应用型本科物流专业教育的一门主干专业课。通过学习该课程,学生能够认识仓储与仓储管理,掌握系统的仓储管理的知识和技能、库存控制的方法和技术及仓储经营的方法和技巧,学会规划仓储系统,并且能应用所学知识解决仓储管理中的实际问题。该课程教学重点不但要求学习者掌握仓储管理的基本理论、方法和模型,而且要重点培养学习者的实践动手能力,其在物流人才培养体系中发挥着重要的作用。本书以我国的物流市场需求为导向,定位为培养具有创新思维的应用型人才,重点培养学生分析和解决实际仓储管理问题的能力,提高学生综合应用仓储管理的理念、方法和模型的能力。

本书力求将物流仓储管理的知识体系进行整合与优化,从物流仓储企业的实际出发,立足企业实际运作模式,基于物流仓储业务流程对学习内容进行了重新编排,以工作过程为导向进行内容设计,将仓储业务过程与工作过程相结合,使仓储管理实务的内容更具有完整性,教学组织更贴近实际工作过程。达到知识点"全面而精准"的效果,从"理论—方法—操作"等维度系统地对知识体系进行设计。本书主要内容包括仓储管理概述、仓库规划与布局、入库作业组织、在库作业组织、出库作业组织、仓储实用技术、仓储成本管理与控制、特殊货物仓储管理、仓库安全管理,以及仓储经营与商务管理,以培养学生操作能力为主线,以工作过程为导向。在介绍模块知识点时增加难点例释,增强了知识的可读性。实践教学体现在仓储作业各环节,每章后面设计了对应的知识技能应用解决工作中实际问题的案例分析,重视技术工具的熟练使用,培养学生的实践动手能力。本书对各章的教学要点和技能要点设计了丰富习题,便于初学者把握学习的精髓;提供了大量不同类型物流仓储管理案例、丰富的知识资料,以供读者阅读;各章提供丰富的习题和实际操作训练内容,以提供给学习者练习和训练使用,内容直观简洁,注重理论联系实际,体现行业标准和操作规范,适应高等院校物流管理及相关专业教学需要,便于教师教学和对学生所学知识的巩固和物流实操能力的培养。

本书的具体特色如下:

(1) 强化了实践性与应用性。本书不仅在各章前后分别安排导入案例、分析案例,还在理论讲解过程中穿插了大量阅读或分析案例供学习者研读;正文中提供大量的例题供学习者练习和巩固;每章后附有填空题、判断题、选择题、简答题,以及结合实际考查学生观察与思考能力的案例分析题,以便学生课后复习。

(2) 增加了趣味性。为了便于学生对知识的掌握及扩展,本书不仅在每章前后附有教学目标、关键术语,还通过资料卡、小知识、小贴士、提醒您、难点例释等的形式引入了大量背景资料、常用知识,以丰富学生的知识范围;并在讲解过程中,通过知识拓展的方式来加深或扩展知识,以便于学生对所学知识的掌握与应用。

(3) 确保了准确性、系统性和统一性。本书取材翔实,概念定义确切,推理逻辑严密,数据可靠准确;体系清晰,结构严谨,层次分明,条理清楚,规范统一;全书统一名词、术语前后统一,数字、符号、图、表、公式书写统一,文字与图、表、公式配合统一。

为了便于教师安排教学进度,本书给出了专业必修课与相关专业选修课的课时建议,见下表。

章　节	必修课		选修课	
	理论课时	实践课时	理论课时	实践课时
第1章　仓储管理概述	2		2	
第2章　仓库规划与布局	4	2	4	2
第3章　入库作业组织	6	4	4	2
第4章　在库作业组织	6	4	4	2
第5章　出库作业组织	6	4	4	4
第6章　仓储实用技术	4		2	
第7章　仓储成本管理与控制	4	2	4	4
第8章　特殊货物仓储管理	4	2	4	
第9章　仓库安全管理	2	2	4	
第10章　仓储经营与商务管理	2		2	
合计	40	20	34	14
	60		48	

本书共分10章。本书吸收了国内外仓储管理理论和技术的最新成果,可作为普通高

等院校物流管理、工商管理、工业工程以及相关专业的教材,也可作为企业管理人员及从事仓储工作专业人员的参考用书。

全书由傅莉萍编著。本书的出版获得广东培正学院教材建设立项资助,在此向有关领导表示感谢!本书在编写过程中得到出版社编辑的多方面指导和帮助,在此表示感谢!本书在编写过程中参阅了国内外许多同行的学术研究成果,参考和引用了所列参考文献中的某些内容,作者尽可能详尽地在参考文献中列出,谨向这些文献的编著者、专家、学者们致以诚挚感谢!对可能由于工作疏忽或转载原因没有列出的,在此也表示万分歉意。

本书编写过程中,由于时间紧迫,编写力量有限,加之物流科学、仓储技术日新月异,难免有不足、缺点和问题,恳请同行、读者给予批评和指正。以便再版时改正,邮箱:hzne999888@163.com,欢迎与我们联系交流。

编 者
2015 年 5 月 12 日

目 录

第1章 仓储管理概述 1

1.1 认知仓储 2
- 1.1.1 仓储概念及作用 2
- 1.1.2 仓储分类 3
- 1.1.3 仓储功能 12

1.2 仓储管理的有关知识 14
- 1.2.1 仓储管理概念 14
- 1.2.2 仓储管理发展趋势 17

1.3 仓储管理模式 19
- 1.3.1 仓储活动运作不同方式的管理模式 19
- 1.3.2 按库存所有权分类的仓储管理模式 22
- 1.3.3 仓储管理模式的决策 23

1.4 仓储管理人员要求 25
- 1.4.1 仓储企业人员的配置 25
- 1.4.2 不同企业对仓储管理及其人员的要求 27
- 1.4.3 建立仓储管理人员培训体系 28

复习思考 29

第2章 仓库规划与布局 33

2.1 仓库规划与设计 34
- 2.1.1 仓库规划的一般要求 34
- 2.1.2 仓库的规划设计要求 34
- 2.1.3 仓库建筑及其水电设施配置 36
- 2.1.4 仓库网点规划 36
- 2.1.5 仓库总平面区域规划 39
- 2.1.6 仓库主要设施的设计 41

2.2 仓库选址 ·· 42
2.2.1 仓库选址概述 ··· 42
2.2.2 仓库选址的考虑因素 ·· 42
2.2.3 仓库选址的步骤 ·· 43
2.2.4 仓库选址的方法 ·· 45
2.3 仓库布局 ·· 52
2.3.1 仓库布局概述 ··· 52
2.3.2 仓库货区布置方法 ·· 53
2.3.3 仓库作业功能区域布局 ··· 57
2.4 仓储设备配置 ·· 60
2.4.1 仓储设备配置概述 ·· 60
2.4.2 仓储保管设备 ··· 64
2.4.3 自动化立体仓库设备配置 ······································ 69
2.4.4 仓储其他设备 ··· 71
复习思考 ·· 71

第3章 入库作业组织 ·· 75

3.1 货物入库概述 ·· 76
3.1.1 货物入库准备 ··· 76
3.1.2 货物入库 ··· 78
3.1.3 入库表单制作 ··· 80
3.2 入库流程管理 ·· 83
3.2.1 入库作业流程 ··· 83
3.2.2 入库方式及其注意事项 ·· 85
3.2.3 货运交接责任划分和货运事故的处理 ······················ 88
3.3 货物入库交接 ·· 92
3.3.1 理货的定义 ··· 92
3.3.2 理货的内容 ··· 93
3.3.3 理货的方法 ··· 94
3.3.4 理货单据 ·· 95
3.3.5 入库单证的流转 ··· 96
3.4 储存方案设计 ·· 96
3.4.1 储存方案设计任务 ··· 96
3.4.2 库存商品物动量分析 ·· 97

		3.4.3 货物组托 ··· 98
		3.4.4 绘制货物组托示意图 ································· 100
		3.4.5 货物上架储存 ·· 105
	复习思考 ·· 106

第4章 在库作业组织 ·· 109

  4.1 在库管理 ·· 110
		4.1.1 货物存放的基本原则与方法 ························ 110
		4.1.2 堆码货垛参数计算 ··································· 112
		4.1.3 苫垫与垫垛技术 ····································· 114
		4.1.4 常见的几种物料堆放的方法 ························ 117
  4.2 商品储位管理 ·· 117
		4.2.1 仓库储位管理概述 ··································· 117
		4.2.2 仓库储位管理要素 ··································· 118
		4.2.3 仓库储位管理内容 ··································· 120
		4.2.4 商品储存秩序建立 ··································· 120
		4.2.5 仓库储位标志 ·· 122
		4.2.6 货位编号 ··· 123
		4.2.7 仓储储位优化 ·· 125
  4.3 货物保管与养护 ··· 128
		4.3.1 影响库存物变化的因素 ······························ 128
		4.3.2 货物的保管保养措施 ································· 132
  4.4 盘点作业与呆废料处理 ····································· 136
		4.4.1 盘点作业概念与步骤 ································· 136
		4.4.2 盘点方法 ··· 138
		4.4.3 呆废料处理的目的 ··································· 140
		4.4.4 呆料的产生及处理 ··································· 141
		4.4.5 废料的产生及处理 ··································· 142
	复习思考 ·· 142

第5章 出库作业组织 ·· 146

  5.1 出库准备 ·· 147
		5.1.1 出库作业要求与出库方式 ··························· 147
		5.1.2 出库作业流程 ·· 149

5.2 备货 ……………………………………………………………… 153
　　5.2.1 拣货作业及拣货方式 ………………………………… 153
　　5.2.2 选择分拣作业形式 …………………………………… 154
　　5.2.3 分拣策略 ……………………………………………… 155
　　5.2.4 出库策略 ……………………………………………… 158
　　5.2.5 出货检查 ……………………………………………… 159
　　5.2.6 包装及刷唛 …………………………………………… 160
5.3 出库交接及单证流转 ………………………………………… 161
　　5.3.1 货物点交与登账 ……………………………………… 161
　　5.3.2 出库单据样例 ………………………………………… 162
　　5.3.3 货物出库单证的流转及账务处理 …………………… 164
　　5.3.4 货物出库过程中出现问题的处理 …………………… 165
　　5.3.5 发货要求 ……………………………………………… 166
　　5.3.6 发货准备和程序 ……………………………………… 167
　　5.3.7 发货复核 ……………………………………………… 168
　　5.3.8 库内清理及 5S 管理 ………………………………… 168
5.4 出库方案设计案例 …………………………………………… 169
　　5.4.1 任务描述 ……………………………………………… 169
　　5.4.2 订单处理及生成拣选单 ……………………………… 170
　　5.4.3 制订作业计划 ………………………………………… 174
复习思考 ……………………………………………………………… 174

第 6 章　仓储实用技术 ………………………………………… 178

6.1 自动识别与 EDI 技术 ………………………………………… 179
　　6.1.1 条形码识别技术概述 ………………………………… 179
　　6.1.2 条形码在仓储管理中的应用 ………………………… 181
　　6.1.3 射频识别技术 ………………………………………… 182
　　6.1.4 销售时点信息系统 …………………………………… 185
　　6.1.5 电子数据交换技术 …………………………………… 186
　　6.1.6 EDI 系统的应用 ……………………………………… 190
6.2 GPS 和 GIS 技术 ……………………………………………… 191
　　6.2.1 全球定位系统 GPS …………………………………… 191
　　6.2.2 地理信息系统 ………………………………………… 193
　　6.2.3 物流 GIS ……………………………………………… 194

6.3 EOS 技术 ·············· 195
6.3.1 电子订货系统的概述 ·············· 195
6.3.2 EOS 工作方式 ·············· 196
6.3.3 EOS 组成及作业流程 ·············· 197
6.3.4 实施 EOS 系统的要求——标准化、网络化 ·············· 199
6.3.5 EOS 系统的效益 ·············· 200
6.4 仓储管理信息系统 ·············· 201
6.4.1 仓储管理信息系统概述 ·············· 201
6.4.2 WMS 的构成 ·············· 204
6.4.3 WMS 的操作流程 ·············· 207
复习思考 ·············· 211

第 7 章 仓储成本管理与控制 ·············· 215
7.1 仓储成本概述 ·············· 216
7.1.1 仓储成本的含义及特点 ·············· 216
7.1.2 仓储成本构成 ·············· 217
7.2 仓储成本核算 ·············· 219
7.2.1 仓储成本核算范围 ·············· 219
7.2.2 仓储成本核算对象归集 ·············· 220
7.2.3 仓储成本核算案例 ·············· 222
7.3 仓储成本控制 ·············· 224
7.3.1 影响仓储成本的因素 ·············· 224
7.3.2 仓储成本的分析 ·············· 225
7.3.3 经济批量模型 ·············· 226
7.3.4 仓储成本的控制原则 ·············· 228
7.3.5 仓储成本的控制方法 ·············· 229
7.3.6 库存控制中储备定额确定 ·············· 235
7.3.7 降低仓储成本的有效途径 ·············· 236
7.4 现代库存控制技术 ·············· 238
7.4.1 JIT 技术 ·············· 238
7.4.2 MRP 技术 ·············· 241
7.4.3 VMI 技术 ·············· 243
7.4.4 JMI 技术 ·············· 246
7.4.5 库存管理模式的比较 ·············· 248

复习思考 ··· 249

第8章 特殊货物仓储管理 ··· 253

8.1 危险品仓储管理 ··· 254
8.1.1 危险品的种类及特性 ································ 254
8.1.2 危险品仓库 ··· 256
8.1.3 危险品的储存 ··· 258
8.1.4 危险品的应急处理 ··································· 261

8.2 冷藏仓储管理 ··· 262
8.2.1 冷藏品的仓库管理 ··································· 262
8.2.2 冷藏品仓储的质量管理 ···························· 268

8.3 油品仓储管理 ··· 269
8.3.1 油品仓库的种类 ······································ 269
8.3.2 油品仓库的布置 ······································ 270
8.3.3 油品仓库的设施 ······································ 272
8.3.4 油品仓库的管理 ······································ 273

8.4 粮食仓储管理 ··· 274
8.4.1 粮食仓储的特点 ······································ 274
8.4.2 粮食仓储管理的方法 ······························· 276

复习思考 ··· 278

第9章 仓库安全管理 ··· 282

9.1 仓储安全管理概述 ··· 282
9.1.1 仓储安全管理的意义、内容及任务 ············ 282
9.1.2 库场治安 ··· 284

9.2 仓库消防 ··· 287
9.2.1 仓库消防管理措施 ··································· 287
9.2.2 仓库火灾的知识 ······································ 288
9.2.3 仓库防火与灭火 ······································ 289

9.3 仓储作业安全管理 ·· 296
9.3.1 仓库安全作业措施 ··································· 296
9.3.2 仓库安全作业的基本要求 ························· 297
9.3.3 劳动保护制度 ··· 298
9.3.4 库区的安全管理 ······································ 299

9.4 仓库的其他安全管理 … 300
    9.4.1 防台风 … 300
    9.4.2 防雨湿 … 303
    9.4.3 防雷 … 304
    9.4.4 防震 … 305
    9.4.5 防静电 … 305
复习思考 … 308

第10章 仓储经营与商务管理 … 311

10.1 仓储经营管理 … 312
    10.1.1 仓储经营管理的内容 … 312
    10.1.2 仓储经营方法 … 313
    10.1.3 流通加工经营 … 318
    10.1.4 仓储多种经营 … 319

10.2 仓储商务与合同管理 … 320
    10.2.1 仓储商务管理概述 … 320
    10.2.2 仓储商务管理的内容与作用 … 321
    10.2.3 仓储合同的定义及特征 … 322
    10.2.4 仓储合同的订立 … 323
    10.2.5 仓储合同的形式 … 326
    10.2.6 仓储合同的生效和无效 … 331
    10.2.7 仓储合同的变更、解除 … 331

10.3 合同当事人的权利与义务 … 332
    10.3.1 保管方的主要权利与义务 … 333
    10.3.2 存货方的主要权利与义务 … 333
    10.3.3 仓储合同中的违约责任和免责 … 334

10.4 仓单管理 … 336
    10.4.1 仓单概述 … 336
    10.4.2 仓单要件和内容 … 337
    10.4.3 仓单的使用 … 338

复习思考 … 341

参考文献 … 344

第1章 仓储管理概述

【学习目标】

通过本章学习熟悉仓储业发展历史、发达国家仓储业的发展；掌握仓储的概念、功能、分类，仓储管理的概念、内容、任务、基本原则，我国仓储业现状，仓储业的发展趋势；具备仓储管理人员应有的素质。

【本章要点】

本章主要介绍仓储概念、类型、仓储作用、仓储管理。

广西"香蕉事件"引起的思考

从2012年10月开始，广西香蕉出现了持续"滞销"局面，尤其严重的是11月后全国大范围降温，导致更加严重的香蕉滞销情况，广西香蕉种植基地之一坛洛镇，在11月中旬后每千克香蕉只卖0.4元，而每千克香蕉的种植成本在0.6~0.8元，大量蕉农陷入了"卖了就赔，不卖就烂掉"的尴尬境地。实际上，广西有很好的香蕉存储条件，有大量的防空洞和山洞，将青香蕉放到防空洞中，防空洞内温度在16℃~20℃，一般可以存储一个月左右，甚至可以存储近两个月。

如果再采取一些其他措施，特别是干燥措施，香蕉在防空洞内的存储时间甚至接近三个月，为什么不能将香蕉进行存储待气温恢复后再出售呢？为什么仅仅几天的低温导致的物流问题就会使香蕉滞销呢？为什么没有香蕉的保存甚至囤积机制呢？

其实说起来也很简单，将香蕉制成香蕉片，将会增加一倍以上的附加值，而且存储时间长，可以销售到世界各地，为什么不制成香蕉片呢？广西产大量香蕉，我们却在吃越南的香蕉片，为什么？

这一系列的问题如何解决？随着对本书的深入学习，所有的答案都会找到。

(资料来源：http://bbs.gxsky.com/forum.php? mod=viewthread&tid=7027833&highlight)

思考

1. 为什么广西的香蕉出现了持续"滞销"局面？

2. 应采取什么措施改变"滞销"局面?

1.1 认知仓储

1.1.1 仓储概念及作用

1. 仓储概念

仓储作为物流系统中物资供应的一个重要组成部分,是各种物资周转、储备的关键环节,担负着物资管理的多项业务职能。这从其定义上就可以看出来。

所谓仓储,就是在特定的场所储存物品的行为。其中,"仓"也称为仓库,是存放物品的建筑物和场地,它可以是房屋建筑、大型容器,也可以是洞穴或者特定的场地等,一般具有存放和保护物品的功能;而"储"则用来表示收存以备使用,具有收存、保管、交付使用的功能。

仓储管理的内涵随着其在社会经济领域中的作用不断扩大而变化。仓储管理从单纯意义上的对货物存储的管理,已成为物流过程中的中心环节,它的功能已不是单纯的货物存储,而是兼有包装、分拣、整理、简单装配等多种辅助性功能。因此广义的仓储管理应包括对这些工作的管理。仓储具有静态和动态两种,即当产品不能被及时消耗掉,需要专门场所存放时,就产生了静态的仓储;而将物品存入仓库以及对于存放在仓库里的物品进行保管、控制、提供使用等的管理,则形成了动态的仓储。可以说仓储是对有形物品提供存放场所,并在这期间对存放物品进行保管、控制的过程。

仓储包括这样几个要点:仓储是物质产品的生产持续过程,物质的仓储也创造产品的价值;仓储既有静态的物品储存,也包括动态的物品存取、保管、控制的过程;仓储活动发生在仓库等特定的场所;仓储的对象既可以是生产资料,也可以是生活资料,但必须是实物动产。

由此可见,从事商品的仓储活动与从事物质资料的生产活动虽然在内容和形式上不同,但它们都具有生产性质,无论是处在生产领域的企业仓库,还是处在流通领域的储运仓库或物流仓库,其生产的性质是一样的。

尽管仓储具有生产性质,但与物质资料的生产活动却有很大的区别,主要表现为以下特点。

(1)不创造使用价值,增加价值。

(2)具有不均衡和不连续性。

(3)具有服务性质。

2. 仓储的作用

一般而言,现代仓储管理不仅要保管好库存物资,做到数量准确、质量完好、确保安全、收发迅速、面向生产,还要服务周到、降低费用、加速资金周转。所以,在经济尤其是物流生活中,仓储管理发挥着越来越大的作用。

(1) 对现代经济建设来说,现代仓储管理是保证社会再生产顺利进行的必要条件,是国家满足急需特需物资的保障。如果失去了仓储储备,就难以应付突发的自然灾害、战争等人力不可抗拒的情况,就难以保证国家的安全和社会的稳定。

(2) 对流通领域来说,现代仓储管理是平衡市场供求关系、稳定物价的重要条件,是物资供销管理工作的重要组成部分,也是保持物资原有使用价值的重要手段。

(3) 对企业经营来说,仓储可以调节在采购、生产、销售环节之间由于供求品种及数量的不一致而发生的变化,使企业经营环节相对独立的经济活动连接起来,起到润滑剂的作用。

3. 仓储作业

仓储作业过程是指以保管活动为中心,从仓库接受商品入库开始,到按需要把商品全部完好地发送出去的全部过程。

仓储作业过程主要由入库、保管、出库三个阶段组成。按其作业顺序来看,还可以详细分为卸车、检验、整理入库、保养保管、拣出与集中、装车、发运七个作业环节。从其作业性质来看,可归纳为商品检验、保管保养、装卸与搬运、加工、包装和发运六个作业环节。仓储作业过程由一系列相互联系又相对独立的作业活动所构成。整个仓储作业过程各个部分的因果关系,以储存的商品这一对象为纽带统一起来,并由此形成一种既定的关系。如果把这个过程看作是一个系统,系统的输入是需要储存的商品,输出是经过保存的商品。在仓储作业系统中,商品在各个作业环节上运行,并被一系列作业活动所处理。

 我国的仓储业具有以下特点。

(1) 条块分割,具有明显的部门仓储业特征。
(2) 仓库众多,但是布局不合理。
(3) 存量巨大,但管理水平较低。
(4) 仓库分散,技术水平差别极大。
(5) 仓储管理法规不够健全。

1.1.2 仓储分类

1. 按仓储经营主体划分

1) 企业自营仓储——生产流通企业

企业自营仓储是指生产或流通企业自用的仓储,不具有独立性,不对外经营,仅仅是为企业的产品或商品经营活动服务。一般来讲,它的规模较小,数量多,储存对象较为单一,专用性强。生产企业主要为满足生产和产成品存放的需要,流通企业主要为支持销售的需要,如图1-1所示。

2）商业营业仓储——专业仓储

商业营业仓储是指仓储经营人按照仓储业管理条例取得营业许可,仓储经营人与存货人通过订立仓储合同的方式建立仓储关系,以其拥有的仓储设施,向社会提供商业性仓储服务,包括提供货物仓储服务和提供仓储场地服务,收取仓储费,如图1-2所示。

图1-1　企业自营仓储

图1-2　商业营业仓储

3）公共仓储——公共事业单位

公共仓储是指为社会物流服务的公共仓库,属于公共服务的配套设施,是政府部门、公用事业部门等修建的为社会提供存储服务的仓库,如政府修建的粮食仓库以及火车站、码头等。对于企业而言,公共仓库主要用作暂时性的物品中转存放,如图1-3所示。

4）战略储备仓储——国家政府

战略储备仓储指国家根据国防安全、社会稳定的需要,对战略物资实施储备而建设的仓储。战略储备由国家政府进行控制,通过立法、行政命令的方式进行。战略储备特别重视储备品的安全,且储备时间较长。战略储备物资主要有粮食、能源、油料、有色金属和淡水等。

图1-3　公共仓储

2. 按仓储保管条件划分

1）普通物品仓储

普通物品仓储,是指常温下的一般仓库,用于存放一般性物品,对于仓库没有特殊的要求,只要求具有一般通用的库房和堆场,用于存放普通货物,如一般的金属材料仓库、机电产品仓库等。此类仓库的设施设备较为简单,按照通常的货物装卸和搬运方法进行仓库作业。在物品流通的仓库中,这类仓库所占比重最大,如图1-4所示。

2）专门物品仓储

专门物品仓储,负责保管特定种类的货物,如砂糖、烟草、饮料、酒和粮食等物品。当受到环境等自然条件的影响,物品有可能发生变质或减量,并且由于某些物品本身的性质,容易对一起保管的其他物品产生不良影响,因此要求建立相应的专门仓库。与普通仓库不同的是,专门物品仓库配有防火、防潮、防虫和通风等设备,如图1-5所示。

图1-4 普通物品仓储

图1-5 专门物品仓储

3）特殊物品仓储

特殊物品仓储,是保管那些具有特殊性能并需要特殊保管的物品。由于这类仓库在保管物品时必须装有特殊设备,因此在建筑结构、保管、出入库设备等方面都与普通仓库有所不同。如冷冻物品仓库、石油仓库、化学危险品仓库等均属于这类仓库。

（1）冷冻物品仓库。它可以人为地调节温度和湿度,用来加工和保管食品、工业原料、生物制品及医药品等,如图1-6所示。

（2）石油仓库。它是用来储存石油产品(汽油、柴油、润滑油等)的。由于石油产品具有易燃、易爆等特性,因此这类仓库便被指定为危险品仓库,如图1-7所示。

图1-6 冷冻物品仓库

图1-7 石油仓库

(3)化学危险品仓库。负责保管具有一定危险性质的化学工业原料、化学药品、农药、医药品以及化工制成品。这些物品具有易燃、易爆、有毒、腐蚀性等危害财产和人类生命的可能。为了安全起见,在储存上述货物时,应当根据物品的特性和状态及受外部因素影响的危险程度进行分档、分类,并分别储藏,如图1-8所示。

(4)气调仓库。用于存放要求控制库内氧气和二氧化碳浓度的物品,如图1-9所示。

图1-8 化学危险品仓库

图1-9 气调仓库

3．按仓储功能划分

1) 储存仓储

储存仓储主要是对货物进行保管和维护,一般存放期较长,储存物资较为单一,品种少,但存量大。

2) 物流中心仓储

物流中心仓储是以物流管理为目的的仓储活动,是从事物流活动的场所和组织。主要从商品储存、装卸搬运、包装作业、拣选作业和商品验收等方面为社会提供服务；物流功能健全,具有完善的信息网络,辐射范围大,品种少,批量大,存储吞吐能力强。如北方物流集散地天津新港、河北十大物流园区、石家庄国际物流园区等。

3) 配送中心仓储

配送中心仓储是向市场或直接向消费者配送商品的仓储,一般在商品的消费经济区间内进行。其特点是主要面向特定用户服务；配送为主,存储为辅；辐射范围小；品种多、批量小。例如家乐福配送中心、沃尔玛配送中心等。

4) 中转仓储

中转仓储处于货物运输系统的中间环节,主要存放待转运的货物,以保证不同运输方式的高效衔接,特别注重货物的周转作业效率和周转率。如港口、车站库场所进行的仓储。

5) 保税仓储

保税仓储指使用海关核准的保税仓库存放保税货物的仓储行为。保税仓库是经海关批准、在海关监管下,专供存放未办理关税手续而入境或过境物品的场所。保税货物主要是不用于国内销售、暂时进境、海关予以缓税的进口货物。

4. 按仓库的建筑形态划分

（1）按建筑程度不同，分为室内仓库、露天堆场、货棚及集装箱仓库，如图 1-10 所示。

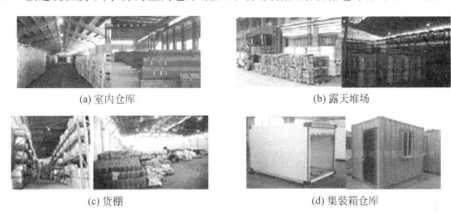

图 1-10　室内仓库、露天堆场、货棚及集装箱仓库

（2）按建筑构造不同，分为平房仓库、多层仓库、立体仓库及地下仓库等。

（3）按建筑材料不同，分为钢骨架建筑仓库，见图 1-11(a)；金属容器仓库，见图 1-11(b)；钢筋混凝土仓库，见图 1-11(c)；砖和木结构建筑仓库，见图 1-11(d)；混凝土预制板建筑仓库，见图 1-11(e)等。现代化的高层楼房仓库，用钢筋混凝土的较多；一般平房仓库大部分仍采用砖石和木结构；一些特殊仓库如储油罐等，则用钢结构；也有一些新型材料建成的仓库。

图 1-11　建筑材料不同的仓库

企业在做有关仓储问题方面的决策时，一般都是从维护仓储的成本和客户服务水平这两方面来考虑的，在不降低客户服务水平的情况下，达到仓储成本最低的目的。

5．按仓库的技术划分

1）智能化仓储

实时的管理能有效加速复杂的仓库作业执行速度，同时降低作业中可能会出现的差错。对库存总量和输出单据的有效管理更会使仓储作业收到事半功倍的效果。智能化仓储的形式主要为管理系统化、操作信息化、储运自动化。

（1）管理系统化

管理系统化就是将物品入库、货位的安排、物品的查找、出库等信息集成为一体化管理。管理系统化可以提高仓库利用率，满足客户对物品的准时需求，降低库存成本，加强库存控制，提高仓储管理水平。目前用得比较多的是 WMS 即仓储管理系统。

仓储管理系统（warehouse management system，WMS）有很多版本，一般依企业的实际需求而量身定做，各有特色。但 WMS 模块的基本功能却差异不大，如图 1-12 所示。

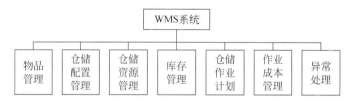

图 1-12　仓储管理系统化

① 快速响应的仓储管理系统。企业想在激烈的竞争中生存，必须使用具有准确率高、快速响应能力强的仓储管理系统，如图 1-13 所示。

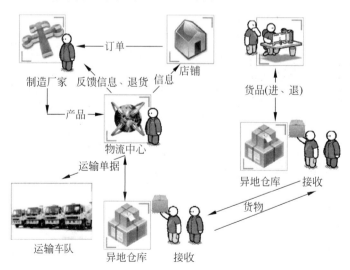

图 1-13　响应能力强的仓储管理系统

② WMS 的功能效用。有效的仓储管理系统的功能效用如图 1-14 所示。

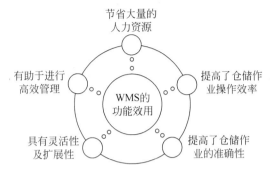

图 1-14　WMS 的功能效用

（2）操作信息化

综合网络信息系统是利用现代信息技术、数学和管理科学方法对仓储信息进行收集、加工、存储、分析和交换的人机系统。它是实现仓储管理现代化和自动化的中枢。

① 集成化系统。集成化系统进行交换的信息主要包括收货、验货和货位分配、仓库内部作业、调整、库存信息的改变和转换、拣选和装运、盘点处理等，如图 1-15 所示。

② 仓储信息处理系统。仓储信息处理系统通常是建立在互联网和浏览器基础之上，成为仓储指挥与管理的信息资源数据库，如图 1-16 所示。

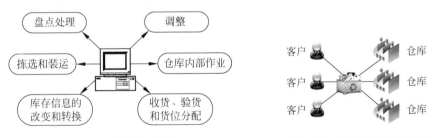

图 1-15　集成化系统　　　　　　图 1-16　仓储信息处理系统

（3）储运自动化

自动化立体仓库高效、可靠、操作方便的优点为越来越多的使用者接受，其应用也日益广泛，如图 1-17 所示。

机器人开始活跃于仓储领域，如图 1-18 所示。

2）自动化立体仓储

立体仓库（stereoscopic warehouse）是指"由电子计算机进行管理和控制，不需要人工搬运作业，而实现收发自动化作业的仓库。它采用高层货架配以货箱或托盘储存货物，用巷道堆垛起重机及其他机械进行作业的仓库。"如图 1-19 所示。它的功能一般包括自动

 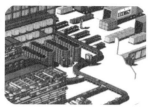

图 1-17　自动化仓库

收货、存货、取货、发货和信息查询等,由于这类仓库能充分利用空间储存货物,故常形象地将其称为"立体仓库"。

图 1-18　仓储机器人　　　　　图 1-19　立体仓库

（1）立体仓库的产生与发展

第二次世界大战以后,随着经济的恢复、科技的发展、土地价格的不断上涨、人力资源的成本节节攀升,促进仓库向高空、自动化发展。20 世纪 50 年代末至 60 年代初,在美国出现了由司机操作的巷道式堆垛起重机,解决了向高层货架送取货物的难题,为立体仓库的发展铺平了道路。1963 年,美国建立了第一座计算机控制的立体仓库。1980 年,中国第一座自行研制的立体仓库投产。目前,立体仓库能够做到完全由计算机进行控制,在无人操作的情况下,实现货物的自动入库和出库。

（2）立体仓库的优点

① 充分利用仓库的面积和空间,减少仓库的占地面积,提高仓库的利用效率。立体仓库货架最高可达 40 多米,一般都在 15 米以上,货位数可多达 30 万～40 万个,可储存托盘 30 万～40 万个。如果以平均每托盘货物重 1 吨计算,则一个自动化立体仓库货架可同时储存 30 万～40 万吨货物,如图 1-20 所示。

图 1-20　自动化立体仓库

② 由于利用托盘等单元存储货物,而且采用了自动化的机械设备,从而保证了出入库作业的迅速、准确,缩短了作业时间;同时节省了大量劳动力,降低了装卸搬运过程中货物的破损率,提高了仓库的作业效率。

③ 由于实现了计算机集中控制,便于清点盘货,有效地保证货物的先进先出,避免过期变质,还能合理采购、控制库存,从而提高仓库的管理水平。

④ 采用自动化作业以后,有利于在黑暗、低温和有毒等特殊环境下的作业。

(3) 立体仓库的缺点

① 由于自动化程度高,初始的基建和设备投资要求高。

② 由于货格的限制,对长、大、粗笨的货物存放,有一定的限制。

③ 必须注意设备的维护和保养,对仓库管理人员、技术人员和操作人员的素质要求较高。

(4) 自动化立体仓库的功能

① 大量储存

一般一个自动化立体仓库的货架高度在 15 米左右,最高达 44 米,拥有货位数可多达 30 万个,可储存 30 万个托盘,以平均每托盘货物重 1 吨计算,则一个自动存取系统可同时储存 30 万吨货物。意大利 Benetton 公司只需建造这样一个自动存取系统,就可以承担向全球 60 个国家的五千多家 Benetton 店铺配送商品的任务。

② 自动存取

自动化立体仓库的出入库及库内搬运作业全部实现由计算机控制的机电一体化即自动化。在意大利 Benetton 公司拥有 30 万个货位的自动存取系统中,每天的作业只需 8 个管理人员,他们主要负责货物存取系统的操作、监控、维护等,只要操作员给系统以出库拣选、入库分拣、包装、组配、储存等作业指令,该系统就会调用巷道堆垛机、自动分拣机、自动导向车及其配套的周边搬运设备协同动作,完全自动地完成各种作业。

1.1.3 仓储功能

1. 仓储的基本功能

1）保管、储存功能

保管物品是仓库最基本的功能。有的物品暂时存储,是指那些消耗较快、需要及时补给的物品。有的物品长期存储,一般是安全库存或缓冲库存,也可以是战略物资库存。

现代社会生产的一个重要特征就是专业化和规模化,劳动生产率极高,产量巨大,绝大多数产品都不能被及时消费,需要经过仓储手段进行储存,这样才能避免生产过程堵塞,保证生产过程继续进行。另外,对于生产过程来说,适当的原材料、半成品的储存,可以防止因缺货造成的生产停顿。而对于销售过程来说,储存(尤其是季节性储存)可以为企业的市场营销创造良机。适当的储存是市场营销的一种战略,它为市场营销中特别的商品需求提供了缓冲和有力的支持。

2）移动功能

移动功能一般包括以下步骤:收货验货、搬运放置、加工包装和拣选配送等,如图1-21所示。

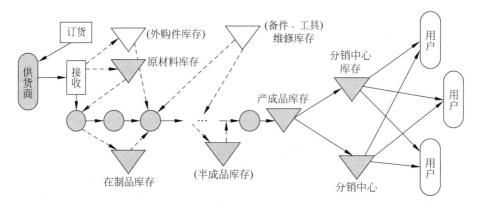

图1-21 移动功能

3）拼装功能

拼装就是把不同的零件、配件进行拼接组装,可以为仓储作业的下一个物流环节(如生产、配送)做好准备。仓库接收来自一系列制造工厂送往某一特定顾客的材料,然后把它们拼装成单一的一票装运,其好处是有可能实现最低的运输费率,并减小在某收货站台处发生拥塞的概率。仓库可以单独为一家厂商提供拼装服务,也可以同时为几个不同的厂商提供拼装服务。

4）分类功能

分类就是将来自制造商的组合订货分类或分割成个别订货,然后安排适当的运力运送到制造商指定的个别客户。从多个制造商处运来整车的物资,在仓库收到物资后,如果物资有标签,就按客户要求进行分类;如果没有标签,就按地点分类,然后物资不在仓库停留,直接装到运输车辆上,装满后运往指定的零售店。

2. 增值功能

增值功能给仓储带来了比较好的效益,是仓储应该努力扩展的功能,加工服务、信息的传递等都属于仓储的增值功能。

1) 加工/延期加工

保管物在保管期间,保管人根据存货人或客户的要求对保管物的外观、形状、成分构成、尺度等进行加工,使保管物发生所期望的变化。

加工/延期加工功能,是指把产品的最后一道工序一直推迟到需求该产品时为止。例如,HP(惠普)公司生产的打印机销往世界各地,由于发往世界不同地方的打印机,在说明书、电源、包装材料等方面都有特殊要求,如果在生产过程中就完成最终发送到客户的包装,则会出现某些包装的产品缺货,而另一些包装的产品货物积压的情况。HP公司针对此类问题采用延后处理模式,即将包装环节放在配送中心进行,销售部门在收到客户订单后,通知配送中心,再根据客户要求,选择相应的说明材料、电源和包装材料,完成最终产品的生产工序。

2) 信息的传递

任何产品的生产都必须满足社会的需要,生产者都需要把握市场需求的动向。例如,通过使用电子数据交换系统(electronic data interchange,EDI)或条码技术,来提高仓库物品的信息传递速度和准确性,通过互联网及时地了解仓库的使用情况和物品的存储情况。社会仓储产品的变化是了解市场需求极为重要的途径。仓储量减少,周转量加大,表明社会需求旺盛;反之则为需求不足。厂家存货增加,表明其产品需求减少或竞争力降低,或者生产规模不合适。仓储环节所获得的市场信息虽然比销售信息滞后,但更为准确和集中,且信息成本较低。现代企业生产特别重视仓储环节的信息反馈,将仓储量的变化作为决定生产的依据之一。现代物流管理特别重视仓储信息的收集和反映。

仓储是产品生产、流通过程中因订单前置或市场预测前置而使产品、物品暂时存放。它是集中反映工厂物资活动状况的综合场所,是连接生产、供应、销售的中转站,对促进生产、提高效率起着重要的辅助作用。同时,围绕着仓储实体活动,清晰准确的报表、单据账目、会计部门核算的准确信息也同时进行着,因此仓储是物流、信息流、单证流的综合体。

3. 社会功能

仓储的社会功能包括时间调整功能、价格调整功能、衔接商品流通功能等。

1）时间调整功能

一般情况下,生产与消费之间会产生时间差,通过储存可以克服商品产销时间差(如季节性生产但全年消费的大米)。

2）价格调整功能

生产和消费之间也会产生价格差,供过于求、供不应求都会对价格产生影响,因此通过仓储可以克服商品在产销量上的不平衡,达到调控价格的效果。

3）衔接商品流通功能

仓储是商品流通的必要条件,为保证商品流通过程连续进行,就必须有仓储活动。通过仓储,可以防范突发事件,保证商品顺利流通。例如,运输被延误,卖主缺货。对供货仓库而言,这项功能是非常重要的,因为原材料供应的延迟将导致产品生产流程的延迟。

1.2 仓储管理的有关知识

1.2.1 仓储管理概念

1. 仓储管理的含义

仓储管理是指对仓库和仓库储存物料所进行的管理,是仓储机构为了充分利用自己具有的仓储资源提供高效的仓储服务所进行的计划、组织、指挥、控制和协调的过程。

具体来说,仓储管理包括仓储资源的获得、经营决策、商务管理、作业管理、仓储保管、安全管理、人事管理、经济管理等一系列管理工作。其目标是实现仓储合理化。

2. 仓储管理的内容

仓储业作为社会经济活动中的一个行业,其管理既具有一般企业管理的共性,也体现出其本身的管理特点。以物流系统功能的整体观念来看,仓储管理不仅是对仓储业务活动与作业过程的管理,也包括仓储的战略规划和以仓库定位为中心的物流网络设计与物流节点布局。

具体涉及以下方面的内容:仓储网点的布置和选址,仓储设施的选择,仓库规模的确定,仓储商务管理,特殊物品的仓储管理,库存货源组织,仓储计划,仓库作业,货物包装和养护,仓库治安、消防和生产安全,仓储经济效益分析,仓储货物的保税制度和政策,库存控制与管理,仓储管理中信息技术的应用以及财产系统优化等。

3. 仓储管理的任务

1）仓储管理的宏观任务

仓储管理的宏观任务包括设置高效率的组织管理机构、以市场化手段配置仓储资源、积极开展商务活动、合理组织仓储生产、树立良好的企业形象、努力提高仓储管理水平、着力提升职工素质等几个方面。

(1) 设置高效率的组织管理机构。组织管理机构是仓储开展有效管理的基本条件,是一切活动的保证和依托。仓储组织机构的确定需围绕仓储经营的目标,以实现仓储经营的最终目标为原则,依据管理幅度、因事设岗、责权对等的原则,建立结构简单、分工明确、互相合作和促进的组织管理机构,一般设有行政管理机构、库场管理、机械设备管理、安全保卫管理、财务管理等必要的机构。仓储组织结构的种类有很多,可根据仓库的规模、物资的种类、管理水平的高低来进行设置,随着科学技术的发展及计算机网络的应用和普及,组织管理机构趋向于向扁平化发展。

(2) 以市场化手段配置仓储资源。市场配置资源以实现资源最大效益为原则,这也是企业经营的目的。配置仓储资源应依据所配置的资源能获得最大效益为原则。具体任务包括:依据市场供求关系确定仓储的建设、依据竞争优势选择仓储地址、由生产差别产品决定仓储专业化分工和确定仓储功能、由所确定的功能决定仓储布局、根据设备利用率决定设备配置等。

(3) 积极开展商务活动。仓储商务是经营仓储生存和发展的关键工作,是经营收入和仓储资源充分利用的保证。从功能上看,商务管理是为了实现收益最大化,仓储管理必须遵循不断满足社会生产和人民生活需要的生产原则,最大限度地提供仓储产品,满足市场上对仓储产品数量上和质量上的需要。仓储管理者还必须根据市场的变化情况,不断开拓创新,提供适合经济社会发展的仓储产品。

(4) 合理组织仓储生产。仓储生产包括物资入库、验收、交接、储存、出库等作业。仓储生产的组织遵循高效、低耗的原则,充分利用机械设备、先进的保管技术、有效的管理手段,实现仓储物快进、快出,提高仓储利用率,降低成本,不发生差、损、错事故,保持连续、稳定生产。生产管理的核心在于充分使用先进的生产技术和手段,建立科学的生产作业制度和操作规程,实行严格的监督管理,采取有效的员工激励机制。

(5) 树立良好的企业形象。作为服务产业的仓储业,其企业形象所面向的对象主要是生产、流通经营者,其企业形象的建立主要通过服务质量、产品质量、诚信和友好合作获得,并通过一定的宣传手段在潜在客户中推广。在现代物流管理中,对服务质量的高要求、对合作伙伴的充分信任促使作为物流环节的仓储的企业形象的建立极为必要,具有良好形象的仓储经营人才能在物流体系中占一席之地,适应现代物流业的发展。

(6) 努力提高仓储管理水平。不可能一开始就设计出一整套完善的管理制度实施于企业,仓储管理也是从简单管理到复杂管理、从直观管理到系统管理,在管理实践中不断补充、修正、完善,不断提高的。

仓储管理的动态化和管理变革,既可能促进管理水平的提高,提高仓储效益,也可能因为脱离实际、不同于人们的惯性思维或主观臆断,使管理的变革失败,甚至趋于倒退,不利于仓储的发展。因而仓储管理需要有制度性的变革管理,通过科学的论证,广泛吸取先进管理经验,针对本企业的客观实际进行管理。

(7) 着力提升职工素质。仓储管理的一项重要工作就是不断提高员工的素质,加强对员工的约束和激励。仓储企业要通过不断的、系统的培训,以及严格的考核,保证每个员工熟练掌握其从事劳动岗位应知、应会的操作,熟练掌握仓储管理技术和理论知识,并力求精益求精,跟上技术和知识发展的步伐,明确岗位工作制度、操作规程,明确岗位所承担的责任。在仓储管理中重视员工的地位,而不能将员工看作生产工具、等价交换的生产要素。在信赖中约束、在激励中规范,使员工有人尽其才、劳有所得、人格被尊重的感受,具有热爱企业、自觉奉献、积极向上的精神面貌。

2) 仓储管理的微观任务

仓储管理的微观任务是提高仓储企业的效率,降低储运成本,减少仓储损耗,具体表现在以下几个方面。

(1) 合理组织收发,保证收发作业准确、迅速、及时,使供货单位及用户满意。

(2) 采取科学的保管、保养方法,创造适宜的保管环境,提供良好的保管条件,确保在库物资数量准确、质量完好。

(3) 合理规划并有效利用各种仓储设施,做好革新改造,不断扩大储存能力,提高作业效率。

(4) 积极采取有效措施,保证仓储设施、库存物资和仓库职工的人身安全。

(5) 搞好经济管理,开源节流,提高仓储企业的经济效益。

4. 仓储管理的原则

1) 效率的原则

效率是指一定的产品产出量与一定的劳动要素投入量之比。较小的劳动要素投入和较高的产品产出量才能实现高效率。高效率是现代生产的基本要求,仓储经营的目标是要实现仓储经营活动的"快进、快出、多仓储、保管好、费用省"。

"快进"是指货物运抵港口、车站或仓库专用线时,要以最快的速度完成货物的接运、验收和入库作业活动。

"快出"是指物资出库时,要及时、迅速、高效率地完成备料、复核、出库和交货清理作业活动。

"多仓储"是指在库存合理规划的基础上,最大限度地利用有效的仓储面积和空间,提高单位面积的仓储量和面积利用率。

"保管好"是指按照货物的性质和仓储条件的要求,合理安排仓储场所,采用多种经营方式和科学的保管方法,使其在保管期间内质量完好、数量准确。

"费用省"是指在货物输入和输出,以及保管的整个过程中,都要努力节省人力、物力和财力消耗,以最低的仓储成本获取最好的经济效果。

2) 经济效益的原则

企业经营的目的是获得最大化利润,这是经济学的基本假设条件,也是社会现实的反映。

利润是经济效益的表现,即:利润＝经营收入－经营成本－税金。

实现利润最大化则需要做到经营收入最大化和经营成本最小化。作为参与市场经济活动主体之一的仓储业,也应围绕获得最大经济效益的目的进行组织和经营。但也需要承担部分社会责任,履行保护环境、维护社会安定、满足社会不断增长的需要等社会义务,实现生产经营的社会效益。

3) 服务的原则

仓储活动本身就是向社会提供服务产品。服务是贯穿在仓储中的一条主线,仓储的定位布点、仓储具体操作、对储存货物的控制等都是围绕着服务进行的。仓储管理就是围绕服务定位开展的关于如何提高服务、改善服务、提高服务质量的管理,包括直接的服务管理和以服务为原则的生产管理。仓储的服务水平与仓储经营成本有着密切的相关性。一般是服务好,成本高,收费也高。仓储服务管理就是要在降低成本和提高(保持)服务水平之间保持平衡。

1.2.2 仓储管理发展趋势

仓储的发展方向将是通过合作经营或联合经营以及仓储管理公司的方式进行经营。这些方式有第三方物流、扩展服务范围、仓储管理系统的广泛应用、供应商管理库存、扩张并购重组,如图1-22所示。

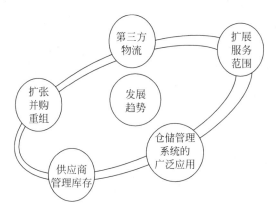

图1-22 仓储管理发展趋势

(1) 第三方物流,如图1-23所示。

(2) 扩展服务范围。向集合仓储、运输、包装、配送、信息、流通加工等物流功能的现代化物流中心转变。

(3) 仓储管理系统的广泛应用,如图1-24所示。

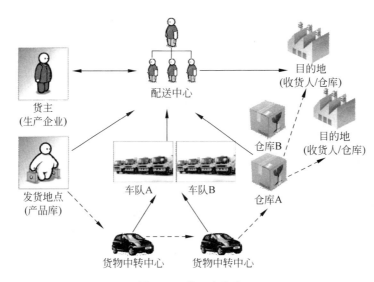

图 1-23　第三方物流

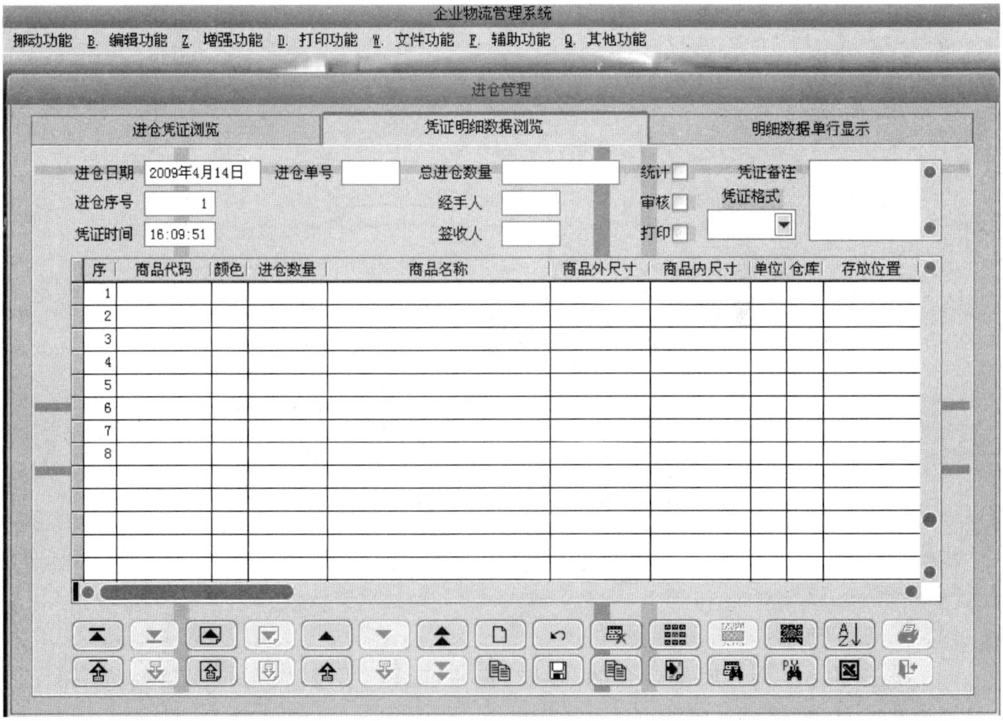

图 1-24　仓储管理系统

(4)供应商管理库存。供应商管理库存(vendor managed inventory,VMI)是一种以用户和供应商都获得最低成本为目的,在共同协议下由供应商管理库存,使库存管理得到持续改进的合作性策略,如图 1-25 所示。

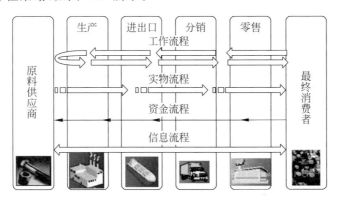

图 1-25 供应商管理库存

(5)扩张、并购、重组。我国仓储企业将通过重组、资本扩张、兼并、流程再造等形式,形成实力雄厚的跨国综合仓储企业。

1.3 仓储管理模式

1.3.1 仓储活动运作不同方式的管理模式

仓储管理模式是物资保管方法和措施的总和。企业、部门或地区拥有一定数量的库存是客观需求,库存控制和保管是企业生产经营过程和部门管理的重要环节。仓储成本是企业物流总成本的重要组成,因此选择适当的仓储管理模式,既可以保证企业的资源供应,又可以有效地控制仓储成本。

仓储管理模式按仓储活动运作方的不同,可以分为自营仓库仓储、租赁仓库仓储和第三方仓储三种。

1. 自营仓库仓储

自营仓库仓储就是企业自己修建仓库进行仓储,并进行仓储管理活动。这种模式的优点包括以下几项。

(1)可以更大程度地控制仓储。由于企业对仓库拥有所有权,所以企业作为货主可以对仓储实施更大程度的控制,而且有助于与其他系统进行协调。

(2)管理更灵活。此处的灵活并不是指能迅速增加或减少仓储空间,而是指由于企业是仓库的所有者,所以可以按照企业要求和产品特点来对仓库进行设计与布局。

(3)长期仓储时成本低。如果仓库得到长期的充分利用,可以降低单位货物的仓储成本,在某种程度上说这也是种规模经济。

(4) 可以帮助企业树立良好形象。当企业将产品储存在自有、自建的仓库中时,会给客户一种企业长期持续经营的良好印象,客户会认为企业经营十分稳定、可靠,是产品的持续供应者,有助于提高企业的竞争优势。

这种模式的缺点包括以下几项。

(1) 仓库固定的容量和成本使得企业的一部分资金被长期占用,投资较大。不管企业对仓储空间的需求如何,仓库的容量是固定的,不能随着需求的增加或减少而扩大或缩小。当企业对仓储空间的需求减少时,仍需承担仓库中未利用部分的成本;而当企业对仓储空间有额外需求时,仓库却又无法满足。

(2) 位置和结构的局限性。如果企业只能使用自有仓库,则会由于数量限制而失去战略性优化选址的灵活性。市场的大小、位置和客户的偏好经常变化,企业如果在仓库结构和服务上不能适应这种变化,将失去许多商业机会。

2. 租赁仓库仓储

租赁仓库仓储就是委托营业性仓库进行仓储管理。这种模式的优点包括以下几项。

(1) 从财务角度上看,租赁仓库仓储最突出的优点是不需要企业投资。任何一种投资都需要进行详细的可行性分析,而租赁仓库仓储可以使企业避免资本投资和财务风险。企业可以不对仓储设备和设施做出任何投资,只需支付相对较少的租金就可得到仓储服务。

(2) 可以满足企业在库存高峰时大量额外的库存需求。大多数企业的存货水平会因为产品的季节性、促销活动或其他原因而变化,利用租赁仓库仓储,则没有仓库容量的限制,从而能够满足企业在不同时期对仓储空间的需求,尤其是库存高峰时大量额外的仓库需求。同时,仓储的持有成本将直接随着储存货物数量的变化而变动,便于管理者掌握。

(3) 降低管理难度。工人的培训和管理是任何一类仓库都需要面临的一个重要问题。尤其是对于产品需要特殊搬运或具有季节性的企业来说,很难维持一个有经验的仓库员工队伍,而租赁仓库仓储则可以克服这一困难。

(4) 营业型仓库的规模经济可以降低货主的仓储成本。由于营业型仓库为众多企业保管大量库存,因此,与企业自建的仓库相比,前者通常可以大大提高仓库的利用率,从而降低仓库物品的单位储存成本;另外,规模经济还使营业型仓库能够采用更加有效的物料搬运设备,从而提供更好的服务;此外,营业型仓库的规模经济还有利于拼箱作业和大批量运输,降低货主的运输成本。

(5) 使用租赁仓库仓储时企业的经营活动可以更加灵活。如果企业自己拥有仓库,那么当市场、运输方式、产品销售或企业财务状况发生变化,或者企业搬迁需要改变仓库位置时,原来的仓库就有可能变成企业的负担。如果企业租赁营业型仓库进行仓储,租赁合同通常都是有期限的,企业能在已知的期限内灵活地改变仓库的位置;另外,企业可以不必因仓库业务量的变化而增减员工,还可以根据仓库对整个分销系统的贡献以及成本和服务质量等因素,临时签订或终止租赁合同。

(6) 便于企业掌握保管和搬运成本。由于每月可以得到仓储费用单据,所以租赁仓库仓储可使企业清楚地掌握保管和搬运成本,预测和控制不同仓储水平的成本;而企业自己拥有仓库时,很难确定其可变成本和固定成本的变化情况。

这种模式的主要缺点在于以下两个方面。

(1) 增加了企业的包装成本。由于营业型仓库中存储了不同企业的各种不同种类的货物,而各种不同性质的货物有可能相互影响,因此,企业租赁仓库进行仓储时必须增强对货物保护性的包装,这会导致额外的包装成本。

(2) 增加了企业控制库存的难度和风险。企业与仓库经营者都有履行合同的义务,但盗窃等对货物的损坏给货主造成的损失将远大于得到的赔偿,因此租赁仓库仓储在控制库存方面将比使用自营仓库承担更大的风险。另外,在租赁仓库中泄露有关商业机密的风险也比自建仓库大。

企业实现"零库存"是相对的,由于仓储的作用具有两面性,各个企业要根据自身状况,决定仓储是自营还是外包。

3. 第三方仓储

在物流发达的国家,越来越多的企业转向利用第三方仓储(third-party warehousing)或称合同仓储(contract warehousing)来进行仓储管理。

第三方仓储是指企业将仓储管理等物流活动转包给外部公司,由外部公司为企业提供综合物流服务。第三方仓储不同于一般的租赁仓库仓储,它能够提供专业化的高效、经济和准确的分销服务。企业若想得到高水平的质量和服务,则可以利用第三方仓储,因为这些仓库的设计水平较高,并且符合特殊商品的高标准、专业化的搬运要求;如果企业只需要一般水平的搬运服务,则可以选择租赁仓库仓储。从本质上看,第三方仓储是生产企业和专业仓储企业之间建立的伙伴关系。正是由于这种伙伴关系,第三方仓储公司与传统仓储公司相比,能为货主提供特殊要求的空间、人力、设备和特殊服务。

第三方仓储企业可以为货主提供存储、卸货、拼箱、订货分类、现货库存、在途混合、存货控制、运输安排、信息和货主要求的其他专门物流服务。由此可见,其不仅仅是提供存储服务,而且还可为货主提供一整套物流服务。

与自营仓库仓储和租赁仓库仓储相比较,第三方仓储具有以下优势。

(1) 有利于企业有效利用资源。利用第三方仓储比企业自营仓库仓储更能有效处理季节性产业普遍存在的产品淡、旺季存储问题,能够有效地利用设备与空间。另外,由于第三方仓储公司的管理具有专业性,管理专家拥有更具有创新性的分销理念、掌握更多降低成本的方法,因此物流系统的效率更高。

(2) 有利于企业扩大市场。第三方仓储企业具有经过战略性选址的设施与服务,货主在不同位置得到的仓储管理和一系列物流服务都是相同的。许多企业将自营仓库数量减少到有限几个,而将各地区的物流转包给合同仓储公司。通过这种自营仓储和合同仓储相结合的网络,企业在保持对集中仓储设施的直接控制的同时,利用合同仓储来降低直接人力成本,扩大市场的地理范围。

(3) 有利于企业进行新市场的测试。货主企业在促销现有产品或推出新产品时,可以利用短期第三方仓储来考察产品的市场需求。当企业试图进入一个新的市场时,要花很长时间建立一套分销设施;然而,通过合同仓储网络,企业可以利用这一地区的现有设施为客户服务。

(4) 有利于企业降低运输成本。第三方仓储企业同时处理不同货主的大量产品,可以进行拼箱作业,从而通过大规模运输大大降低运输成本。

虽然第三方仓储具有以上优势特点,但也存在一些不利因素。其中,对物流活动失去直接控制是企业最担心的问题。企业对合同仓库的运作过程和雇佣员工等控制较少,这一因素成为产品价值较高的企业利用合同仓储的最大障碍。

1.3.2 按库存所有权分类的仓储管理模式

在企业的仓储管理非自营的情况下,仓储管理模式按库存所有权可以分为寄售和供应商管理库存等。

1. 寄售

寄售(consignment)是企业实现"零库存资金占用"的一种有效方式,即供应商将产品直接存放在用户的仓库中,并拥有库存的所有权,用户只在领用这些产品后才与供应商进行货款的结算。这种仓储管理模式的实质是:供应商实现的是产成品库存实物零库存,而产成品库存资金占用不为"零",用户实现的是库存原材料或存货商品资金占用为"零",而实物不为"零"。

2. 供应商管理库存

供应商管理库存(vendor managed inventory,VMI)(GB/T 18354—2006 中 6.6)是按照双方达成的协议,由供应链的上游企业根据下游企业的物料需求计划、销售信息和库存量,主动对下游企业的库存进行管理与控制。供应商管理库存通常可以理解为企业的原材料库存由供应商进行管理,当企业需要时再运送过来。这种模式与 JIT(just in time,准时制)系统和 ECR(efficient consumer response,有效客户反应)有着共同之处。由于 VMI 把库存物资及其仓储管理工作转移给了供应商,因此选择一个有效率、有效益和可信赖的供应商是非常重要的。这种模式如果实施成功,对于下游企业非常有利。

1.3.3 仓储管理模式的决策

这种决策是非物流企业的一项重要工作,在进行仓储管理之前需要很好地完成,然后再根据不同的模式来确定仓储管理的目标、方向、任务、原则等。基本的仓储管理模式决策,是在自营仓库仓储、租赁仓库仓储和第三方仓储之间进行权衡。决策主要基于两个因素——仓储对企业成功的影响程度和企业对仓储的管理能力。另外,还应从仓储在企业中的战略地位出发,在考察企业仓储能力的基础上,进行成本评价。

1. 决策过程

基本的决策过程可以参见图1-26。

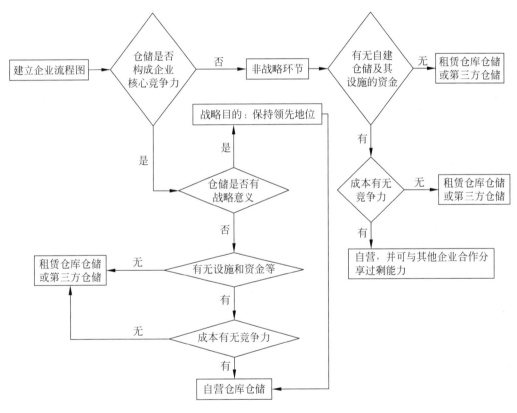

图1-26 仓储管理模式决策程序

2. 成本比较

决策中,最重要也是最困难的,就是仓储成本的分析。三种模式的成本比较如图1-27所示。租赁仓库仓储和第三方仓储的成本只包含可变成本,随着存储总量的增加,租赁的空间就会增加;由于营业型仓库一般按库存产品所占用的空间来收费,这样成本就和总周转量成正比,其成本函数是线性的。自营仓库仓储的成本结构中存在固定成本,但由于营业型仓库具有营利性质,因此自营仓库仓储的可变成本增长速率通常低于租赁仓库仓储和第三方仓储的成本增长速率。当总周转量达到一定规模时,两条成本线相交,即成本相等。这表明在总周转量较低时,选择租赁仓库仓储或第三方仓储较好;随着总周转量的增加,由于可以把固定成本均摊到大量存货中,因此自营仓库仓储则可能会更经济。

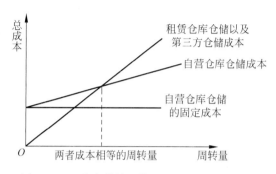

图 1-27　三种仓储管理模式的成本比较示意图

3．适用条件

由以上分析也可以看出,一个企业是采用自营仓库仓储、租赁仓库仓储还是第三方仓储的仓储管理模式,主要是由货物周转总量、需求的稳定性和市场密度三大因素决定的。

考虑货物周转量时,由于自营仓库的固定成本相对较高,而且与使用程度无关,因此,只有在存货周转量较高、使得自营仓库仓储的平均成本低于公共仓储的平均成本时,自建仓库仓储才更经济;相反,当周转量相对较低时,选择租赁仓库仓储或第三方仓储则更为明智。

需求的稳定性是选择自营仓储与否的一个关键因素。如果厂商具有多种产品线、仓库具有稳定的周转量,自营仓库仓储的运作将更为经济;反之,采用租赁仓库仓储和利用第三方仓储会使生产和经营更具有灵活性。

市场密度是另外一个影响因素。当市场密度较大或供应商相对集中时,自建仓库将提高企业对供应链的稳定性和成本的控制能力;相反,当供应商和用户比较分散而使得市场密度较低时,在不同地区同时使用几个公共仓库要比一个用自有仓库去服务一个很大的地区更经济。

总之,自营仓储的前提非常苛刻,租赁仓库仓储和第三方仓储更具有灵活性,而且符合物流社会化的发展趋势。在许多时候,企业可以根据各个区域市场的具体情况,分别采用不同的仓储管理模式,而且可以进行进一步的分析,对于某一项具体的仓储管理活动采取自营与租赁或第三方仓储相组合的混合模式。

供应链管理

企业从原材料和零部件采购、运输、加工制造、分销直至最终送到顾客手中的这一过程被看成是一个环环相扣的链条,这就是供应链。

因此,供应链管理就是指对整个供应链系统进行计划、协调、操作、控制和优化的各种活动和过程,目标是要将顾客需要的正确的产品(right product)能够在正确的时间(right time)、按照正确的数量(right quantity)、正确的质量(right quality)和正确的状态(right status)送到正确的地点(right place),即"6R",并使总成本最小。

供应链对上游的供应者(供应活动)、中间的生产者(制造活动)和运输商(储存运输活动),以及下游的消费者(分销活动)同样重要。

1.4 仓储管理人员要求

1.4.1 仓储企业人员的配置

1. 仓储作业人员组成

仓储作业人员按工作性质分为三类。

(1) 与货物收、存、发直接相关的仓储作业人员,主要有理货员、分拣员、搬运员等。理货员和分拣员主要负责仓库日常业务管理,如接货、验货、入库、分拣、储存、出库等工作。搬运员负责货物搬运方案的选择与实施。

(2) 协调工作顺利进行的管理人员,主要有仓储主管、业务员(制单员、营销员)、财会人员等。仓储主管是仓库的主要负责人,负责仓库全面工作。业务员负责业务推广、咨询洽谈、客户服务和业务办理。财会人员负责业务结算、经济活动分析,为企业管理者的业务决策提供财务信息支持。

(3) 服务人员,主要有设备操作、维修、后勤服务人员等。工作人员的配备,力求做到人尽其才,才尽其用。

2. 仓储管理人员基本素质要求

1) 业务素质

要有一定的文化知识基础,较好地掌握仓储管理的专业知识;熟悉仓储企业的作业流程、理货与装卸搬运的技术特点;了解常见货物的化学、物理特性、体积、外观以及检验、保管、养护、包装、运输等要求;具有现代仓储管理技能和管理意识,掌握一些实用的现代化管理方法。

2）能力素质

要有分析判断能力、市场预测能力；要有交际沟通能力、灵活应变能力；善于思考，勇于创新工作方式方法。

3）身体素质

仓储管理工作有时要求仓管人员昼夜轮班，工作比较辛苦，所以要求仓管人员身体健康，能吃苦耐劳，精力充沛。

3．仓储主管的素质要求

（1）有较强的组织管理能力，熟悉仓储业务，能组织仓库的各项作业。

（2）具有前瞻性，有一定经营管理经验，不受现有的机构、制度和一些做法的约束，掌握现代仓库经营管理方法，能够创造合理化的物流条件。

（3）善于沟通，协调能力强，具有系统的思考能力。

（4）了解现代人力资源管理知识，能激发员工的工作热情和团队精神。

（5）熟悉电脑操作，能运用现代化管理手段进行作业管理。

（6）具有一定的财务管理能力。能查阅财务报表，进行经济核算、成本分析，正确掌握仓储经济信息，进行成本管理。

（7）良好的身体和心理素质，能胜任繁重的脑力劳动和竞争压力。

4．理货员的素质要求

（1）熟悉现代仓储管理基础知识，熟练掌握仓库管理作业程序及各项管理规定。

（2）具有丰富的商品知识。对于所经营的商品要充分熟悉，掌握其理化性质和保管方法，要能针对性地采取管理措施。

（3）掌握现代仓储管理的技术和手段，能熟练运用现代信息技术进行作业。

（4）熟悉仓储设备，能合理和高效地安排使用仓储设备。

（5）良好的协调沟通能力，善于协调各种工作关系，发挥团队协作的作用。

5．对仓库保管员的要求

（1）认真贯彻仓库保管工作的方针、政策、体制和法律法规，树立高度的责任感，忠于职守，廉洁奉公，热爱仓库工作，具有敬业精神；树立为客户服务、为生产服务的观点，具有合作精神；树立讲效率、讲效益的思想，关心企业的经营。

（2）严格遵守仓库管理的规章制度和工作规范，严格履行岗位职责，及时做好物资的入库验收、保管保养和出库发运工作；严密遵守各项手续制度，做到收有据、发有凭，及时准确登记销账，手续完备，账物相符，把好收、发、管三关。

（3）熟悉仓库的结构、布局、技术定额，熟悉仓库规划；熟悉堆码、苫垫技术，掌握堆垛作业要求；在库容使用上做到：妥善安排货位，合理、高效地利用仓容，堆垛整齐、稳固，间距合理，方便作业、清数、保管、检查、收发。

（4）熟悉仓储物资的特性、保管要求，能有针对性地进行保管，防止物资损坏，提高仓储质量；熟练地填写表账、制作单证，妥善处理各种单证业务；了解仓储合同的义务约定，完整地履行义务；妥善处理自然灾害对仓储物资的影响，防止和减少损失。

(5) 重视仓储成本管理，不断降低仓储成本。妥善保管好剩料、废旧包装，收集和处理好地脚货，做好回收工作；用具、苫垫、货板等妥善保管、细心使用，促使使用寿命延长；重视研究物资仓储技术，提高仓储利用率，降低仓储物耗损率，提高仓储的经济效益。

(6) 加强业务学习和训练，熟练地掌握计量、衡量、测试用具和仪器的使用；掌握分管物资的特性、质量标准、保管知识、作业要求和工艺流程；及时掌握仓库管理的新技术、新工艺，适应仓储自动化、现代化、信息化的发展，不断提高仓储的管理水平；了解仓库设备和设施的性能和要求，督促设备维护和维修。

(7) 严格执行仓库安全管理的规章制度，时刻保持警惕，做好防火、防盗、防破坏、防虫鼠害等安全保卫工作，防止各种灾害和人身伤亡事故，确保人身、物资、设备的安全。

6．仓储管理人员职业道德

(1) 以客户服务为中心。对客户有礼貌，要以各种方式维系好客户，如回访、交际和公关活动。

(2) 高度诚信。要严格按照物流法律法规执行作业，忠诚客户利益。

(3) 良好的行为规范。包括语言规范及各项文件的规范。

(4) 高效率的团队精神。员工之间要理解、包容，讲求合作精神。

(5) 持续的竞争力。要有良好的管理技能、物流技能、商业技能。

1.4.2　不同企业对仓储管理及其人员的要求

不同企业对仓储管理及其人员的要求如表 1-1 所示。

表 1-1　不同企业对仓储管理的要求

企业	对仓储管理及其人员的要求
物流企业	满足客户的个性化需求： (1) 合理调度仓储运作，对客户需求能做出快速的动态反应； (2) 仓库配备先进的物流软件和硬件设施，包括立体货架、自动分拣系统、条形码管理系统、流通加工设备等； (3) 仓储管理方式应能够满足不同客户需要； (4) 在搞好仓储基本业务管理的基础上，还要进行分拣、配货、包装等，为客户提供个性化服务； (5) 为客户提供增值服务，包括搞好库存控制和提高流通加工能力等

续表

企业	对仓储管理及其人员的要求
流通企业	仓储是商品营销的保障,为企业销售提供物流服务: (1) 搞好物品的接运; (2) 搞好物品数量和外观质量验收; (3) 分区分类和专仓专储; (4) 进行储存期标志和质量维护; (5) 高效的包装加工作业; (6) 准确发货和及时发运
生产企业	对物料、备品备件和成品的仓储管理: (1) 对供货商的供货严格把关; (2) 物品储存标志符合批次管理和可追溯性要求; (3) 建立库位编码系统,实现物品储存可视化; (4) 合理储存保管,符合先进先出的要求; (5) 限额供料和配送到现场

仓储管理"世说新语"

(1) 维护品质——没有破箱破包,恒温恒湿,倒流区隔(即防止商品倒流,正逆向注意分开,以防碰撞)。

(2) 安全性——高度压力(为了商品安全,注意堆高),走道净空。

(3) 空间的利用——频率与省力。

(4) 节省人力——驾车、打单、盘点多能工。

(5) 降低成本——自修托盘,拆卸下的包装材料转卖处理,临时工。

(6) 库存转嫁供货商——免费存放的VMI制度。

1.4.3 建立仓储管理人员培训体系

1. 把握培训的基本过程

(1) 确定培训需求,即需要培训什么。

(2) 建立培训目标,即目标的明确性和可量度性。

(3) 制订培训计划,即实施培训前,要选择培训技术,制订教学计划。

(4) 效果评价,即对受训者接受培训前后的工作绩效进行比较,对培训计划的效益进行评价。

2. 合理采用培训的方式方法

仓储管理人员的培训体系应包括长期的不同职务人员的职务培训、短期的业务技术培训、脱产培训和自学等方式。采用直接面授法、技能实践法等多种方法。

复 习 思 考

一、填空题

1. 仓储的功能主要分为（　　）、（　　）、（　　）三个方面。
2. 仓储管理的基本原则包括（　　）、（　　）、（　　）三个方面。
3. 仓储作业过程是指以（　　）为中心，从仓库接受商品（　　）开始，到按需要把商品全部完好地发送出去的全部过程。
4. （　　）用于存放要求控制库内（　　）浓度的物品。
5. （　　）是经海关批准、在海关监管下，专供存放（　　）手续而入境或过境物品的场所。

二、判断题

1. 流通仓储是指生产或流通企业自用的仓储，不具有独立性，不对外经营，仅仅是为企业的产品或商品经营活动服务。（　　）
2. 商业营业仓储是指仓储经营人按照仓储业管理条例取得营业许可，仓储经营人与存货人通过订立仓储合同的方式建立仓储关系，以其拥有的仓储设施，向社会提供商业性仓储服务，包括提供货物仓储服务和提供仓储场地服务，收取仓储费。（　　）
3. 普通物品仓储，负责保管特定种类的货物，如砂糖、烟草、饮料、酒和粮食等物品。（　　）
4. 专门物品仓储，是保管那些具有特殊性能并需要特殊保管的物品。（　　）
5. 物流仓储主要是对货物进行保管和维护，一般存放期较长，储存物资较为单一，品种少，但存量大。（　　）
6. 物流中心仓储是向市场或直接向消费者配送商品的仓储，一般在商品的消费经济区间内进行。其特点是主要面向特定用户服务；配送为主，存储为辅；辐射范围小；品种多，批量小。（　　）
7. 智能化仓储的形式主要为管理系统化、操作信息化、储运自动化。（　　）
8. 管理系统化就是将物品入库、货位的安排、物品的查找、出库等信息集成为一体化管理。（　　）
9. 保管功能一般包括以下步骤：收货验货、搬运放置、加工包装和拣选配送等。（　　）
10. 移动就是把不同的零件、配件进行拼接组装，可以为仓储作业的下一个物流环节（如生产、配送）做好准备。（　　）

三、单项选择题

1. 仓储最基本的功能是（　　）。
   A. 流通管理　　　B. 数量管理　　　C. 质量管理　　　D. 物资存储
2. 罐头生产厂可以将罐头生产的最后一道工序——贴标签延迟或推迟到产品出库之前进行，这属于仓储的（　　）功能。
   A. 拼装　　　　　B. 保管　　　　　C. 加工/延期　　 D. 分类
3. （　　）属于仓储的增值功能。
   A. 储存　　　　　B. 信息的传递　　C. 价格调整　　　D. 时间调整
4. （　　）不属于仓储的社会功能。
   A. 时间调整功能　　　　　　　　　B. 价格调整功能
   C. 信息的传递　　　　　　　　　　D. 衔接商品流通功能
5. （　　）不属于仓储管理的宏观任务。
   A. 合理组织收发　　　　　　　　　B. 设置高效率的组织管理机构
   C. 积极开展商务活动　　　　　　　D. 着力提升职工素质
6. 仓储作业过程主要由（　　）、保管、出库三个阶段组成。
   A. 入库　　　　　B. 转库　　　　　C. 移库　　　　　D. 合并
7. （　　）就是将来自制造商的组合订货分类或分割成个别订货，然后安排适当的运力运送到制造商指定的个别客户。
   A. 分装　　　　　B. 分割　　　　　C. 分拣　　　　　D. 分类
8. （　　），是指把产品的最后一道工序一直推迟到需求该产品时为止。
   A. 加工/延期加工功能　　　　　　 B. 信息传递
   C. 价格调整　　　　　　　　　　　D. 时间调整
9. 仓储作业人员按工作性质分为（　　）。
   A. 两类　　　　　B. 三类　　　　　C. 四类　　　　　D. 五类
10. 仓储管理人员基本素质要求有：业务素质、能力素质、（　　）。
    A. 身体素质　　　B. 道德素质　　　C. 职业素质　　　D. 文化素质

四、简答题

1. 名词解释

   仓储　仓储管理
2. 仓储的功能有哪些？
3. 仓储管理包括哪些内容？
4. 仓储管理的基本原则有哪些？
5. 简述仓储管理的发展趋势。
6. 简述自营仓库仓储的优缺点。

7. 什么是仓储管理模式？
8. 简述仓储管理模式决策过程。
9. 简述仓储管理模式的影响因素。
10. 简述仓储管理人员基本素质要求。

五、案例分析

德国邮政零件中心仓库的建立与管理

1. 德国邮政基本情况

德国邮政有83个国内邮件分拣中心和两个国际邮件分拣中心。小型分拣中心日处理能力可达75万份,大型分拣中心日处理能力可达450万份。

2. 零件中心仓库的建立

德国邮政经过详细评估,选法兰克福作为中心仓库的厂址。

建立中心仓库的突出优点是降低成本,主要表现在：靠统一采购压低价格、靠中央仓储减少盘存、靠故障分析优化存货和订货。中心仓库在分拣中心与零件厂商之间起着缓冲作用。从中心仓库到各个分拣中心之间的送货时限通常为24小时,紧急订单送货时限为8小时。出现极端紧急的情况,则选中9个分拣中心专门储备特需零件,保证在4小时内到货。设立中心仓库可以统一零件供应渠道,实现集中采购和验收,控制供应商的数量和素质。

3. 零件中心仓库运营的成果与管理经验

(1) 利用中央数据库,提高管理效率。

所有设备消耗的零件在中央数据库中都有记录,因此零件的故障率可以计算出来,在出现不正常情况时,可以与供应商沟通协调。利用数据库,管理者可以查阅零件消耗的有关数据。通过选择节约效果最好的零件,降低成本,系统地测试了新供应商提供的60种不同的替代零件,通过对零件测试和研究,找到磨损严重的部分,进行局部维修,较之以前退给厂商换货,成本大为降低。

(2) 减少零件的库存。

在中心仓库建成以后,有了中央数据库,每年实际的零件消耗量是可以计算的。与分散库存相比,集中库存可以大幅度减小库存量,尤其是贵重零件的库存量。

(3) 采购一体化和集中送货。

由于采购一体化,批量大,成本可以大幅度降低。集中送货也降低了运输成本,价格最大降幅可达85%。在这方面,中央数据库也起了很重要的作用。

(4) 选择合适的供应商。

在设备保修期内,无法选择供应商,只能向厂商订购或由厂商指定供应商。中心仓库建成以后,分拣中心的多数设备保修期已过,可以自己选择供应商,有了直接面对零件厂商的机会,对厂商的素质进行调查,跟踪和分析记录同样离不开中央数据库及其网络的支持。

(5) 以人为本,提高员工素质。

在零件集中经营的过程中,管理者创造了配套的新办法和新的内部管理程序,不断学习信息技术及软/硬件的知识。同时让员工学会成本分析,逐渐培养成本意识,达到了降低成本的目的。

(资料来源:http://www.examw/wuliu/anli/资料引用经笔者修改)

讨论

1. 德国邮政为什么要设立零件中心仓库?
2. 零件中心仓库采取了什么措施降低零件的物流总成本?

第 2 章

仓库规划与布局

【学习目标】

通过本章学习了解仓库规划流程、规划的主要内容;了解影响仓库选址的因素;掌握仓库的结构与内部布局;熟悉仓库储位管理策略以及储位的编号,了解常见的仓储设备,掌握货架、托盘、叉车的选择配置,掌握仓储设备的使用、保养及维修;熟悉仓储企业平面布局方案设计;懂得计算托盘存储的最大数量。

【本章要点】

本章主要介绍仓库的规划设计、仓库的选址、仓库的结构与布局、仓库内部规划与布局、仓库储位管理。

海门市粮食局改造仓储设施

海门市粮食局组织专人验收新建的三厂粮库综合楼中的化验室,改造一新的化验室分为办公区和操作区,正在等待专业粮食检测设备"入住"。

据介绍,此次新规划了100多平方米的化验室,并购置了5万余元的粮食检测设备,等设备到达后,将能满足粮食主要物理指标检验的需要。今年以来,粮食局全力围绕"123"工程,即提升1个中心库、打造2个骨干库、完善3个收纳库,不断完善粮食仓储设施建设,积极构建粮食仓储物流体系。粮食仓储建设是实现科学保粮、维护粮食安全的重要基础。仓储设施维修改造工程完成后,将进一步改善库区环境,提升仓储管理水平。

据了解,粮食局共投入120余万元实施仓储设施维修改造工程,其中,投入54万元对货隆储备库所有仓库进行防潮、防火、隔热吊顶,减少外界高温对粮食安全储存的影响,延缓粮食品质变化;投入46万元对三厂粮库进行仓库外墙粉饰,新建综合楼,3栋仓库屋顶维修;投入20余万元对天三油米厂的场地、围墙、车间屋顶进行维修。目前,货隆储备库正在对仓库外墙进行天然真石漆喷砂处理,天三油米厂800平方米的彩钢棚也在快速推进中,工程计划在6月底全部完工。

(资料来源:http://roll.sohu.com/20120525/n344045743.shtml)

思考

1. 海门市粮食局采取了哪些措施来改造仓储设施？
2. 海门市粮食局改造仓储设施以期达到什么目标？

2.1 仓库规划与设计

2.1.1 仓库规划的一般要求

仓库规划一般要遵循以下几项原则。

1．适应性原则

首先，仓库规划必须要与国家以及省市的经济发展方针、政策相适应，与工业整体布局结构相适应，与国民经济和社会发展相适应。其次，仓库规划要与企业的需求相适应。仓库是企业出于完善自己的物流系统，协调服务与成本关系的目的而进行建设的，必须要能够完全满足企业的需求。

2．协调性原则

仓库规划要与地方的整个物流网络体系相协调，否则将会造成资源的浪费和设施的重复建设。另外，仓库规划要注意仓库的设施设备与当地的经济发展水平、生产力发展水平和技术发展水平相协调。

3．经济性原则

仓库规划中要充分考虑到经济因素的影响，尤其是成本问题。仓库的成本主要包括库场的建设费用、设施和设备的购置费用、人员工资和运营中的各项费用等。在遵循经济性原则时，要以总成本最低作为中心指标。

4．战略性原则

仓库规划要具备战略眼光。一是要考虑全局，二是要考虑长远。局部要服从全局，眼前利益服从长远利益。

5．可行性原则

仓库规划要充分考虑到建设的可行性，在兼顾以上四条原则的同时考虑规划最终的可操作性。仓库规划一定要建立在现有的生产发展水平基础上，要考虑到实际的需要，使规划能够最终实现既定目标。

2.1.2 仓库的规划设计要求

1．仓库物流设备与设施选择

（1）单元容器的选择。在设计容器时，应尽量选用厂内外通用的标准容器，不仅适于现代仓库的内部使用，也适于外部运输使用；容器的大小应和运输工具相匹配，以减少运输空间的浪费,便于叉车和堆垛机的叉取和存放。在条件和设施允许的情况下,增加单位装载量,达到降低作业成本和提高作业效率的目的。容器设施包括纸箱、托盘、铁箱、储罐和塑料箱等。

（2）仓储设施与设备的选择。在现代仓库的系统规划中,主要是规划设计整个物流系统的功能、数量和形式。而在现代仓库的内部设计阶段,则主要是设计各项设备的详细规格型号和设施配置,例如,储存容器、储存设备、搬运设备、订单拣取设备、流通加工设备和物流配套设施的种类、数量、规格型号及选用条件等。

2. 环境设施设计

现代仓库在企业文化、企业形象、企业标志和整体规划方面都要呈现出高效、清洁、柔和、整齐的独特风格。

3. 颜色与采光

现代仓库应特别加强色彩管理和科学采光,有条件的地方,应尽量采用自然光线照明,这样一方面经济合理;另一方面有利于健康。但应避免太阳光直接照射库房而使库房内温度过高,从而使有些货物容易变质。

4. 安全设施与劳动保护

在物流作业中,由于操作不当或忽视安全规程造成人员伤亡和货物损坏的事件很多。因此,应采取经济、技术、组织等措施,加强安全作业管理,设置相关安全标志及防控设施。配合工业安全规程,用颜色标志出不同性质的设施。现代仓库内运动的车辆、移动的机具应采用醒目的黄色标志,提醒人们注意安全。

5. 温湿度控制

温度和湿度是影响货物变化的主要自然因素。库存货物品质发生变化,大部分与大气的温度和湿度有关。温湿度控制的目的在于保持库内与库外之间的空气循环流通,以调节温度、湿度、氧气和二氧化碳的含量,从而确保工作人员有良好的作业环境,满足货物对温湿度的要求。在规划设计现代仓库时,应根据库房高度、人员和车辆路线以及库房面积等因素来决定通风换气的方式。一般来说,因仓储区面积较大,故多采用自然通风方式进行通风,此方式较为经济;必要时还可采用机械通风来强迫库内外空气循环,以达到库内外空气流通的目的。

6. 仓库内部设施与构造设计

在新建或改建现代仓库时,除了对库房、消防、照明、通风与采暖、动力与供电等系统有专门的要求外,物流设备类型和作业内容不同对建筑物的具体要求也不同。

7. 仓库的长、宽、高组合

仓库不仅规模各异,形状也不相同。任何一个给定规模的仓库在建设中都会有不同的长、宽、高组合。仓库规模(仓库建筑的总容积)确定后,就要对仓库结构进行优化。

（1）顶棚高度。顶棚高度取决于建筑成本、物料搬运成本和货物堆码特性。

（2）长度与宽度。仓库建筑物的长和宽,取决于在库内移动产品的物料搬运成本和仓库的建筑及维护成本之间的对比关系。

（3）立柱跨度。立柱跨度(立柱间的距离)的选择是否合理,对现代仓库的作业成本、作业效率和保管储存能力都有重要影响。对建筑成本有利的立柱跨度对现代仓库的储存设备来说,不一定是最佳的立柱跨度。合理设计立柱跨度可以显著地增加现代仓库的保管效益和仓储效益。为此,在决定立柱跨度时,应充分考虑建筑物的构造与经济性、存储设备的类型和托盘货箱的规格尺寸等因素,以求得最适宜的立柱跨度。

8. 仓库内通道

通道的规划由搬运方法、车辆出入频度和作业路线等因素决定。由于建筑物内部通道的设置与建筑物设施的功能、效率、空间利用率等因素有关,所以应根据进出库货物的品种和数量,以及所选定的设备的作业特点,决定通道的宽度和通道的条数。库房内的通道,可分为运输通道(主通道)、作业通道(副通道)和检查通道。

9. 地面负荷

地面负荷强度是由所保管货物的种类、比重、货物码垛高度和使用的装卸搬运机械等决定的。

2.1.3 仓库建筑及其水电设施配置

1. 仓库建筑

仓库建筑主要包括梁柱结构(包括钢筋混凝土结构、钢架结构等)、屋顶结构、屋面形式、外墙、门窗、仓库大门、内壁、地坪构造、配色和采光设计等。

2. 水电设施配置

水电设施配置主要包括电力配置图、给排水配置图、压缩空气配置图、设施配置图、照明配置图等。除此之外,对于与物流作业无直接关系的作业,如清洁、维修、参观或其他作业等,也应该逐一进行配套设计,并绘制规划图。

2.1.4 仓库网点规划

1. 仓库网点

仓库网点就是负责某一地区、组织或企业的物资中转供应的所有仓库。仓库网点规划即这些仓库在一定体制下按照特定的组织形式在特定地域范围内的分布与组合。

仓库网点规划实质上是一个地区、组织或企业的储备分布问题,配置是否合理不仅直接影响该地区、组织或企业资源供应的及时性和经济性,还会在一定程度上影响相关区域、组织或企业的库存水平及库存结构的比例关系。

在企业自有仓库的网点规划设计过程中,由于企业规模不同,有时这一决策相对简单,有时却异常复杂;只供应单一市场的中小企业通常只需一个仓库,而产品市场遍及全国各地的大规模企业要经过仔细分析和慎重考虑才能做出正确选择。在营业型仓库的网点规划设计中,这个问题所涉及的因素则更加复杂,因为这样一个仓库建成之后通常会改变其所在地区以往的直达和中转物资的比例。

仓库网点规划实际上是多仓库选址问题,应考虑下列一些问题:应该建多少个仓库?仓库应该建在什么地方?仓库的规模应多大?每个仓库所服务的客户是哪些?每个仓库的供应渠道是什么?每个仓库中应该存放什么货品?送货的方式应如何选择?

2. 仓库数量决策

仓库数量的多少主要受成本、客户要求的服务水平、运输服务水平、中转供货的比例、单个仓库的规模、计算机网络的运用等因素的影响。

仓库数量对物流系统的各项成本有着重要影响。一般来说,随着仓库数量的增加,运输成本和失销成本会降低,而存货成本和仓储成本将增加。

首先,由于仓库数量的增加,企业可以进行大批量运输,所以运输成本会下降。此外,在销售物流方面,仓库数量的增加使仓库更靠近客户和市场,减少了物资的运输里程;这不仅会降低运输成本,而且由于能及时满足客户需求,提高了客户服务水平,减少了失销机会,从而降低了失销成本。

其次,由于仓库数量的增加,总的存储空间也会相应地扩大,因此仓储成本会上升。由于在仓库的设计中,需要一定比例的空间用于维护、办公、摆放存储设备等,而且通道也会占用一定空间,因此,小仓库比大仓库的利用率要低得多。

最后,当仓库数量增加时,总存货量就会增加,这意味着需要更多的存储空间,相应的存货成本就会增加。

3. 仓库规模设计

仓库规模是指仓库能够容纳货物的最大数量或总体积。直接影响仓库规模的因素是仓库的商品储存量。仓库规模设计是根据库区场地条件、仓库的业务性质和规模、储存物品的特性,以及仓储技术条件等因素,对仓库的主要建筑物、辅助建筑物、构筑物、货场、站台等固定设施和库内运输路线所进行的总体安排和配置,以最大限度地提高仓库储存能力和作业能力,降低各项仓储作业费用,更有效地发挥仓库在物流过程中的作用。

4. 仓库平面布置

仓库平面布置要求按照"布局整齐、紧凑适用、节省用地、方便生产、便于管理"的原则来进行。

仓库的布置要按照储存商品的类别和安全性质分组布置,每组间要考虑仓储经营的特点、吞吐量大小以及作业的合理流程。在库区中央、出入方便的地方,可布置吞吐量大、无危险性的货物存储库房,其他库房可布置在两翼或后部。有火灾危险或有污染性的货物仓库应布置在下风侧面。库房间距应符合《建筑设计防火规范》的有关规定。根据仓库的总体设计,科学、合理地对两区(库区、生活区)、四场(业务场所、辅助业务场所、生活区办公场所、生活场所)和其他设施进行具体布置,是充分发挥仓库各部分的功能、促进仓库安全管理和业务发展的客观要求。

库房面积取决于储存商品的总量、种类以及构成。对于单间的无大型设备的仓库,取 500～700 平方米为宜。而对于机械化程度高的大型仓库,其面积可达 1000～2000 平方米。库房的长度应大于装卸线长度;库房的宽度可取长度的 1/8～1/3。小型仓库的宽度一般在 10～13 米,中型仓库为 20～25 米。库房高度视库内使用设备以及货物堆存高度而定,单层仓库一般为 5 米,多层仓库的底层为 4～5 米,上层为 3.5～4 米,一些采用起重机的库房,其高度可达 8 米以上。

5. 仓库平面面积

仓库平面面积主要由储存货物数量确定,但还受到其他因素制约,例如地面结构的承重能力的大小便影响到单位面积堆存量,货物的包装强度影响着堆存高度,库房内装卸搬运货物的机械化程度对库房面积的确定也产生影响。

库场面积可按下面公式计算:

$$A = \frac{E}{\lambda q} \tag{2-1}$$

式中,A——库场面积(平方米);

λ——库场面积的利用系数,为有效面积与总面积的百分比,有效面积是实际可供堆存货物的面积,等于总面积扣除办公室、通道、堆货间距、货堆与墙之间的距离等;

q——单位有效面积货物堆存量(吨/平方米),该值可以根据实际堆存情况进行测定,也可在有关手册中查得(见表 2-1);

E——库场堆存容积(吨),可按下式进行计算。

$$E = \frac{Q \cdot K_1}{T} \times t \tag{2-2}$$

式中,Q——年库场货物总储量(吨);

T——库年营运天数,一般取 350～365 天;

t——货物在货场的平均堆存期(天);

K_1——库场不平衡系数。

$$K_1 = \frac{H_{\max}}{H} \tag{2-3}$$

式中,$H_{\max}$——月最大货物堆存量(吨/天);

H——月平均货物堆存量(吨/天)。

表 2-1　单位有效面积货物堆存量表

货物名称	单位	单位有效面积货物堆存定额/(吨/平方米)		货物名称	单位	单位有效面积货物堆存定额/(吨/平方米)	
		仓库	堆场			仓库	堆场
糖	袋	1.5～2.0	1.5～2.0	小五金	箱	1.2～1.5	1.2～1.5
盐	袋	1.8～2.5	1.8～2.5	橡胶	块	0.5～0.8	0.5～0.8
化肥	袋	1.8～2.5	1.8～2.5	日用百货	箱	0.3～0.5	0.3～0.5
水泥	袋	1.5～2.0	1.5～2.0	杂货	箱	0.7～1.0	0.7～1.0
大米	袋	1.5～2.0	1.5～2.0	生铁	块	2.5～4.0	2.5～4.0
面粉	袋	1.3～1.8	1.3～1.8	铝、铜、锌	块	2.0～2.5	2.0～2.5
棉花	捆	1.5～2.0	1.5～2.0	粗钢、钢板	件	4.0～6.0	4.0～6.0
纸		1.5～2.0	1.5～2.0	钢制品		3.0～5.0	3.0～5.0

6. 堆场规模设计

散货堆场所需面积大小虽然也可根据前面公式计算,但式中的散货单位面积堆存定额较难确定,究其原因,主要是影响散货堆场面积的因素较多,使该值变化较大。因此,散货堆场的面积应采取特殊办法确定。常用的有图表确定法和容积计算法。限于篇幅,不再具体介绍这两种方法,可以参照相关书籍进行了解。

2.1.5　仓库总平面区域规划

现代仓库的总体平面规划,就是根据现代仓库总体设计要求,科学地解决生产和生活两大区域的布局问题,如主要业务场所、辅助业务场所、办公场所、生活设施等,在规定的范围内进行统筹规划、合理安排,最大限度地提高仓库的储存和作业能力,并降低各项仓储作业费用。

仓库一般可以划分为生产作业区、辅助作业区和行政生活区三大部分。现代仓库为适应商品快速周转的需要,在总体规划布置时应注意适当增大生产作业区中收发货作业区面积和检验区面积。

1. 生产作业区

生产作业区是现代仓库的主体部分,是商品仓储的主要活动场所。主要包括储货区、道路、铁路专用线、码头、装卸平台等。

储货区是储存保管、收发整理商品的场所,是生产作业区的主体区域。储货区主要由保管区和非保管区两大部分组成。保管区是主要用于储存商品的区域,非保管区主要包括各种装卸设备通道、待检区、收发作业区、集结区等。现代仓库已由传统的储备型仓库转变为以收发作业为主的流通型仓库,其各组成部分的合理构成比例通常为:合格品储存区面积占总面积的40%～50%,通道占总面积的8%～12%,待检区及出入库收发作业区占总面积的 20%～30%，集结区占总面积的 10%～15%，待处理区和不合格品隔离区占总面积的 5%～10%。

库区铁路专用线应与国家铁路、码头、原料基地相连接，以便机车直接进入库区。库内的铁路线最好是贯通式，一般应顺着库长方向铺设，并使岔线的直线长度达到最大限度。其股数应根据货场和库房宽度及货运量来决定。

仓库道路的布局，是根据商品流向的要求，结合地形、面积、各个库房建筑物、货场的位置，再决定道路的走向和形式。汽车道主要用于起重搬运机械调动及防火安全，同时也要考虑保证仓库和行政区、生活区之间的畅通。仓库道路分为主干道、次干道、人行道和消防道等。

在河网地区建仓库，应尽量利用水路运输的有利条件。首先，应对河道的水文资料进行调查，以便确定码头的位置、建筑式样，以及吊装设备。码头位置应选在河床平稳、水流平直、水域堤岸较宽、水足够深的地方，以便于船舶安全靠离码头，进行装卸作业。

2．辅助作业区

辅助作业区是为仓储业务提供各项服务的设备维修车间、车库、工具设备库、油库、变电室等。值得注意的是，油库的设置应远离维修车间、宿舍等易出现明火的场所，周围须设置相应的消防设施。

3．行政生活区

它是行政管理机构办公和职工生活的区域，具体包括办公楼、警卫室、化验室、宿舍和食堂等。为便于业务接洽和管理，行政管理机构一般布置在仓库的主要出入口，并与生产作业区用隔墙分开。这样既方便了工作人员与作业区的联系，又避免了非作业人员对仓库生产作业的影响和干扰。此外，仓库的消防水道，应以环行系统布置于仓库全部区域，在消防系统管道上需装有室内外消火栓。消火栓应沿道路设置，并靠近十字路口，一般其间隔不超过 100 米，距离墙壁不少于 5 米。根据当地气候，消火栓可建成地下式或地上式。

4．库房内部规划

按照仓储作业的功能特点以及 ISO 9000 国际质量体系认证的要求，库房储存区域可划分为待检区、待处理区、不合格品隔离区、合格品储存区等。

（1）待检区：用于暂存处于检验过程中的商品。这些商品一般采用黄色的标识以区别于其他状态的商品。

（2）待处理区：用于暂存不具备验收条件或质量暂时不能确认的商品。这些商品一般采用白色的标识以区别于其他状态的商品。

（3）不合格品隔离区：用于暂存质量不合格的商品。处于不合格隔离状态的商品一般采用红色的标识以区别于其他状态的商品。

（4）合格品储存区：用于储存合格的商品。处于合格状态的商品一般采用绿色的标识以区别于其他状态的商品。

为方便业务处理和库内货物的安全,待检区、待处理区和不合格品隔离区应设在仓库的入口处。仓库内除设置上述基本区域外,还应根据仓储业务的需要,设置卸货作业区、流通加工区和出库备货区等。

2.1.6 仓库主要设施的设计

1. 地面

地面的构造主要是地面的耐压强度,地面的承载力必须根据承载货物的种类或堆码高度具体研究。通常,一般平房普通仓库1平方米地面承载力为2.5～3吨,多层仓库层数加高,地面负荷能力设计应相应减少。地面的负荷能力是由保管货物的重量、所使用的装卸机械的总重量、楼板骨架的跨度等所决定的。流通仓库的地面承载力,还要保证重型叉车作业的足够受力。

2. 仓库出入口和通道

仓库出入口的位置和数量是由"建筑的开间长度、进深长度"、"库内货物堆码形式"、"建筑物主体结构"、"出入库次数"、"出入库作业流程"以及"仓库职能"等因素所决定的。出入库口尺寸的大小是由卡车是否出入库内,所用叉车的种类、尺寸、台数、出入库次数、保管货物尺寸大小所决定的。库内的通道是保证库内作业畅顺的基本条件,通道应延伸至每个货位,使每个货位都可以直接进行作业,通道需要路面平整和平直,减少转弯和交叉。

3. 立柱间隔

库房内的立柱是出入库作业的障碍,会导致保管效率低下,因而立柱应尽可能减小。但当平房仓库梁的长度超过25米时,建立无柱仓库有困难,则可设中间的梁间柱,使仓库成为有柱结构。不过在开间方向上的壁柱,可以每隔5～10米设一根,由于这个距离仅和门的宽度有关,库内又不显露出柱子,因此和梁间柱相比,在设柱方面比较简单。但是在开间方向上的柱间距必须和隔墙、防火墙的位置,天花板的宽度或是库内开间的方向上设置的卡车停车站台长度等相匹配。

4. 天花板的高度

由于实现了仓库的机械化、自动化,因此现在对仓库天花板的高度也提出了很高的要求,以不影响存储、搬运、拣取等作业为原则,同时考虑仓库层数及结构设计承载。如使用叉车的时候,标准提升高度是3米,而使用多端式高门架的时候要达到6米。另外,从托盘装载货物的高度看,包括托盘的厚度在内,密度大且不稳定的货物,通常以1.2米为标准;密度小而稳定的货物,通常以1.6米为标准。以其倍数(层数)来看,1.2米/层×4层=4.8米,1.6米/层×3层=4.8米,因此,仓库的天花板高度最低应该是5～6米。

2.2 仓 库 选 址

2.2.1 仓库选址概述

1. 仓库选址的概念

仓库选址是指在一个具有若干供应点及若干需求点的经济区域内选一个地址设置仓库的规划过程。选址会大大影响企业的成本,包括固定成本和可变成本。因此仓库的选址一方面要考虑仓库本身建设和运行的综合成本,另一方面要考虑今后的运送速度。

2. 仓库选址的原则

仓库选址主要包含以下几个原则。

(1) 适应性原则。仓库的选址须与国家及省、市的经济发展方针、政策相适应,与国家物流资源分布和需求分布相适应,与国民经济和社会发展相适应。

(2) 协调性原则。仓库的选址应将国家的物流网络作为一个大系统来考虑,使仓库的设施设备在地域分布、物流作业生产力、技术水平等方面互相协调。

(3) 经济性原则。仓库发展过程中,有关选址的费用,主要包括建设费用及物流费用(经营费用)两部分。仓库的选址定在市区、近郊区或远郊区,其未来物流活动辅助设施的建设规模及建设费用,以及运费等物流费用是不同的,选址时应以总费用最低作为仓库选址的经济性原则。

(4) 战略性原则。仓库的选址,应具有战略眼光,一是要考虑全局,二是要考虑长远。局部要服从全局,眼前利益要服从长远利益,既要考虑目前的实际需要,又要考虑日后发展的趋势。

2.2.2 仓库选址的考虑因素

仓库选址主要应考虑自然环境因素、经营环境因素、基础设施状况、其他因素四个方面。

1. 自然环境因素

(1) 气象条件:主要考虑年降水量、空气温湿度、风力、无霜期长短、冻土厚度等。

(2) 地质条件:主要考虑土壤的承载能力,仓库是大宗物资的集结地,物资会对地面形成较大的压力,如果地下存在着淤泥层、流沙层、松土层等不良地质环境,则不适宜建设仓库。

(3) 水文条件:要认真收集选址地区近年来的水文资料,需远离容易泛滥的大河流域和上溢的地下水区域,地下水位不能过高,故河道及干河滩也不可选。

(4) 地形条件:仓库宜建在地势高、地形平坦的地方,尽量避开山区及陡坡地区,最好选长方地形。

2. 经营环境因素

(1) 政策环境背景。选择建设仓库的地方是否有优惠的物流产业政策,以对物流产业进行扶持,这将对物流业的效益产生直接影响,当地劳动力素质的高低也是需要考虑的因素之一。

(2) 物资特性。经营不同类型物资的仓库应该分布在不同地域,如生产型仓库的选址应与产业结构、产品结构、工业布局紧密结合进行考虑。

(3) 物流费用。仓库应该尽量建在接近物流服务需求地,如大型工业、商业区,以便缩短运输距离,降低运费等物流费用。

(4) 物流服务水平。物流服务水平是影响物流产业效益的重要指标之一,所以在选择仓库地址时,要考虑是否能及时送达,应保证客户无论在任何时候向仓库提出需求,都能获得满意的服务。

3. 基础设施状况

(1) 交通条件。仓库的位置必须交通便利,最好靠近交通枢纽,如港口、车站、交通主干道(国、省道)、铁路编组站、机场等,应该有两种运输方式衔接。

(2) 公共设施状况。要求城市道路畅通,通信发达,有充足的水、电、气、热的供应能力,有污水和垃圾处理能力。

4. 其他因素

(1) 国土资源利用。仓库的建设应充分利用土地,节约用地,充分考虑到地价的影响,还要兼顾区域与城市的发展规划。

(2) 环境保护要求。要保护自然与人文环境,尽可能减少对城市生活的干扰,不影响城市交通,不破坏城市生态环境。

(3) 地区周边状况。一是仓库周边不能有火源,不能靠近住宅区;二是仓库所在地的周边地区的经济发展情况,是否对物流产业有促进作用。

2.2.3 仓库选址的步骤

仓库的选址可分为两个步骤进行:第一步为分析阶段,具体有需求分析、费用分析、约束条件分析;第二步为筛选及评价阶段,根据所分析的情况,选定具体地点,并对所选地点进行评价。具体方法如下。

1. 分析阶段

分析阶段包含需求分析、费用分析、约束条件分析等内容。

(1) 需求分析。根据物流产业的发展战略和产业布局,针对某一地区的顾客及潜在顾客分析供应商的分布情况,具体有以下内容:工厂到仓库的运输量、向顾客配送的货物数量(客户需求)、仓库预计最大容量、运输路线的最大业务量。

（2）费用分析。主要有：工厂到仓库之间的运输费、仓库到顾客处的配送费、与设施和土地有关的费用及人工费等，如所需车辆数、作业人员数、装卸方式、装卸机械费等，运输费随着距离的变化而变动，而设施费用、土地费是固定的，人工费是根据业务量的大小确定的。以上费用必须综合考虑，进行成本分析。

（3）约束条件分析。主要有几个方面：①地理位置是否合适，应靠近铁路货运站、港口、公路主干道，道路通畅情况，是否符合城市或地区的规划；②是否符合政府的产业布局，有没有法律制度约束；③地价情况。

2．筛选及评价阶段

分析活动结束后，得出综合报告，根据分析结果在本地区内初选几个仓库地址，然后在初选的几个地址中进行评价，确定一个或多个可行的地址，编写选址报告，报送主管领导审批。选址评价方法如下。

1) 市场定位策略

市场定位策略是指将仓库选在离最终用户最近的地方。仓库的地理定位接近主要的客户，会增加供应商的供货距离，但缩短了向客户进行第二程运输的距离，这样可以提高客户服务水平。

市场定位策略最常用于食品分销仓库的建设，这些仓库通常接近所要服务的各超级市场的中心，使多品种、小批量库存补充的经济性得以实现。制造业的生产物流系统中把零部件或常用工具存放在生产线旁也是"市场定位策略"的应用，它可以保证"适时供应"。

影响这种仓库位置的因素主要包括运输成本、订货周期、产品敏感性、订货规模、当地运输的可获得性及预期的客户服务水平。

2) 制造定位策略

制造定位策略是指将仓库选在接近产地的地方，通常用来集运制造商的产成品。产成品被从工厂移送到这样的仓库，再从仓库里将全部种类的物资运给客户。这些仓库的基本功能是支持制造商采用集运费率运输产成品。

对于产品种类多的企业，产成品运输的经济性来源于大规模整车和集装箱运输；同时，如果一个制造商能够利用这种仓库以单一订货单的运输费率为客户提供服务，还能产生竞争差别优势。

影响这种仓库位置的因素主要包括原材料的保存时间、产成品组合中的品种数、客户订购的产品种类和运输合并率。

3) 中间定位策略

中间定位策略是指把仓库选在最终用户和制造商之间的中点位置。中间定位仓库的客户服务水平通常高于制造定位的仓库，但低于市场定位的仓库。企业如果必须提供较高的服务水平和提供由几个供应商制造的产品，就需要采用这种策略，为客户提供库存补充和集运服务。

仓库选址所要考虑的因素在某些情况下是非常简单的,在某些情况下却异常复杂,尤其是在关系国计民生的战略储备仓库的选址中,这种复杂性就更加突出。

2.2.4 仓库选址的方法

1. 单一仓库的选址方法

仓库是物流过程的一个站点,理论上讲,它应该是物资集中和分发过程中费用发生最少的理想地点。可以用数学方法建立一个分析模型,找出仓库的理想位置,这就是单一仓库选址的重心法,该方法又称为静态连续选址模型方法。因为应用时只考虑运输费率和该点的物资运输量,所以这种方法很简单,也很实用。

重心法实际上将物流系统的资源点与需求点看成分布在某一平面范围内的物体系统,各资源点与需求点的物流量可分别看成物体的重量,物体系统的重心将作为物流中心的最佳位置。

重心法首先要在坐标系中标出各个地点的位置,目的在于确定各点的相对距离,坐标系可以随便建立。在国际选址中,经常采用经度和纬度建立坐标。然后,根据各点在坐标系中的横纵坐标值求出成本运输最低的位置坐标(C_x, C_y)。重心法使用的公式为:

$$C_x = \sum D_{ix} Q_i / \sum Q_i \tag{2-4}$$

$$C_y = \sum D_{iy} Q_i / \sum Q_i \tag{2-5}$$

C_x 为中心的 x 坐标;C_y 为中心的 y 坐标;D_{ix} 为第 i 个地点的 x 坐标;D_{iy} 为第 j 个地点的 y 坐标;Q_i 为运到第 i 个地点或从第 i 个地点运出的货物量。运用此公式即可求出最佳厂址。

[难点例释 2-1] 某公司拟在某城市建一配送中心,该配送中心每年共要往 A、B、C、D 四个销售点配送产品。各地与城市中心的距离和年运量见表 2-2。假定各种材料运输费率相同,试用重心法确定该厂的合理位置。

表 2-2 各设施位置和需要产品数量

各设施	位置坐标/千米	需要产品数量(个)
A	(40,50)	1800
B	(70,70)	1400
C	(15,18)	1500
D	(68,32)	700

[解] 根据已知条件,

$$C_x = (40 \times 1800 + 70 \times 1400 + 15 \times 1500 + 68 \times 700)/$$

$$(1800+1400+1500+700)=44.5(千米)$$
$$C_y=(50\times1800+70\times1400+18\times1500+32\times700)/$$
$$(1800+1400+1500+700)=44.0(千米)$$

2. 成本-利润-产量定址分析

成本-利润-产量定址分析也称量本利分析，它有利于对可供选择的地点在经济上进行对比，一般常用图表法求解。它的分析过程包括以下步骤。

(1) 确定每一备选地址的固定成本和可变成本。

(2) 在同一张图表上绘出各地点的总成本线。

(3) 确定在某一预定的产量水平上，哪一地点的成本最少或者哪一地点的利润最高。

这种方法需要以下几点假设：

① 可变成本与一定范围内的产出成正比。

② 所需的产出水平能近似估计。

③ 只包括一种产品。

④ 产出在一定范围时，固定成本不变。

在成本分析中，要计算每一地点的总成本 TC，利用以下公式：

$$TC=CF+CvQ \tag{2-6}$$

式中：CF 为固定成本；Cv 为单位的可变成本；Q 为产出产品的数量或体积。

[**难点例释 2-2**] 某企业拟在国内新建一条生产线，确定了三个备选场址。由于各场址征地费用、建设费用、原材料成本、工资等不尽相同，从而生产成本也不相同。三个场址的生产成本见表 2-3，试确定不同生产规模下的最佳场址。

[**解**] 先求 A、B 两场址方案的交点产量，再求 B、C 两场址方案的交点产量，就可以决定不同生产规模下的最优选址。设 CF 表示固定费用，Cv 表示单件可变费用，Q 为产量，则总费用为 CF+CvQ。

表 2-3 备选场址费用表

备选场址 费用项目	A	B	C
固定费用/元	600 000	1 200 000	2 400 000
单件可变费用	50	24	11

在 M 点 A、B 两方案生产成本相同，该点产量为 Q_M，则

$$Q_M=\frac{CF_B-CF_A}{C_{VA}-C_{VB}}=\frac{1\,200\,000-600\,000}{50-24}=2.31(万件) \tag{2-7}$$

在 N 点 B、C 两方案生产成本相同，该点产量为 Q_N，则

$$Q_N = \frac{CF_C - CF_B}{C_{VB} - C_{VC}} = \frac{2\,400\,000 - 1\,200\,000}{24 - 11} = 9.23(万件)$$

结论：以生产成本最低为标准，当产量 Q 低于 2.31 万件时选 A 场址为佳，产量 Q 为 2.31 万~9.23 万件时选 B 方案成本最低，当 Q 大于 9.23 万件时，选择 C 场址。

3. 线性规划-运输法

线性规划-运输法是一种使用广泛的物流战略计划工具。线性规划在考虑特定约束条件下，从可选范围中找出最佳方案。对于物流问题，最为广泛使用的线性规划形式是网络优化。运输法作为网络最优化方法，其目标是在给定的供给、需求和能力的约束条件下，使生产、输入、输出运输的可变成本最小化。对于复合设施的选址问题，如对于一个公司设有多个工厂、多个分销中心的选址问题，可以用线性规划-运输法求解，使得所有设施的总费用最小。

线性规划-运输法的数学模型如下。

目标函数：
$$\min Z = \sum_{i=1}^{m}\sum_{j=1}^{n} C_{ij} x_{ij} \tag{2-8}$$

约束条件：

$$\text{s.t.} \begin{cases} \sum_{j=1}^{n} x_{ij} = a_i \quad (i=1,2,3,\cdots,m) & (2\text{-}9) \\ \sum_{i=1}^{m} x_{ij} = b_j \quad (j=1,2,3,\cdots,n) & (2\text{-}10) \\ x_{ij} \geqslant 0 \quad (i=1,2,3,\cdots,m; \quad j=1,2,3,\cdots,n) & (2\text{-}11) \end{cases}$$

式中：m——工厂数量；

　　　n——销售点数量；

　　　C_{ij}——产品单位运输费用；

　　　x_{ij}——从工厂 i 运到销售点 j 的数量；

　　　b_j——销售点 j 需求量；

　　　a_i——工厂 i 供应量。

对于运输问题可以用单纯形法进行求解，因为运输问题具有结构上的特殊性，应用表上作业法进行求解更方便。

4. 启发式方法

启发式方法就是尽量减少现有状态与起始状态之间的差异。服务系统经常面临在一个地区建多少服务点的问题，该问题比较复杂，可以通过启发式方法处理，启发式方法往往只用于寻找可行解而不是最优解。下面通过例题加以说明。

[难点例释 2-3] 某公司拟在某市建立两家连锁超市，该市共有 4 个区，记为甲、乙、丙、丁。假定各区人口均匀分布，各区可能光临各个超市的人数相对权重及距离见表 2-4，问

题是两家超市设立在哪两个区可以使得各区居民到超市购物最方便即总距离成本最低。

表 2-4 4 个区人口、距离和相对权重

项目	甲	乙	丙	丁	人口/千人	人口相对权重
甲	0	11	8	12	10	1.1
乙	11	0	10	7	8	1.4
丙	8	10	0	9	20	0.7
丁	12	7	9	0	12	1.0

[解] 按以下步骤进行。

(1) 由表 2-4 构造权重人口距离表,这里找出表 2-4 中除 0 之外的最小的人口距离数据填在表上,见表 2-5,如从甲区到乙区为 $11\times10\times1.1$。

(2) 表 2-4 中按列相加,挑选出最低成本所在列为超市第一候选地址,本例中为丙,见表 2-6。

表 2-5 权重人口距离表

项目	甲	乙	丙	丁	人口/千人	人口相对权重
甲		88			10	1.1
乙				78.4	8	1.4
丙	112				20	0.7
丁		84			12	1.0

表 2-6 按列相加选择

项目	甲	乙	丙	丁	人口/千人	人口相对权重
甲	0	11	8	12	10	1.1
乙	11	0	10	7	8	1.4
丙	8	10	0	9	20	0.7
丁	12	7	9	0	12	1.0
合计	31	28	28	28		

(3) 对每一行比较除 0 以外至已确定地址的成本,若成本高于已确定地址成本,则修改为已确定地址成本,若成本低于已确定地址成本则保留,删除已确定地址,见表 2-7。

表 2-7 按列相加选择

项目	甲	乙	丁
甲	0	88	88
乙	112	0	78.4
丙	0	0	0
丁	108	84	0
合计	220	172	166.4

(4) 重复(2)、(3)步,可选出最后一个超市地址。选择超市的顺序为丙、丁、甲、乙。

5. 综合因素法

设施选址受到诸多因素的影响,比如经济因素和非经济因素。经济因素可以用货币的量来表示,而非经济因素要通过一定的方法进行量化,称为综合因素评价法。常用的有加权因素法和因次分析法。

1) 加权因素法

对非经济因素进行量化,一般采用加权因素法,按下列步骤进行。

(1) 列出场址选择考虑的各种因素。

(2) 确定因素权重。

(3) 对各因素就每个备选场址进行评级,共分为五级,用五个元音字母 A、E、I、O、U 表示。各个级别分别对应不同的分数,A=4、E=3、I=2、O=1、U=0。

(4) 计算各因素权重与备选场址对各因素评级分数乘积之和,分数最高者为最佳场址方案。

[难点例释 2-4] 某一设施选址共有 K、L、M 三个备选方案,选定的影响因素有四个,权重及评定等级见表 2-8,确定场址方案。

表 2-8 加权因素法选择场址举例

项目	K	L	M
甲	0	88	88
乙	112	0	78.4
丙	0	0	0
丁	108	84	0
合计	220	172	166.4

从表中可以看出来应该选择得分最高的 K 作为场址,应用此方法的关键是因素的确定和权重的确定。

2) 因次分析法

因次分析法是将经济因素(成本因素)和非经济因素(非成本因素)按照相对重要度统一起来。设经济因素和非经济因素相对重要程度之比为 $m:n$，且有 $m+n=1$。计算过程如下。

(1) 确定经济因素重要性因子 OM_i，其大小受各项成本影响，其计算式表示为

$$OM_i = \frac{\frac{1}{C_i}}{\sum_{i=1}^{N} \frac{1}{C_i}} \tag{2-12}$$

式中：C_i——第 i 选址方案总成本；

N——备选场址方案数目。

此处取成本的倒数进行比较，是为了和非经济因素相统一。因为非经济因素越重要其指标越大，而经济因素成本越高，经济性越差。所以取倒数进行比较，计算结果大者经济性好。

(2) 确定非经济因素重要性因子。

第一，确定各个非经济因素相对权重 W_k。

第二，确定单一非经济因素对于不同候选场址的重要性 S_{ik}。即就单一因素将被选场址两两比较，令较好的比重值为 1，较差的比重值为 0。将各方案的比重除以所有方案所得比重之和，得到单一因素相对于不同场址的重要性因子 S_{ik}，用公式表示为

$$S_{ik} = \frac{W_{ik}}{\sum_{i=1}^{N} W_{ik}} \tag{2-13}$$

式中：S_{ik}——第 i 选址方案总成本；

W_{ik}——备选场址方案数目。

第三，确定非经济因素重要性因子 SM_i。

$$SM_i = \sum_{k=1}^{M} I_k S_{ik} \tag{2-14}$$

式中：SM_i——非经济因素重要性因子；

I_k——非经济因素相对权重。

(3) 将经济因素的重要性因子和非经济因素的重要性因子按重要程度叠加，得到该场址的重要性指标 LM_i，场址重要性指标最大的为最佳选择方案。计算公式为

$$LM_i = m \cdot SM_i + n \cdot OM_i \tag{2-15}$$

[难点例释 2-5] 某公司拟建一配送中心，有三处待选场址 A、B、C，主要经济因素成本见表 2-9，非经济因素主要考虑竞争能力、运输条件和环境。就竞争能力而言，C 地最强，A、B 地相当；就运输条件而言，C 优于 A，A 优于 B；就环境而言，B 地最好，A 地最差。据专家评估，三种非经济因素相对权重为 0.4、0.4 和 0.2，要求用因次分析法确定最佳场址，设经济因素和非经济因素相对重要程度之比为 $m:n=0.5:0.5$。

表 2-9 备选场址各项生产成本费用

方案 因素	成本/千元		
	A	B	C
工资	250	230	248
运输费用	181	203	190
租金	75	83	91
其他费用	17	9	22
总费用	523	525	551

[解] 计算经济因素重要性因子 OM_i。

(1) 根据前面介绍的方法计算得到:

$$OM_A = 0.3395$$

$$OM_B = 0.3382$$

$$OM_C = 0.3223$$

(2) 根据 0-1 强迫法确定 i 选址方案对 k 因素的重要性 S_{ik}。见表 2-10。

表 2-10 i 选址方案对 k 因素的重要性

竞争能力	A	B	C	得分	S_{ik}
A	0	1	0	1	0.25
B	1	0	0	1	0.25
C	1	1	0	2	0.5
A	0	1	0	1	0.25
B	1	0	0	1	0.25
C	1	1	0	2	0.5
竞争能力	A	B	C	得分	S_{ik}
A	0	1	0	1	0.25
B	1	0	0	1	0.25
C	1	1	0	2	0.5

(3) 计算非经济因素重要性因子 SM_i。见表 2-11。

表 2-11 计算非经济因素重要性因子

竞争能力	A	B	C	得分	S_{ik}
A	0	1	0	1	0.25
B	1	0	0	1	0.25
C	1	1	0	2	0.5

(4) 按式 $LM_i = m - SM_i + nOM_i$ 计算场址的重要性指标。
$LM_A = 0.5 \times 0.232 + 0.5 \times 0.3395 = 0.2858$
$LM_B = 0.5 \times 0.234 + 0.5 \times 0.3382 = 0.2861$
$LM_C = 0.5 \times 0.534 + 0.5 \times 0.3223 = 0.4281$
结论：C 场址的重要性指标最大，故选择 C 地作为配送中心。

6. 仓库总体平面规划的原则

(1) 符合城市用地整体规划的要求，满足仓库物资运输要求，以及未来业务发展规划的要求，以求得平衡与可持续发展。

(2) 平面布置应严格遵守本区域的总体规划布局，在项目红线征地边界内，结合规划道路，充分利用土地资源，同时协调好本工程总体布局与市政基础设施、地区规划布局之间的关系。

(3) 合理组织场内交通，保证区域内车辆运输快捷、安全、高效。

(4) 平面布置按功能合理分区，符合分区域隔离及便于储存、监管、查验的要求；符合分期建设、留有余地、可扩展性、滚动开发的要求。

(5) 主要仓库设计结构轻盈、美观，符合工艺流畅、装卸快、运输安全的要求。

(6) 遵循国家有关对环境保护的规范、规定和要求，最大限度地减少对周围环境的影响和污染，区域内环境设计满足吸尘、防尘、降噪和美化的要求。

(7) 为使仓库高效地运转，仓储中心的车辆运行方向、装卸作业方向必须单一，运距最短，而且装卸环节最少，人车分离。

(8) 仓库的空间利用最大化原则。

(9) 用系统化的思想，把整个库的各功能块视为系统的一部分，把各作业环节视为供应链的内容之一。

(10) 仓库建设高效率和低成本的原则，为储存规模的进一步扩大留下余地，为自动分拣系统的实现留下余地。

2.3 仓 库 布 局

2.3.1 仓库布局概述

1. 仓库布局的含义

仓库布局是指将一个仓库的各个组成部分，如库房、货棚、货场、辅助建筑物、铁路专用线、库内道路、附属固定设备等，在规定范围内，进行平面和立体的统筹规划、合理安排，最大限度地提高仓库的储存和作业能力，并降低各项费用。

2. 仓库布局原则

(1) 尽可能采用单层设备，这样造价低，资产的平均利用率也高。

(2) 使货物在出入库时单向和直线运动,避免逆向操作和大幅度变向的低效率运作。

(3) 在物料搬运设备大小、类型、转弯半径的限制下,尽量减少通道所占用的空间。

(4) 尽量利用仓库的高度,可以多使用高层货架或使用托盘来多层堆放以提高储存量,增加利用空间。

(5) 要适应现代仓储的需求,尽量配置高效的物料搬运设备及操作流程,以提高生产效率。

(6) 实施有效的存储计划,确保储存空间有效利用。

3. 仓库总体布局的要求

(1) 要适应仓储企业的生产流程,有利于实现仓储作业的优化。

① 单一的物流方向。仓库内商品的卸车、验收、存放地点之间的安排,必须适应仓储生产流程,按一个方向流动。

② 最短的运距。应尽量减少迂回运输,专用线的布置应在库区中部,并根据作业方式、仓储商品品种、地理条件等,合理安排库房,专用线要与主干道相对应。

③ 最少的装卸环节。减少在库商品的装卸搬运次数和环节,商品的卸车、验收、堆码作业最好一次完成。

④ 最大的利用空间。仓库总平面布置是立体设计,应有利于商品的合理存储和充分利用库位。

(2) 有利于提高仓储经济效益。

要因地制宜,充分考虑地形、地理条件,合理确定库房的位置和朝向,仓库位置应便于货物的入库、装卸和提取,库内区域划分明确、布局合理,为货物的储存保管创造良好的环境,提供适宜的条件。

(3) 有利于保证安全生产和文明生产。

① 要符合消防规定,要有防火、防盗、防水、防爆设施,同时要为发生险情时创造方便的救援条件。

② 应符合卫生和环境要求,既满足库房的通风、日照等,又要考虑环境绿化、文明生产,有利于职工身体健康。

2.3.2 仓库货区布置方法

1. 平面布置

平面布置是指对货区内的货垛、通道、垛间距、收发货区等进行合理的规划,并正确处理它们的相对位置。平面布置的形式可以概括为垂直式和倾斜式。

1) 垂直式布置

垂直式布置,是指货垛或货架的排列与仓库的侧墙互相垂直或平行,具体包括横列式布置、纵列式布置和纵横式布置。

(1) 横列式布置,是指货垛或货架的长度方向与仓库的侧墙互相垂直。这种布局的主要优点是:主通道长且宽,副通道短,整齐美观,便于存取查点,如果用于库房布局,还有利于通风和采光,如图 2-1 所示。

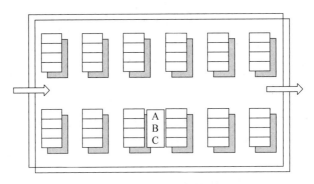

图 2-1　横列式布置

(2) 纵列式布置,是指货垛或货架的长度方向与仓库侧墙平行。这种布局的优点主要是仓库平面利用率较高,但存取货物不方便,如图 2-2 所示。

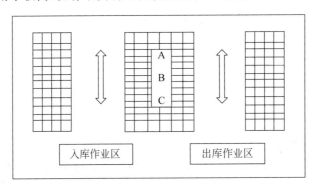

图 2-2　纵列式布置

(3) 纵横式布置,是指在同一保管场所内,横列式布置和纵列式布置兼而有之,可以综合利用两种布置的优点。如图 2-3 所示。

2) 倾斜式布置

倾斜式布置是指货垛或货架与仓库侧墙或主通道成 60°、45°或 30°夹角。具体包括货垛倾斜式布置和通道倾斜式布置。

(1) 货垛倾斜式布置,是横列式布置的变形,它是为了便于叉车作业、缩小叉车的回转角度、提高作业效率而采用的布置方式,如图 2-4 所示。

(2) 通道倾斜式布置,是指仓库的通道斜穿保管区,把仓库划分为具有不同特点的作

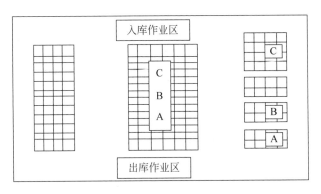

图 2-3 纵横式布置

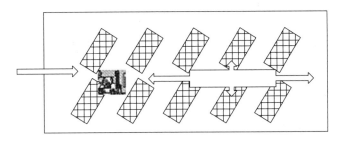

图 2-4 货垛倾斜式布置

业区,如大量存储和少量存储的保管区等,以便进行综合利用。这种布置形式使仓库内形式复杂,货位和进出库路径较多。

2．空间布置

空间布置是指库存货物在仓库立体空间上的布置,其目的在于充分有效地利用仓库空间。进行空间布置时,首先要考虑的是储存货物的存储形式,包括存储货物的位置、尺寸与数量;其次要合理地放置柱、梁、通道,以增加空间使用率;最后要注意保管空间的有效利用,即向上发展、有效利用平面、采用自动仓库等。

空间布置的主要形式有:就地堆码、上货架存放、加上平台、空中悬挂等。货架存放物品有很多优点,概括起来有以下几个方面。

（1）便于充分利用仓库空间,提高库容利用率,扩大存储能力。

（2）物品在货架里互不挤压,有利于保证物品本身和其包装完整无损。

（3）货架各层中的物品,可随时自由存取,便于做到先进先出。

（4）物品存入货架,可防潮、防尘,某些专用货架还能起到防损、防伤、防盗、防破坏的作用。

3．货物布置

（1）根据物品特性分区分类储存,将特性相近的物品集中存放。

（2）将货物进行 ABC 分类，A 类货物尽量布置于靠近走道或门口的地方，C 类货物尽量置于仓库的角落或较偏僻的地方，B 类货物则置于 A 类和 C 类货物之间的地方。

（3）将单位体积大、单位质量大的物品存放在货架底层。

（4）将同一供应商或者同一客户的物品集中存放，以便于进行分拣配货作业。

4. 仓库内非保管场所布置

仓库内货架和货垛所占的面积为保管面积或使用面积，其他则为非保管面积。应尽量扩大保管面积，缩小非保管面积。非保管面积包括通道、墙间距、收发货区、库内办公地点等。

1）通道

库房内的通道，分为运输通道（主通道）、作业通道（副通道）和检查通道。

运输通道供装卸搬运设备在库内行走，其宽度主要取决于装卸搬运设备的外形尺寸和单元装载的大小。运输通道的宽度一般为 1.5~3 米。

2）墙间距

墙间距的作用一方面是使货物和货架与库墙保持一定的距离，避免物品受库外温湿度的影响，同时也可作为检查通道和作业通道。墙间距一般宽度在 0.5 米左右，当兼作作业通道时，其宽度需增加一倍。

3）收发货区

收发货区是供收货、发货时临时存放物品的作业用地。收发货区的位置应靠近库门和运输通道，可设在库房的两端或适中的位置，并要考虑收货发货互不干扰。收发货区面积的大小，则应根据一次收发批量的大小、物品规格品种的多少、供货方和用户的数量、收发作业效率的高低、仓库的设备情况、收发货的均衡性、发货方式等情况确定。

4）库内办公地点

管理人员的办公室设在库内特别是单独隔成房间的是不合理的，既不经济又不安全，所以办公地点最好设在库外。

5. 仓库内部货区布局设计

仓库货区布局，是指根据仓库场地条件、仓库业务性质和规模、物资储存要求以及技术设备的性能和使用特点等因素，对仓库各组成部分，如存货区、理货区、配送备货区、通道以及辅助作业区等，在规定的范围内进行平面和立体的合理安排和布置，最大限度地提高仓库的储存能力和作业能力，并降低各项仓储作业费用。仓库的货区布局和规划，是仓储业务和仓库管理的客观需要，其合理与否直接影响各项工作的效率和储存物资的安全。因此，不但建设新仓库时要重视仓库货区的合理布置，随着技术的进步和作业情况的变化，也应重视对老仓库进行必要的改造。

6. 合理进行库位分区

库位分区是解决货物如何放、放在哪里的问题，是仓库作业的基础，分区是否合理将直接影响仓库作业的效率。

按照仓储作业的功能特点以及 ISO 9000 国际质量体系认证的要求,仓库内部库位一般分为以下四个区域。

(1) 备储区。用于暂存处于检验过程中的货物,有进货暂存区和出货暂存区之分。预备储区中不但应对货物的品质有所保护,而且对于货物分批、分类的隔离也要落实执行。此区域一般采用黄色的标志以区别于其他状态的货物。

(2) 保管储区。此区域的货物大多以中长期状态进行保管,是整个仓储中心的管理重点所在。此区域一般采用绿色的标志以区别于其他状态的货物。

(3) 待处理区。用于储存不具备验收条件或质量不能确认的货物,一般采用白色的标志以区别于其他状态的货物。

(4) 不合格品区。用于储存质量不合格的货物态。

2.3.3 仓库作业功能区域布局

1. 仓库作业基本功能

根据仓储中心的业务要求,结合将来的业务发展,仓储中心必须满足下面几个方面的作业需求。

(1) 进货:包括车辆进货、卸货、点收、理货等。
(2) 储存保管:包括入库、调拨、补充、理货等。
(3) 分拣:订单分拣、拣货分类、集货等。
(4) 出货:流通加工、品检、出货点收、出货装载等。
(5) 运输:车辆调度、路线安排、车辆运输、交递物资等。
(6) 仓储管理:盘点、到期物资处理、移仓与储位调整等。
(7) 逆向物流:退货、卸载、点收、责任确认、废品处理、换货补货等。
(8) 物流后勤:车辆货物出入管理、装卸车辆停车管理、包装中转容器回收、暂存、废物回收处理等。

因此,仓储中心功能分区包括:进货区、储存区、中转区、分拣区(可选)、流通加工区(可选)、仓库管理区、出货区等。

2. 仓库作业基本功能布置

根据场地的条件和物流的需求,仓库作业功能分区布置时,必须对仓库各个作业区域以及区域之间的相互关系进行规划,其步骤如下。

1) 确定各个区域之间的关系

在各类作业区域之间可能存在的活动关系为:①流程上的关系,即建立物料流和信息流之间的关系;②组织上的关系,即建立在各部门组织之间的关系;③功能上的关系,即是区域之间因功能需要而形成的关系。对上述各种关系程度加以分析之后,可作为区域布置规划的参考。在物流中心的布置规划中,可分为物流作业区域、辅助作业区域和厂区活动区三大部分。对物流作业区域规划时,以物流作业流程为主,尽量避免流程的交叉,确保流程的连续性。辅助作业区域是辅助性的区域,必须考虑信息流和有关组织、功能等方面相配合的区域,按重要程度把这些相关区域分为不同级别。区域间关系程度大时,区域间布置尽量相邻或相近。如发货区与称量区应相邻设置。而关系程度低的,尽量分开设置,如库存区与休息室可以分开设置,这样可以防止生活用火用电等对仓库带来的危险。

2) 确定仓库货物流动形式

按各个作业区域的计算面积大小和长宽比例做成缩小的模块,并根据生产流程和各个部门之间的相互关系来设计其相互位置。在空间位置规划之前,要确定物流动线形式。不同物流动线形式决定了其物流的流动方向。直线形流动,适合于出入口在厂房两侧、作业流程简单、规模较小的物流作业,无论订单大小和拣货的多少都要经过厂房。U形流动,适合于出入口在仓库的同侧,根据进出频率大小安排靠近进出口端的储区,缩短拣货和搬运路线。T形流动,适合于出入口在厂房两侧。

3. 作业区空间位置布局

在进行区域位置安排时,第一,确定仓储中心对外的连接形式,即确定卸货台、发货台的位置。第二,决定仓储中心厂房空间范围、大小和长宽比例。第三,决定物流中心内由进货到发货的主要物流流动形式,如直线形、U形等。第四,根据物流中心作业流程顺序安排各区域位置。物流作业区域是从进货作业开始进行布局,根据物料流程前后顺序安排相关位置,如是以仓储为主要功能的物流中心,占用面积较大的储存区就应该首先安排在仓库的中央,然后再是那些占用面积较小的区域,如理货区、发货区、加工作业不是很多的加工区等。第五,决定行政区与物流仓储区的关系,行政区是分开设置,还是集中安排在某一个地方。

经过以上精心布置各个区域位置后,可以绘制区域布置图,如图2-5所示。

仓库平面布置规划实例分析

某仓库占地约6000平方米,总体为一块梯形区域,下底边长约110米,上底边长约90米,宽约为54米,其建成后将为周边区域物资运输提供综合物流服务。仓库规划场地北侧与西侧区域对外连接,交通便利,东侧与南侧为规划道路,规划道路建成后,可考虑与外界的交通连接。由于北侧与西侧区域功能规划较易起步,可有效利用现有道路,对后续工程能起到滚动发展的作用,故工程位置出入口选择在区域北侧与西侧。本仓库主要开展库内物资的交易、中转、分拨、堆存及信息处理等增值服务。

[分析] 仓库设计需结合实际地块形状与面积,并综合考虑周围环境的影响,考虑仓

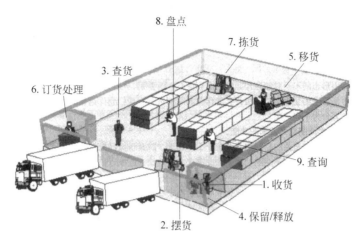

图 2-5 仓库平面布置示意图

容量、车流量、道路通行、物流作业流程及消防的要求。由于该仓储中心物资运输与配送将以箱式货车为主,车长若为 9 米,则车的转弯半径需 18 米左右,故本规划方案中,道路按 8 米宽计算(可保证两辆车通行),装卸连通行场地按 8 米宽计算(保证卸货停车时,另一车辆可通过,以及对车辆转弯半径的考虑),月台按 4 米计算。

结合场地的实际大小,提出以下三种规划方案,以供比较。

方案一:仓库西侧开门处为进货区,仓库北侧开门处为出货区,进货区与出货区前方的装卸连通行场地按 20～22 米宽计算。结合场地实际大小,则规划仓库长约 66 米,宽约 28 米,总建筑面积约 1850 平方米。此方案为仓库南面留出 8 米宽的道路,东面留出 8 米宽的道路,以供车辆通行,如图 2-6 所示。

方案二:在仓库北侧开门处设立进货区与出货区,左侧为进货区,右侧为出货区。进货区与出货区前方的装卸连通行场地按 20～22 米宽计算。结合场地实际大小,规划仓库长约 82 米,宽约 28 米,总建筑面积约 2300 平方米。此方案为仓库南面留出 8 米宽的道路,东面留出 8 米宽的道路,以供车辆通行,如图 2-7 所示。

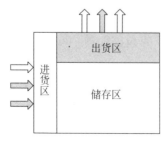

图 2-6 方案一功能布置图

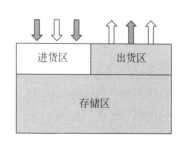

图 2-7 方案二功能布置图

方案三：在仓库北侧开门处设立进货区与出货区，左侧为进货区，右侧为出货区。进货区与出货区前方的装卸连通行场地按 20～22 米宽计算。结合场地实际大小，则规划仓库长约 85 米，宽约 38 米，总建筑面积约 3200 平方米。此方案为仓库南面留出 2 米宽的道路，不做通行用，仅为市政道路将来拓宽时留有余地，如图 2-8 所示。

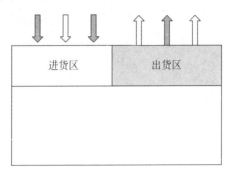

图 2-8　方案三功能布置图

[结论]　本规划设计中三个方案在技术上都可行，主要区别在于进出货装卸平台位置设置不同，以及由装卸平台位置不同引起的规划仓库的面积也有所不同。若进出货数量较多，需要仓容量较大，且资金投入充足，则可考虑方案三中的仓库设计；若物资存储量不需要很大的仓容，则推荐方案二中的仓库设计。

2.4　仓储设备配置

2.4.1　仓储设备配置概述

仓储设备的配置是仓储系统规划的重要内容，关系到仓库建设成本和运营费用，更关系到仓库的生产效率和效益。作为仓库管理人员，应知应会合理选择和使用仓储设备。仓储设备是指仓储业务所需的所有技术装置与机器，即仓库进行生产作业或辅助生产作业以及保证仓库及作业安全所必需的各种机械设备的总称。

1. 仓储设备合理配置

根据仓储的功能、存储对象、环境要求等确定主要设备的配置。见表 2-12。

表 2-12　仓储设备的配置

功能要求	设备类型
存货、取货	货架、叉车、堆垛机械、起重运输机械等
分拣、配货	分拣机、托盘、搬运车、传送机械
验货、养护	检验仪器、工具、养护设施等

续表

功能要求	设备类型
防火、防盗	温度监视器、防火报警器、防盗报警设施等
流通加工	所需的作业机械、工具等
控制、管理	计算机及辅助设备等
配套设施	站台、轨道、道路、场地等

2. 仓储设备的选择原则

(1) 仓储机械设备的型号应与仓库的作业量、出入库作业频率相适应。

(2) 计量和搬运作业同时完成。

(3) 选用自动化程度高的机械设备。

(4) 注意仓储机械设备的经济性。

3. 常用的仓储装卸搬运设备

目前,我国仓库中所使用的装卸搬运设备通常可以分成三类,即装卸堆垛设备、搬运输送设备和成组搬运工具,如:堆垛机、输送机、叉车、起重机。

1) 堆垛机

堆垛机是专门用来堆码或提升货物的机械。

普通仓库使用的堆垛机是一种构造简单、用于辅助人工堆垛、可移动的小型货物垂直提升设备。这种机械的特点是:构造轻巧,能在很窄的走道内操作,减轻堆垛工人的劳动强度,且堆码或提升高度较高,仓库的库容利用率高,作业灵活。因此,在中小型仓库内被广泛使用,主要有有轨堆垛机、无轨堆垛机等类型,如图 2-9 和图 2-10 所示。

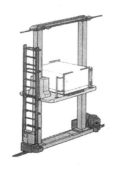

图 2-9 有轨堆垛机

图 2-10 无轨堆垛机

2) 输送机

输送机是一种连续搬运货物的机械。

输送机的特点是在工作时连续不断地沿同一方向输送散料或者重量不大的单件物品,装卸过程无须停车。其优点是生产率高、设备简单、操作简便。缺点是一定类型的连续输送机只适合输送一定种类的物品,不适合搬运很热的物料或者形状不规则的单件货物;只能沿一定线路定向输送,因而在使用上具有一定局限性。

根据用途和所处理货物形状的不同,输送机常见的有带式输送机和辊子输送机,如图 2-11 和图 2-12 所示。

图 2-11 带式输送机

图 2-12 辊子输送机

此外,还有链式输送机、螺旋式输送机、移动式输送机、固定式输送机、重力式输送机和电驱动式输送机等多种设备。

3) 叉车

叉车在仓储作业过程中,是比较常用的装卸设备,有万能装卸机械之称。

叉车是指具有各种叉具,能够对货物进行升降和移动以及装卸作业的搬运车辆。它具有灵活、机动性强、转弯半径小、结构紧凑、成本低廉等优点。叉车的类型很多,按照其动力类型可划分为电瓶和内燃机两大类(内燃机的燃料又分为汽油、柴油和天然气三种);按其基本构造分类,又可分为平衡重式叉车、前移式叉车、侧叉式叉车等,如图 2-13～图 2-15 所示。

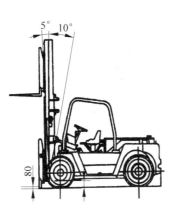

图 2-13 平衡重式叉车

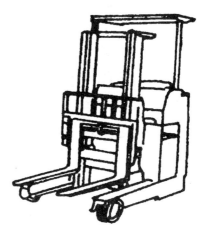

图 2-14 前移式叉车

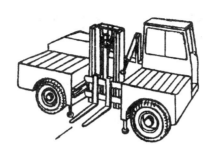

图 2-15 侧叉式叉车

4）起重机

起重机是在采用输送机之前曾被广泛使用的具有代表性的一种搬运机械，它是指将货物吊起，在一定范围内做水平运动的机械。

起重机按照其所具有的机构、动作繁简程度以及工作性质和用途，可以归纳为简单起重机械、通用起重机械和特种起重机械三种。

简单起重机械一般只做升降运动或一个直线方向的运动，只需要具备一个运动机构，而且大多数是手动的，如绞车、葫芦等。

通用起重机械除需要一个使物品升降的起升机构外，还有使物品做水平方向的直线运动或旋转运动的机构。该类机械主要用电力驱动。属于这类的起重机械主要包括：通用桥式起重机、门式起重机、固定旋转式起重机和行动旋转式起重机等。

特种起重机械是具有两个以上机构的多动作起重机械，专用于某些专业性的工作，构造比较复杂。如冶金专用起重机、建筑专用起重机和港口专用起重机等。

4. 装卸搬运设备的配置原则

在选择仓储机械设备时，应对仓储机械的技术经济指标进行综合评价，应遵循以下原则。

（1）仓储机械设备的型号应与仓库的作业量、出入库作业频率相适应。仓储机械设备的型号和数量应与仓库的日吞吐量相对应，仓库的日吞吐量与仓储机械的额定起重量、水平运行速度、起升和下降速度以及设备的数量有关，应根据具体的情况进行选择。

（2）计量和搬运作业同时完成。有些仓库，需要大量的计量作业，如果搬运作业和计量作业不同时进行，势必要增加装卸搬运的次数，降低生产效率。例如，在皮带输送机上安装计量感应装置，在输送的过程中，同时完成计量工作。

（3）选用自动化程度高的机械设备。要选择合适的货架和托盘。托盘的运用大大提高了出入库作业的效率，选择合适的货架同样使出入库作业的效率提高，应提高机械设备的自动化程度，以提高仓储作业的效率。

(4)注意仓储机械设备的经济性。选择装卸搬运设备时,应该根据仓库作业的特点,运用系统的思想,在坚持技术先进、经济合理、操作方便的原则下,企业应根据自身的条件和特点,对设备进行经济性评估,选择合适的机械设备。

5. 配置的方法

(1)根据距离和物流量,确定设备的类别。简单的搬运设备适合于距离短、物流量小的搬运需要;复杂的搬运设备适合于距离短、物流量大的搬运需要。简单的运输设备适合于距离长、物流量小的运输需要;复杂的运输设备适合于距离长、物流量大的运输需要。

(2)根据设备的技术指标、货物特点以及运行成本、使用方便等因素,选择设备系列型号,甚至品牌。在设备选型时要注意以下几点。

① 设备的技术性能。能否胜任工作以及设备的灵活性要求等。

② 设备的可靠性。在规定的时间内能够工作而不出现故障,或出现一般性故障易立即修复且安全可靠。

③ 工作环境的配合适应性。工作场合是露天还是室内,是否有震动,是否有化学污染以及其他特定环境要求等。

④ 经济因素。包括投资水平、投资回收期及性能价格比等。

⑤ 可操作性和使用性。操作是否易于掌握,培训的复杂程度等。

⑥ 能耗因素。设备的能耗应符合燃烧与电力供应情况。

⑦ 备件及维修因素。设备条件和维修应方便、可行。

2.4.2 仓储保管设备

1. 保管设备

保管设备是用于保护仓储商品质量的设备,包括以下几项。

(1)苫垫用品。苫垫用品包括苫布(篷布、油布、塑料布等)、苫席、枕木(楞木、垫木)、垫仓架、水泥条、花岗石块等。主要用于露天货物堆放商品的苫垫以及底层仓库的衬垫,具有防尘、防晒、防雨、防风、防潮等作用。

(2)存储用具。存储用具包括各种类型的货架。常用的有以下几种。

① 托盘货架。托盘式货架是使用最广泛的托盘类货物存储系统,通用性较强。其结构是货架沿仓库的宽度方向分成若干排,其间有一条巷道,供堆垛起重机、叉车或其他搬运机械运行,每排货架沿仓库纵长方向分为若干列,在垂直方向又分成若干层,从而形成大量货格,便于用托盘存储货物,如图 2-16 所示。

② 悬臂式货架。悬臂式货架为边开式货架的一种,可以在架两边存放货物,适合存储长、大件货物和不规则货物,诸如钢铁、木材、塑料等,其前伸的悬臂具有结构轻巧、载重能力好的特点。如果增加隔板,特别适合空间小、高度低的库房,管理方便。悬臂式货架同样可以实现多层应用,如图 2-17 所示。

图 2-16　托盘式货架

图 2-17　悬臂式货架

③ 货格式货架。货格式货架是由一个个货格组成的,在存储时,避免了货物的相互挤压,每个货物是独立的单元,可以实现货物的先进先出。货格式货架是立体仓库货架的主要形式,如图 2-18 所示。货格式货架是最常用的一种货架,在自动化仓库中广泛应用。货格式货架由货格所组成,根据货格的多少,可以将自动化仓库分为大型仓库、中型仓库和小型仓库。

图 2-18　货格式货架

④ 移动式货架。移动式货架的货架底部装有滚轮,开启控制装置,滑轮可以沿轨道滑动。移动式货架平时可以密集相连排列,存取货物时通过手动或电动控制装置驱动货架沿轨道滑动,形成通道,从而大幅度减少通道面积,仓库面积利用率可以达到80%,但由于成本较高,主要在档案管理等重要或贵重物品的保管中使用,如图 2-19 所示。

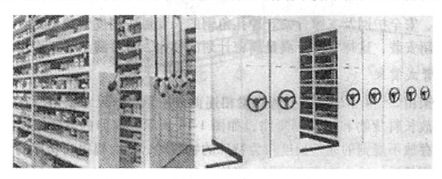

图 2-19 移动式货架

⑤ 驶入/驶出式货架。一般的自动化仓库,有轨或无轨堆垛机的作业通道是专用的,在作业通道上不能储存货物。驶入/驶出式货架仓库的特点是作为托盘单元货物的储存,货位与叉车的作业通道是合一的、共同的,这就大大提高了仓库的面积利用率。驶入/驶出式货架采用钢结构,立柱上有水平突出的构件,叉车将托盘货物送入,由货架两边的构件托住托盘。驶入式货架只有一端可供叉车进出,而驶出式货架可供叉车从中通过,非常便于作业,如图 2-20 所示。

⑥ 旋转式货架。旋转式货架又称为回转式货架。在拣选货物时,取货者不动,通过货架的水平、垂直或立体方向回转,货物随货架移动到取货者的面前。它是适应目前生产及生活资料由少品种大批量向多品种小批量发展趋势而发展起来的一类现代化保管储存货架。如图 2-21 所示。

⑦ 阁楼式货架。阁楼式货架适用于场地有限、品种繁多、数量少的情况,其底层货架不但是保管物料的场所,而且是上层建筑承重梁的支撑,承重梁的跨距大大减小,建筑费用也大大降低。阁楼式货架也适用于现有旧仓库的技术改造,配合使用升降机操作,可以大大提高仓库的空间利用率。

阁楼式货架采用全组合式结构,专用轻钢楼板,造价低,施工快。根据场地情况和使用需要,阁楼式货架可灵活设计成两层、多层各种形式,以充分利用空间,如图 2-22 所示。

⑧ 货橱等。主要用于存放批量小、拆零、贵重等物品,具有易点数、提高仓容利用率等特点。

(3) 辅助用具。辅助用具主要包括平面托盘和立桩折叠式托盘两种。这两种托盘辅助于叉车装卸作业。主要用于体积小或质量比较重的商品,具有点数方便、装卸简便等特点。

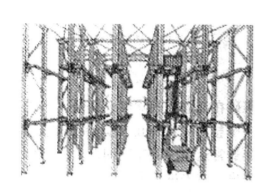

图 2-20 驶入/驶出式货架

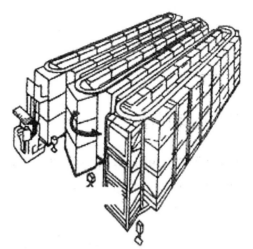

图 2-21 旋转式货架

(a) 两层

(b) 多层

图 2-22 阁楼式货架

2. 选择托盘

托盘是用于集装、堆放、搬运和运输的放置作为单元负荷的货物和制品的水平平台装置。在平台上集装一定数量的单件货物,并按要求捆扎加固,组成一个运输单位,便于运输过程中使用机械进行装卸、搬运和堆存。

1) 托盘特点

(1) 托盘的搬运采用机械操作,减少货物堆码作业次数,从而有利于提高运输效率,缩短货运时间,降低劳动强度。

(2) 以托盘为运输单位,货运件数变少,体积重量变大。如果每个托盘所装货物数量相等,既便于点数、理货交接,又可以减少货损货差事故。

(3) 投资比较小,收益比较快。

2）熟悉常用托盘的种类及其使用

托盘的种类繁多，结构各异，目前国内外常见的托盘主要有以下五种。

（1）平板托盘——又称平托盘，是托盘中使用量最大的一种，是通用托盘。由双层板或单层板另加底脚支撑构成，无上层装置，在承载面和支撑面加以纵梁，可使用叉车或搬运车进行作业。按其材质的不同，有木制、塑制、钢制、竹制、塑木复合等，如图2-23所示。

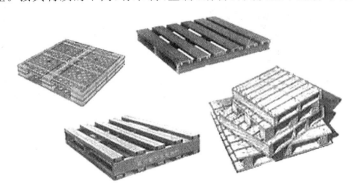

图 2-23　平托盘

（2）箱式托盘——是指在托盘上面带有箱式容器的托盘。箱式托盘是在托盘基础上发展起来的，多用于存放形状不规则的物料、散件或散状物料的集装，金属箱式托盘还用于热加工车间集装热料。一般下部可叉装，上部可吊装，并可进行码垛（一般为四层），如图2-24所示。

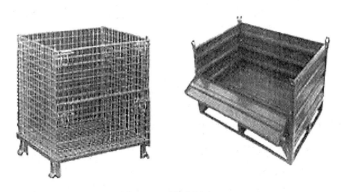

图 2-24　箱式托盘

（3）柱式托盘——在托盘上部的四个角有固定式或可卸式的立柱，有的柱与柱之间有连接的横梁，使柱子成门框型。柱式托盘在平托盘上装有四个立柱，其目的是在多层堆码保管时，保护好最下层托盘货物。托盘上的立柱大多采用可卸式的，高度多为1200毫米左右，立柱的材料多为钢制，耐荷重3吨，自重30千克左右，如图2-25所示。柱式托盘的特点是在不压货物的情况下可进行码垛(一般为四层)。多用于包装物料、棒料管材等的集装。还可以成为可移动的货架、货位；不用时，可叠套存放，节约空间。近年来，在国外推广迅速。

（4）物流台车。物流台车是在平托盘、柱式托盘或网箱托盘的底部装上脚轮而成，既便于机械化搬运，又宜于短距离的人力移动。适用于企业工序间的物流搬运，也可在工厂或配送中心装上货物运到商店，直接作为商品货架的一部分，如图 2-26 所示。

图 2-25　柱式托盘　　　　图 2-26　物流台车

（5）特种专用托盘——这类托盘是根据产品特殊要求专门设计制造的托盘，如平板玻璃托盘、油桶专用托盘、轮胎托盘等。

 托盘的标准化

托盘的标准化是物流领域的一个非常重要的问题。托盘如果只是在工厂和仓库使用，是不能充分发挥其效益的，只有全程托盘化，才能取得良好的效果。这就必然涉及托盘的标准化问题。

2.4.3　自动化立体仓库设备配置

1. 自动化立体仓库的概念

自动化立体仓库采用高层货架以货箱或托盘储存货物，用巷道堆垛起重机及其他机械进行作业，如图 2-27 所示。

自动化仓库是集声、光、电及计算机管理为一体的高度自动化的全封闭储存设备。它充分利用垂直空间，最大限度地优化存储管理，在一些场所中，自动货柜就是一个高效、便捷的小型立体仓库。

自动货柜通过计算机、条形码识别器等职能工具进行管理，使用非常方便，只要按动按键，内存货物即到进出平台，可自动统计、自动查找，特别适用于体积小、价值高的物品

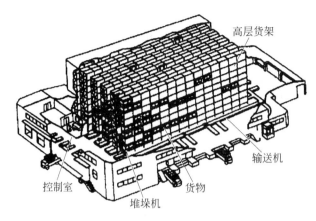

图 2-27 自动化仓库

的储存管理,也适合于多品种、小批量的物品管理。

2. 自动化立体仓库的组成

自动化立体仓库从建筑形式上看,可分为整体式和分离式两种。整体式是库房货架合一的仓库结构形式,仓库建筑物与高层货架相互连接,形成一个不可分开的整体。分离式仓库是库梁分离的仓库结构形式,货架单独安装在仓库建筑物内。

自动化立体仓库由仓库建筑、高层货架、巷道式堆垛起重机、水平搬运系统和控制系统组成。其主体和货架为钢结构或钢筋混凝土结构,在货架内是标准尺寸的货位空间,巷道堆垛机穿行于货架之间的巷道中完成存、取货的工作。

自动化立体仓库的周边设备,主要有液压升降平台、棍式输送机、台车、叉车、托盘等。这些设备与堆垛机相互配合,构成完整的装卸搬运系统。

控制堆垛机和各种周边设备的运行是由控制系统来完成的,它是自动化立体仓库的"指挥部"和"神经中枢"。自动化立体仓库的控制形式有手动自动控制、随机自动控制、远距离控制和计算机全自动控制四种形式。随着电子技术的发展,电子计算机在仓库控制中日益发挥重要作用。

3. 自动化立体设备配置

1)货架

目前国内外大多数立体仓库都采用钢货架,其优点是构件尺寸小,仓库空间利用率高,制作方便,安装建设周期短。在货架内是标准尺寸的货位空间,一个货位的唯一地址由其所在的货架的排数、列数及层数来确定,自动出入库系统据此对所有货位进行管理。

2)巷道机

在两排高层货架之间一般留有 1~1.5 米宽的巷道,巷道机在巷道内做来回运动,巷道机上的升降平台可做上下运动,升降平台上的存取货装置可对巷道机和升降机确定的某一个货位进行货物存取作业。

3) 周边搬运系统

周边搬运系统所用的机械常有输送机、启动导向车等,其作用是配合巷道机完成货物的输送、转移、分拣等作业;同时当高架仓库内主要搬运系统因故障停止工作时,周边设备可以发挥作用,使立体仓库继续工作。

4) 控制系统

自动化立体仓库的计算机中心或中央控制室接收到出库或入库信息后,由管理人员通过计算机发出出库或入库指令,巷道机、自动分拣机及其他周边搬运设备按指令启动,共同完成出库或入库作业,管理人员对此过程进行全程监控和管理,保证存取作业按最优方案进行。

2.4.4 仓储其他设备

1. 计量检验设备

计量设备是指商品在入库验收、在库检查和出库交接过程中使用的度量衡工具,包括磅秤、杆秤、地重衡、轨道衡、电子秤、流量计、检尺器、长度计量仪、自动计数器等。

计量设备主要用于商品出入库的计量、点数,以及库存期间的盘点、检查等。计量设备必须具有准确性、灵敏性、不变性及稳定性等特点。

2. 安全与养护设备

(1) 安防设备。安防设备由闭路电视监控系统、门禁系统和闯入报警系统等组成,其主要目的是防止人员和货物在未经许可的情况下进出仓库。

(2) 消防设备。消防设备包括警报器、各式灭火器、水源设备、砂土箱、水桶、水龙带等。主要用于灭火和防火。

(3) 养护设备。养护设备主要有温湿度计、测潮仪、吸湿器、烘干机、通风机、空调机等,用于养护商品以防止商品变质。在华南地区,因为常年温度高、湿度大,物资储存天然环境较差,对物资养护设备要求更高。

(4) 劳动防护设备。劳动防护设备是指用于确保仓库职工在作业中的人身安全的一些防护用具和用品。

复 习 思 考

一、填空题

1. 仓库规划中要充分考虑到(　　　)的影响,尤其是(　　　)。仓库的(　　　)主要包括库场的建设费用、设施和设备的购置费用、人员工资和运营中的各项费用等。在遵循经济性原则时,要以(　　　)作为中心指标。

2. 现代仓库在（　　）、（　　）、（　　）和整体规划方面都要呈现出高效、清洁、柔和、整齐的独特风格。

3. （　　）是影响货物变化的主要自然因素。

4. 通道的规划由（　　）、（　　）和作业路线等因素决定。

5. 地面（　　）是由所保管货物的（　　）、（　　）、（　　）高度和使用的装卸搬运机械等决定的。

二、判断题

1. 仓库规划要具备战略眼光。一是要考虑全局，二是要考虑长远。（　　）

2. 仓库建筑主要包括梁柱结构（包括钢筋混凝土结构、钢架结构等）、屋顶结构、屋面形式、外墙设计。（　　）

3. 在设计容器时，应尽量选用厂内外通用的标准容器，不仅适于现代仓库的内部使用，也适于外部运输使用。（　　）

4. 仓库建筑物的高度，取决于在库内移动产品的物料搬运成本和仓库的建筑及维护成本之间的对比关系。（　　）

5. 仓库网点就是负责某一地区的一个点、组织或企业的物资中转供应的所有仓库。（　　）

6. 仓库规模是指仓库能够容纳货物的最大数量或总体积。（　　）

7. 仓库平面布置要求按照"布局整齐、紧凑适用、节省用地、方便生产、便于管理"的原则来进行。（　　）

8. 对于单间的无大型设备的仓库，取 1000～2000 平方米为宜。（　　）

9. 单层仓库一般为 5 米，多层仓库的底层为 4～5 米，上层为 3.5～4 米，一些采用起重机的库房，其高度可达 8 米以上。（　　）

10. 仓库一般可以划分为生产作业区、辅助作业区和行政生活区三大部分。（　　）

三、单项选择题

1. （　　）是经海关批准，在海关监管下专供存放未办理关税手续而入境或过境物资的场所。
   A. 特种仓库　　　B. 公用仓库　　　C. 保税仓库　　　D. 出口监管仓库

2. （　　）可以用来表示出入库频率。
   A. 库存量利用系数　　　　　　　B. 单位面积的库容量
   C. 全员平均劳动生产率　　　　　D. 装卸作业机械化程度

3. 初选仓库地址一般用（　　）。
   A. 重心法　　　B. 数值分析法　　　C. HOOVER 法　　　D. 图上描点法

4. （　　）是基于影响设施选址的诸多因素而设计的一种选址定量分析的方法。
   A. 数值分析法　　　　　　　　　B. 多仓库的选址方法

C. 重心法　　　　　　　　　　　　D. 综合因素分析法
5. 果蔬食品仓库的选址一般选择在（　　）。
   A. 城郊的独立地段　　　　　　　　B. 城市边缘,对外交通运输干线附近
   C. 入城干道处　　　　　　　　　　D. 加工厂、毛皮处理厂等附近
6. 冷藏品仓库的选址一般选择在（　　）。
   A. 城郊的独立地段　　　　　　　　B. 城市边缘,对外交通运输干线附近
   C. 入城干道处　　　　　　　　　　D. 加工厂、毛皮处理厂等附近
7. 货垛整齐美观、存取查点方便、通风采光良好,但仓容利用率降低,这是（　　）布局方式。
   A. 纵列式　　　B. 横列式　　　C. 混合式　　　D. 倾斜式
8. 可以根据库存物资在库时间的不同和进出频繁程度安排货位,这是（　　）布局方式。
   A. 纵列式　　　B. 横列式　　　C. 混合式　　　D. 倾斜式
9. 对于机械化程度高的大型仓库,其面积可达（　　）。库房的长度应大于装卸线长度,库房的宽度可取长度的1/8～1/3。
   A. 1000～2000平方米　　　　　　B. 1500～2500平方米
   C. 2000～3000平方米　　　　　　D. 2500～3500平方米
10. 小型仓库的宽度一般在10～13米,中型仓库为（　　）。
    A. 10～15米　　B. 15～25米　　C. 20～30米　　D. 20～25米

四、简答题

1. 名词解释
   仓库　仓库选址　重心法　仓库网点规划　仓库布局
2. 仓库规划一般要遵循哪些原则？
3. 简述仓库的长、宽、高组合设计。
4. 简述仓库主要设施的设计。
5. 简述仓库选址的步骤。
6. 仓库选址应考虑哪些因素？
7. 仓库数量决策应考虑哪些因素？
8. 仓库货区布置的基本思路有哪些？
9. 如何确定仓库的规模？
10. 简述装卸搬运设备的配置原则。

五、案例分析

家乐福的选址

家乐福(Carrefour)经过45年的不断发展、整合与创新,现在已成为全球第二大零售

商,是目前世界上仅次于美国沃尔玛的著名连锁超市集团。

家乐福进入中国市场前,进行了大量的第一手资料调查。它的调查报告显示,中国是具有全球最大消费潜力的、令人向往的市场。

1995年进入中国市场后,5年时间里,它在中国14个城市开了26家分店,甚至坐上了全国零售企业第三把交椅。短时间内,家乐福便在相距甚远的北京、上海和深圳三地开设了超市。除了已有的上海、广东、浙江、福建及胶东半岛等各地的采购网络,家乐福还在2004年年底分别在北京、天津、大连、青岛、武汉、宁波、厦门、广州及深圳开设了区域化采购网络。从1995年落户北京国际展览中心至今,家乐福犹如一位不知疲倦的巨人,一直在不停地忙着开设新店。

家乐福超市的选址一般是在城市边缘的城乡接合部,为了靠近中心城区和大型居住区,其超市通常都开在十字路口。

家乐福每开一家分店,首先会对当地商圈进行详细而严格的调查与论证,历时都在一年以上,涉及的调查范围包括文化、气候、居民素质、生活习惯及购买力水平、竞争状况等诸多方面。它会根据小区的远近程度和居民可支配收入,再划定重要销售区域和普通销售区域。2~5千米商圈半径是家乐福在西方选址的标准。

如果一个未来的店址周围有许多的公交车,或是道路宽敞、交通方便,那么销售辐射的半径就可以大为放大。

未来潜在销售区域会受到很多竞争对手的挤压,所以家乐福也会将未来所有的竞争对手计算进去。传统的商圈分析中,需要计算所有竞争对手的销售情况、产品线组成和单位面积销售额等情况,然后将这些估计的数字从总的区域潜力中减去,这样未来的销售潜力就产生了。但是这样做并没有考虑到不同对手的竞争实力,所以有些商店在开业前索性把其他商店的短板摸个透彻,以打分的方法发现它们的不足之处,比如环境是否清洁、哪类产品的价格比较高、生鲜产品的新鲜程度如何等,然后依据精确的调研结果进行具有杀伤力的打击。

家乐福在管理方面最有影响力的就是它的以门店为中心的管理体系。家乐福的使命是:"我们所有的努力是为了让顾客满意。我们的零售活动是通过对商品及品质的选择和提供最佳价格,来满足顾客的多变需求。"

(资料来源:http://www.mywoo.cn/bbsAndex.php)

讨论

1. 家乐福选址策略有哪些?
2. 结合案例谈谈选址的意义。

第 3 章 入库作业组织

【学习目标】

通过本章学习熟悉商品入库前准备工作、了解入库流程；掌握货物入库物动量 ABC 分类计算、货物组托技巧；掌握入库表单制作方法；能够科学设计货位；高效组织货物入库。

【本章要点】

本章主要介绍入库作业、物动量、货物组托、入库表单制作和流转、入库流程、储存方案设计。

某公司食品储存管理制度

1. 储存环境

(1) 仓库要求通风、干燥、明亮、清洁、通畅。

(2) 仓库区严禁烟火，配置适量的消防器材。

(3) 仓库应有防鼠、防潮、防霉变措施。

2. 存放与保管

(1) 能上架的物资最好上架储存，一般应上轻下重，以保持货架稳固。

(2) 不能上架的物资，在规定的区域堆放。

(3) 货架分区、分类排放整齐。

(4) 外观相似的产品避免相邻摆放，摆放要便于清点和搬运。

(5) 仓库堆放的物资，其堆放高度以不损伤物资、不使货架变形为宜。

(6) 储存品应分类别、入库日期进行必要的隔离和标识，以便先进先出。

(7) 易损物资、危险物品设专区摆放并给予醒目标识。危险化学品要严格管理，专区存放。

(8) 有储存期要求的物资，须有必要的标识，并坚持先进先出的原则。

(9) 按物资的分类建立台账。账、卡、物应一致。

（10）仓库仓管员应经常查看库存物资，并做好产品的定期盘点工作。盘点或日常检查中发现物资有异常时（如超过储存期限或变质），应予隔离、标识、评审处置。

（资料来源：http://wenku.baidu.com/view/2175bfea5ef7ba0d4a733bee.html）

思考

1. 食品储存中对储存环境有什么要求？
2. 食品仓储保管中有哪些注意事项？

3.1 货物入库概述

3.1.1 货物入库准备

根据商品入库凭证，在接收入库商品前要进行卸货、查点、验收、办理入库手续等。按照作业流程要求，根据货物的属性要求，设计货位，准备相应的入库设备以及相关单证。

仓库应根据仓储合同或者入库单、入库计划，及时地进行库场准备，以便货物能按时入库，保证入库过程顺利进行。仓库的入库准备需要由仓库的业务部门、仓库管理部门、设备作业部门分工合作，共同做好以下工作。

1. 熟悉入库货物

仓库业务、管理人员应认真查阅入库货物资料，必要时向存货人询问，掌握入库货物的品种、规格、数量、包装状态、单件体积、到库确切时间、货物存期、货物的理化特性、保管的要求等，据以精确和妥善地进行库场安排、准备。

2. 掌握仓库库场情况

了解在货物入库期间、保管期间仓库的库容、设备、人员的变动情况，以便安排工作。必要时对仓库进行清查，清理归位，以便腾出仓容。对于必须使用重型设备操作的货物，一定要确保可使用设备的货位。

3. 制订仓储计划

仓库业务部门根据货物情况、仓库情况、设备情况，制订仓储计划，并将任务下达到各相应的作业单位、管理部门。

4. 仓库妥善安排货位

仓库部门根据入库货物的性能、数量、类别，结合仓库分区分类保管的要求，核算货位大小，根据货位使用原则，妥善安排货位、验收场地、确定堆垛方法、苫垫方案等准备工作。

5. 做好货位准备

仓库员要及时进行货位准备，彻底清洁货位，清除残留物，清理排水管道（沟），必要时安排消毒除虫、铺地。详细检查照明、通风等设备,发现损坏及时通知修理。

6. 准备苫垫材料、作业用具

在货物入库前,根据所确定的苫垫方案,准备相应的材料,并组织衬垫铺设作业。对作业所需的用具,准备妥当,以便能及时使用。

7. 验收准备

仓库理货人员根据货物情况和仓库管理制度,确定验收方法。准备验收所需的点数、称量、测试、开箱装箱、丈量、移动照明等工具。

入库商品必须具备下列凭证:入库通知单和订货合同副本;供货单位提供的材质证明书、装箱单、磅码单、发货明细表等;商品承运单位提供的运单。若商品在入库前发现残损情况,还要有承运部门提供的货运记录或普通记录,作为向责任方交涉的依据。

核对凭证就是将上述凭证加以整理全面核对。入库通知单、订货合同要与供货单位提供的所有凭证逐一核对,相符后才可以进行下一步检验工作。

8. 装卸搬运工艺设定

根据货物、货位、设备条件、人员等情况,合理科学地制定卸车搬运工艺,保证作业效率。

9. 文件单证准备

仓库员对货物入库所需的各种报表、单证、记录簿等,如入库记录、理货检验单、料卡、残损单等预填妥善,以备使用。

10. 核对凭证

核对凭证,也就是对各种相关凭证进行全面整理核对。第一,入库通知单和订货合同副本,这是仓库接受货物的凭证。第二,供货单位提供的材质证明书、装箱单、磅码单、发货明细表等。第三,货物承运单位提供的运单,若货物在入库前发现残损情况,还要有承运部门提供的货运记录或普通记录,作为向责任方交涉的依据。

11. 货物接运

做好货物接运业务管理的主要意义在于,防止把在运输过程中或运输之前已经发生的货物损害和各种差错带入仓库,减少或避免经济损失,为验收和保管创造良好的条件。接运方式大致有四种:车站、码头接货;专用线接车;仓库自行接货;库内接货。

12. 货物入库流程

货物入库流程见图 3-1。

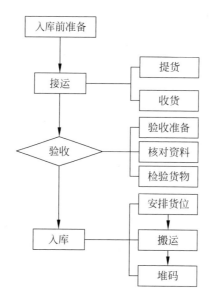

图 3-1 货物入库流程

3.1.2 货物入库

1. 入库交接

入库物品经过点数、查验之后,可以安排卸货、入库堆码,表示仓库接收物品,在卸货、搬运、堆垛作业完毕,与送货人办理交接手续,并建立仓库台账。

1)交接手续

交接手续是指仓库对收到的物品向送货人进行确认,表示已接收物品。办理完交接手续,意味着分清运输、送货部门和仓库的责任。完整的交接手续包括以下几个方面。

（1）接收物品。仓库通过理货、查验物品,将不良物品剔出、退回或者编制残损单证等明确责任,确定收到物品的确切数量、物品表面状态良好。

（2）接收文件。接收送货人送交的物品资料、运输的货运记录、普通记录等,以及随货在运输单证上注明的相应文件,如图纸、准运证等。

（3）签署单证。仓库与送货人或承运人共同在送货人交来的送货单、交接清单(表 3-1)上签署并留存相应单证。

表 3-1 到/接货交接单

收货人	发站	发货人	品名	标记	单位	件数	重量	号车	运单号	货位	合同号
备注											

送货人　　　　　　接收人　　　　　　经办人

2) 登账

物品入库,仓库应建立详细反映物品仓储的明细账,登记物品入库、出库、结存的详细情况,用以记录库存物品动态和入出库过程。

登账的主要内容有:物品名称、规格、数量、件数、累计数或结存数、存货人或提货人、批次、金额、货位号或运输工具、接(发)货经办人。

3) 立卡

物品入库或上架后,将物品名称、规格、数量或出入状态等内容填在料卡上,称为立卡。料卡又称为货卡、货牌,插放在物品下方的货架支架上或摆放在货垛正面明显位置。

入库作业所使用的中长期存货区域称为保管区,是仓库面积最大而且最主要的货区。保管货区的规划应考虑以下几点:①地面承载能力。②货物状况。根据储存货物的品种、规格、数量、重量、尺寸、形状等确定储存方式等。③出入口以及通道。应根据货物、运输工具等的状况,确定出入口大小、位置、数量以及通道的宽窄、走向等。通道与货区应以不同的颜色示出。④其他因素。如消防设施、非货区、照明等。

2. 货物分类

货物分类就是按照货物大类、性质和它的连带性将货物分为若干类,分类集中存放,以利收发货与保管业务的进行。

1) 货物的分区分类

货物分区分类就是对储存货物在"四一致"(货物性能一致、养护措施一致、作业手段一致、消防方法一致)的前提下,把货物储存区划分为若干保管区域,根据货物大类和性能等划分为若干类别,以便分类集中保管。如钢材区、建材区、化工区等。

2) 货物分区分类的作用

(1) 可以缩短货物收、发作业时间。

(2) 可以合理地使用仓容。

(3) 可以使保管员掌握货物进、出库活动规律,熟悉货物性能,提高保管技术水平。

(4) 可以合理配置和使用机械设备,提高机械化操作程度。

3) 货物分区分类的原则

(1) 存放在同一货区的货物必须具有互容性。

(2) 保管条件不同的货物不应混存。

(3) 作业手段不同的货物不能混存。

(4) 灭火措施不同的货物决不能混存。

3. 货物分区分类方法

（1）按货物的种类和性质分区分类，即按货物的自然属性归类，并集中存放在适当场所，这是大多数仓库采用的方法。

（2）按不同货主来分区分类。

（3）按货物流向分类。

（4）按货物危险性质分区分类。

3.1.3 入库表单制作

1. 填写入库单

1）了解入库单

货物入库单是记录入库货物信息的单据，应该记录货物的名称、货物编号、实际验收数量、货物价值及价格等内容。根据入库货物来源的不同，可以把入库单分为外购货物入库单、成品入库单、退货入库单等。货物入库单格式见表 3-2。

表 3-2 货物入库单

采购合同号： 　　件数： 　　入库时间：

货物名称	品种	型号	编号	数量			进货单位	金额	结算方式	
				进货量	实点量	量差			合同	现款

采购部经理： 　　采购员： 　　仓库管理员： 　　核价员：

货物入库单一般为一式三联。第一联留作仓库登记实物账；第二联交给采购部门，作为采购员办理付款的依据；第三联交给财务记账。如果需要的话，也可适当地增加一联，交给送货人员留作货物已经送达的依据。

2）掌握填写方法

货物验收合格后，仓库管理人员要根据验收情况和验收结果，据实填写货物入库单。在填写货物入库单、成品入库单、退料入库单时，一定要做到内容完整、字迹清晰，并于每天工作结束后，把所有入库单的存根联整理好，进行统一保存。另外，在仓库管理实务中，根据需要还可能填写一些其他的报表，如成品原料明细表、包装和运送日报表、材料进库日报表、货物收发日报表、材料收发日报表、货物收货日报表、货物交货日报表等。

2. 登记明细账

为了便于对入库货物的管理，正确反映货物的入库、出库和结存情况，并为对账、盘点等作业提供依据,仓库管理人员要建立实物明细账,以记录库存货物的动态。

1) 选择账册类型

实物明细账有两种:一种是无追溯性要求的普通实物明细账,另一种是有追溯性要求的库存实物明细账。仓库管理人员要根据对货物的具体保管要求,选择适当的账册来记录货物的库存情况。

(1) 普通实物明细账

普通实物明细账适用于只需反映库存动态的货物,如进入流通环节的货物或企业内的工具、备品备件等,应该包含的内容见表3-3。

表3-3 普通实物明细账

年		凭证		摘要	收入	发出	结存
月	日	种类	号码				

(2) 库存实物明细账

库存实物明细账适用于需要区分批次、有一定追溯要求的货物,如企业生产所需的零部件、原材料等,应该包含的内容见表3-4。

表3-4 库存实物明细账

年		凭证		摘要	收入		发出		结存		其中(A)			其中(B)			其中(C)		
月	日	种类	号数		批号	数量	批号	数量	批号	数量	批号	数量	库存	批号	数量	库存	批号	数量	库存

2) 掌握登账方法

为了保证实物明细账的准确性、可用性,仓库管理人员在填写账册时要做到实事求是,依据合法的凭证,掌握正确的记录方法,采用恰当的书写方式。

登账凭证的要求:必须以正式合法的凭证,如货物入库单、出库单、领料单等为依据。

记录方法的要求:要按照时间顺序连续、完整地填写各项记录,不能隔行、跳页,并对账册依次编号,在年末结存转入新账后,旧账册应交给档案部门妥善保管。

书写要求:必须使用蓝黑墨水笔,并注意书写内容的工整、清晰,数字最好只占空格的2/3,以便于改错。

记账改错要求：发现记账错误时，不得刮擦、挖补、涂抹或用其他药水更改字迹，应该在错误处画一红线，表示注销，然后在其上方填写正确的文字或数字，并在更正处加盖更改人的印章，红线画过后的原来字迹必须可以辨认。

3．设置保管卡

货物保管卡又叫货卡、料卡，它是一种实物标签，是仓库管理人员管理货物的"耳目"。

1）确定保管卡内容

货物保管卡主要包括以下三方面内容：第一，货物的状态，如待检、待处理、不合格、合格等；第二，货物的名称、规格、供应商和批次等；第三，货物的入库、出库与库存动态等信息。

货物保管卡的内容不是一成不变的，可以根据仓储业务的具体情况和特别要求，对其内容进行适当的调整。比如，对于设置了专门的待检区、待处理区、合格货物区、不合格货物区的仓库，保管卡上可以省略货物的状态；但为了便于对货物的库存量进行控制和管理，则可以在保管卡上增设货物的估计用量、安全存量、订货点等信息，具体内容可以见表3-5。

表 3-5　货物保管卡

货位编号：　　　　　　　　标示日期：

材料名称		用途				
材料编号		主要供应商				
估计年用量		订货期		经济订量		
安全存量		代替品				
月份	实际用量	需求计划				平均单价
一月						
二月						
⋮						
十二月						
合计						
收发记录						
日期	单据号码	发出量	库存量	收料量	退回	订货记录	备注

2）规范设置保管卡

使用货物保管卡，不但能够便于仓库管理人员随时进行实物核对，有利于货物进出库业务的及时进行，减少差错的发生，而且便于合理组织相关作业，提高仓库作业效率的目的。

为了使保管卡的作用充分发挥出来，在设置保管卡时要注意三个问题：第一，选择适当的地方放置保管卡。一般把保管卡悬挂在上架货物的下方或放在货物堆垛上，位置要明显、牢固，且便于随时书写。第二，及时更新保管卡的内容。使用保管卡时，一定要根据作业的内容及时更新卡上的信息。第三，按照要求设置保管卡。新货物入库时要为其设立专门的保管卡，货物入库、出库、盘点后，立即在保管卡的相应位置填写具体信息，某货物清库后要收回保管卡，并放在该货物的档案中。

4. 建立货物档案

建立货物档案就是把与入库作业过程有关的、在具体操作过程中填写的各种资料、单据、凭证进行分类保存，从而详细地了解货物入库前后的活动全貌。这样做有助于总结和积累仓库保管经验，研究货物入库管理的规律，提高仓库科学管理的水平。

1）收集档案资料

货物档案反映了货物从入库、保管及出库的所有变化过程的信息。为了建立完善货物档案，仓库管理人员需要收集整个过程的有关资料。

货物入库时的资料：货物出厂时的各种凭证和技术资料，如货物技术证明、合格证、装箱单、发货明细表等；货物运输过程中的各种单据，如运输单、货运记录、提货单等；货物验收入库的入库通知单、验收记录、磅码单、技术检验报告等。

货物保管时的资料：货物在库保管期间的检查、保养、损益、变动等情况，以及库内外温度、湿度的记载及其对货物的影响。

货物出库时的资料：货物出库时的凭证，如领料单、出库通知单、调拨单、发运单等。

2）建立并保管档案

在货物入库后，仓库管理人员应该先收集货物入库时的资料，并建立货物档案，加以妥善保存。

3.2 入库流程管理

3.2.1 入库作业流程

在一般的第三方物流公司、工业或商业企业，一定会涉及商品或货物的入库作业。入库作业也叫收货作业，它是仓储作业的开始。入库作业是指从商品或货物被运送到仓储中心开始，经过验单、装卸搬运、分类、编码、验收等环节，确认商品或货物后按预定的货位储存入库等一系列的工作过程。入库的工作质量,直接影响到商品或货物的储存保管以及出库作业等工作的顺利进行。

入库作业的主要任务是:清点商品或货物的数量,检查商品或货物的质量和包装质量;合理地组织各种收货手续与程序;分清厂家、运输部门及仓储部门之间的责任。组织过程要做到手续简便,认真把关,保证质量,缩短商品或货物的入库时间,降低入库的成本,为商品或货物有效、合理、及时地使用做好充分的准备。

入库方式虽然有很多种,但基本的入库作业流程大致相同,接、提货人员或发货运输单位送货到仓库与保管员办理内部交接手续时,仓库保管员须根据到货单证,对货物进行初检。

1. 接货准备

其准备工作包括准备停车位置,安排卸货的机具和人员,提供货物暂放待检位置等,避免出现因安排不合理而出现送货车辆没有停车位置卸货而等待时间过长;卸货的机具和人员紧张而影响正常的卸货速度,货物暂放待检区域没有及时腾出位置而无法堆放等问题。

2. 核对到货凭证

货物运抵仓库收货区域后,仓库收货人员首先要检验货物入库凭证,然后按照货物入库凭证所列的收货单位、货物名称、规格数量等具体内容与货物各项标志核对。如发现送错,应该拒收退回;一时无法退回的,应该进行清点并另行存放,然后做好记录,待联系后处理,经过复查核对无误后,即可进行下一步流程。

3. 大件点收

大件点收,是按照货物的大件包装进行数量清点。点收的方法有两种:一是逐件点数计总法,二是集中堆码点数法。

逐件点数,若仅靠人工点记则费时、费力,并且容易出错,可以采用简易计算器,计数累计以得总数。但对于花色品种单一、包装大小一致、数量大或者体积较小的货物,可以采用集中堆码点数法,即把入库的货物堆成固定的垛形(或置于固定容量的货架),排列整齐,每层、每行、每列的件数一致,便于累计得到总数。大件点收时还应该注意以下事项。

(1) 件数不符。接货大件点收中,如发现件数与通知单所列不符,数量短少,经反复确认以后,应立即在送货单右联上批注清楚,按实数签收,同时还需要接货人员和承运人共同签章。经过验收核对确实,由保管人员将查明短少货物的品名、规格、数量等通知运输部门、发货单位和收货单位。如发现到货数量多出,则可以灵活处理,如此货物确实比较急需,后续又还有订单,则可以采取先暂且收货,并及时通知运输部门、发货单位和收货单位,后续补发订单和各种到货凭证,或者核销后面的订单;如后续不再需要此货物,则要求退回。

(2) 货物串库。收货人员在点收本地入库货物时,如发现部分到货与单证内容不符,属错送来库的情况(俗称串库)时,应该将这部分到货另行堆放,待应收的货物点收完毕后,由送货人员带回,并在签收时如数减除。如在验收、堆码时才发现串库货物,收货人员应该及时通知送货人员办理退货更正手续,不符的货物由送货或运输人员带回。

(3) 包装异状。收货中如发现货物包装有异状时,收货人员应该会同送货人员开箱、拆包检查,查明确有残损或短少情况,由送货人员出具货物入库异状记录,或在送货单上注明。同时,应该通知保管人员另行堆放,勿与以前入库的同种货物混堆在一起,以待处理。

(4) 货物异状损失。货物异状损失是指接收货物时发现货物异状或损失的问题。设有铁路专用线的仓库,在接收货物时如发现短少、水渍、玷污、损坏等情况,由仓库收货人员直接向交通运输部门交涉。如遇车皮或船舱铅封损坏,经双方会同清查点验,确有异状损失等情况,应该向交通运输部门按章索赔。如该批货物在托运之时,发货方另有附言,损失责任不属于交通运输部门,亦应请其做出普通记录,以明责任,并作为必要时向供货单位要求赔偿损失的凭证。

4. 检查包装

在大件点收的同时,对每件货物的包装和标志要进行认真的查看。检查包装是否完整、牢固,有无破损、受潮、水渍、油污等异状。货物包装的异状,往往是货物受到损害的一种外在表现。如果发现异状包装,必须单独存放,并打开包装详细检查内部货物有无短缺、破损和变质。逐一查看包装标志,目的在于防止不同的货物混入,避免差错,并根据标志指示操作,确保入库储存安全。

5. 办理交接手续

入库货物经过上述流程,就可以与接货人员办理货物交接手续。交接手续通常是由仓库保管员在送货回单上签名表示货物收讫。如果上述流程中发现差错、破损等情形,必须在送货单上详细写明或由接货人员出具差错、异状记录,详细写明差错数量、破损情况等,以便与交通运输部门分清责任,作为查询处理的依据。

3.2.2 入库方式及其注意事项

入库方式是指仓库商品或货物来源的方式,也叫做入库接运方式。包括到承运单位提货、到铁路专用线接货、到供货单位提货、供货单位送货到库、承运单位送货到库、过户、转库和零担到达等。它是入库作业流程的第一道作业环节,涉及供应商、承运商、保险公司及收货单位等当事人的权利和义务关系,是仓库直接与外部发生的经济联系,因此搞好入库交接是入库作业的重要环节。

由于入库接运工作直接与交通运输部门接触,所以做好接运工作还需要熟悉交通运输部门的要求和制度。例如,发货人和运输部门的交接关系及责任的划分;铁路、航空或海运等运输部门在运输中的责任;收货人的责任;铁路或其他运输部门编制的普通记录或货运记录及公路运输交接单的范围;向交通运输部门索赔的手续和必要的证件等。

下面将各种入库方式及其注意事项介绍如下。

1. 到承运单位提货

承运单位包括车站、码头、民航、邮政等,提货时注意下列要求。

(1) 了解货物情况,做好各项准备。提货人员对所提取的货物应该了解其品名、型号、特性和一般保管知识及装卸搬运注意事项等,在提货前做好接运货物的准备工作。例如准备好装卸运输工具,腾出存放货物的场所等。提货人员在到货前,应该主动了解到货时间及交货情况,根据到货的数量,组织装卸人员、机具和车辆等,按时前往提货。

(2) 提货时应该根据运单以及有关资料详细核对品名、规格、数量;并注意货物的外观,查看包装、封印是否完好,有无玷污、受潮、水渍、油渍等异状,若有疑点或不符,应该当场要求运输部门核查。

对短缺损坏的情况,凡是属于交通运输部门方面责任的应该做出货运记录,属于其他方面责任需要交通运输部门证明的应该做出普通记录,并由交通运输员签字,注意记录内容与实际情况相符合。

(3) 注意货物安全。随车装卸人员要时刻注意货物的安全,严防混号、碰损、丢失等情况发生。对于腐蚀性、易燃、易碎物品和放射性等物品严格按照有关搬运规定办理;精密仪器仪表、贵重物品、怕潮、怕冻物品不宜在露天卸货,若受条件所限必须露天卸货的,要采取必要的防护措施并严加管理。

(4) 办理好货物的内部交接手续。货物到库后,提货员应该与保管员密切配合,尽量做到提货、运输、验收、入库、堆码一条龙作业,从而缩短货物入库的时间,并办理好内部交接手续。随车装卸人员要将货物逐一清点交给接货的保管员,并配合做好卸货工作,确保货物不受损坏。如发生数量、质量等方面的问题,随车提货人员应当签字作证,不得拒签。

(5) 提货人员在现场提货时应该按车开列三联单,随车装卸人员和司机每车均凭三联单提送货物,收货保管员也要每车凭三联单接收货物。

严格执行无三联单不发货、不送货、不收货制度;杜绝错发、错收事故的发生。

2. 铁路专用线接货

铁路专用线接货是仓库直接和铁路部门在库内发生货物交接的一种方式。要做好以下几方面的工作。

1) 做好接车卸货的准备工作

接到铁路专用线的到货通知后应该立即确定卸货位置,力求缩短装卸搬运距离;组织好卸车所需的机械、人员以及有关的资料,做好卸车的准备,确保按时完成卸车作业。

2) 把好货物入库第一关

接到通知后,整车运输员应该到现场接车引位,根据运单和有关业务凭证进行到货检查,把好货物入库的第一关。车皮到达后,整车运输员接车指挥火车停在预定位置后,开始检查车皮及货物。检查内容包括以下几项。

(1) 核对、检查车皮封闭情况是否良好(即卡车、车窗、铅封、苫盖等有无异状)。

(2) 根据运单和有关资料核对到货品名、规格、标志,并仔细清点件数,查看外观质量和包装捆扎情况是否有损坏或有无散包。

(3) 查看货物是否有进水、受潮、污染或其他损坏情况。

(4) 查看需要返回的各种物料、要点清件数、查看质量、集中存放、及时送回。

(5) 在检查中发现异常情况,应该及时请铁路在库值班的司检人员当场复查确认,当场编制有关普通记录或货运记录,记录内容应该与实际情况相符,留作处理问题的依据。

3) 进行货物的收卸作业

遵循"安全、快速、准确、方便"的收卸原则,做到以下几点。

(1) 要按车号、品名、规格等分别堆码。做好层次分明,便于清点,并标明卸车日期。

(2) 注意外包装的指示标志,要正确钩、挂、铲、兜、升起、轻放,防止包装和货物损坏。

(3) 妥善处理苫盖,防止受潮和污损。

(4) 对品名不符、包装破损、受潮或损坏的货物应该另外堆放,写明标志,并会同承运部门进行检查,编制记录。

(5) 力争与保管员共同监卸,争取做好卸车和货物件数清点一次过。

(6) 卸车后货垛之间要留有通道,并与电线杆、消防栓保持一定的距离;要与专用线铁轨外侧距离 1.5 米以上。

(7) 正确使用装卸机具、工具和安全防护用具,确保人身和货物安全。

(8) 保证包装完好,不碰坏、不压伤,更不自行打开,在限定时间内卸完到货,不压车压线。

4) 编制卸车记录,办理内部交接

记清卸车到货品名、规格、型号、数量、到货日期、货物发站、发货单位、送货车皮号、货物有无异状、有无记录等,并连同有关证件和资料,尽快向保管员交代清楚,办好内部交接手续。

货物卸完后,整车运输员要检查车内物资是否卸尽,关好车门、车窗等,及时向车站"报空",等待"排空",并将报空时间和铁路接报时间记录下来以备查。整车运输员要及时正确地做好收卸货物标记,在实物上写明车皮号、件数和卸货日期,以便验收时识别。

3. 到供货单位提货(也叫仓库自提)

供货单位包括生产企业和流通企业。到供货单位提货应与初验工作结合起来同时进行,按下列要求办理。

(1) 提货人员在提货前要了解和掌握所提货物的品种、规格、数量及入库验收的有关要求和注意事项,准备好提货所需的机具。

当供货单位点交所提货物时,提货人员要负责查看货物的外观质量,点验件数和重量,并验看供货单位的质量合格证、材料码单等有关证件。

(2) 现场点交,办理签收手续。货物提运到库后,保管员、提货员、随车装卸工人要密切配合,逐件清点交接。同时核对各项凭证、资料是否齐全,最后由保管员在送货单上签字,并及时组织复检。

4. 供货单位送货到库(也叫送料)

供货单位送货到库时,要做好下列两项工作。

(1) 保管员直接与送货人员在收货现场办理交接货手续。凭送货单或订货合同、订货协议等当面点验所送货物的品名、规格、型号、重量和数量及有关单证、资料,并查看货物的外观质量,无法当面完成全部验收项目的,要在送货单回执联内注明具体待验内容。

(2) 发现问题要分清责任。在验收、检查过程中如发现短缺、损坏等问题,要会同送货人员查实,由送货人员出具书面证明,签章确认,留作处理问题的依据。

5. 承运单位送货到库

交通运输等承运部门受供货单位或货主委托送货到库。接货要求与供货单位送货到库的要求基本相同。所不同的是发现错、缺、损等问题后,除了要送货人员当场出具书面证明、签章确认外,还要及时向供货单位和承运单位发出查询函电并做出有关记录。

6. 过户

过户是对已存入仓库的货物通过购销业务使货物发生所有权的转移,但仍要求储存于原处的一种业务。此类业务入库手续只需收下双方下达的调拨单和入库单,直接更换户名就可以。

7. 转库

转库是因故需要出库,但未发生购销业务的一种入库形式,仓库凭转库单办理入库手续。

8. 零担到货

各种形式的零担到货,应该由零担运输员负责填写零担到货台账并填发到货通知单。

流 通 库 存

库存不仅存在于厂家、流通业者的仓库中,也存在于配送途中的卡车、港口、机场等处。从离开生产线到进入店铺的货架上为止,在此过程中出现的所有库存,都称为"流通库存"。在进行库存管理时,不仅要减少生产库存,而且也要控制流通库存。但由于流通库存的情况比较复杂,因此流通库存的管理也比较困难。

3.2.3 货运交接责任划分和货运事故的处理

1. 货运责任划分的必要性

货物入库是由发货单位、收货(中转)单位和承运单位共同协作完成的,要完成货物入库,就需要三方面的密切配合。而发货、收货、承运单位都各有自己的责任范围,都存在各自独立的经济利益,只有划清这三方面的责任界限,才能确保各方分工的工作质量,当发生运输事故时,由责任方承担经济赔偿。

2．货运责任划分的原则

(1) 货物在交给运输部门和承运单位前发生的损失和由于发货单位工作差错,对货物处理不当等原因造成的损失,由发货单位负责。

(2) 从中转单位、承运单位接收货物起,到货物交付给收货单位或按照规定移交其他单位时止,所发生的损失,由中转单位和承运单位负责。

但由于自然灾害、货物本身的性质和发货、收货单位的责任所造成的损失,中转或承运单位不负责。

(3) 货物到达收货地,收货单位与中转或承运单位办理好交接手续后,所发生的损失或由于收货单位工作差错发生的损失,均由收货单位负责。

3．货物运输事故的处理

货物在运输中,由于各种原因造成货物的短缺、破损、受潮及其他差错事故,不管责任属于哪一方,都应该保护好现场,做好事故记录,划清责任界限,并以此作为事故处理和索赔的依据。在处理事故中,要求各方面都应该本着实事求是的态度,客观反映真实情况,互相协作,认真、妥善地处理好各类运输事故。

运输事故的记录是正确分析事故发生的原因和处理方法的依据。因此,在事故发生时,必须按规定及时要求交通运输部门做好事故记录,把事故详细情况记载下来。铁路记载货运事故的记录有两种:货运记录和普通记录;公路记载货运事故一般可在公路运输交接单(或三联单)上记录货损货差情况。

1) 货运记录

货运记录是指货物在承运单位运输过程中发生货损、货差、有货无票、有票无货或其他情况需要证明铁路同托运人或收货人间的责任时,由承运单位编制的一种证明文件,见表3-6。货运记录是分析货运事故发生的原因,确定责任方的根据,是承运人与托运人或收货人一旦发生经济纠纷起法律效用的证明文件,也是托运人或收货人向承运人要求赔偿货物损失的依据。

表 3-6　铁路货运记录

编号:

补充编制记录时记入补充____铁路局____站____年____月____日____所编____号记录
一、一般情况
办理种类____货票号码____号　于____年____月____日承运
发站____发局____　　发货人____
到站____到局____　　收货人____
车种车号____标记载重____吨　于____年____月____日____时____分____次到

续表

装车单位____铅封施封单位_____个数____卸车者____

二、事故情况

项目	货件名称	件数	包装	重量	发货人记载事项
票据原记载					
按照实际					
事故详细情况					
鉴定事项					

三、参加人员盖章：车站负责人____编制人姓名____
收货人　其他____货运员
四、附件：1.普通记录____页　2.装载清单____页　3.铅封____个　4.其他____
五、交付货物时收货人意见
　年　月　日　　　　　　　　　　　　　　　　铁路局　站（公章）

注：(1) 每份一式三页，一页送责任调查，一页交收货人或发货人，一页留站查存。
　　(2) 请收货人或发货人在180天内提出赔偿，同时须提出赔偿要求书，并附运单、物品清单、价格证明、发货票、调拨单等有关资料。
　　(3) 如需同时送一个以上单位调查时，可做成不带号码的抄件。

货物在运输过程中发生货物名称、件数与运单记载不符；货物被盗、丢失或损坏；货物污损、受潮、生锈、霉变或其他差错等，均应填写货运记录。

记录必须在收货人卸车或提货前，通过认真检查后发现问题，经过承运单位复查确认后，由承运单位填写交给收货单位。

2) 普通记录

普通记录是承运部门开具的一般性证明文件，见表3-7，不具备索赔的效力，仅作为收货单位向有关部门交涉处理的依据。遇有下列情况并发生货损、货差时，填写普通记录。

表 3-7　铁路普通记录

编号

第　次列车在　站与　站间
发站　发局　发货人
到站　到局　收货人
货票号码　车种车型　车号
货物名称
于　年　月　日　时　分第　次列车到达
发生的事实情况或车辆技术状态： 厂修 段修 轴检　　　　　　　　　　　轴检
参加人员（姓名）： 车站： 列车段：　　　　　　　　　　　　　　　　　单位戳记 车辆段： 其他： 　　　　　　　　　　　　　　　　　　　　年　月　日
注：(1) 本记录一式两份，一份存查，一份交有关单位。 　　(2) 编号由填发单位自行编排掌握。 　　(3) 如换装整理或其他需要调查时，应作抄件送查责任公司。

(1) 铁路专用线自装自卸的货物。

(2) 棚车的铅封印纹不清、不符或没有按照规定施封。

(3) 施封的车门、车窗关闭不严，或者门窗有损坏。

(4) 篷布苫盖不严实，有漏雨或其他异状。

(5) 责任判明为发货单位的其他差错事故等。

以上情况的发生，责任一般在发货单位。收货单位可持普通记录向发货单位交涉处理，必要时向发货单位提出索赔要求。

3) 公路运输交接单(或三联单)

公路运输交接单是指在公路运输中，发生损失或差错事故，并确定其责任属于承运单位时，所编写的书面凭证，是收(发)货方向承运单位提出索赔的依据，见表3-8。

表 3-8　公路运输交接单

编号

收货单位			送货地点	
运输单位			送货车号	
货物明细	品名	规格	数量	单价
服务质量	满意	不满意	批评与建议	
	备注：不填意见,视同满意			

制单：　　　　　收货人：　　　　　　　　　　　　年　月　日

3.3　货物入库交接

3.3.1　理货的定义

仓库理货是指仓库在接收入库货物时,根据入仓单、运输单据、仓储合同和仓储规章制度,对货物进行清点数量、检查外表质量、分类分拣、数量接收的交接工作。

1. 仓库履行仓储合同的行为

仓库理货工作是仓库确认收存货物实物的作业过程,经过理货意味着接收货物,因而是仓库履行仓储合同的保管人义务的行为。仓库理货是对货物数量和表面质量的检查,其确认货物是仓储合同所约定的货物。发现货物与合同的约定不同,包括数量不同、品种不同、状态不符合约定时,仓库可以拒绝接收和追究存货人的违约责任。如果事先未订立合同,仓库对货物进行理货确认,也表明仓库接收货物的仓储,成为一种通过行为订立合同的方式。

2. 仓库保管质量的第一道关口

理货是货物入库的第一次检查,通过对货物的全面检查,及时发现货物的不良情况,对已残损、玷污、变质的货物可以拒绝接收;对已存在质量隐患的货物,予以认定和区别,并采取针对性妥善处理措施,或者采用特别的保管手段,防止损害扩大,有利于提高保管质量。

3. 划分责任

通过理货确定货物的数量、质量状况,发现货物短少、残损,则仓库对所发现的短少和残损不承担责任,否则未发现的原残就会成为仓储期间的损耗,要由仓库承担责任。经检查发现的货物质量隐患的认定,减轻了仓库对货物保管质量的负责程度。另外理货工作也是从时间上划分了仓库负责的期间,在理货之后的期间发生的残损,原则上由仓库负责。

4. 仓储作业的过程

理货过程同时也是仓库管理员安排仓储、指挥装卸搬运作业的过程,仓库承担对货物分类、分拣的作业过程。若采用外来作业时,也是监督作业质量的过程。采用内部作业的,理货人员就是内部作业质量管理的监控人。

5. 交接工作

货物经理货确认,由理货人员与送货部门或者承运人办理货物交接手续,签订送货单或交接清单,签订现场单证,接收送货文件。

3.3.2 理货的内容

仓库理货是仓库管理人员在货物入库现场的管理工作,其工作内容不只是狭义的理货工作,还包括货物入库的一系列现场管理工作。

1. 清点货物件数

对于件装货物,包括有包装的货物、裸装货物、捆扎货物,根据合同约定的计数方法,点算完整货物的件数。如合同没有约定,则仅限在点算运输包装件数(又称大数点收)。合同约定计件方法为约定细数,以及需要在仓库拆除包装的货物,则需要点算最小独立(装潢包装)的件数,包括捆内细数、箱内小件数等;对于件数和单重同时要确定的货物,一般只点算运输包装件数。对入库拆箱的集装箱则要在理货时开箱点数。

2. 查验货物单重、尺度

货物单重是指每一运输包装的货物重量。单重确定了包装内货物的含量,分为净重和毛重。对于需要拆除包装的,需要核定净重。货物单重一般通过称重的方式核定。按照数量检验方法确定称重程度。

对于以长度或者面积、体积交易的商品,入库时必然要对货物的尺度进行丈量,以确定入库货物数量。丈量的项目(长、宽、高、厚等)根据约定或者货物的特性确定,通过使用合法的标准量器,如卡尺、直尺、卷尺等进行丈量。同时货物丈量还是区分大多数货物规格的方法,如管材、木材的直径,钢材的厚度等。

3. 查验货物重量

查验货物重量是指对入库货物的整体重量进行查验。对于计重货物(如散装货物)、件重并计(如包装的散货、液体)货物,需要衡定货物重量。货物的重量分为净重和毛重,毛重减净重为皮重。根据约定或具体情况确定衡量毛重或净重。对设有连续法定计量工具的仓库,可以直接用该设备进行自动衡重。连续计量设备主要有:轨道衡、皮带衡、定量灌包器、流量计等。连续计量设备必须经国家计量行政管理部门检验发证(审证)方可有效使用。

此外,还可以通过对容器或运输工具的液体货物体积量算(容器、货舱体积)和液体的比重测定来计算重量,此法称为液量计算。船舶的排水体积乘以水的比重,再减去空船、储备、油水重量便得到不很准确的货物重量,此法称为船舶水尺计量。

4. 检验货物表面状态

理货时应对每一件货物进行外表感官检验,查验货物外表状态,接收货物外表状态良好的货物。外表检验是仓库的基本质量检验要求。确定货物有无包装破损、内容外泄、变质、油污、散落、标志不当、结块、变形等不良质量状况。

5. 剔除残损

在理货时发现货物外表状况不良,或者怀疑内容损坏等,应将不良货物剔出,单独存放,避免与其他正常货物混淆。待理货工作结束后进行质量确定,确定内容有无受损以及受损程度。对不良货物可以采取退货、修理、重新包装等措施处理,或者制作残损报告,以便明确划分责任。

6. 货物分拣

仓库原则上采取分货种、分规格、分批次的方式储存货物,以保证仓储质量。对于同时同运入库的多品种、多规格货物,仓库有义务进行分拣分类分储。理货工作就是要进行货物确认和分拣作业。对于仓储委托的特殊的分拣作业,如对外表的分颜色、分尺码等,也应在理货时进行,以便分存。当然需要开包进行内容分拣,则需要独立进行作业。

7. 安排货位、指挥作业

由理货人员进行卸车、搬运、垛码作业指挥。根据货物质量检验的需要,指定检验货位,或者无须进一步检验的货物,直接确定存放位置。要求作业人员按照预定的堆垛方案堆码货或者上架。对货垛需要的垫垛,堆垛完毕的苫盖,指挥作业人员按要求进行。作业完毕,要求作业人员清扫运输和搬运工具、作业现场,收集地脚货。

8. 处理现场事故

对于在理货中发现的货物残损,不能退回的,仓库只能接收,但要制作残损记录,并由送货人、承运人签订确认。对作业中发生的工损事故,也应制作事故报告,由事故责任人签订。

9. 办理交接

由理货人员与送货人、承运人办理货物交接手续。接收随货单证、文件;填制收费单据;代表仓库签订单证;提供单证由对方签订等。

3.3.3 理货的方法

1. 在运输工具现场进行理货

仓库理货必须在送货入库的运输工具现场进行。一般在车旁与卸货同时进行;或者在车上点数,卸车时查验外表状态。除非在特殊情况下或者对特殊货物,经送货人、存货人同意,可以在以外地方理货。如双方同意在货垛点数,在开箱查验货物内容质量时,约定卸车时不查验外表质量等。

2. 与送货人共同理货

理货又称为理货交接,是货物交接的一个环节,因而必须由交接双方在场共同理货,以免将来发生争议。如果送货人或存货人拒绝参与理货,表明其放弃理货权利,只能接受仓库单方的理货结论。

3. 按送货单或者仓储合同理货

仓库员在理货时,按照仓储合同的约定或者送货单的货物记载、质量要求进行理货,只要货物符合单据、合同所描述的状态和质量标准,符合送货人提供的验收标准,就可以验收,无须要求货物的绝对质量合格。如运单记载货物使用旧包装,则并不要求包装物表面无污迹。没有约定质量标准的,按照国家标准、行业标准或者能保证储藏保管质量不发生变化的要求进行验收,验收货物的品种、规格、数量、外表状态、包装状态等。

4. 在现场进行记录和及时签订单证

对在理货中查验的事项、发现的问题,理货员应在现场进行记录和编写单证,并要求送货人给予签订证明。不能等待事后补编补签。

3.3.4 理货单据

1. 计数单

理货点数时不能仅依靠记忆进行计数,这样容易出现差错,所以应采用统一格式的计数单进行计数。对每一单元的点数进行记载,同时记载发现的残损等不良现象的货号、残损量、存位等,以便统计数量和查找残损。计数单是理货在现场使用的记录簿。

2. 入库单

入库单是仓库统一设置的入库单证。一般由仓库管理部门预填入库货物信息后交付到仓库,作为向仓库下达的仓库作业命令。在查验货物后,将实收货物数、存放货位位置填写在单上,把货物不良情况在备注上批注,最后要求送货人签订。入库单一式多联(三联),有一联交送货人,仓库留存一联,一联交记账,其他则根据需要相应增加联数。

3. 送货单、交接清单

送货单或者交接清单是送货人随货提交来的单证,仓库根据来单理货验收。验收完毕,理货人员签订该单据,并将验收情况,特别是短少和残损记录在单据上,并收留其中一联。

4. 现场记录

现场记录是理货员对作业现场所发生的事故、不当作业、气候突变或者其他影响到货物质量、作业安全的事件所进行的记录。现场记录既是明确责任,也是仓库严格管理的需要。

3.3.5 入库单证的流转

货物经检验合格后,由保管员或收货员根据验收结果,在货物入库单上签收。

入库单证也叫入库票。由于各存货单位经营方式不同,因此,入库票的式样大小和单位名称等都不可能求得统一,但不论差异如何,从入库业务的要求来说,完整的入库单必须具备以下四联(有的是存货单位一次套写,有的是仓库补开):送货回单、储存凭证、仓储账页和货卡,在仓库范围内进行流转,见图3-2。

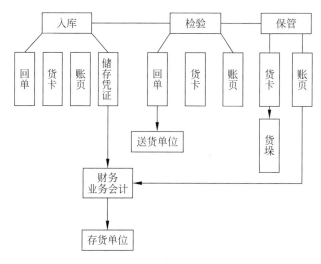

图 3-2 入库单证的流转

3.4 储存方案设计

3.4.1 储存方案设计任务

货物验收合格后,仓库管理人员就应该为货物办理入库手续。选择最佳时机并根据作业任务需求设计储存方案及选用合适的设备和工具;执行入库作业、出库作业计划,计算综合成本。下面以某企业的仓储工作案例来进行储存方案设计。

2013年11月25日,某仓库运营部接到入库任务单,要对六种商品入库。这六种商品的周转量分别是:550箱、500箱、300箱、290箱、220箱、200箱。假设仓库面积560平方米,高度4.5米,能够满足两层货架仓储作业,对所要入库的商品进行入库方案设计及货位优化。设计时首先要分析商品物动量,把物动量大的商品储存在方便取放的货位。然后进行码盘组托,按照成本最低原则,选择合适数量的托盘。码盘后选择合适的设备将货物搬运至货位,然后画出货位储存图。入库任务单见表3-9。

表 3-9 入库任务单

入库任务单编号：W11041801			计划入库时间：到货当日		
序号	商品名称	包装规格（长×宽×高）/米立方米	单价/（元/箱）	重量/千克	入库数量/箱	限制堆码层数
1	泰山仙草蜜	395×245×265	160	9.5	31	5
2	紫山酱菜	330×235×240	160	9.3	36	6
3	丹夫华芙饼	455×245×200	180	2.5	32	5
4	厨师肉松	460×260×230	200	4.8	20	5
5	立邦油漆	295×245×240	200	9	36	6
6	杜浔酥糖	495×395×320	150	15	8	5

3.4.2 库存商品物动量分析

1．商品物动量 ABC 分类

商品物动量是指商品的销售数量。

ABC 分析法又称巴累托分析法、ABC 分类管理法、重点管理法等。它是根据商品的销售数量进行分类、排队，分清重点和一般，以有区别地实施管理的一种分析方法。由于它把被分析的对象分成 A、B、C 三类，所以称为 ABC 分析法。

2．方法

第一步，统计货物周转量。

第二步，计算货物累计周转比例。

第三步，分类。根据货物累计周转比例，将 0～70% 之间的货物定位为 A 类商品，70%～90% 之间的货物定位为 B 类商品，其余的为 C 类商品。假设六种商品的周转量为：550 箱、500 箱、300 箱、290 箱、220 箱、200 箱，得到表 3-10。

表 3-10 库存周转量统计表

序号	货品名称	周转量/箱	周转比例	累计周转比例	ABC 分类
1	泰山仙草蜜	550	26.6990%	26.6990%	A
2	丹夫华芙饼	500	24.2718%	50.9709%	A
3	紫山酱菜	300	14.5631%	65.5340%	A
4	厨师肉松	290	14.0777%	79.6117%	B
5	杜浔酥糖	220	10.6796%	90.2913%	C
6	立邦油漆	200	9.7087%	100.0000%	C

注：根据累计周转比例分析所得，序号 1、2、3 的商品物动量最大，故为 A 类，依次类推。

3．对入库任务单中的商品进行 ABC 分类

根据 ABC 分析法原理,对入库任务单商品归类,见表 3-11。

表 3-11 入库任务单商品归类

入库任务单编号：QTC20120001					计划入库时间：到货当日			
供应商：漳州中汇百货有限公司								
序号	货品编号	商品名称	包装规格/毫米			单价/（元/箱）	重量/千克	入库数量/箱	ABC 分类
			长	宽	高				
1	6921294392975	泰山仙草蜜	395	245	265	160	9.5	31	A
2	6904555692151	紫山酱菜	330	235	240	160	9.3	36	
3	6920789722297	丹夫华芙饼	455	245	200	180	2.5	32	
4	6941660500278	厨师肉松	460	260	230	200	4.8	20	B
5	6901535178490	立邦油漆	295	245	240	200	9	36	C
6	6934446808729	杜浔酥糖	495	395	320	150	15	8	

根据库存商品物动量 ABC 分类法把入库货物归类成此表。

4．储位确定

商品储位确定原则

（1）根据商品周转确定储位。

（2）根据商品相似、相同性确定储位。

（3）根据商品特性确定储位。①易燃物品必须存放在高度防护作用的独立空间内,且必须安装适当的防火设备；②易腐物品必须存放在冷冻、冷藏或其他特殊的设备内；③易污染物品存放必须与其他物品隔离。

（4）根据商品体积重量确定储位。

（5）根据先进先出、重不压轻原则安排储位。

（6）面向通道原则。

3.4.3 货物组托

零散的货物如何码放在托盘上,使载物托盘的可用面积利用率最大化,即托盘货物组托。不同规格的纸箱,有很多不同的码放方式,在限高的情况下,用什么堆码方式放在指定托盘上的数量最多。

1．组托前要求

（1）商品的名称、规格、数量、质量已查清。

（2）商品已经编码。

（3）商品外包装完好、清洁、标志清楚。

2. 选择托盘要考虑的问题

(1) 产品特性：包括产品包装的尺寸、包装的特性、产品重量、特殊要求、搬运要求等。

(2) 托盘性能、托盘尺寸、托盘质量及数量等。

(3) 场地信息：包括适于组装地面积的大小，以及场地上不利于组装作业的限制条件。

(4) 与被组装产品有关的上一道工序的信息及产品组合。

(5) 装卸搬运及运输机械，包括叉车、卡车的尺寸和其他的性能要求等。

3. 操作要求

(1) 堆码整齐，货物堆码后，四个角成一直线。

(2) 货物品种不混堆、规格型号不混堆、生产厂家不混堆、批号品种不混堆。

(3) 堆码合理性、牢固性，要求奇偶压缝、旋转交错、缺口留中、整齐牢固。

(4) 组托后的货物不能超长、超宽、超高。

(5) 组托的货物标签要朝外，方便入库、在库、出库盘点。

4. 示意图类型

(1) 主视图：指从正前方观察完成组托货物绘制的示意图。

(2) 俯视图：指从上方观察完成组托货物绘制的示意图。

(3) 奇数层俯视图：指第1、3、5、…层的货物摆放图。

(4) 偶数层俯视图：指第2、4、6、…层的货物摆放图。

5. 托盘数量计算方法

在国际标准托盘尺寸基础上，根据包装箱的实际尺寸，计算存储单元规格可通过编程实现。在程序过程中一般以国际公认的 1000×1200、800×1200、1140×1140、1100×1100 这几种标准尺寸进行核算，托盘上码放的包装个数为10的倍数。

1) 组托需要计算的参数

(1) 计算托盘每层最大摆放数量。已知托盘标准 1000 毫米×1200 毫米×160 毫米；例如，立邦油漆货物规格：29.5×24.5×24，一层摆放 16 箱，共三层，第三层为 4 箱。

(2) 计算托盘堆码高度，托盘堆码高度要根据货架高度计算，不能超长、超宽、超高。

(3) 如果是整托，每层货物摆放数量一致；如果是散托，注意最后一层货物的摆放方式。

(4) 计算所需托盘总数量、整托每托货物数量、散托货物数量、每层货物摆放方式。

2) 计算托盘货物数量方法

(1) 人工计算：货物数量=[总(货物+托盘)重量-总托盘重量]/单件货物重量。

(2) 计算机计算。

尺寸计算：以 1000×1200、800×1200、1100×1100 标准托盘计算。

```
If((int(a1/(a+10))*int(b1/(b+10)))>(int(b1/(a+10))*int(a1/(b+10)))then
Na = int(a1/(a+10))
Nb = int(b1/(b+10))
End if
Nh = int(1600/h)
```

重要计算：

```
If(na*nb*nh*m/1000)>m1then
Nh = int(m1/(na*nb*m/1000))
End if
```

其中，a, b, h 为包装尺寸，$a1, b1, h1$ 为托盘尺寸，m 为包装箱重量，$m1$ 为托盘的承载能力。这种存储单位规格是否最优，可以通过计算存储单元利率（空间利用率）来比较。$\bigcap = \sum 盘码尺寸 / \sum(a1 \times b1 \times 1600)$。$\bigcap$ 表示利用率；$a1 \times b1 \times 1600$ 为存储单元的极限尺寸，即托盘尺寸为：$a1 \times b1$，码放货物后托盘上货物的高度不超过 1600；码盘规则为程序自动运算后生成的结果。

6. 托盘货物的码垛方式

在托盘上装放各种形状的包装货物，为保证作业的安全性、稳定性，必须采用各种不同的组合码垛方式，主要包括重叠式、纵横交错式、正反交错式以及旋转交错式四种，如图 3-3 所示。

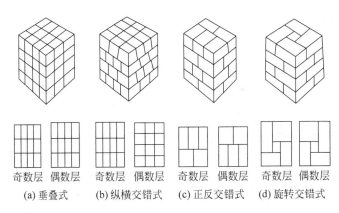

(a) 垂叠式　(b) 纵横交错式　(c) 正反交错式　(d) 旋转交错式

图 3-3　各种托盘堆码形式

可以根据货物的物理以及几何属性，结合托盘的使用要求，选取合理的托盘堆码形式，以最大限度地提高托盘的利用率和存储的稳定性。

3.4.4　绘制货物组托示意图

根据组托要求，对任务单六种货物进行组托，共用六个托盘。

1. 立邦油漆组托示意图

立邦油漆 36 箱货物规格(单位:厘米):29.5×24.5×24。

托盘规格:1200 毫米×1000 毫米。

A 托:一层 16 箱,第三层 4 箱,三层一托,共一托(36 箱子)。

货物奇数俯视图、偶数俯视图、主视图如图 3-4~图 3-6 所示。

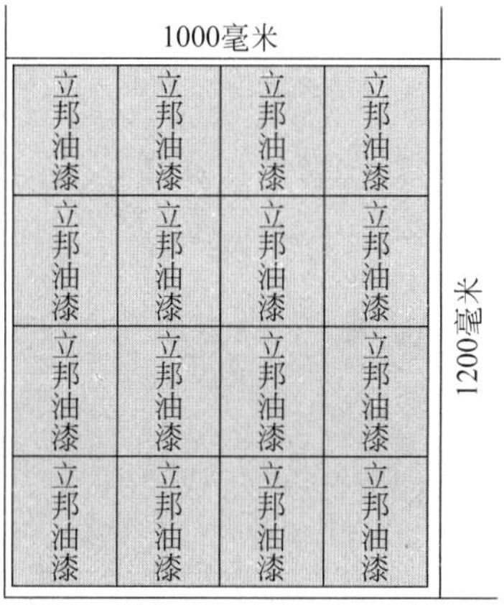

图 3-4 奇数俯视

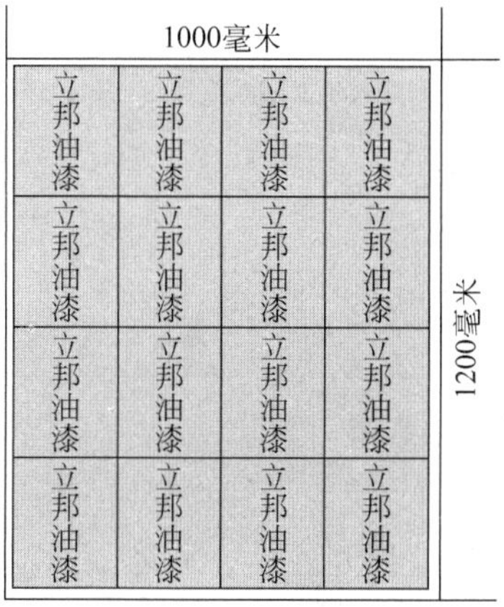

图 3-5 偶数俯视

2. 杜浔酥糖

杜浔酥糖 8 箱。货物规格(单位:厘米):49.5×39.5×32。

托盘规格:1200 毫米×1000 毫米。

A 托:第一层 6 箱,第二层 2 箱,两层一托,共一托(8 箱子)。

货物奇数俯视图、偶数俯视图、主视图如图 3-7~图 3-9 所示。

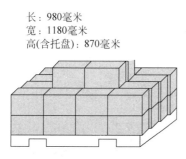

长:980毫米
宽:1180毫米
高(含托盘):870毫米

图 3-6 主视图

图 3-7 奇数俯视

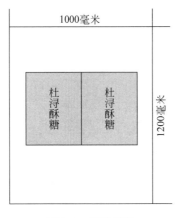

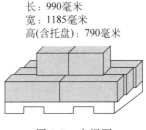

图 3-8　偶数俯视　　　　　　　　图 3-9　主视图

3. 泰山仙草蜜

泰山仙草蜜 31 箱。货物规格（单位：厘米）：39.5×24.5×26.5。

托盘规格：1200 毫米×1000 毫米。

A 托：一层 12 箱，第三层 7 箱，三层一托，共一托（31 箱子）。

货物奇数俯视图、偶数俯视图、主视图如图 3-10～图 3-12 所示。

图 3-10　奇数俯视　　　　　　　　图 3-11　偶数俯视

4. 紫山酱菜

紫山酱菜 36 箱。货物规格（单位：厘米）：33×23.5×24。

托盘规格：1200 毫米×1000 毫米。

A 托：一层 13 箱，第三层 10 箱，三层一托，共一托（36 箱子）。

货物奇数俯视图、偶数俯视图、主视图如图 3-13～图 3-15 所示。

长：980毫米
宽：1185毫米
高(含托盘)：945毫米

图 3-12　主视图

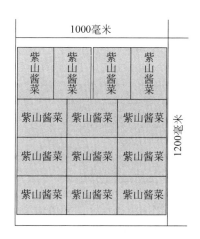

图 3-13　奇数俯视

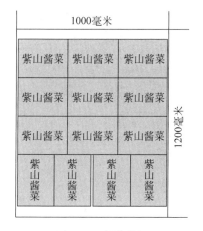

图 3-14　偶数俯视

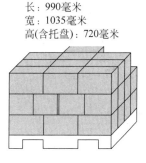

长：990毫米
宽：1035毫米
高(含托盘)：720毫米

图 3-15　主视图

5．厨师肉松

厨师肉松20箱。货物规格(单位：厘米)：46×26×23。

托盘规格：1200毫米×1000毫米。

A托：一层8箱，第三层4箱，三层一托，共一托(20箱子)。

货物奇数俯视图、偶数俯视图、主视图如图3-16～图3-18所示。

6．丹夫华芙饼

丹夫华芙饼32箱。货物规格(单位：厘米)：45.5×24.5×20。

托盘规格：1200毫米×1000毫米。

A托：一层8箱，第四层2箱，四层一托，共一托(32箱子)。

货物奇数俯视图、偶数俯视图、主视图如图 3-19~图 3-21 所示。

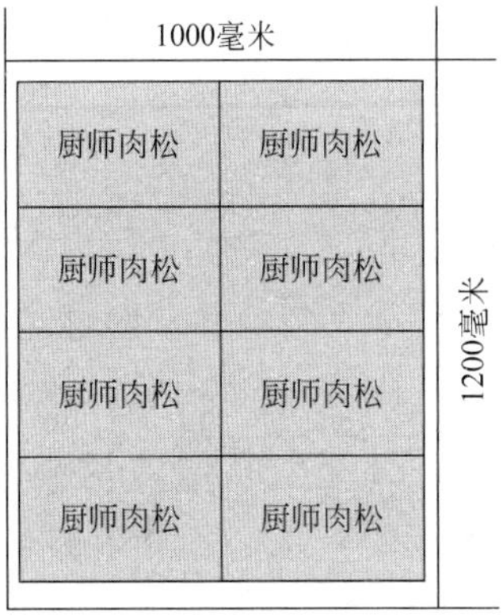

图 3-16　奇数俯视

图 3-17　偶数俯视

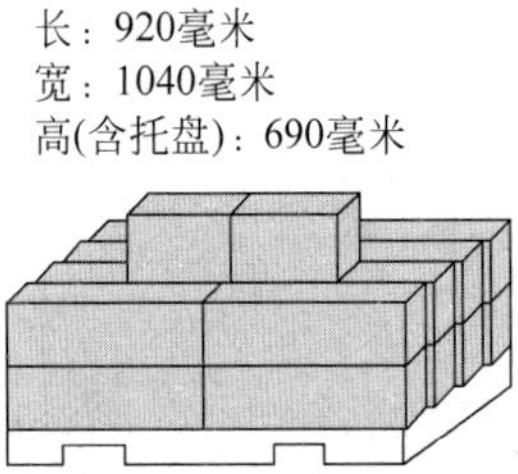

长：920毫米
宽：1040毫米
高(含托盘)：690毫米

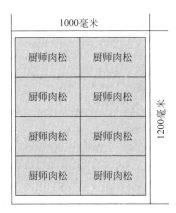

图 3-18　主视图

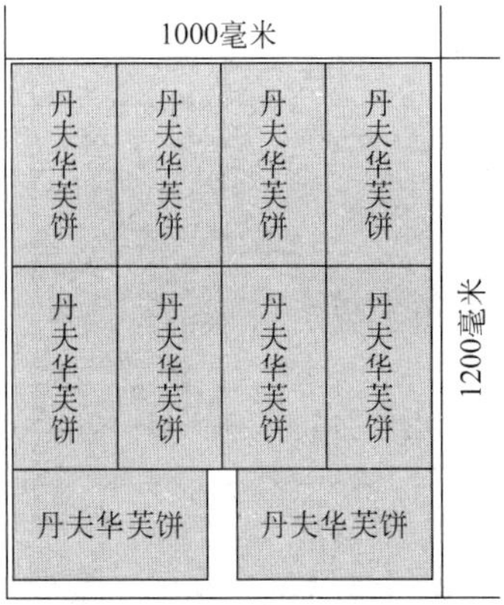

图 3-19　奇数俯视

图 3-20　偶数俯视

长：980毫米
宽：1155毫米
高(含托盘)：800毫米

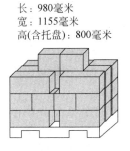

图 3-21　主视图

3.4.5 货物上架储存

1. 货架信息

本任务使用的货架假设是 2 排 2 列 2 层;货位参考尺寸:L2300×W900×H1350(毫米),双货位(标准货位)。

货位条码编制规则为库区、排、列、层 4 号定位法,如 01020101,代表的信息是 1 号库区第 2 排第 1 列第 1 层。

2. 存储规定

按商品属性归类,以货架的排为单位,将货位存储情况反映在存储示意图上,在相应货位上标注货物名称及该货品库存箱数。

要求:①根据商品物动量安排储位,物动量大的安排在离管理台最近的货架一层,方便出入库;②A 类占一层,B、C 类商品按商品性质共占一层货架。

3. 绘制货位存储图

绘制货物储存图要求:根据商品的储位确定原则,A 类占一层,B、C 类商品按商品性质共占一层货架;以货架的排为单位,将货位存储情况反映在存储示意图上,在相应货位上标注货物名称及该货品库存箱数。

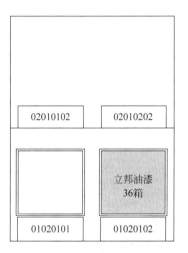

图 3-22 第一排储位图

将前面讲述的六种已经组托好的商品上架至储位。上架采用地牛、高位叉车、手持终端设备完成上架工作。本任务的货物储存分特种货物(立邦油漆)和普通食品货物。特种货物货架存储信息图见图 3-22,普通货物见图 3-23。

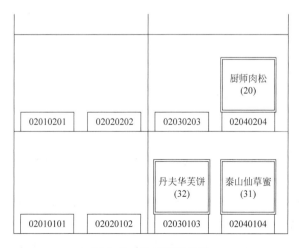

图 3-23 第二排储位图

复 习 思 考

一、填空题

1. 根据商品入库凭证,在接收入库商品前要进行(　　)、(　　)、(　　)、(　　)入库手续等。
2. 仓库业务部门根据(　　)、(　　)、(　　)、(　　),制订仓储计划,并将任务下达到各相应的作业单位、管理部门。
3. 接运方式大致有四种:车站、码头接货;(　　);(　　);(　　)。
4. 接收送货人送交的物品资料、运输的货运记录、普通记录等,以及随货在运输单证上注明的相应文件,如(　　)、(　　)等。
5. 物品入库,仓库应建立详细反映物品仓储的明细账,(　　)、(　　)、(　　)的详细情况,用以记录库存物品动态和入出库过程。

二、判断题

1. 交接手续是指仓库对收到的物品向送货人进行确认,表示已接收物品。(　　)
2. 物品入库或上架后,将物品名称、规格、数量或出入状态等内容填在料卡上,称为登账。(　　)
3. 货物入库单一般为一式三联。(　　)
4. 为了便于对入库货物的管理,正确反映货物的入库、出库和结存情况,并为对账、盘点等作业提供依据,仓库管理人员要建立实物明细账,以记录库存货物的动态。(　　)
5. 登账凭证的要求:必须以正式合法的凭证,如货物入库单、出库单、领料单等为依据。(　　)
6. 货物立账卡又叫货卡、料卡,它是一种实物标签,是仓库管理人员管理货物的"耳目"。(　　)
7. 货物保管卡的内容是一成不变的,不可以根据仓储业务的具体情况和特别要求,对其内容进行适当的调整。(　　)
8. 建立货物档案就是把与入库作业过程有关的、在具体操作过程中填写的各种资料、单证、凭证进行分类保存,从而详细地了解货物入库前后的活动全貌。(　　)
9. 大件点收,是按照货物的大件包装进行数量清点。点收的方法有两种:一是逐件点数计总法,二是集中堆码点数法。(　　)
10. 货物异状损失是指接收货物时发现货物异状或损失的问题。(　　)

三、单项选择题

1. 了解在货物入库期间、保管期间仓库的库容、设备、人员的变动情况,以便(　　)。

A. 安排工作　　　B. 保管货物　　　C. 安排转仓　　　D. 安排过库

2. 在货物入库前,根据所确定的苫垫方案,准备相应的材料,并组织(　　)作业。

A. 堆码　　　　　B. 衬垫铺设　　　C. 码盘　　　　　D. 上架

3. 根据货物、货位、设备条件、人员等情况,合理科学地制定卸车(　　),保证作业效率。

A. 生产工艺　　　B. 流水线　　　　C. 搬运工艺　　　D. 方案

4. (　　)的主要内容有:物品名称、规格、数量、件数、累计数或结存数、存货人或提货人、批次、金额、货位号或运输工具、接(发)货经办人。

A. 立卡　　　　　B. 货牌　　　　　C. 看板　　　　　D. 登账

5. 按货物的(　　)归类,并集中存放在适当场所,这是大多数仓库采用的方法。

A. 自然属性　　　B. 物理属性　　　C. 化学性质　　　D. 形状

6. 货物(　　)是记录入库货物信息的单据,应该记录货物的名称、货物编号、实际验收数量、货物价值及价格等内容。

A. 出库单　　　　B. 入库单　　　　C. 转仓单　　　　D. 登账

7. (　　)有两种:一种是无追溯性要求的普通实物明细账,另一种是有追溯性要求的库存实物明细账。

A. 入库单　　　　B. 货卡　　　　　C. 实物明细账　　D. 仓单

8. 货物(　　)主要包括以下三方面内容:第一,货物的状态,如待检、待处理、不合格、合格等;第二,货物的名称、规格、供应商和批次等;第三,货物的入库、出库与库存动态等信息。

A. 登账　　　　　B. 立卡　　　　　C. 货牌　　　　　D. 保管卡

9. 货物(　　)反映了货物从入库、保管及出库的所有变化过程的信息。

A. 档案　　　　　B. 立卡　　　　　C. 入库单　　　　D. 仓单

10. (　　)接货是仓库直接和铁路部门在库内发生货物交接的一种方式。

A. 公路专用线　　B. 铁路专用线　　C. 航空　　　　　D. 水路

四、简答题

1. 名词解释

入库作业　物动量　货物组托

2. 简述货物入库准备。
3. 货物分区分类的作用有哪些?
4. 基本的入库作业流程包括哪些步骤?
5. 入库方式有几种?
6. 不同的入库方式有什么不同的注意事项?
7. 货运责任划分的原则是什么?

8. 如何妥善处理货运事故？
9. 签单的作用是什么？
10. 简述货物入库单的流转环节。

五、案例分析

学研社的自动化立体仓

位于日本东京和平岛流通基地内的学研社以出版和销售杂志、书籍为主，兼营与教育相关的教学器材、教材、体育用品、文具、玩具等。随着销售量的急剧上升，学研社总公司为日本4000多家特约销售店服务，每天的物流量高达1万吨左右。

为适用迅速发展的业务需要，该公司曾几次改进仓储进出库作业方式。1964年公司决定将传统的仓库改建为仓储配送中心，引进托盘化作业、传送带包装拣货等，为现代装卸搬运、仓储保管打下了基础。1974年公司采用了自动化立体仓库技术，商品出入库作业全部实现自动化，并将计算机用于库存管理和编制出库作业路线图等。近年来，公司为提升服务，节省成本，开发了新一代仓储、配送信息网络系统。

学研社的书籍、教材类均属多品种、少批量、规格、形状、尺寸各异的商品。该类入库商品在4楼卸车码盘验收后暂时保管。其后打包成标准包装进入选作业线。零星出库商品用纸箱重力式货架移动，等待拣选，然后根据运输用标签进行拣选。拣选商品中的标准包装贴上标签进入自动分拣系统。传送带全长430米，水平搬运，并从4楼向1楼的垂直搬运带出货，送往高速自动分拣系统。经激光扫描器扫描，自动阅读标签上的条形码，自动分拣到指定的分拣滑道。每天的处理能力约为300吨。

杂志类属少品种、大批量、规格、形状、尺寸基本统一的商品。该类入库商品在1楼收货、验货，热缩包装集装化后装载在托盘上，暂时储存在托盘重力式货架上保管。部分存放在2楼重力式货架的杂志，得到补货指令，便自动通过垂直输送机运到1楼出库。根据出库的信息，商品自动地被拣选，计算机系统打印出配送用的标签，自动粘贴在纸箱上。在1楼的出货站台，一旦汽车到达，出货商品由水平输送机等自动送到出货处装车。而零星商品在3楼拣货、配货后，由垂直输送机向1楼运送出货，一天的出货量300吨。

（资料来源：http://zhidao.baidu.com/question/144288859.html）

讨论

1. 该公司的商品是如何分区分类储存的？
2. 若确保商品质量安全，在货位选择时应注意哪些问题？

第 4 章

在库作业组织

【学习目标】

通过本章学习了解货物存放的基本原则和方法、熟悉常见的垛形、了解垫垛的基本要求;掌握苫盖的方法及要求、物品的储存特性与养护方法;掌握装卸搬运的基本方法;了解盘点的概念、内容、原则和目标;掌握盘点方法与步骤;掌握盘点盈亏处理;熟悉盘点常用台账、工具表,能制订商品保管方案。

【本章要点】

本章主要介绍货物存放的基本原则与方法、垛形和码垛、垫垛、苫盖、常见的几种物料堆放的方法、盘点及呆废料的处理。

仓库中五金制品的养护措施

选择适宜的储藏场所。根据五金制品性能特点的不同要求,设法创造一个适宜五金制品储藏的环境条件。一些体积比较大的金属制品,应储藏在地势高、不积水、比较干燥的货场和货棚,对于比较精密、高档的金属五金制品,应储藏在干燥、地潮较少、便于通风、密封的库内。

严格入库验收和在库检查。五金制品入库和在库储藏期间,均应注意检查五金制品有无水湿、污染和锈蚀现象,并注意包装有无破损、受潮、霉变,特别是雨、露、风、霜发生后,更应认真检查,如发现异状,应查明原因,及时采取有效防护措施。

加强仓库温、湿度管理。加强温、湿度管理,特别是对湿度要严格控制,采用通风、密封和吸潮相结合的方法,有条件的应酌情配置空气除湿机,要求库内相对湿度控制在五金制品锈蚀的临界相对湿度以下,一般保持在 65%~70%。同时也要保持库内温度的稳定,以防因库温的剧烈变化而出现"水淞"现象。

(资料来源:http://www.examw/wulia/anli/ 资料引用经笔者修改)

思考

1. 造成金属制品生锈的原因有哪些?

2. 在五金制品的保管中应采取哪些措施？

4.1 在库管理

4.1.1 货物存放的基本原则与方法

1. 货物存放的基本原则

（1）分类存放。分类存放是仓库保管的基本要求，是保证货物质量的重要手段。其包括不同类别的货物分类存放，甚至需要分库存放；不同规格、不同批次的货物也要分位、分堆存放；残损货物要与原货分开。对于需要分拣的货物，在分拣之后，应分位存放，以免又混合。它还包括不同流向货物、不同经营方式的货物分类分存。

（2）适当的搬运活性、摆放整齐。为了减少作业时间、次数，提高仓库周转速度，根据货物作业的要求，合理选择货物的搬运活性。对选用搬运活性高的入库存放货物，也应注意摆放整齐，以免堵塞通道，浪费仓容。

（3）尽可能码高、货垛稳固。为了充分利用仓容，存放的货物要尽可能码高，使货物占用地面最少面积。尽可能码高包括采用码垛码高和使用货架在高处存放，充分利用空间。货物堆垛必须稳固，避免倒垛、散垛，要求叠垛整齐、放位准确，必要时采用稳固方法，如垛边、垛头采用纵横交叉叠垛，使用固定物料加固等。同时只有在货垛稳固的情况下才能码高。

（4）面向通道、不围不堵。面向通道包括两方面意思，一是垛码，存放的货物的正面，尽可能面向通道，以便查看。货物的正面是指标注主标志的一面。二是所有货物的货垛、货位都有一面与通道相连，处在通道旁。以便能对货物进行直接作业。只有在所有货位都与通道相通时，才能保证不围不堵。

（5）重下轻上原则。

（6）根据出库频率选定位置。进出频率高的货物放在靠近出入口处，而流动性差的货物放在稍远的地方。

（7）便于识别、点数的原则。对于不同颜色、标记、分类、规格、样式的商品，每垛商品可按五或五的倍数存放。

2. 货物存放的基本方法

根据货物的特性、包装方式和形状、保管的需要，确保货物质量、方便作业和充分利用仓容，以及仓库的条件确定存放方式。仓库货物存放的方式有：地面平放式、托盘平放式、直接码垛式、托盘堆码式、货架存放式。货物储存的码垛方法有以下几种。

1）散堆法

散堆法适用于露天存放的没有包装的大宗货物，如煤炭、矿石、黄沙等，也可适用于库内的少量存放的谷物、碎料等散装货物。散堆法是直接用堆场机或者铲车在确定的货位后端起,直接将货物堆高,在达到预定的货垛高度时,逐步后退堆货,后端先形成立体梯形,最后成垛,整个垛形呈立体梯形状。由于散货具有流动、散落性,堆货时不能堆到太近垛位四边,以免散落使货物超出预定的货位。散堆法决不能采用先堆高后平垛的方法堆垛,以免堆超高时压坏场地地面。

2) 货架存放

货架存放适用于小件、品种规格复杂且数量较少,包装简易或脆弱、易损害的货物,特别是价值较高而需要经常查数的货物。货架存放需要使用专用的货架设备。常用的货架有:橱柜架、悬臂架、U 形架、板材架、栅格架、钢瓶架、多层平面货架、托盘货架、多层立体货架等。

3) 堆垛法存货

对于有包装(如箱、桶、袋、箩筐、捆、扎等包装)的货物,包括裸装的计件货物,采取堆垛的方式储存。堆垛法储存能充分利用仓容,做到仓库内整齐、方便作业和保管。

(1) 重叠式。重叠式也称直堆法,是逐件、逐层向上重叠堆码,一件压一件的堆码方式。为了保证货垛稳定,在一定层数后(如 10 层)改变方向继续向上,或者长宽各减少一件继续向上堆放(俗称四面收半件)。该方法较方便作业、计数,但稳定性较差。适用于袋装、箱装、箩筐装货物,以及平板、片式货物等。

(2) 纵横交错式。每层货物都改变方向向上堆放。其适用于管材、捆装、长箱装货物等。该方法较为稳定,但操作不便。

(3) 仰伏相间式。对上下两面有大小差别或凹凸的货物,如槽钢、钢轨、箩筐等,将货物仰放一层,再反一面伏放一层,仰伏相间相扣。堆垛极为稳定,但操作不便。

(4) 压缝式。将底层并排摆放,上层放在下层的两件货物之间。如果每层货物都不改变方向,则形成梯形形状;如果每层都改变方向,则类似于纵横交错式。因上下层件数的关系分为"2 顶 1"、"3 顶 2"、"4 顶 1"、"5 顶 3"等。见图 4-1。

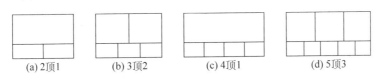

(a) 2顶1　　(b) 3顶2　　(c) 4顶1　　(d) 5顶3

图 4-1　压缝式垛码示意图

(5) 通风式。货物在堆码时,每件相邻的货物之间都留有空隙,以便通风。层与层之间采用压缝式或者纵横交叉式。此法适用于需要通风量较大的货物堆垛。

(6) 栽柱式。码放货物前在货垛两侧栽上木桩或者钢棒(如 U 形货架),然后将货物平码在桩柱之间,几层后用铁丝将相对两边的柱拴联,再往上摆放货物。此法适用于棒材、管材长条状货物。

（7）衬垫式。码垛时,隔层或隔几层铺放衬垫物,衬垫物平整牢靠后,再往上码。适合不规则且较重的货物,如无包装电动机、水泵等。

（8）直立式。货物保持垂直方向码放的方法。适用于不能侧压的货物,如玻璃、油毡、油桶、塑料桶等。

4.1.2 堆码货垛参数计算

1. 垛形

垛形是指货物在库场码放的形状,垛形的确定根据货物的特性,保管的需要,能实现作业方便、迅速和充分利用仓容的原则。仓库常见的垛形有以下几种。

2. 货垛参数

货垛参数是指货垛的长、宽、高,即货垛的外形尺寸。常见的几种货垛有平台垛、起脊垛、立体梯形垛、行列垛、井形垛、梅花垛、鱼鳞垛。

3. 平台垛

平台垛是先在底层以同一个方向平铺摆放一层货物,然后垂直继续向上堆积,每层货物的件数、方向相同,垛顶呈平面,垛形呈长方体。平台垛具有整齐、便于清点、占地面积小、堆垛作业方便的优点。但该垛形的稳定性较差,特别是小包装、硬包装的货物有货垛端头倒塌的危险,所以在必要时(如太高、长期堆存、端头位于主要通道等)要在两端采取稳定的加固措施。

平台垛的货物件数：$A = L \cdot B \cdot h$。

式中, A——总件数；

L——长度方向件数；

B——宽度方向件数；

h——层数。

4. 起脊垛

先按平台垛的方法码垛到一定的高度,以卡缝的方式逐层收小,将顶部收尖成屋脊形。起脊垛是平台垛为了遮盖、排水需要的变形,具有操作方便、占地面积小的优点,适用于平台垛的货物都可以采用起脊垛堆垛。但是起脊垛由于顶部压缝收小,形状不规则,无法在垛堆上清点货物,顶部货物的清点需要在堆垛前以其他方式进行。另外由于起脊的高度使货垛中间的压力大于两边,因而采用起脊垛时库场使用定额要以脊顶的高度来确定,以免中间底层货物或库场被压损坏。

起脊垛的货物件数：$A = L \cdot B \cdot h +$ 起脊件数。

式中, A——总件数；

L——长度方向件数；

B——宽度方向件数；

h——未起脊层数。

5. 立体梯形垛

立体梯形垛是在最底层以同一方向排放货物的基础上,向上逐层同方向减数压缝堆垛,垛顶呈平面,整个货垛呈下大上小的立体梯形形状。立体梯形垛用于包装松软的袋装货物和上层面非平面而无法垂直叠码的货物的堆码,如横放的桶装、卷形、捆包货物。立体梯形垛极为稳固,可以堆放得较高,仓容利用率较高。对于在露天堆放的货物常采用立体梯形垛,为了排水需要也可以在顶部起脊。

立体梯形垛货物件数:$A=(2L-h+1)hB/2$。

式中,A——总件数;

L——长度方向件数;

B——宽度方向件数;

h——层数。

6. 行列垛

行列垛是将每票货物按件排成行或列,每行或列一层或数层高。垛形呈长条形。行列垛用于存放货物批量较小的库场码垛使用,如零担货物。为了避免混货,每批独立开堆存放。长条形的货垛使每个货垛的端头都延伸到通道边,可以直接作业而不受其他货物阻挡。但每垛货量较少,垛与垛之间都需留空,垛基小而不能堆高,使得行列垛占用库场面积大,库场利用率较低,如图 4-2 所示。

7. 井形垛

井形垛用于长形的钢材、钢管及木方的堆码。它是在以一个方向铺放一层货物后,再以垂直的方向铺放第二层货物,货物横竖隔层交错逐层堆放。垛顶呈平面。井形垛垛型稳固,但层边货物容易滚落,需要捆绑或者收进。井形垛的作业较为不便,需要不断改变作业方向,如图 4-3 所示。

井形垛货物件数:$A=(L+B)h/2$。

式中,A——总件数;

L——纵向方向件数;

B——横向方向件数;

h——层数。

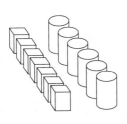

图 4-2 行列垛

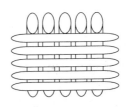

图 4-3 井形垛

8. 梅花垛

对于需要立直存放的大桶装货物,先按行列垛的方式排好第一行货物(其个数就是宽度方向的个数),第二行的每件靠在第一行的两件之间卡位,第三行同第一行一样,然后每行依次卡缝排放,形成梅花形垛(行数就是长度方向的个数)。梅花形垛货物摆放紧凑,充分利用了货件之间的空隙,节约了库场面积的使用,如图4-4所示。

对于能够多层堆码的桶装货物,在堆放第二层以上时,将每件货物压放在下层的三件货物之间,四边各收半件,形成立体梅花形垛。

单层梅花垛货物件数:$A=(2B-1)L/2$

式中,A——总件数;

L——长度方向件数;

B——宽度方向件数。

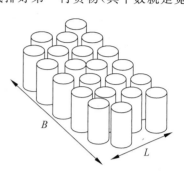

图 4-4 梅花垛

9. 鱼鳞垛

这种货垛适用于圆形成圈的电线、铅丝等商品。堆码时把一圈商品的一半压在另一圈商品上,上一层的商品又向相反的方向用相同的方法顺序排列,依次堆高,堆成的货垛花纹像鱼鳞一般,货垛稳固且节约仓容。

4.1.3 苫垫与垫垛技术

1. 苫盖技术

1)苫垫

苫垫是指为了防止自然环境影响储存货物的质量而进行的仓储作业。如图4-5所示。苫盖是指采用专用苫盖材料对货垛进行遮盖。为了防止商品直接受到风吹、雨打、日晒、冰冻的侵蚀,通常使用塑料布、席子、油毡纸、铁皮、苫布等,也可以利用一些货物的旧包装材料等对存放在露天货场的商品进行苫垫。

2)苫盖的基本要求

(1)选择合适的苫盖材料。选用符合防火、无害的安全苫盖材料;苫盖材料不会对货物发生不利影响;成本低廉,不易损坏,能重复使用;没有破损和霉烂。

(2)苫盖牢固。每张苫盖材料都需要牢固固定,必要时在苫盖物外用绳索、绳网绑扎或者采用重物压紧,确保刮风揭不开。

(3)苫盖接口要紧密。苫盖的接口要有一定深度的互相叠盖,不能迎风叠口或留空隙,苫盖必须平整,不得有折叠和凹陷,防止积水。

(4) 苫盖的底部与垫垛齐平。不腾空或拖地,并牢固地绑扎在垫垛外侧或地面的绳桩上,衬垫材料不露出垛外,以防雨水顺延渗入垛内。

(5) 要注意材质和季节。使用旧的苫盖物或在雨水丰沛季节,垛顶或者风口需要加层苫盖,确保雨淋不透。

(6) 为了防止货垛倒塌,对某些稳定性较差的货垛,应进行必要的加固。加固是为了增加货垛的整体性和稳定性。货垛加固常用的方法有周围立档柱、层间加垫板、使用U形架、使用钢丝拉连等。

2. 垫垛技术

(1) 垫垛。垫垛是指在货物码垛前,在预定的货位地面位置,使用衬垫材料进行铺垫。垫垛就是在商品堆垛前,根据货垛的形状、底面积大小、商品保管养护的需要、负载重量等要求,预先铺好垫垛物的作业。如图 4-6 所示。

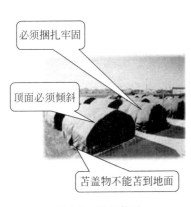

图 4-5　物品苫盖

图 4-6　物品垫垛

(2) 垫垛材料。一般采用专门制作的水泥墩或石礅、枕木、木板及防潮纸。由于垫垛是一项重复而又繁重的劳动,所以现在正在逐步推行固定式的垛基,如用水泥预制件代替枕木,可以不移动地重复使用,节省劳动力,提高作业效率。

(3) 垫垛的目的。① 使地面平整。②使堆垛货物与地面隔开,防止地面潮气和积水浸湿货物。③通过强度较大的衬垫物使重物的压力分散,避免损害地坪。④使地面杂物、尘土与货物隔开。⑤形成垛底通风层,有利于货垛通风排湿。⑥使货物的泄漏物留存在衬垫之内,防止流动扩散,以便于收集和处理。

(4) 垫垛的基本要求。① 所使用的衬垫物与拟存货物不会发生不良影响,并具有足够的抗压强度。②地面要平整坚实、衬垫物要摆放平整,并保持同一方向。③衬垫物间距适当,直接接触货物的衬垫面积与货垛底面积相同,衬垫物不伸出货要有足够的高度,露天堆场要达到0.3~0.5米,库房内0.2米即可。

3. 温度控制

除了冷库外,仓库的温度直接受天气温度的影响,库存货物的温度也会随天气温度同步变化。货物温度高时,会发生融化、膨化、软化,容易腐烂变质、挥发、老化、自燃甚至爆炸。温度太低,会变脆、冻裂、液体结冻膨胀。一般来说,绝大多数货物在常温下都能保持正常。

普通仓库的温度控制主要是避免阳光直接照射货物。仓库遮阳采用仓库建筑物遮阳和苫盖遮阳。对怕热货物应存放在仓库内阳光不能直接照射的货位。

对温度较敏感的货物,在气温高时可采用洒水降温的办法,包括直接对货物洒水,对怕水货物可以对苫盖、仓库屋顶洒水降温。在日晒降低的傍晚或夜间,将堆场货物的苫盖适当揭开通风,也是对露天货场货物降温保管的有效方法。货物自热是货物升温损坏的一个重要原因,对容易自热的货物,应经常检查货物温度,当发现升温时,可采取加大通风、洒水等方式降温,翻动货物散热降温,必要时可以在货垛内存放冰块、释放干冰等来降温。

在严寒季节,气温极低时,可以采用加温设备对货物加温防冻。对突然而来的寒潮可以在寒潮到达前对货物进行苫盖保温,也具有短期保暖效果。

4. 湿度控制

湿度分为货物湿度和空气湿度。笼统地说,湿度表示含水量的多少,但在不同场合又有不同的表示方式。货物的含水量指标,用百分比表示。空气湿度又分为绝对湿度和相对湿度。

货物湿度指货物的含水量。货物的含水量对货物有直接影响,含水量高,则容易发生霉变、锈蚀、溶解、发热甚至化学变化;含水量低,则会发生干裂、干涸、挥发、容易燃烧等。控制货物的含水量是货物保管的重要工作。

空气绝对湿度是指空气中含水汽量的绝对数,用帕(Pa)或克/立方米(g/m^3)表示。如空气最高绝对湿度(也称饱和湿度)为$31.7 \times 10^2 Pa$或者$22.8 g/m^3$。相对湿度则是空气中的含水汽量与相同温度空气能容纳下的最大水汽量的百分比,最大为100%。相对湿度越大,表明空气中的水汽量距离饱和状态越接近,表示空气越潮湿;相反,相对湿度越小,表明空气越干燥。湿度控制可以采取以下措施。

(1)湿度监测。仓库应经常进行湿度监测,包括空气湿度和仓内湿度监测。一般每天早晚各一次,并做好记录。

(2)空气湿度太低时,应减少仓内空气流通,采取洒水、喷水雾等方式增加仓内空气湿度,或对货物采取加湿处理,直接在货物表面洒水。

(3)空气湿度太高时,可以封闭仓库或者密封货垛,避免空气流入仓库或货垛;或者在有条件的仓库采用干燥式通风、制冷除湿;在仓库或货垛内摆放吸湿材料,如生石灰、氯化钙、木炭、硅胶等；特殊货仓可采取升温措施。

5. 特殊情况下的保管

为了保证保管质量，除了温度、湿度、通风控制外，仓库应根据货物的特性采取相应的保管措施。如对货物进行油漆、涂刷保护涂料、除锈、加固、封包、密封等，发现虫害及时杀虫，使用防霉药剂等针对性保护措施。必要时采取转仓处理，将货物转入具有特殊保护条件的仓库。

4.1.4 常见的几种物料堆放的方法

1. 五五堆放法

根据各种物料的特性做到"五五成行，五五成方，五五成串，五五成堆，五五成层"，使物料叠放整齐，便于点数、盘点和取送。此法适用于产品外形较大、形状规则的企业。

2. 六号定位法

按"库号，仓位号，货架号，层号，订单号，物料编号"六号，对物料进行归类叠放，登记造册，并填制《物料储位图》，便于迅速查找物料的调仓。此法适用于产品体积较小、用规则容器盛装、品种较少的企业。

3. 托盘化管理法

将物料码放在托盘上、卡板上或托箱中，便于成盘、成板、成箱地叠放和运输，有利于叉车将物料整体移动以提高物料保管的搬运效率。此法适用于机械化仓库作业的企业。

4. 分类管理法

将品种繁多的物料，按其重要程度、进出仓率、价值大小、资金占用情况进行分类，并置放在不同类别的仓区，然后采用不同的管理规定，做到重点管理、兼顾一般。

5. 货垛牌

为了使保管中及时掌握货物资料，需要在货垛上张挂有关该垛货物的资料标签。该记载货物资料的标签称为货垛牌或者货物标签、料卡等。货物码垛完毕，仓库管理人员就需要根据入库货物资料、接收货物情况制作货垛牌，并排放或拴挂在货垛正面明显的位置，或者货架上。货垛牌的主要内容有：货位号、货物名称、规格、批号、来源、进货日期、存货人、该垛数量、接货人（制单人）等。此外，根据仓库的不同特点可以相应增减项目。

4.2 商品储位管理

4.2.1 仓库储位管理概述

1. 储位管理意义

传统的物流系统中，仓储作业一直扮演着最主要的角色，但是在现今生产制造技术及运输系统都已相当发达的情况下,储存作业的角色也已发生了质与量的变化。虽然其调节生产量与需求量的原始功能一直没有改变,不过为了满足现今市场少量多样需求的形态,使得物流系统中的拣货、出货、配送的重要性已凌驾在仓储保管功能之上。

如何有效地掌控货品的去向及数量呢?当然,最有效的方法就是利用储位来使货品处于被保管状态而且能够明确地指示储位的位置,并且货品在储位上的变动情况都能确实记录。一旦货品处于被保管状态就能时时刻刻掌握货品的去向及数量,知道其去向并了解其位置之所在,而储位管理就是提供此位置的管理法则,这也就是储位管理的意义所在。

2.储位管理的目的

1)调节生产制造与需求的功能

部分附属于制造商的物流中心常位于工厂邻近,除具备商品配送的功能之外,还具备一般仓库调节生产过剩或不足的功能,因此需求大量的储存区域以供使用。

2)取得采购优惠的功能

另有部分附属于零售商集团或批发商的物流中心,为了采购时能取得较优惠的折扣,常一次订购所谓经济批量的商品,所以储存区域也考虑批量的大小。

3)补充拣货作业区商品存量功能

前两项都包含在传统仓库的储存作业功能之中,而物流中心内储存作业最重要的功能,就在于补充拣货作业区的商品存量。有时一个物流中心找不到真正的储存区域,其储存作业已包含在拣货作业区。

4.2.2 仓库储位管理要素

1.储位空间

不同类型的仓库所注重的功能也有所不同,有的强调报关功能,有的强调配送功能。因此,对储位空间的考虑,如果是在保管功能的仓库中,主要是仓库保管空间的储位分配;如果是在重视配送的仓库中,则为便于拣货及补货而进行储位配置。在储位配置规划时,首先要确定储位空间,那就必须要考虑到空间的大小、柱子的排列、梁下高度、通道、机械回旋半径等基本因素,再配合其他外在因素的考虑,方可做出合理的安排。

2.货物

如何管理放置在储位空间中的物品?须考虑如下的影响因素。

(1)供应商:即商品是他处供应而来,还是自己生产而来。

(2)商品特性:此商品的体积大小、重量、单位、包装、周转快慢、季节性的分布及自然属性(腐蚀或溶化等)、温湿度的要求、气味的影响等。

(3)量的影响:如生产量、进货量、库存决策、安全库存量等。

(4)进货时效:采购前置时间、采购作业特殊要求。

(5)品项:种类类别、规格大小等。

货物摆放时应考虑如下几点。

(1) 储位单位：是单品、箱，还是栈板，且其商品特性为何？

(2) 储位策略的决定：是定位储放、随机储放、分类储放、还是分类随机储放，或其他的分级、分区储放？

(3) 储位指派原则的运用：靠近出口，以周转率为基础。

(4) 商品相依性。

(5) 商品特性。

(6) 补货的方便性。

(7) 单位在库时间。

(8) 以订购概率为基础。

商品摆放好后，就要做好有效的在库管理，随时掌握库存状况，了解其品项、数量、位置、入出库状况等所有资料。

3. 人员

仓库人员主要包括保管人员、搬运人员、拣货或补货人员等。仓库的作业人员在存取商品时，基本要求是省时、高效。要达到存取效率、省时、省力，则要求作业流程合理、简短；储位配置及标志要简单、清楚，一目了然，并且要做到好存、好拿、好找。

4. 关联要素

除了上述三项基本要素，即储位空间、物品、人员以外，其他主要的关键要素为储放设备、搬运与输送设备。亦即当物品储放不是直接堆叠在地板上，则必须考虑相关的栈板、料架等。而人员不是以手抱、捧物品时，则必须考虑使用输送机、笼车、堆高机等输送与搬运设备。

1) 搬运与输送设备

在选择搬运与输送设备时，应考虑商品特性、物品的单位、容器、栈板等因素，以及人员作业时的流程与状况，再加上储位空间的配置等，选择合适的搬运与输送设备。当然还要考虑设备成本与人员使用操作的方便性。

2) 储放设备

储放设备同搬运与输送设备考虑的一样，如商品特性、物品的单位、容器、栈板等商品的基本条件，再选择适当的设备配合使用。例如使用自动仓库设备；或是固定料架、流动架等料架。有了料架设备时，必须将其做标志、区隔，或是用颜色辨识管理等。若是在拣货作业，则考虑电子辅助标签的应用。而出货、点货时，无线电传输设备的导入等都应纳入考虑。而后，应将各储位及料架等做一编码，以方便管理。而编码原则，则必须简明易懂，好作业。

5. 作业要求

除了上述的基本要素与关联要素之外，也应考虑作业的要求目标。此要求目标作为决策时的指导原则。作业要求目标有以下八点。

(1) 空间使用率要高。

(2) 作业方便。

(3) 进出货效率高。

(4) 先进先出。

(5) 商品好管理。

(6) 盘点容易。

(7) 库存掌握无浪费。

(8) 配送快,无缺货。

6. 资金

所有考虑规划,最后仍要回归到花费多少、是否超出预算能力的问题上。因此投资成本及经济效益具有决定性的影响,不可不慎。综上所述,进行储位管理时,事先应面面俱到,方能做到有效管理。

4.2.3 仓库储位管理内容

为了大幅度提高仓库空间的利用率,科学、合理的储位规划是必不可少的一个重要环节,也是最大限度提高仓库空间利用率的一种重要手段。储位的规划主要包括这样几个方面:面积规划、物料的堆砌方式规划、物料的标志、料位的设定等,如图4-7所示。

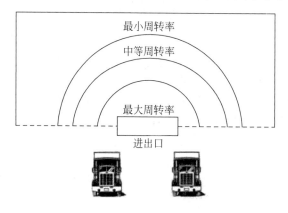

图4-7 仓库储位管理内容

4.2.4 商品储存秩序建立

一个仓库中,储存保管着成千上万种商品,如何使这些商品的存放秩序井井有条以便利于收发和查点,也是商品储存规划的主要内容之一。

1. 商品编号

为了建立良好的保管秩序,应对料位进行统一编号。我国商品仓库曾采用"四号定位",即由库房号、料架(垛)号、料架(垛)层号和料位顺序号四个号数来表示一个货位。只要知道了这个编号,就知道某种商品存放在几号库房、多少号料架、料架的第几层,以及在该层的哪一个货位,查寻料位非常方便。

料位编号的表示方法,有数码表示法、字母表示法和数码字母混合表示法。数码表示法是利用 0、1、2、3、4、5、6、7、8、9 十个数码表示;字母表示法是用拉丁字母 A、B、C、D 等表示;数码字母混合表示法是同时用数字和字母表示。三种表示方法以后者为宜。因为全部用数字或全部用字母表示,不明显不直观、不能一目了然,而混合表示法能克服这一缺点。例如,要表示一号库房、二号料架、四层、十二号料位,完全用数字表示为 102412;若完全用字母表示为 ABDL,显然不够明确。另外,当数字很大时,完全用字母表示是不可能的。如果用数码字母混合表示,可表示为 A2D12,比较直观。在实际运用中多采用数码表示并加文字说明。

"四号定位"严格说来还不够完善,尚有些不足。如库房、料棚、料场不能区分,容易混淆;没有把料区表示出来,在仓库比较大的情况下,料架(垛)的位置仍不易查找。因此,对"四号定位"还可加以补充。一是补充区分库房、料棚和料场的符号,可用汉字拼音的首字母表示,如用"K"表示库房、用"P"表示料棚、用"C"表示料场,冠于编号之首。二是补充料区编号,可用字母表示,如图 4-8 所示。

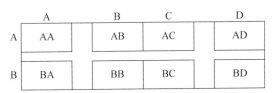

图 4-8 仓库分区编号示意图

将料区号插入库房号之后,就构成了"六号定位",其优点是对料位的表示更加明确,更便于查找。其表示方法如表 4-1 所示。

表 4-1 料位编号一览表

顺序号	1	2	3	4	5	6
表示内容	库棚场别	库棚场号	料区号	料架(垛)号	料架(垛)层号	货位号
符号	K、P、C	数字	大写字母	数字	小写字母	数字

例如,"K5 AB10d15"表示五号库房、AB 料区、第 10 号料架、四层、15 号货位。

从表 4-1 可以看出,这种表示方法更加复杂,书写也不方便。料位编号应该简单明确,但真正做到这一点是比较困难的,还要在实践中摸索,寻求更简单明确的料位编号方法。

2. 料位存料方式

料位存料方式是指各个料位如何存放商品。料位存料方式有两种基本形式,即固定料位和自由料位。

1) 固定料位

所谓固定料位,就是规定好每一个料位存放商品的规格品种,每一种商品都有自己固定的料位,即使料位空着也不能存放其他商品,常称"对号入座"。

固定料位的主要优点是:各种商品存放的位置固定不变,管库人员容易熟悉并记住料位,收发料时很容易查找。如果绘制成料位分布图,非本库人员也能按图比较容易地找到料位。其缺点是不能充分利用每个料位。各种商品的最高储备量不是同时达到的,各种商品时多时少,有时甚至出现无料的现象。但采取固定料位,料位之间不能调整,更不能互相占用,这样就使一部分料位空闲不用,而需要入库的商品又不能入库,这显然是不合理的。特别是在库房比较紧张的情况下,出现这种情况更是不允许的。

2) 自由料位

自由料位又称随机料位。它与固定料位相反,每个料位可以存放任何一种商品,只要料位空闲,入库的各种商品都可存入,叫做"见缝插针"。

自由料位的主要优点是:能充分利用每一个料位,提高仓库的储存能力。其缺点是每个料位的存料经常变动,每种商品没有固定的位置,收发查点时寻找料位比较困难,影响工作效率。

在实际运用中,固定料位和自由料位都有一定的局限性,都存在着一些难以解决的问题,所以一般是将两种方式结合起来运用。

铁路商品仓库多以固定料位为主,遇有比较特殊的情况时采用自由料位方式,作为固定料位的例外。

(1) 成套设备,集中存放一处,便于管理和发货。

(2) 大型、笨重、移动困难的物料,存放在库门附近,便于装卸搬运。

(3) 收发频繁的大路货,靠近库门存放,以便缩短收发料时的行走距离,提高工作效率。

(4) 批量大、就地堆码的物料,料位不宜固定,以充分利用空闲料位。

(5) 体积大小悬殊,不宜按目录顺序存入料架的物料,可在其他位置就地堆码。

(6) 存入料架的物料,过重的应存放在下层,体轻的存放在上层,提高料架的稳定性。

从发展趋势来看,将来主要应采取自由料位,特别是随着电子计算机的广泛使用,用电子计算机进行料位管理是非常方便和有效的。

4.2.5 仓库储位标志

传统的物流系统中储位标志和管理一直扮演着很重要的角色,它主要通过协调生产量和需求量的关系,来满足市场少量的形态需求。储位管理要求生产经营者能随时安排货品的去向和数量,对货品进行分类存放,并对每一种货品进行标识,建立它的管理档案。

当清楚规划好各储区储位后,这些位置开始经常被使用,为了方便记忆和记录,故储位编号、品名、序号、标签记号等用以辨识的记录代码就非常重要,如果没有这些可辨识区分的符号代码,则记忆系统便无法运作。实际上储位的编码就如同货品的住址,而货品编号就如同姓名一般,一封信(记忆系统)在住址、姓名都写清楚的条件下,才能迅速、正确送到收信人手中。也就是说,每一品项都要有一个地址及姓名,以便在需要时能马上找到它。如图 4-9 所示,就是仓库储位标志示意。

图 4-9 仓库储位标志示意

4.2.6 货位编号

1. 货位编号作用

货位即货物存放的位置。货位编号,就是在分区分类的基础上,将仓库的库房、货场、货棚及货架等存放货物的场所,划分为若干货位,然后按照储存地点和位置的排列,采用统一标记编上顺序号码,并做出明显标志,以方便仓库作业的管理方法。

货位编号在保管工作中具有重要的作用,它能提高收发货作业效率,而且有利于减少差错。货位编号就好比货物在库的"住址",做好货位编号工作应根据不同的仓库条件、货物类别和批量整零情况,合理进行货位划分及序号编排,以符合"标志设置要适宜、标志制作要规范、编号顺序要一致、段位间隔要恰当"的基本要求。

2. 货位编号的方法

货位编号应按照统一的规则和方法进行。采用统一的形式、统一的层次和统一的含义编排。

1) 仓库内存储场所的编号

整个仓库内的储存场所若有库房、货棚、货场,则可以按一定的顺序(自左向右或自右向左),各自连续编号。库房的编号一般写在库房的外墙上或库门上,字体要统一、端正,色彩鲜艳、清晰醒目、易于辨认。货场的编号一般写在场地上,书写的材料要耐摩擦、耐雨淋、耐日晒。货棚编号书写的地方,则可根据具体情况而定,总之应让人一目了然。

2) 库房、货棚内货位的编号

对于库房、货棚的货位,在编号时,应对库房和货棚有明显区别,可加注"库"、"棚"等字样,或加注"K"、"P"字样。"K"、"P"分别是"库"、"棚"拼音的第一个大写字母。对于多层库房,常采用"三位数编号"、"四位数编号"或"五位数编号"。见图 4-10 和图 4-11。

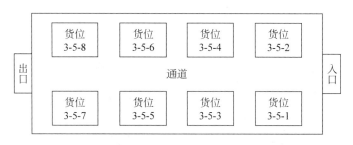

图 4-10　多层库房货位编号

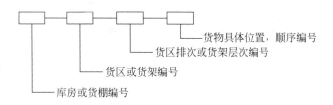

图 4-11　"四位数编号"示意图

3) 货场内货位的编号

货场内货位布置方式不同,其编号的方式也不同。货位布置的方式一般有横列式和纵列式两种。横列式,即货位与货场的宽平行排列,可采用横向编号。

纵列式,即货位与货场的宽垂直排列,常采用纵向编号。无论横向编号还是纵向编号,编号的具体方法一般有两种:一是按照货位的排列,先编成排号,再在排号内按顺序编号;二是不编排号,采取自左至右和自前至后的方法,按顺序编号。见图 4-12 和图 4-13。

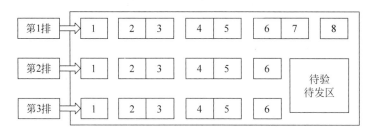

图 4-12　货场内横列式货位编号(分排)示意图

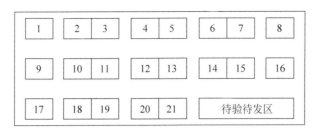

图 4-13 货场内横列式货位编号(不分排)示意图

4) 货架上各货位的编号

可先将库房内所有的货架,以进入库门的方向,自前到后按排进行编号,继而对每排货架的货位按层、位进行编号。顺序应是从上到下,从左到右,从里到外。

3. 货位编码的注意事项

尽量不要在相同货位编码中存放几种不同的商品,如果必须在相同货位编码中存放几种物品时,可采用货位切割的方法,即用隔离板把货位空间分成小区,每小区按花色种类标明货号。

4.2.7 仓储储位优化

1. 储位优化意义

传统的仓储作业管理常常把货品放在货品到达时最近的可用空间或不考虑商品动态变化的需求和变化了的客户需求模式,沿袭多年习惯和经验来放置物品。传统型货品布局造成流程速度慢、效率低以及空间利用不足。然而,现代物流尤其是在供应链管理模式下的新目标是:用同样的劳动力或成本来做更多的工作;利用增值服务把仓库由劳动力密集转化成资金密集的行业;减少订单履行时间,提供更快捷、更周到的服务。

储位优化管理是用来确定每一种货物的恰当储存方式,在恰当的储存方式下的空间储位分配。储位优化管理追求不同设备和货架类型特征、货品分组、储位规划、人工成本内置等因素以实现最佳的储位布局,能有效掌握商品变化,将成本节约最大化。储位优化管理为正在营运的仓库挖掘效率和成本,并为一个建设中的配送中心或仓库提供营运前的关键管理做准备。

2. 储位优化策略

进行储位优化时需要很多的原始数据和资料,对于每种商品需要知道品规编号、品规描述、材料类型、存储环境、保质期、尺寸、重量、每箱件数、每托盘箱数等,甚至包括客户订单的信息。一旦收集到完整的原始数据后,选用怎样的优化策略就显得尤为重要。调查表明应用一些直觉和想当然的方法会产生误导,甚至导致相反的结果。一个高效的储位优化策略可以增加吞吐量,改善劳动力的使用,减少工伤,更好地利用空间和减少产品的破损。以下一些储位优化的策略可供参考选择。

（1）周期流通性的储位优化。根据在某段时间段内如年、季、月等的流通性并以商品的体积来确定存储模式和存储模式下的储位。

（2）销售量的储位优化。在每段时间内根据出货量来确定存储模式和空间分配。

（3）单位体积的储位优化。根据某商品的单位体积，如托盘、箱或周转箱等的容器和商品的体积来进行划分和整合。

（4）分拣密度的储位优化。具有高分拣密度的商品应放置在黄金区域以及最易拣选的拣选面。

通常储位优化是一种优化和模拟工具，它可以独立于仓库管理系统进行运行。因此，综合使用多种策略或交替使用策略在虚拟仓库空间中求得满意效果后再进行物理实施不失为一种较好的实际使用方法。

3. 储位优化计算法则

储位优化的计算很难用数字化公式和数字模型予以描述，通常是利用一些规则或准则进行非过程性的运算。规则在计算中对数据收敛于目标时起到了约束的作用。大多数规则是通用的，即使一个普通仓库也不允许商品入库时随机或无规划地放置。而不同的配送中心或仓库还会根据自身的特点和商品的专门属性制定若干个特殊的规则。例如支持药品零售的配送中心会把相类似的药品分开存放以减少拣选的错误机会，但存放非药类时会按同产品族分类放在一起。

（1）以周转率为基础法则。即将货品按周转率由大到小排序，再将此序分为若干段（通常分为三段至五段），同属于一段中的货品列为同一级，依照定位或分类存储法的原则，指定存储区域给每一级货品，周转率越高应离出入口越近。当进货口与出货口不相邻时，可依进、出仓次数来做存货空间的调整，如图 4-14 所示，为 A、B、C、D、…、H 八种货品进出仓库的情况，当出入口分别在仓库的两端时，可依货品进仓及出仓的次数比率来指定其储存位置。图 4-14 是按照周转率高低进行的储位分配示意图。

图 4-14　进出口分离的储位指派

（2）产品相关性法则。这样可以减短提取路程，减少工作人员疲劳，简化清点工作。产品的相关性大小可以利用历史订单数据做分析。

（3）产品同一性法则。所谓同一性法则，是指把同一物品储放于同一保管位置的原则。这样作业人员对于货品保管位置就能简单熟知,并且对同一物品的存取花费的搬运时间最少,是提高物流中心作业生产力的基本原则之一。否则,当同一货品散布于仓库内多个位置时,物品在存放取出等作业时不方便,给盘点以及作业人员对料架物品掌握程度都可能造成困难。

(4) 产品互补性原则。互补性高的货品也应存放于邻近位置,以便缺货时可迅速以另一品项替代。

(5) 产品相容性法则。相容性低的产品不可放置在一起,以免损害品质。

(6) 产品尺寸法则。在仓库布置时,我们同时考虑物品单位大小以及由于相同的一群物品所造成的整批形状,以便能供应适当的空间满足某一特定要求。所以在存储物品时,必须要有不同大小位置的变化,用以容纳不同大小的物品和不同的容积。此法则可以使物品存储数量和位置适当,使得拨发迅速,搬运工作及时间都能减少。一旦未考虑存储物品单位大小,将可能造成存储空间太大而浪费空间,或存储空间太小而无法存放;未考虑存储物品整批形状也可能造成整批形状太大而无法同处存放。

(7) 重量特性法则。所谓重量特性法则,是指按照物品重量不同来决定储放物品于储位的高低位置。一般而言,重物应保管于地面上或料架的下层位置,而重量轻的物品则保管于料架的上层位置;若是以人手进行搬运作业时,人腰部以下的高度用于保管重物或大型物品,而腰部以上的高度则用来保管重量轻的物品或小型物品。

(8) 物品特性法则。物品特性不仅涉及物品本身的危险及易腐蚀,同时也可能影响其他的物品,因此在物流中心布局时应考虑。

(9) 物品面向通道保管。仓库管理者应首先考虑出入库的时间和效率,因而较多地着眼于拣选和搬运的方便,保管方式必须与之协调。存储中心出入库的频率较低;应该重视保管,因而首先要考虑保管方式,向通道进行保管。为使物品出入库方便,容易在仓库内移动,基本条件是将物品面向通道保管。

(10) 依据先进先出的原则。保管的一条重要原则是对于易变质、易破损、易腐败的物品;对于机能易退化、老化的物品,应尽可能按先入先出的原则,加快周转。由于商品的多样化、个性化,使用寿命普遍缩短,所以这一原则是十分重要的。

规则可以根据共性和个性的特点来制定,比如药品仓库必须符合 CSP 规定的要求。当规则制定后,规则间的优先级也必须明确。

通过进行储位优化能够实现在少量的空间里可有更多的分拣面。对于流通量大的商品应满足人体工程需求和畅通便捷的通路以提高营运效率;而对于那些周转不快的商品希望通过优化后占据很少的空间以至在小的面积中有更多种商品可以来分拣,从而减少拣选的路程。

4.3　货物保管与养护

4.3.1　影响库存物变化的因素

物品发生质量变化,是由一定因素引起的。为了保养好物品,确保物品的安全,必须找出变化原因,掌握物品质量变化的规律。通常引起物品变化的因素有内因和外因两种,内因决定了物品变化的可能性和程度,外因是促进这些变化的条件。

1. 影响库存物变化的内因

物品本身的组成成分、分子结构及其所具有的物理性质、化学性质和机械性质,决定了其在储存期发生损耗的可能程度。通常情况下,有机物比无机物易发生变化,无机物中的单质比化合物易发生变化,固态物品比液态物品稳定且易保存保管,液态物品又比气态物品稳定并易保存保管;化学性质稳定的物品不易变化、不易产生污染;物理吸湿性、挥发性、导热性都差的物品不易变化;机械强度高、韧性好、加工精密的物品易保管。

1) 物品的物理性质

物品的物理性质主要包括物品的吸湿性、导热性、耐热性、透气性和透水性等。

(1) 吸湿性。吸湿性是指物品吸收和放出水分的特性。物品吸湿性的大小,吸湿速度的 快慢,直接影响该物品含水量,对物品质量的影响极大,是许多物品在储存期间发生质量变化的重要原因之一。

(2) 导热性。导热性是指物体传递热能的性质。物品的导热性,与其成分和组织结构有 密切关系,物品结构不同,其导热性也不一样。同时物品表面的色泽与其导热性也有一定的关系。

(3) 耐热性。耐热性是指物品耐温度变化而不致被破坏或显著降低强度的性质。物品的 耐热性,除与其成分、结构和不均匀性有关外,还与其导热性、膨胀系数有密切关系。导热性大而膨胀系数小的物品,耐热性良好,反之则差。

(4) 透气性和透水性。物品能被水蒸气透过的性质,称为透气性;物品能被水透过的性质叫透水性。这两种性质在本质上都是指水的透过性能。物品透气、透水性的大小,主要取决于物品的组织结构和化学成分。结构松弛、化学成分含有亲水基团,其透气、透水性都大。

2) 物品的机械性质

物品的机械性质是指物品的形态、结构在外力作用下的反应。物品的这种性质与其质量关系极为密切,是体现适用性、坚固耐久性和外观的重要内容,它包括物品的弹性、可塑性、强力、韧性、脆性等。这些物品的机械性质对物品的外形及结构变化有很大的影响。

3）物品的化学性质

物品的化学性质是指物品的形态、结构以及物品在光、热、氧、酸、碱、温度、湿度等作用下，发生改变物品本质相关的性质。与物品储存紧密相关的物品的化学性质包括：物品的化学稳定性、毒性、腐蚀性、燃烧性、爆炸性等。

（1）化学稳定性。化学稳定性是指物品受外界因素作用，在一定范围内，不易发生分解、氧化或其他变化的性质。化学稳定性不高的物品容易丧失使用性能。物品的稳定性是相对的，稳定性的大小与其成分、结构及外界条件有关。

（2）毒性。毒性是指某些物品能破坏有机体生理功能的性质。具有毒性的物品，主要是用作医药、农药及化工物品等。有的物品本身有毒，有的蒸气有毒，有的本身虽无毒，但分解化合后产生有毒成分等。

（3）腐蚀性。腐蚀性是指某些物品能对其他物质发生破坏性的化学性质。具有腐蚀性的物品，本身具有氧化性和吸水性，因此，不能把这类物品与棉、麻、丝、毛织品以及纸张、皮革制品等同仓储存，也不能与金属制品同仓储存。例如，盐酸可以与钢铁制品作用，使其遭受破坏；烧碱能腐蚀皮革、纤维制品和人的皮肤；硫酸能吸收动植物物品中的水分，使它们炭化而变黑；漂白粉的氧化性，能破坏一些有机物；石灰有强吸水性和发热性，能灼热皮肤和刺激呼吸器官等。因此在保管时要根据物品不同的性能，选择储存场所，安全保管。

（4）燃烧性。燃烧性是指有些物品性质活泼，发生剧烈化学反应时常伴有热、光同时发生的性质。具有这一性质的物品被称为易燃物品。常见的易燃物品有红磷、火柴、松香、汽油、柴油、乙醇、丙酮等低分子有机物。易燃物品在储存中应该特别注意防火。

（5）爆炸性。爆炸是物质由一种状态迅速变化为另一种状态，并在瞬息间以机械功的形式放出大量能量的现象。能够发生爆炸的物品要专库储存，并应有严格的管理制度和办法。

4）化学成分

（1）无机成分的物品。无机成分物品的构成成分中不含碳，但包括碳的氧化物、碳酸及碳酸盐，如化肥、部分农药、搪瓷、玻璃、五金及部分化工物品等。

（2）有机成分的物品。有机成分物品指以含碳的有机化合物为其成分的物品，但不包括碳的氧化物、碳酸与碳酸盐。有机成分的物品如棉、毛、丝、麻及其制品，化纤、塑料、橡胶制品、石油产品、有机农药、有机化肥、木制品、皮革、纸张及其制品，蔬菜、水果、食品、副食品等。这类物品成分中，结合形式也不相同，有的是化合物，有的是混合物。

单一成分的物品极少，多数物品含杂质，而成分绝对纯的物品很罕见。所以，物品成分有主要成分与杂质之分。主要成分,决定着物品的性能、用途与质量,而杂质则影响着物品的性能、用途与质量,给储存带来不利影响。

5) 物品的结构

物品的种类繁多,各种物品又有各种不同形态的结构,所以要求用不同的包装盛装。如气态物品,分子运动快、间距大、多用钢瓶盛装,其形态随盛器而变;液态物品,分子运动比气态物品慢,间距比气态物品小,其形态随盛器而变;只有固态物品,有一定外形。虽然物品形态各异,但概括起来,可分为外观形态和内部结构两大类。

物品的外观形态多种多样,所以,在保管时应根据其体形结构合理安排仓容,科学地进行堆码,以保证物品质量的完好。物品的内部结构即构成物品原材料的成分结构,是人的肉眼看不到的,必须借助于各种仪器来进行分析观察。物品的微观结构,对物品性质往往影响极大。

影响物品发生质量变化内在因素之间是相互联系、相互影响的统一整体,工作中绝不能孤立对待。

2. 影响物品质量变化的外因

物品储存期间的变化虽然是物品内因引起的,但与储存的外界因素也有密切关系。这些外界因素主要包括:自然因素、人为因素和储存期。

1) 自然因素

自然因素主要指温度、湿度、有害气体、日光、尘土、杂物、虫鼠雀害、自然灾害等。

(1) 温度对库存物品的影响。除冷暖库外,仓库的温度直接受天气温度的影响,库存物品的温度也就随天气温度同步变化。一般来说,绝大多数物品在常温下都能保持正常的状态。大部分物品对温度的适应都有一定范围。低沸点物品,在高温下易挥发;低熔点的物品,温度高时易熔化变形;具有自燃性的物品,在高温下因氧化反应而放出大量的热,当热量聚积不散时,导致自燃发生;温度过低,也会对某些物品造成损害。

普通仓库的温度控制主要是避免阳光直接照射物品。仓库遮阳采用仓库建筑遮阳和苫盖遮阳。不同建筑材料的遮阳效果不同,混凝土结构遮阳效果最佳。怕热物品要存放在仓库内阳光不能直接照射的货位。

对温度较敏感的物品,在气温高时可以采用洒水降温,包括采取直接对物品洒水,对怕水物品可以对苫盖、仓库屋顶洒水降温。在傍晚或夜间,将堆场物品的苫盖适当揭开通风,也是对露天堆场物品降温保管的有效方法。

物品自热是物品升温损坏的一个重要原因。对容易自热的物品,应经常检查物品温度,当发现升温时,可以采取通风方式降温,翻动物品散热降温,必要时,可以在货垛内存放冰块、释放干冰等降温。

此外,仓库里的热源也会造成温度升高,应避开热源,或者在高温季节避免使用仓库内的热源。

在严寒季节,气温极低时,可以采用加温设备对物品加温防冻。对突至的寒潮,在寒潮到达前对物品进行保暖苫盖,也具有短期保暖效果。

(2) 湿度对库存物品的影响。不同物品对环境湿度(相对湿度)要求有很大差别。霉菌、微生物和蛀虫在适宜的温度和相对湿度高于60%时繁殖迅速,可在短时期内使棉毛丝制品、木材、皮革、食品等霉变、腐烂。具有吸湿性的物品,在湿度较大的环境中会结块。绝大多数金属制品、电线、仪表等在相对湿度达到或超过80%时锈蚀速度加剧。但是某些物品的储存环境却要求保持一定的潮湿度,如木器、竹器及藤制品等,在相对湿度低于50%的环境中会因失水而变形开裂,但是当相对湿度大于80%时又容易霉变。纯净的潮湿空气对物品的影响不大,尤其是对金属材料及制品,但如果空气中含有有害气体时,即使相对湿度刚达到60%,金属材料及制品也会迅速锈蚀。

(3) 大气中有害气体对库存物品的影响。大气中有害气体主要来自燃料,如煤、石油、天然气、煤气等放出的烟尘以及工业生产过程中的粉尘、废气对空气的污染,主要是氧、二氧化碳、二氧化硫、硫化氢、氯化氢和氮等气体。物品储存在有害气体浓度大的空气中,其质量变化明显。例如,二氧化硫气体溶解度很大,溶于水中能生成亚硫酸,当它遇到含水量较大的物品时,能强烈地腐蚀物品中的有机物及金属。

当空气中含有0.01%的二氧化硫,能使金属锈蚀增加几十倍,使皮革、纸张、纤维制品脆化。目前,主要是从改进和维护物品包装或在物品表面涂油、涂蜡等方法,减少有害气体对物品质量的影响。

(4) 日光、尘土、虫、鼠、雀等对库存物品的影响。适当的日光可以去除物品表面或体内多余的水分,也可抑制微生物等的生长。但长时期在日光下曝晒会使物品或包装物出现开裂、变形、变色、褪色、失去弹性等现象。尘土、杂物能加速金属锈蚀、影响精密仪器仪表和机电设备的精密度和灵敏度;虫、鼠、雀不仅能毁坏物品和仓库建筑,还会污染物品。

(5) 自然灾害主要有雷击、暴雨、洪水、地震、台风等。

2) 人为因素

人为因素是指人们未按物品自身特性的要求或未认真按有关规定和要求作业,甚至违反操作规程而使物品受到损害和损失的情况。

(1) 保管场所选择不合理。由于物品自身理化性质决定,不同库存物在储存期要求的保管条件不同,因此,对不同库存应结合当地的自然条件选择合理的保管场所。一般条件下,普通的黑色金属材料、大部分建筑材料和集装箱可在露天货场储存;怕雨雪侵蚀、阳光照射的物品放在普通库房及货棚中储存;要求一定温湿度条件的物品应相应存放在冷藏、冷冻、恒温、恒湿库房中;易燃、易爆、有毒、有腐蚀性危险的物品必须存放在特种仓库中。

(2) 包装不合理。为了防止物品在储运过程中受到可能的冲击、压缩等外力而被破坏,应对库存物进行适当的捆扎和包装,如果捆扎不牢,将会造成倒垛、散包,使物品丢失和损坏。某些包装材料或形式选择不当不仅起不到保护的作用，还会加速库存物受潮变质或受污染霉烂。

（3）装卸搬运不合理。装卸搬运活动贯穿于仓储作业过程的始终，是一项技术性很强的工作，各种物品的装卸搬运均有严格规定，如平板玻璃必须立放挤紧捆绑，大件设备必须在重心点吊装，胶合板不可直接用钢丝绳吊装等。

（4）堆码苫垫不合理。垛形选择不当、堆码超高超重、不同物品混码、需苫盖而没有苫盖或苫盖方式不对都会导致库存物损坏变质。

（5）违章作业。在库内或库区违章明火作业、烧荒、吸烟则会引起火灾，造成更大的损失，带来更大的危害。

3）储存期

物品在仓库中停留的时间越长，受外界因素影响发生变化的可能性就越大，而且发生变化的程度也越深。物品储存期的长短主要受采购计划、供应计划、市场供求变动、技术更新，甚至金融危机等因素的影响，因此仓库应坚持先进先出的发货原则，定期盘点，将接近保存期限的物品及时处理，对于落后产品或接近淘汰的产品限制入库或随进随出。

4.3.2 货物的保管保养措施

对库存物品进行保管保养不仅是一个技术问题，更是一个综合管理问题。由于JIT观念的广泛运用，库存的时间在不断缩短，现代仓库管理的重点也从静态管理转变为动态管理。又由于现代物流技术不断提高，物品养护技术也不断简单化，因而在这个阶段中，制定必要的管理制度和操作规则，并严格执行显得尤为重要。

1. 仓库作业过程管理措施

"以防为主、防治结合"是保管保养的核心，要特别重视物品损害的预防，及时发现和消除事故隐患，防止损害事故的发生。特别要预防发生爆炸、火灾、水浸、污染等恶性事故和造成大规模损害事故。在发生、发现损害现象时，要及时采取有效措施，防止损害扩大，减少损失。

仓库保管保养的措施主要有：经常对物品进行检查测试，及时发现异常情况；合理地对物品通风；控制阳光照射；防止雨雪水浸湿物品，及时排水除湿；除虫灭鼠；妥善进行湿度、温度控制；防止货垛倒塌；防霉除霉；剔出变质物品；对特殊物品采取针对性的保管措施等。

这些措施具体体现在仓库以下几个方面的工作中。

（1）严格验收入库物品。要防止物品在储存期间发生各种不应有的变化，首先在物品入库时要严格验收，弄清物品及其包装的质量状况。对吸湿性物品要检测其含水量是否超过安全水平，对其他有异常情况的物品要查清原因，针对具体情况进行处理和采取补救措施，做到防微杜渐。

(2)适当安排储存场所。由于不同物品性能不同,对保管条件的要求也不同,分区分类,合理安排存储场所是物品养护工作的一个重要环节。如怕潮湿和易霉变、易生锈的物品,应存放在较干燥的库房里;怕热易化、发黏、挥发、变质或易发生燃烧、爆炸的物品,应存放在温度较低的阴凉场所;一些既怕热,又怕冻,且需要较大湿度的物品,应存放在冬暖夏凉的楼下库房或地窖里。此外,性能相互抵触或易串味的物品不能在同一库房混存,以免相互产生不良影响。尤其对于化学危险物品,要严格按照有关部门的规定,分区分类安排储存地点。

(3)科学进行堆码苫垫。阳光、雨雪、地面潮气对物品质量影响很大,要切实做好货垛苫盖和货垛垛下苫垫隔潮工作,如利用石块、枕木、垫板、苇席、油毡或采用其他防潮措施。存放在货场的物品,货区四周要有排水沟,以防积水流入垛下,货垛周围要遮盖严密,以防雨淋日晒。

货垛的垛形与高度,应根据各种物品的性能和包装材料,结合季节气候等情况妥善堆码。含水率较高的易霉物品,热天应码通风垛。容易渗漏的物品,应码间隔式的行列垛。

此外,库内物品堆码留出适当的距离,俗称"五距"。对易燃物品还应留出适当的防火距离。

"五距"即顶距(平顶楼库顶距为50厘米以上,"人"字形屋顶以不超过横梁为准)、灯距(照明灯要安装防爆灯,灯头与物品的平行距离不少于50厘米)、墙距(外墙50厘米,内墙30厘米)、柱距(一般留10~20厘米)、垛距(通常留10厘米)。

(4)控制好仓库温、湿度。应根据库存物品的保管保养要求,适时采取密封、通风、吸潮和其他控制与调节温、湿度的办法,力求把仓库温、湿度保持在适应物品储存的范围内。

(5)定期进行物品在库检查。由于仓库中保管的物品性质各异、品种繁多、规格型号复杂、进出库业务活动每天都在进行,而每一次物品进出库业务都要检斤计量或清点件数,加之物品受周围环境因素的影响,物品可能发生数量或质量上的损失,对库存物品和仓储工作进行定期或不定期的盘点和检查非常必要。

(6)搞好仓库清洁卫生。储存环境不清洁,易引起微生物、虫类寄生繁殖,危害物品。因此,对仓库内外环境应经常清扫,彻底铲除仓库周围的杂草、垃圾等物,必要时使用药剂杀灭微生物和潜伏的害虫。对容易遭受虫蛀、鼠咬的物品,要根据物品性能和虫、鼠生活习性及危害途径,及时采取有效的防治措施。

2. 仓库温、湿度控制的方法

(1)通风。通风是指根据大气自然流动的规律,有计划、有目的地组织库内外空气的对流与交换的重要手段,是调节库内温、湿度,净化库内空气的有效措施。仓库通风按通风动力,可分为自然通风和强迫通风两种方式。

(2) 密封。密封是将储存物品的一定空间使用密封材料尽可能严密地封闭起来,使之与周围大气隔离,防止或减弱自然因素对物品的不良影响,创造适宜的保管条件。密封的目的通常主要是为了防潮,但同时也能起到防锈蚀、防霉、防虫、防热、防冻、防老化等综合效果。密封是相对的,不可能达到绝对严密的程度。

(3) 除湿。空气除湿是利用物理或化学的方法,将空气中的水分除去,以降低空气湿度的一种有效方法。除湿的方法主要有:利用冷却法使水汽在露点温度下凝结分离;利用压缩法提高水汽压,使之超过饱和点,成为水滴而被分离除去;使用吸附剂吸收空气中的水分。

(4) 空气调节自动化。又简称空调自动化。它是借助于自动化装置,使空气调节过程在不同程度上自动地进行,其中包括空调系统中若干参数的自动测量、自动报警和自动调节等。

为了保证保管质量,除了温度、湿度、通风控制外,仓库应根据物品的特性采取相应的保管措施。如对物品进行油漆、涂刷保护涂料、除锈、加固、封包、密封等,发现虫害及时杀虫,采取释放防霉药剂等针对性保护措施。必要时采取转仓处理,将物品转入具有特殊保护条件的仓库,如冷藏等。

3. 吸湿

吸湿是在梅雨季节或阴雨天,库内湿度过大又不宜通风时,在密封条件下使用机械或吸潮剂来降低库内湿度的方法。

1) 吸潮剂吸湿

吸潮剂具有较强的吸湿性,能迅速吸收库内空气中的水分,从而降低相对湿度。吸潮剂有很多种,常用的有以下几种。

(1) 生石灰。生石灰即氧化钙(CaO),吸湿性比较强,在潮湿的空气中容易吸收空气中的水汽,生成氢氧化钙,并放出一定的热量。实验证明,每千克生石灰能吸收水分0.25千克。为了有效地控制库内的湿度,在使用吸潮剂之前要首先计算出合理用量。

可以参照下式来计算:

吸潮剂用量=仓库容积×(当时库内的绝对湿度-库内所要求的绝对湿度)/每千克吸潮剂的吸水量

(2) 氯化钙。氯化钙($CaCl_2$)有无水氯化钙和工业用氯化钙之分,呈白色固体状。无水氯化钙的吸湿能力很强,每千克可吸收1~1.2千克水分。我国仓储部门在库内所用的都是工业氯化钙,吸湿性略差些,每千克约吸水 0.7~0.8 千克。

(3) 硅胶。硅胶($mSiO_2 \cdot nH_2O$)又称硅酸凝胶。它是无色透明或是乳白色的颗粒状或不规则的固体。硅胶的吸湿性能较强,每千克可吸收 0.4~0.5 千克水。它的特点是吸湿后不溶化,不污染商品,也无腐蚀性。吸湿达到饱和状态,经过一定时间的烘干后可以继续使用。

此外,还有分子筛、炉灰和木炭等吸潮剂。使用各种吸潮剂降低库内湿度时,库房应尽可能严密封闭,否则会降低吸湿效果。

2)机械吸湿

使用空气去湿机吸湿是一种利用机械吸湿来降低库内相对湿度的方法。去湿机的工作过程是:当库内的潮湿空气从吸尘泡沫塑料或金属网过滤器到蒸发器,由于蒸发器表面温度比空气的露点温度低,这样空气中多余的水汽就会凝结成水滴流进接收器里,再经排水管排出。由此不断循环,就能使空气中的含水量降低。而被冷却的干燥空气,经加热后使其相对湿度降低,再经过离心机送进库内,当相对湿度达到要求时,就可以停机。去湿机具有体积小、重量轻、吸湿快、效率高、不污染商品等优点。在机器的底部装有胶轮可以自由进行移动,管理方便,接上电源便可以进行吸潮工作。

空气去湿机吸湿在温度27℃、相对湿度为70%时,一般每小时能吸收3.4千克水分。这种去湿机背面还附加有可供拆装的新鲜空气风口,可与室内空气混合经去湿后再送入库内,以便保持库内一定量的新鲜空气。出风口根据使用要求,可装接送风管道。

4. 气幕隔潮

气幕俗称"风帘",是利用机械鼓风产生强气流,在库门口形成一道气流帘子。其风速大于库内、外空气的流速,可以阻止库内、外空气的自然交换,从而防止库外热潮空气进入库内。气幕是由气幕筒与自动门两部分联装而成。当自动门的电动机启动时,通过罗拉链牵引库门开启,同时也带动气幕筒的鼓风电动机;当自动门关闭时,同时也切断气幕筒的电源而停止鼓风,即启门鼓风、闭门息风。

5. 自动控制与调节温湿度

光电自动控制设备可以自动控制与调节库房的温湿度,并自动做好记录。当库内温、湿度超过库存品规定范围时,能自动报警、自动开启仓窗、自动开动去湿机、自动记录、自动调节库内的温湿度。当库内温、湿度降到适宜条件时,又能自动停止去湿机工作、自动关闭通风窗。

光电控制设备是由自动记录、光电控制和开关箱三部分组成的。通过它带动空气去湿机、排风扇、开关窗等机械装置,达到全面控制与调节仓库温、湿度的目的。自动记录部分,主要是利用自记温湿度计的作用,连接到排风系统上;光电控制部分,是根据电子计算机的基本原理,由一套乘除器、晶体管和控制开关等部件组成。这种光电自动控制设备具有占地面积小(仅1平方米左右)、灵敏、准确的优点,是我国目前商业仓储设备中最先进的设备。

4.4 盘点作业与呆废料处理

4.4.1 盘点作业概念与步骤

1. 盘点作业概念

商品在储存过程中,因其本身性质、自然条件的影响、计量工具的合理误差,或人为的原因,易造成商品数量和质量的变化。为了对库存物资的数量进行有效控制,并查清其在库中的质量状况,必须定期或不定期地对各储存场所进行清点、查核,这一过程称为盘点作业。

盘点分为账面盘点和现货盘点。账面盘点又称为永续盘点,就是把每天入库及出库商品的数量及单价,记录在电脑或账簿上,而后不断地累计加总算出账面上的库存量及库存金额。现货盘点也称为实地盘点或实盘,也就是实地去点数、调查仓库内商品的库存数,再依商品单价计算出库存金额的方法。如果要得到最正确的库存情况并确保盘点无误,最直接的方法就是确定账面盘点与现货盘点的结果是否完全一致。如有账货不符的现象,就应分析寻找错误原因,划清责任归属。

2. 盘点作业的基本步骤

盘点作业的基本步骤如图 4-15 所示。

1) 盘点前准备

盘点作业的事先准备工作是否充分,关系到盘点作业进行的顺利程度,是否能在短时间内利用有限的人力达到迅速和准确的目标。事先的准备工作内容如下。

(1) 明确建立盘点的具体方法和作业程序,进行盘点计划和安排。

(2) 确定盘点人员,进行合理分工,确定领导小组及各盘点单位管理人员,盘点单位管理人员一般包括督察员及总盘人。

(3) 盘点的计划和安排。

(4) 配合财务会计做好准备。

(5) 设计打印盘点用表单,"盘点单"见表 4-2。

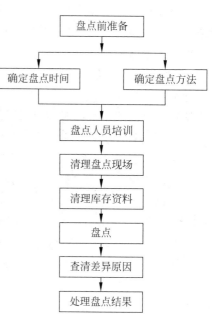

图 4-15 盘点作业的基本步骤

表 4-2 盘 点 单

盘点日期：　　　　　　　　　　　　　　　　　　　　　　　　　　　　　　　　　编号：

物品编号	物品名称	存放位置	盘点数量	复查数量	盘点人	复查人

(6) 准备盘点用基本工具。

2) 确定盘点时间

一般性物资就货账相符的目标而言盘点次数越多越好,但因每次实施盘点必须投入人力、物力、财力,这些成本耗资不菲,故也很难经常为之。事实上,导致盘点误差的关键因素在于出入库的过程,可能是因出入库作业单据的输入错误,或出入库搬运造成的损失,因此出入库作业次数多时,误差也会随之增加。所以,可以根据物资的不同特点、价值、流动速度、重要程度来分别确定不同的盘点时间,盘点时间的间隔可以从每天、每周、每月到每年。以一般生产厂家而言,因其物资流动速度不快,半年至一年实施一次盘点即可。但在仓库物资流动速度较快的情况下,既要防止过久盘点对仓库造成的损失,又受到可用资源的限制,因而最好能根据仓库各物资的性质制定不同的盘点时间。

3) 确定盘点方法

因为不同物资对盘点的要求不同,盘点的方法也会有差异,为尽可能快速、准确地完成盘点作业,必须根据实际需要确定盘点方法。

4) 盘点人员培训

为使盘点工作顺利进行,盘点时必须增派人员协助进行,由各部门增援的人员必须组织化,并且施以短期训练,充分发挥每位参与盘点人员的作用。人员的培训分为两部分：针对所有人员进行盘点方法训练,针对复盘与监盘人员进行认识物资类别的训练。

5) 清理盘点现场和库存资料

(1) 在盘点前,对厂商交来的物资必须明确其数量,如果已验收完成,属本配送中心,应及时整理归库,若尚未完成验收程序,同厂商应划分清楚,避免混淆。

(2) 储存场所在关闭前应通知各需求部门预领所需的物资。

(3) 储存场所整理、整顿完成,以便计数盘点。

(4) 预先鉴定呆料、废品、不良料,以便盘点。

(5) 账卡、单据、资料均应整理后加以结清。

(6) 储存场所的管理人员在盘点前应自行预盘。

6）盘点

盘点时可以采用人工抄表计数，也可以用电子盘点计数器。盘点工作不仅工作量大，而且烦琐，因此，除了加强盘点前的培训工作外，盘点作业时的指导与监督也非常重要。

7）查清差异原因

当盘点结束后，发现所得数据与账簿资料不符时，应追查差异的主因。查找原因的方向有以下几个。

（1）是否为记账员素质不高致使物资数目无法表达。

（2）是否为料账处理制度的缺陷导致物资数目无法表达。

（3）是否为盘点制度的缺陷导致货账不符。

（4）盘点所得的数据与账簿的资料的差异是否在容许误差内。

（5）盘点人员是否尽责，产生盈亏后应由谁负责。

（6）是否产生漏盘、重盘、错盘等情况。

（7）盘点的差异是否可事先预防，是否可以降低料账差异的程度。

8）处理盘点结果

追查差异原因后，应针对主要原因进行适当的调整与处理，至于呆废品、不良品减价的部分则需与盘亏一并处理。

除了盘点时产生数量的盈亏外，有些物资在价格上会产生增减，这些变更经主管审核后必须利用盘点数量盈亏及价目增减更正表修改，如表4-3所示。

表4-3 盘点数量盈亏及价目增减更正表

部门： 日期：

物资编号	物资名称	单位	账面数据			实物盘点			数量盈亏				库存调整				差异原因	负责人
									盈盈		盈亏		增数		减数			
			数量	单价	金额	数量	单价	金额	数量	金额	数量	金额	单价	金额	单价	金额		

差异原因代码：① ② ③ ④

配送中心经理： 申请人：

4.4.2 盘点方法

盘点可以根据盘点方式和盘点时间划分为不同的方式。

1. 根据具体盘点方式划分

1）账面盘点法

账面盘点又称为永续盘点，就是把每天入库及出库物资的数量及单价记录在计算机或账簿上，而后不断地累计加总，算出账面上的库存量及库存金额。即对每种物资分别设立"存货账卡"，然后将每一种物资的出入库数量及有关信息记录在账面上，逐笔汇总出账面库存结余数，这样随时可以从计算机或账册上查悉物资的出入库信息及库存结余量。账面盘点表如表4-4所示。

表4-4 账面盘点表

物资编号：

日期		订购		入库			储存		出库		记录人
月	日	数量	订单号码	数量	单价	总金额	数量	总金额	数量	出库单号	

2）现货盘点法

现货盘点法也称实地盘点法或实盘法，就是先查清仓库内的库存数，再依物资单价计算出实际库存金额的方法。按盘点时间频率的不同又可分为"期末盘点"和"循环盘点"。期末盘点是指在会计计算期末统一清点所有物资数量的方法；循环盘点指每天、每周清点一小部分物资，一个循环周期将每种物资至少清点一次的方法。

（1）期末盘点法。由于期末盘点中将所有物资一次点完，因此工作量大、要求严格。通常采用分区、分组的方式进行，其目的是明确责任，防止重复盘点和漏盘。分区即将整个储存区域划分成一个一个的责任区，不同的区由专门的小组负责点数、复核和监督。因此，一个小组通常至少需要三人分别负责清点数量并填写盘存表、复查数量并登记复查结果，第三人核对前两次盘点的数量是否一致，对不一致的结果进行检查。等所有盘点结束后，再与计算机或账册上的账面数字核对。

（2）循环盘点法。循环盘点通常用于对价值高或重要的物资进行盘点，检查的次数多，而且监督也严密一些；而对价值低或不太重要的物资，盘点的次数可以尽量少。循环盘点一次只对少量物资盘点，所以通常只需保管人员自行对照库存资料进行点数检查，发现问题后按盘点程序进行复核，并查明原因，然后调整。也可采用专门的循环盘点单登记盘点情况。

目前,国内大多数仓库都已使用计算机处理库存账务,当账面数与实盘数有差异时,有时很难断定是账面数有误还是实盘数有误。所以,可以采取"账面盘点"和"现货盘点"平行的方法,以查清误差出现的实际原因。

2. 根据盘点的时间安排划分

(1) 例行盘点。规定每月的某日为全公司盘点日,逢法定节假日可另行安排。例行盘点不仅是物资管理的需要,也是仓管开展自检自查的过程。

(2) 临时盘点。企业发生较大人事变动或临时需要时,可以安排临时盘点。常见的发生临时盘点的情况如下。

① 企业仓储管理人员、公司经理、销售经理等相关人员离职或工作调动时应组织盘点,以考核其业绩,解决遗留问题,为后续人员接管提供依据。

② 供应商某规格产品停产或销售模式改变等,需按大类、规格等盘点。

③ 企业经营业务发生重大变化或发生专门审核等。

(3) 抽盘。根据需要,除了例行盘点和临时盘点外,还需要安排人员按照一定的比例进行随机抽盘。

4.4.3 呆废料处理的目的

呆料即物资存量过多,耗用量极少,库存周转率极低的物资。这种物资可能偶尔耗用少许,很可能不知何时才能动用甚至根本不再有动用的可能。呆料为百分之百可用的物资,未丧失任何物资原来所具有的特性和功能,只是呆置在仓库中,很少去动用而已。

废料指报废的材料,即经过相当使用,本身已残破不堪、磨损过甚或已超过寿命年限,以致失去原有功能而本身并无利用价值的物料。

物资变成呆废料后,其价值已急剧下降,而仓储管理费用并不因为物资价值下降而减少,因此以同样的仓储管理费用保存价值急剧下降的物资,当然不是很经济,呆废料之所以要处理,目的有以下几方面。

1. 物尽其用

呆废料闲置在仓库内而不能加以利用,久而久之物料将锈损腐蚀,降低其价值,因此应物尽其用,及时予以处理。

2. 减少资金积压

呆废料闲置在仓库内而不能加以利用,使一部分资金呆滞于呆废料上,若能及时加以处理,即可减少资金的积压。

3. 节省人力及费用

呆废料未处理前,仍需有关人员加以管理,因此会发生各种管理费用,若能将呆废料加以处理,上述人力及管理费用则可节省下来。

4．节约仓储空间

呆废料日积月累，势必占用庞大的仓储空间，可能影响企业的仓储管理。为节省仓储空间，呆废料应及时予以处理。

4.4.4 呆料的产生及处理

1．呆料产生的原因

（1）销售部门产生呆料。一是市场预测欠佳，造成销售计划不准确，致使企业准备过多的物资；二是顾客订货不确定，订单频繁变更；三是销售部门接收订单时没弄清顾客对产品的要求及其他订货内容，致使制造出来的产品遭到退货。

（2）设计部门。一是设计错误，等到试产时才发觉，因此准备的一部分物资变成呆料；二是设计变更，来不及修正采购活动或存量会造成呆料的产生；三是设计人员的设计能力不足，形成不切实际的设计；四是设计时欠缺标准化而造成材料零件种类过多，增加了产生呆料的机会。

（3）计划与生产部门。一是产销协调不足，引起生产计划变更频繁，造成呆料发生的机会；二是生产计划错误，造成备料错误，这也是呆料产生的原因之一；三是生产线的管理活动不良，对生产线物资的发放或领取及退料管理不良，从而造成生产线呆料的产生。

（4）物资控制与货仓部门。一是材料计划不当，造成呆料的产生；二是库存管理不良，存量控制不当，呆料也容易产生；三是账物不符，也是产生呆料的原因之一；四是发生灾害而损及物资。

（5）物资管理部门请购不当。一是采购管理部门采购不当，如日期延误、品质低劣、数量过多等；二是对供应商辅导不足，供应商品质、交货日期、数量、规格等不易于配合而发生呆料的现象。

（6）品质管理部门。一是进料检验疏忽；二是采取抽样检验，允许的合格品中仍留有不良品；三是检验仪器不够精良。

2．呆料的处理

呆料如果不妥善处理，就会变成废料，其处理主要是做到"物尽其用"，主要途径如下。

（1）调拨其他单位利用或与其他公司物物交易处理。本单位的呆料，其他单位仍可设法利用，可将呆料进行调拨。

（2）修改再利用。既成呆料，少有利用机会，有时将呆料在规格上稍加修改，就能够加以利用。如果实在没有利用价值，可以破坏焚毁。

（3）借新产品设计时推出，消化库存的呆料。

（4）打折出售给原来的供应商。

4.4.5 废料的产生及处理

1. 废料产生的原因

废料产生的原因主要有陈腐、锈蚀、边角料、拆解的产品四方面。

(1) 陈腐。物资长久未加以动用,陈腐不堪而失去使用价值。

(2) 锈蚀。机械设备耐用年数一过,无论如何保养,终将失去使用价值,报废拆解后自然形成废料。

(3) 边角料。钢料、布匹、胶皮、电线等,加以裁剪后必会产生边角零头或碎屑。

(4) 拆解的产品。不良产品的拆解,必然会产生不少已无利用价值的零件或包装材料。

2. 废料的处理

废料可以根据所处企业的不同采取不同的处理方法。

(1) 规模较小的企业,废料积累到一定程度时出售。

(2) 规模较大的企业,可将废料集中一处并开展物资解体的工作,将解体后的物资重新加以分类处理。

但必须注意的是,呆废料的处理必须事先征得财务部门的同意,并到财务下账,确保仓库的账务与实物统一。呆废料处理申请表如表 4-5 所示。

表 4-5 呆废料处理申请表

编号:　　　　　　　　　　　　　日期:

项次	申请单号	品名	规格(料号)	单位	数量	拟处理		拟标售底价		备注
						移转别用	废弃	标售	单价	总价	
1											
2											
3											
4											

批准:　　　　　　　　审核:　　　　　　　　报告:

复 习 思 考

一、填空题

1. 为了减少作业时间、次数,提高仓库周转速度,根据货物作业的要求,合理选择货物的(　　)。对选用(　　)高的入库存放货物,也应注意摆放整齐,以免堵塞通道,浪费仓容。

2. 对于不同（　　）、（　　）、（　　）、（　　）、（　　）的商品，每垛商品可按五或五的倍数存放。
3. （　　）适用于露天存放的没有包装的大宗货物，如煤炭、矿石、黄沙等，也可适用于库内的少量存放的（　　）、（　　）等散装货物。
4. （　　），每层货物都改变方向向上堆放。其适用于（　　）、（　　）、（　　）等货物。
5. 常见的几种货垛有平台垛、起脊垛、立体梯形垛、（　　）、（　　）、（　　）、（　　）。

二、判断题
1. 货架存放适用于小件、品种规格复杂且数量较少，包装简易或脆弱、易损害的货物，特别是价值较高而需要经常查数的货物。（　　）
2. 物品入库或上架后，将物品名称、规格、数量或出入状态等内容填在料卡上，称为登账。（　　）
3. 六号定位法适用于产品外形较大、形状规则的企业。（　　）
4. 五五堆垛法适用于用规则容器盛装、产品品种较少的企业。（　　）
5. 对上下两面有大小差别或凹凸的货物，如槽钢、钢轨、箩筐等，将货物仰放一层，再反一面伏放一层，仰伏相间相扣。（　　）
6. 将物料码放在托盘上、卡板上或托箱中，便于成盘、成板、成箱地叠放和运输，有利于叉车将物料整体移动以提高物料保管的搬运效率。（　　）
7. 料位编号的表示方法，有数码表示法、字母表示法和图形混合表示法。（　　）
8. 将料区号插入库房号之后，就构成了"六号定位"，其优点是对料位的表示更加明确，更便于查找。（　　）
9. 梅花垛的方法码垛到一定的高度，以卡缝的方式逐层收小，将顶部收尖成屋脊形。（　　）
10. 固定料位的主要优点是：各种商品存放的位置固定不变，管库人员容易熟悉并记住料位，收发料时很容易查找。（　　）

三、单项选择题
1. 货物存放的基本方法有散堆法、货架存放、（　　）。
　　A. 堆垛法　　　　B. 叠放法　　　　C. 起脊法　　　　D. 四五法
2. 压缝式上下层件数的关系分为"（　　）"、"3 顶 2"、"4 顶 1"、"5 顶 3"等。
　　A. 1 顶 1　　　　B. 2 顶 1　　　　C. 3 顶 1　　　　D. 4 顶 1
3. （　　）货物保持垂直方向码放的方法。适用于不能侧压的货物，如玻璃、油毡、油桶、塑料桶等。
　　A. 横摆式　　　　B. 直立式　　　　C. 井字　　　　　D. 垫垛式
4. （　　）垛用于长形的钢材、钢管及木方的堆码。

A. 梅花　　　　　B. 鱼鳞　　　　　C. 层叠　　　　　D. 井形
5. 储位优化的计算很难用数字化公式和数字模型予以描述,通常是利用一些(　　)或准则进行非过程性的运算。
　　A. 规则　　　　　B. 逻辑　　　　　C. 习惯　　　　　D. 常规
6. 所谓同一性法则,是指把同一物品储放于(　　)保管位置的原则。
　　A. 不同一　　　　B. 同一　　　　　C. 货物　　　　　D. 同仓库
7. (　　)的货品也应存放于邻近位置,以便缺货时可迅速以另一品项替代。
　　A. 不同　　　　　B. 相似　　　　　C. 互补性高　　　D. 不相干
8. (　　)低的产品不可放置在一起,以免损害品质。
　　A. 不同性　　　　B. 相似　　　　　C. 互补性　　　　D. 相容性
9. 保管的一条重要原则是对于易变质、易破损、易腐败的物品；对于机能易退化、老化的物品,应尽可能按(　　)的原则,加快周转。
　　A. 先入先出　　　B. 后进先出　　　C. 不分先后　　　D. 随机
10. (　　)成分物品的构成成分中不含碳,但包括碳的氧化物、碳酸及碳酸盐,如化肥、部分农药、搪瓷、玻璃、五金及部分化工物品等。
　　A. 有机　　　　　B. 无机　　　　　C. 转机　　　　　D. 普通

四、简答题

1. 货物存放的基本原则有哪些？
2. 平台垛适用于哪些货物？货物件数如何计算？
3. 井形垛适用于哪些货物？货物件数如何计算？
4. 简述垫垛的基本要求。
5. 储位优化策略有哪些？
6. 简述影响库存物变化的内因。
7. 简述仓库作业过程管理措施。
8. 简述盘点作业的基本步骤。
9. 什么是现货盘点法？
10. 简述呆料产生的原因。

五、案例分析

因保管人过错致使仓储物资变质

原告：Z市副食品公司。

被告：Z市冷冻加工厂。

Z市冷冻加工厂与Z市副食品公司于2013年3月达成协议,由冷冻加工厂为副食品公司加工、仓储猪肉。从2013年3月5日开始,副食品公司组织收购了价值44 880元的毛猪肉8000千克交给冷冻加工厂。冷冻加工厂将猪肉加工成精肉6000千克,杂肉

1900 余千克，副食品公司为此支出了加工费 3750 元。同年 4 月 5 日，冷冻加工厂将加工好的猪肉存入第 7 号冷库储存。同年 5 月 24 日，冷冻加工厂要扩建仓库通道，通道暂时阻塞，便打开 7 号冷库前后门，时间长达两个小时。冷冻加工厂发现冷库温度超标准过了多时才关闭前后门强行降温，但 5 月 25 日副食品公司查看猪肉时发现包装纸箱上有水珠，猪肉表面有黄斑点。副食品公司于是将猪肉取样送 Z 市卫生防疫站化验，结果表明肉质软化，缺乏光泽，微黏，有酸味，肉质严重下降。冷冻加工厂为了避免纠纷，同意减少仓库储存费 1290 元，并以每吨 6050 元的价格买下全部猪肉，由冷冻加工厂负责处理。副食品公司为了从速处理冻肉，防止继续变质，同意了这种处理办法，收回货款 38 630 元，但仍造成副食品公司经济损失 8045 元。猪肉处理完毕后，副食品公司要求冷冻加工厂赔偿损失，双方为此发生了纠纷。冷冻加工厂声称，该厂已收购了副食品公司的猪肉，避免了副食品公司的猪肉全部变质，冷冻加工厂因此承担了大部分损失，问题已经解决，副食品公司再要求赔偿无道理。副食品公司则认为，将猪肉卖给冷冻加工厂是防止损失继续扩大的办法，冷冻加工厂违约责任没有解除，对方也没有放弃要求继续赔偿损失的权利。双方经过协商没能解决争议，副食品公司诉至 Z 市人民法院。

法院受案后认定了上述事实，法院认为，冷冻加工厂按照双方达成的协议，仓储副食品公司的猪肉，在储存期间违反冷库的操作规程，将冷库的前后门打开长达两小时之久，致使冷库温度突然升高，冰冻溶化，使猪肉质量下降，属严重违约行为，造成副食品公司的经济损失，理应足额赔偿。冷冻加工厂对猪肉做出处理后拒绝继续赔偿没有法律根据。法院于 2013 年 9 月 15 日判决由冷冻加工厂赔偿副食品公司经济损失 8045 元。

(资料来源：http://www.examw/wuliu/anli/资料引用经笔者修改)

讨论

1. 造成案例中猪肉质量下降的原因是什么？
2. 结合案例谈谈冷库仓储管理的措施。

第 5 章

出库作业组织

【学习目标】

通过本章学习了解出库的基本方式,掌握出库作业流程,熟悉出库准备工作,了解备货环节,掌握播种式配货和摘果式配货各自的特点及优缺点,了解点交和登账的作用,掌握出库单证的流转及账务处理,熟悉出库时发生问题的处理,缮制出库单据。

【本章要点】

本章主要介绍出库的基本方式、出库作业流程、分拣配货作业及出库单证的流转及账务处理。

某企业物资出入库管理制度

1. 物资入库有关制度

(1) 认真清点所要入库物资的数量,并检查好物资的规格、质量,做到数量、规格、品种准确无误,质量完好,配套齐全,并在接收单上签字。

(2) 物资进库根据入库凭证,现场交接接收,必须按物资条款内容、物资质量标准,对物资进行检查验收,并做好入库登记。

(3) 物资验收合格后,应及时入库。

(4) 物资入库,要按照不同的材质、规格、功能和要求,分类、分区储存。

(5) 物资数量准确、价格不串。做到账、卡、物、金相符。

(6) 易燃、易爆、易感染、易腐蚀的物资要隔离或单独存放,并定期检查。

(7) 精密、易碎及贵重物资要轻拿轻放,严禁挤压、碰撞、倒置,要做到妥善保存。

(8) 做好防火、防盗、防潮、防冻、防鼠工作。

(9) 仓库经常开窗通风,保持库室内整洁。

2. 物资出库有关规定

(1) 物资出库,保管人员要做好记录,领用人签字。

(2) 物资出库实行"先进先出、推陈储新"的原则,做到保管条件差的先出、包装简易的先出、易变质的先出。

(3) 本着"厉行节约,杜绝浪费"的原则发放物资,做到专物专用。

(4) 相关部门专用物资必须由总经理、使用部门负责人签字方可领取。

(5) 领用人不得进入库房,防止出现差错。

(6) 保管员要做好出库登记,并定期向主管部门做出入库报告。

(资料来源: http://zhidao.baidu.com/question/144288859.html)

思考

1. 根据本案例的论述,分析物资入库时仓管人员应做好哪些工作?
2. 根据本案例的论述,分析物资出库时仓管人员应做好哪些工作?

5.1 出 库 准 备

5.1.1 出库作业要求与出库方式

1. 出库业务

货物出库业务,也叫发货业务。它是仓库根据业务部门或存货单位开具的出库凭证,经过审核出库凭证、备料、拣货、分货等业务直到把货物点交给要货单位或发运部门的一系列作业过程。它是货物仓储作业过程的最后一个环节,也是仓储部门对外的窗口。其业务水平、工作质量在一定程度上反映仓储企业的形象,直接影响到企业的经济效益和社会效益。因此,及时准确地做好出库业务工作,是仓储管理的一项重要的工作。

货物出库业务的管理,是仓库根据出库凭证,将所储存的货物发放给需用单位所进行的各项出库作业。其主要有以下两个方面的工作。

一是领料单方面,在填写出库凭证(领料单、提货单、调拨单等)时,对所领货物的品种、规格、型号、数量等项目须写清楚、准确,提取货物的方式要标注清楚。

二是仓库方面,按照程序作业。必须核对检查领料凭证的正误,按凭证上所列货物的品种、规格、型号、数量、提货方式等项目组织备料,并保证把货物及时、准确、完好地发放出去。

2. 货物出库要求

出库作业要严格按照出库流程执行各项工作任务,在具体操作中要注意以下几项。

(1) 严格遵守公司关于货物出库的各项规章制度,按规定流程进行。货物出库凭证须符合要求,严禁凭证无签章或白条发货。

(2) 严格贯彻"先进先出、发陈储新"的货物出运原则,以保障库存货物的质量完好状态。对于易变质、易腐败、易老化的货物应尽量加快库存周转,而对于过保质期的货物则不准出库。

（3）严格贯彻"三不三核五检查"的原则。

"三不"，即未接单据不登账，未经审单不备货，未经复核不出库。

"三核"，即在发货时，要核实凭证、核对账卡、核对实物。

"五检查"，即对单据和实物要进行品名检查、规格检查、包装检查、件数检查、重量检查。

（4）注重提高服务水平，力求满足客户需要。货物出库要做到及时、准确、安全，要做好发货前的准备工作。

（5）完成出库任务后要进行5S管理，将使用的设备归位，对现场中的人员、机器、材料等生产要素进行整理（seiri）、整顿（seiton）、清扫（seiso）、清洁（seiketsu）、教养（shitsuke）。

3．出库方式选择

出库方式是指仓库用什么样的方式将货物交付用户。选用哪种方式出库，要根据具体条件，由供需双方事先商定。货物出库的基本方式有：提货、送货、托运、过户、移仓、取样。

1）提货

提货是由提货人按照货主所填写的发货凭证，自备运输工具到仓库提取货物，仓库凭单发货。

特点：提单到库，随到随收，自提自运。

注意：发货人与提货人在仓库现场，对出库货物应当面点交清楚并办理签收交接手续。

2）送货

送货是由仓库根据货主预先送来的出库凭证，通过发货作业，把货物送达收货单位。送货可向外地送货，也可向本地送货。

特点：仓库根据出库凭证将货物送达收货单位。

注意：要划清交接责任，办理好交接手续。

以送货方式出库的手续，须由送货人办理发料凭证，一式四份，一份由送货人签收后交给仓库保管留存并依次核销库存；一份由保管员签章后留存；一份由送货人、保管人共同签章后交给送料单位；一份由送货人、保管人共同签章后交给物料统计员。

3）托运

托运是仓库部门将货物通过运输单位托运，发到货物需用单位的一种出库方式。它是在仓库部门备好货后，到承运单位办理货运手续，通过铁路、水路、公路、航空、邮局等将货物运到购货单位指定的地点，然后由用户自行提取。

特点：仓库部门通过承运单位将货物运到购货单位。

在办理托运前，仓库应该按照需用单位的要求备好货，并做好发运记录。其适用于异地、同地业务单位之间的购货。

注意：(1)托运货物期间，保管工作仍未结束，并应做好复核工作。

(2)待运货物可按公路、水路、铁路等不同的运输方式和路线以及不同的收货地点，进行运单集中并进行复核，然后填制货物运单，并通知运输部门提货。

4) 过户

过户是通过转账，变动货物所有者户头，而仓库货物保持不动的一种发货方式。

特点：(1)仓库货物保持不动。

(2)变动户头，改变货物所有权。

注意：货物过户时，仓库必须根据原有货主开出的正式过户凭证，才予以办理过户手续。

5) 移仓

移仓是某些货物由于业务上的需要或保管条件的要求，必须从甲库转移到乙库储存的一种发货方式。仓库必须根据货主单位开出的正式移仓单，才予以办理转账手续。

6) 取样

取样是货主单位出于对货物质量检验、样品陈列等需要到仓库提取货样。一般都要开箱、拆包、分割。仓库必须根据货主单位开出的正式取样凭证发放货物，并做好账务记录。

5.1.2 出库作业流程

出库作业流程是保证出库工作顺利进行的基本保证，为防止出库工作失误，在进行出库作业时必须严格履行规定的出库业务工作流程，使出库有序进行。货物出库的流程主要包括货物出库前的准备、审核出库凭证、出库信息处理、拣货、分货、包装、刷唛、清理等，见图5-1。

1. 出库前的准备

通常情况下，仓库调度在货物出库的前一天，接到送来的提货单后，应按去向、船名、报关单等分理和复核提货单，及时正确地编制好有关班组的出库任务书、配车吨位、机械设备等，分别送给机械班和保管员或收货员、发货员、理货员，以便做好出库准备工作。

保管员从调度手中接到出仓通知单后，应该做好以下几方面的工作。

(1) 在进出仓业务通告牌上写清出仓货物的品名、规格、数量及货物的货位、货号、发往时间、地点等，以便于工班及时配合。

(2) 按提货单所写的入库凭证号码，核对好储存凭证(保管员账)，以储存凭证上所列的货位、货号寻找该批货物。然后将提货单与存储凭证、货物号进行核对，确认正确无误后，做好出仓标记以确保单货相符。

(3) 保管员应和堆卸工协商撤卸方法，若双方意见不一致，一般按保管员的意见办。

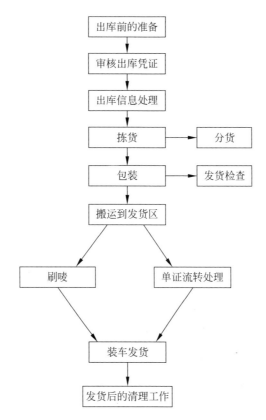

图 5-1　出库作业流程

（4）在有理货条件的情况下，可将出库货物按货物去向、关单运到理货场地并理好货，标识清楚，以便于运输车辆随到即能进行装货。

（5）对发运外地的货物进行包装。包装要符合运输部门的规定及适合货物的特点、大小、形状，结实牢固，以便于搬运装卸。对原包装不适合运输要求的，仓库应事先进行整理、加固或改换包装，对经常需要拆件发零的货物，应事先备好一定数量和不同品种的货物，货物发出后要及时补充，避免临时再拆整取零，延缓发货，拼箱货物一般事先要做好挑选、分类、整理等工作。

2．审核出库凭证

仓库部门接到出库凭证后必须对出库凭证进行审核，其审核内容如下。

（1）审核出库凭证的合法性、真实性。

（2）审核出库凭证手续是否齐全、内容是否完整。

（3）核对出库货物的品名、规格、型号、单价、数量等。

（4）核对收货单位、到站、开户行和账号是否齐全和准确。

出库凭证格式见表 5-1 至表 5-4(一式三联)。

表 5-1　发货通知单

客户名称：　　　　　订单号码：　　　　　编号
　　　　　　　　　　　　　　　　　　　□一次交货
交货日期：　　　　　地址：　　　　　　　□分批交货

产品名称	产品编号	数量	单价	金额

主管：　　　　　　　核准：　　　　　　　填表：

表 5-2　货物出库单

领物单位：　　　　　　　　　　　字第　　号

产品名称	产品编号	数量	单价	金额

负责人：　　会计：　　保管：　　领物人：

表 5-3　货物出库调拨单

购物单位：　　填单日期：　年　月　日　　发货地点：

品名	规格	单位	调出数		实发数		入库单号	入库单价	总计金额
			件数	质量	件数	质量			
备注							发运方式		
							出库日期		
到站			收货单位				车号或运单号		

财务：　　开票人：　　保管员：　　提货员：　　电话：

表 5-4　领　料　单

供应单位：　　　　　　　　　　　　　　　　　　　　　　　　　　编号：
发票号码：　　　　　　　　　年　月　日　　　　　　　　　　　仓库：

规格	材料名称	编号	数量		单位	单价	金额	运费	实际价格/元单价								
			应收	实收					合　计								
									千	百	十	万	千	百	十	元	角	分
备注			验收人盖章						合计									

出纳：　　　　复核：　　　　记账：　　　　制单：

具体审核包括以下几个方面。

(1) 检查领料单签字是否齐全。如一般存货领用，分公司、子(全资、控股)公司供应部门开具领料单，仓储部门保管员根据领料单发出货物。领料单要有经办人、领用人、保管人、仓储部门负责人签字。财务部门审核领料单，并将领料成本及时计入各有关部门的费用。

(2) 抽查出门证及货物符合情况。如销售货物出库，分公司、子(全资、控股)公司仓储部门审核发货通知单及有关单据，办理发货，并填写出库日报表。单位(厂区)门卫凭出门证并核实相关单据后放行。

(3) 检查出库手续是否齐全；经办人、负责人是否签字。如某种库存货物的出售，分公司、子(全资、控股)公司有关部门办理相关规范手续后，由生产调度部门安排储运部门运送货物，经销部门核对无误后，由财务部门审核有关业务单据，办理货款结算手续。

(4) 检查内部移库手续是否齐全，经办人、负责人是否签字。如对于内部非独立核算的加油站采取内部移库的方法安排发货，由加油站或领管部门将发货通知报配送中心(车队)，配送中心(车队)开具移库单，油库直接做验票，并开具出库单，填写出库日报表。

凡在证件审核中，发现有货物名称、规格、型号不对的，印鉴不齐全的、数量有涂改的，手续不符合要求的均不能发料出库。但在特殊情况(如救灾、抢险等)下，可经领导批准后先发货，事后及时补办手续。

3．出库信息处理

出库凭证经审核确实无误后，将出库凭证信息进行处理。当采用人工方式进行处理时，记账员将出库凭证上的信息按照规定的手续登记入账，同时在出库凭证上批注出库货物的货位编号，并及时核对发货后的结存数量。

当采用计算机进行库存管理时,将出库凭证上的信息录入计算机后,由出库业务系统进行信息处理,并打印生成相应的拣货信息,见表5-5。

表 5-5 拣 货 单

编号:

序号	货物名称	货物编号	储位号码	包装单位	拣取数量	备注

5.2 备 货

5.2.1 拣货作业及拣货方式

拣货作业就是依据客户的订货要求或仓储配送中心的送货计划,尽可能迅速地将货物从其储存的位置或其他区域拣取出来的作业过程。

1. 拣货信息传递方式

拣货信息来源于客户的订单,它是进行拣货作业的依据。拣货信息既可以通过手工单据来传递,也可以通过电子设备或自动拣货控制系统进行传递。

拣货信息传递方式有以下几种。

(1) 订单传递。订单传递是直接利用客户订单作为拣货的凭据。此方式适合于订单订购品种数较少,批量较小的情况。

(2) 拣货单传递。拣货单是企业采用计算机进行库存管理时,将客户订单原始信息输入计算机,经过信息处理后,生成并打印出来的拣货单据。这种方式的优点在于:拣货单上的信息能够更直接、更具体地指导拣货作业,因而能够大大提高拣货作业的效率和准确性。

(3) 显示器传递。显示器传递方式是在货架上显著的位置安装液晶显示器和拣货指示灯用来显示拣货信息。当有拣货信息产生时,相应储位上指示灯亮,同时显示器明确显示出该货物应拣取的数量,然后,拣货人员依据信息将货物拣取出来。这种方式可以防止拣货错误,提高拣货效率。

(4) 无线通信传递。无线通信传递是利用无线终端机通过无线通信方式去接收拣货信息的方式。仓储管理信息系统通过无线登录点将拣货信息发送到便携式手持终端,或者发送到安装于叉车或堆垛机上的电脑终端机。当终端机接收到拣货信息后,便可依据拣货信息进行相应的拣货作业。

(5) 自动拣货系统传递。拣货信息由自动控制系统发出,发出信息的方式可以是有线方式,也可以是无线方式。当订单输入系统后,系统便能自动生成拣货信息,自动拣货装置便按照拣货信息指令自动将货物拣选出来,整个过程不需要人工参与。

2. 拣货方式

按照拣货过程自动化程度的不同,拣货分为人工拣货、机械拣货、半自动拣货和自动拣货四种。

(1) 人工拣货。人工拣货主要依靠人的体力来进行,有两种形式,一是拣货人员到货物存放地点把货物拣选出来;二是采用移动货架,通过移动货架的回转运动将货物移动到某一固定位置,再由拣货人员将货物拣选出来。

适用范围:数量少、品种少、质量轻的单件货物。

(2) 机械拣货。由拣货人员操纵机械设备将货物拣选出来。

适用范围:集装单元货物或体积、质量较大的单件货物。

(3) 半自动拣货。人和机械有机结合,将货物拣选出来。

(4) 自动拣货。人通过控制计算机自动分拣系统将货物拣选出来。

适用范围:箱装货物、袋装货物或体积小、质量轻的单件货物。

5.2.2 选择分拣作业形式

1. 概念

分拣就是根据客户订单、出库凭证等单据,把不同种类、数量的商品集中在一起分门别类堆放的作业。

2. 分拣作业形式

1) 人工分拣

人工分拣适用于数量少、品种多、重量轻的单件小货物的分拣作业。主要由人工进行,人、货架、集货设备(货箱、托盘)等配合完成配货作业,在实施时,由人一次巡回或分段巡回于各货架之间,按拣选单拣货,直至配齐。

2) 人工与手推作业车拣选

分拣作业人员推着手推车一次巡回或分段巡回于货架之间,按订单需求进行拣货,直到配齐。它与人工拣选基本相同,区别在于借助半机械化的手推车作业。

3) 机械作业车拣选

分拣作业员乘牵引车或台车为一个订单或多个订单拣选,主要用于分拣单元装载的货物。

4) 传动运输带拣选

分拣作业人员,只在附近几个货位进行拣选作业,传动运输带不停地运转,分拣作业人员按指令将货物取出放在传动运输带上或者放入传动运输带上的物料盒内。传动运输带运转到末端时把货物卸下来,放在已划好的货位上整装待发。

5）拣选机械拣选

自动分拣机或由人操作的叉车、分拣台车巡回于一般高层货架间进行拣选,或者在高层立体货架一端进行拣选。

5.2.3 分拣策略

1. 概述

现代化仓库大多安装了电子标签,因此要综合利用电子标签来选择分拣策略。电子标签是一种拣货系统的应用,它是一组安装在货架储位上的电子设备,利用计算机与软件的控制,通过发送操作数字,引领拣货人员正确、快速地完成分拣工作。

2. 摘果式拣选

在储存的商品不易移动,或者每一个客户需要的商品品种较多,而每种商品的数量较小时,可采用此种拣选作业方式。电子标签安装于货架储位上,原则上一个储位内放置一项产品,即一个电子标签代表一项产品,并且以一张订单为一次处理的单位,系统会将订单中货物所代表的电子标签亮起,检货人员根据数字显示将货物取出,放入物料盒或分拣箱,即称为摘果式拣货系统。如图 5-2 所示。

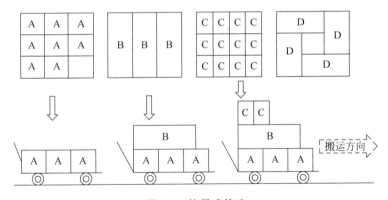

图 5-2 摘果式拣选

摘果式作业方式是针对每张拣货单(一个客户的一张订单),作业员巡回于仓库货架间,按照拣货单上所列项目,将客户所订购的商品逐一由仓储货架中挑拣出来的方式,是一种传统的拣货方式。

优点:作业方法单纯;前置时间短;导入容易且弹性大;作业员责任明确,派工容易、公平;拣货后不用再进行分类作业,适用于大量订单的处理。

缺点:商品品种太多时,拣货行走路径加长,拣取效率降低。拣货区域大时,搬运系统设计困难。

为了克服摘果式分拣作业中存在的问题,我们有以下的一些应对策略。

1) 协同合作拣取

当一名分拣人员按照拣货单进行拣货时,由于一边看拣货单一边拣货,交替进行影响了拣货效率,也容易出错。

建议两名分拣人员采用协同合作的拣货方式,即一人唱名,一人拣货,则效率会比一个人边看边拣的效率及正确性高。

2) 对拣货单进行有效标示

拣货单上相邻两行的货物品种或数量相近,拣货单不清晰,拣货时拣货人员经常容易看错行,造成拣货错误,影响拣货效率。

拣货单相邻两行可印制不同颜色来明显区分拣货品种,以避免因视觉混淆造成重复拣取或疏漏某品种的拣货。

3) 合理规划拣货路线

分拣单未合理分类归纳排序或未按照最短行动路线打印,造成拣货员无效走动、重复走动,使行走路线过长,造成拣货时间的浪费。

按照货架的位置重新对拣货单上的货品进行排序,采取由远而近的拣取顺序,即最先拣取离出入口最远的货架上的货品,按照S形路线行走,再分别拣取离出入口较近的货架上货品,最后返回入口,完成全部拣货任务。

4) 分区拣取

分拣单未合理分类归纳排序,拣货单中货品品种多且货品存储区域分布广,拣货人员寻找时间及行走时间长,影响拣货效率,这时就可以采用分区的作业策略。

所谓分区作业,就是将拣取作业场地做区域划分,每个拣货人员负责拣取固定区域内的商品。在做拣货分区时亦要考虑储存分区,必须先了解储存分区的规划,才能使得拣货分区更加合理。

5) 接力拣取

此种方法与分区拣取类似,先决定出拣货员各自分担的货品项目或货架的责任范围后,每个拣货员只拣取拣货单中自己所负责的部分,然后以接力的方式交给下一位拣货员。

6) 订单分割拣取

当一张订单所订购的商品项目较多,或者某个订单需要快速处理时可以通过订单分割将一个订单切分成若干子订单,交由不同的拣货人员同时拣货以加速订单执行的速度。

3. 播种式拣选

播种式拣选也称批量拣选,是把多张订单集合成一批,按照商品品种将数量汇总后再进行拣取,然后按照不同客户订单做分类处理的拣选作业方法。每个电子标签所代表的是一个客户订单,每个品项为一次处理的单位,检货人员先将货品的应配总数取出,并将货物信息输入,而系统会将有订购此项货物的客户所代表的电子标签点亮,配货人员只要依电子标签的数字显示将货品配予客户即可,此乃播种式拣货系统。

播种式拣选一般把多张订单集合成一批,依据商品类别将数量相加后再进行拣取。之后依据客户订单再做分类处理。如图5-3所示。

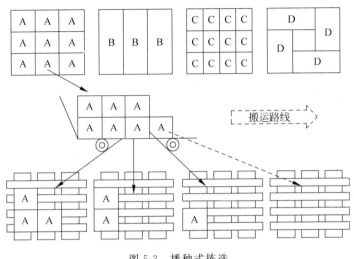

图 5-3　播种式拣选

此种作业方式的优缺点如下。

优点:适合订单数量庞大的系统;可以缩短拣取时行走搬运的距离,增加单位时间内的拣货量。

缺点:对订单的到来无法做即刻的反应,必须等订单累积到一定数量时才做一次处理,因此会有停滞的时间产生。只有根据订单到达的状况做等候分析,决定出适当的批量大小,才能将停滞时间减到最低。

播种式拣选方式主要适用于有多张订单需要处理的情况,并且每张订单的货物品种或数量不是很多,如果采取单一顺序拣取的方式,拣货人员分别对每张订单进行操作,拣货效率较低,此时宜采用批量拣取操作的方式进行。

拣货人员首先对订单进行分析,根据订单性质或客户要求的紧急程度按一定原则对订单进行分批处理,形成分货单,然后对一批的多张订单进行拣货操作。具体原则如下。

1) 合计量分批原则

将拣货作业前所有累积的订单中的货物依据种类分别合计总量,再根据总量进行拣选。此原则适合固定点间的周期性配送。

优点:一次拣出商品总量,可使平均拣货距离最短。

缺点:必须经过功能较强的分类系统完成分类作业,订单数不可过多。

2）时段分批原则

当订单的出货时间非常紧迫时，可利用这一策略开启短暂时段，再将此一时段中所到达的订单做成一批，进行拣取。此分批方式较适合密集频繁的订单，且较能应付紧急插单的要求。

3）定量分批原则

订单分批按先进先出的基本原则，当累计订单数到达设定的固定量后，再开始进行拣货作业的方式。

优点：维持稳定的拣货效率，使自动化的拣货、分类设备得以发挥最大功效。

缺点：订单的商品总量变化不宜太大，否则会造成分类作业的不经济。

4）智慧型的分批原则

订单汇集后，利用计算机进行分析处理，将拣取路线相近的订单集中处理，求得最佳的订单分批，可大量缩短拣货行走搬运距离。

优点：分批时已考虑到订单的类似性及拣货路径的顺序，使拣货效率更进一步提高。

缺点：所需软件技术层次较高不易达成，且信息处理的前置时间较长。

4. 月台码放

将拣出货物分别按客户订单、属性码放在月台，以便装车送货。

5.2.4　出库策略

1. 后进先出法

1）后进先出法的概念

根据后购入的商品先领用或发出的假定计价的，即首先发生的成本作为期末存货成本，先买进来的后卖出去。采用这种方法计算的期末存货额，在物价波动较大的情况下，与市价偏离较大，不能反映当时存货的实际成本。但计入销货或生产成本的价格较接近市价，与当期销售收入相配比，较能反映当时损益水平。

例如，存货中包括第一批进货 200 吨，每吨 400 元；第二批进货 100 吨，每吨 420 元。现发出 250 吨，则其中 100 吨按第二批的单价 420 元计算，其余 150 吨要按第一批的单价 400 元计算。这一计价方法是建立在假定后收入的材料、商品先行发出的基础上的。采用这一方法计价时，要依次查明有关各批的单价，手续较多，一般适用于收、发货次数不多的企业。采用这一方法的结果是：耗用材料或售出商品的成本按存货中近期进货的单价计算，而期末结存材料、商品等则按存货中早期进货的单价计算。

2）后进先出法的特点及存在的主要问题

后进先出法基于"后入库的先发出"这样的一个存货流动假设，其基本特点是使所销售的存货按最近期取得存货的成本与其实现的销售收入相配比。在物价持续上涨的情况下，采用后进先出法将会导致较高的销售成本、期末现金余额和较低的期末存货余额、销售毛利、所得税和净收益额,而当物价持续下跌时,结论恰好相反。

2．先进先出法

1）先进先出法的概念

先进先出法是指根据先购进的存货先发出的成本流转假设对存货的发出和结存进行计价的方法。用先进先出法计算的期末存货额,比较接近市价。

先进先出法是以先购入的存货先发出这样一种存货实物流转假设为前提对发出存货进行计价的一种方法。采用这种方法,先购入的存货成本在后购入的存货成本之前转出,据此确定发出存货和期末存货的成本。

例如,假设库存为零,1日购入A产品100个,单价2元;3日购入A产品50个,单价3元;5日销售发出A产品50个,则发出单价为2元,成本为100元。

先进先出法假设先入库的材料先耗用,期末库存材料就是最近入库的材料,因此发出材料按先入库的材料的单位成本计算。

2）先进先出法的优缺点

优点是企业不能随意挑选存货计价以调整当期利润。缺点是工作量比较大,特别对于存货进出量频繁的企业更是如此。而且当物价上涨时,会高估企业当期利润和库存货价值;反之,会低估企业存货价值和当期利润。

5.2.5 出货检查

为了保证出库货物不出差错,配好货后企业应该立即进行出货检查。出货检查就是将货物一个个点数并逐一核对出货单,进而查验出货物的数量、品质及状态情况。以状态和品质检验而言,采用人工逐项或抽样检查有其必要性,但对于货物号码和数量核对来说,人工检查方式效率低也较难将问题找出,即使是采取多次的检查作业,耗费了大量时间,错误却依然存在。因此,以效率及效用来考核,如今在数量及号码检查的方式上也有许多突破,主要包括以下几种。

1．货物条码检查法

此方法的最大原则即要导入条码,让条码跟着货物跑。当进行出货检查时,只需将拣出货物的条码以扫描机读出,计算机则会自动将资料与出货单比对,来检查是否有数量和号码上的差异。

2．声音输入检查法

此方法是一项全新的技术,是由作业员发声读出货物的名称(或代号)及数量,之后计算机接收声音做自动判识,转成资料再与出货单进行比对。此方法的优点在于作业员只用口读取资料,手脚仍旧空着可以做其他的工作,自由度较高。但应注意的是,此种方法作业人员的发音要准,且每次发音字数有限,否则计算机辨识困难,可能产生错误。

3．质量计算检查法

此方法是先自动加总出货单上的货物质量，而后将拣出货物以计重器称出总重，再将两者互相比对的检查方法。此检查方法若能利用装有质量检核系统的拣货台车拣货，则在拣取过程中就能利用此方法来做检查，拣货员每拣取一件货物，台车上的计重器就会自动显示其质量做核对，如此可完全省去事后的检查工作，在效率及正确性上的效果更佳。

出货检查由复核员按照出库凭证对出库货物的品名、规格、数量、单位等进行复核。既要复核单货是否相符，又要复核货位结存数量来验证出库量是否正确。检查无误后，复核人在出库凭证上签字，方可包装或交付装运。在包装装运过程中要再次进行复核。

5.2.6 包装及刷唛

出库货物有的不需要包装，直接装运出库，如钢管、螺纹钢等。有的则需要经过包装才能装运出库。特别是发往外地的货物，为了适应安全要求，往往需要进行重新组装或加固原包装。

1．包装的分类

包装分为个装、内装和外装三种。

（1）个装：指货物个别包装，此方法是为了提高货物的使用价值以及美观或保护货物质量，而使用适当的材料或容器对货物加以包装。个装又可称为商业包装或销售包装。

（2）内装：指货物包装的内层，即考虑水、湿气、光热、冲击等对货物的影响，而使用适当的材料或容器对货物加以包装。

（3）外装：指货物包装的外层，即将货物装入箱、袋、木桶、罐等容器或在无容器的状态下，将货物加以捆绑，施加标记等。另外，外装容器的规格也是影响物流效率的重要因素，因其尺寸与栈板、搬运设备尺寸是否搭配，直接关系到进出货作业的运行速率，且其荷重、耐冲、抗压能力等也关系到货物的损坏程度。

2．包装的要求

（1）由仓库分装、改装或拼装的货物，装箱人员要填制装箱单，标明箱内所装货物的名称、型号、规格、数量以及装箱日期等，并由装箱人员签字盖章后放入箱内供收货单位核对。

（2）根据货物外形特点、质量和尺寸，选用适合的包装材料，以便于装卸和搬运。

（3）出库货物包装，要求干燥、牢固，如有破损、潮湿、捆扎松散等不能保障货物在运输途中安全的情况，应该负责加固整理，做到破包、破箱不出门。

(4) 各包装容器,如发现外包装上有水湿、油迹、污损等均不允许出门。

(5) 在包装中,严禁互相影响或性能互相抵触的货物混合包装。

(6) 充分利用包装容积。

(7) 要节约包装材料,尽量使用货物的原包装。

3. 刷唛

包装完毕后,要在外包装上写明收货单位、收货人、到站、本批货物的总包装件数、发货单位等。字迹要清晰,书写要准确。并在相应位置上印刷或粘贴条码标签,重复利用的包装,应该彻底清除原有的标志,以免造成标志混乱,导致差错。

5.3 出库交接及单证流转

5.3.1 货物点交与登账

1. 货物点交

出库货物无论是要货单位自提,还是交付运输部门发送,发货人员必须向收货人员或运输人员按车逐渐交代清楚,划清责任。

如果本单位内部领料,则将货物和单据当面点交给提货人,办理好交接手续。若是送料或将货物调出本单位办理托运的,则与送货人或运输部门办理交接手续,当面将货物点交清楚,交清后,提货人员应在出库凭证上签字盖章。发货人员在经过接货人员认可后,在出库凭证上加盖货物付讫印戳,同时给接货人员填发出门证,门卫按出门证核检无误后方可放行。

2. 登账

点交后,保管人员应在出库单上填写实发数、发货日期等内容并签名。然后将出库单连同有关证件及时交给货主。以便货主办理结算手续。保管员根据留存的一联出库凭证登记实物储存的明细账,做到随发随记,日清月结,账面余额与实际库存和卡片相符。出库凭证应当日清理,定期装订成册,妥善保存,以备查用。

登记账卡前首先要认真审查凭证,记好日期、凭证编号,摘要栏要尽量简明扼要,认真填写。在转次页时,应在账页最后一行的摘要栏内注明转次页,并依次结出本月收、支、存数,在次页第一行摘要栏内注明承前页,并记录上页结出的收、支、存数。保管账可采取专职管理人员负责建立管理总账和保管员一人一账的方法。不论采取哪种管理方法,均应做到每天登账,经常查对,保证账账相符、账卡相符、账物相符。

5.3.2 出库单据样例

1. 出库单

出库单见表5-6。

表5-6 出　库　单

NO.＿＿＿

出库类型：＿＿＿＿　　收货单位：＿＿＿＿　　库房：＿＿＿＿　　出库日期：＿＿＿＿

序号	货号	品名	规格	包装件数	结存	单位	数量	单价	金额
1									
2									
3									
4									
5									

金额合计（大写）				￥	元
业务员		库管员		销售部经理	
财务部经理			总经理		

2. 发货单

发货单见表5-7。

表5-7 发　货　单

NO.＿＿＿

货物类型：＿＿＿＿　　收货单位：＿＿＿＿　　库房：＿＿＿＿　　发货日期：＿＿＿＿

货物名称	规格型号	重量/千克	尺寸/毫米	件数	备注
收货单位名称					
收货单位地址			收货单位邮编		
			收货单位电话		
车号					
发货单位名称					
供货发运时间	年　　月　　日				

3. 出库单据处理流程

出库单据处理流程如图5-4所示。

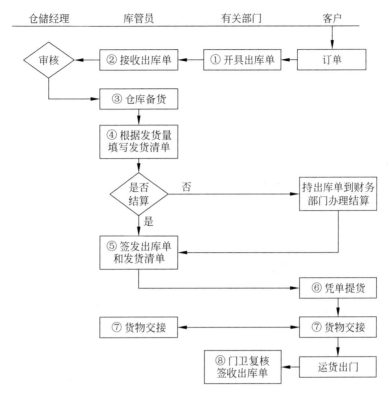

图 5-4　出库单据处理流程

4．出库单据流转处理说明

出库单据流转处理说明见表 5-8。

表 5-8　出库单据流转处理说明

任务步骤	出库单据流转处理相关说明
①	业务人员根据客户的订货单或订货合同填写出库单,并将出库单交给仓库
②	仓储部接收出库单,仓储部经理核对出库单,经确认无误后签字交给仓库管理员备货
③	仓库管理员根据出库单进行备货、理货
④	仓库管理员根据实际发货数量填制发货清单
⑤	仓库管理员在确认货物结算事宜已办妥后签发出库单与发货清单
⑥	客户指派的提货人凭出库单和发货清单提货出库
⑦	仓库管理员与提货人办理货物交接手续,双方共同核实货物数量
⑧	门卫核查提货人所持的出库单与货物,复核无误后签字收回出库单

5.3.3 货物出库单证的流转及账务处理

出库单证包括提货单、送货单、移库单和过户单等。其中,提货单为主要的出库单证,它是从仓库提取货物的正式凭证。不同单位会采用自提和送货这两种不同的出库方式。不同的出库方式其单证流转与账务处理的程序也有所不同,现分别介绍。

1. **自提方式**

自提是提货人持提货单来仓库提货的出库形式。提货人把货主单位或仓储业务部门开具的提货单送交财务部门,经财务部门人员审核无误后向提货人开具货物出门证。出门证上应列明每张提货单的编号。出门证一式两联,其中一联交给提货人,财务人员将根据另一联和提货单在货物明细账出库记录栏内记账,并在提货单上签名,批注出库数量和结存数量,将提货单交给保管员发货。

保管员在接到经财务人员批注的提货单后,办理备货、包装等发货业务,待货付讫时保管员应盖付讫章和签名,并将提货单返回给财务人员。

提货人凭出门证提货出门,并将出门证交给门卫。门卫每天下班前将当天的出门证交给财务人员,财务人员凭此与已经回笼的提货单号码逐一核对。如果发现提货单或出门证短少,应立即追查,不得拖延。

以上是仓库先记账后发货的处理方式。见图 5-5。另外,仓库也可采用先发货后记账的出库形式。

2. **送货方式**

在送货方式下,一般是采用先发货后记账的形式。提货单随同送货通知单经内部流转送达仓库后,一般是直接送给理货员,而不先经过账务人员。理货员接单后,经过理单、编写地区代号,分送给保管员发货,待货发讫后再交给账务人员记账。如图 5-5 所示。

3. **代理托运**

根据承运合同点交方式可分为自提与送货。

自提:承运人派车到仓库或工厂提货,点交手续与货主自提一样。

送货:运输部门需要将出库货物运至指定的地点进行交接。此时运输人员要向承运人提供发票、箱单、托运单等单证。双方要在托运单上签章以证明货交承运人。托运单由运输人员带回交仓库和财务部门进行货物明细账的核销。

注意:仓库方面对重要商品、特殊商品的技术要求要主动向提货人、承运人交代清楚。

4. **其他出库方式**

对于移库、取样等其他出库方式,其单证的流转与账务处理过程也基本相同。移库、取样出库方式,虽不是货物的销售与调拨,但对仓库来说却也是一笔出库业务。取样单、移库单是仓库发货的正式凭证,它们的流转与账务处理程序和提货单基本相同。

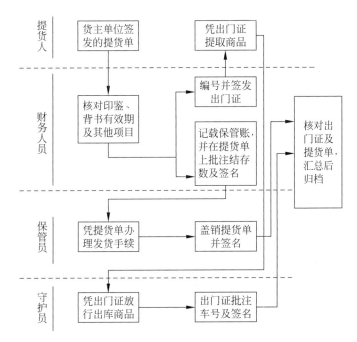

图 5-5 自提提货单流转和财务处理程序

过户,对仓库来说,货物并不移动,只是货物所有权发生变化。所以过户对过出单位来说是货物出库,过入单位与提货单位一样,凭此进行出库账务处理。

5.3.4 货物出库过程中出现问题的处理

出库过程中出现的问题是多方面的,应分别对待处理。

1. 出库凭证(提货单)上的问题

(1) 凡出库凭证超过提货期限,用户前来提货,必须先办理手续,按规定缴足逾期仓储保管费,然后方可发货。任何非正式凭证都不能作为发货凭证。提货时,用户发现规格开错,保管员不得自行调换规格发货。

(2) 凡发现出库凭证有疑点,以及出库凭证发现有假冒、复制、涂改等情况时,应及时与仓库保卫部门以及出具出库单的单位或部门联系,妥善处理。

(3) 商品进库未验收,或者期货未进库的出库凭证,一般暂缓发货,并通知货主,待货到并验收后再发货,提货期顺延。

(4) 如客户因各种原因将出库凭证遗失,客户应及时与仓库发货员和账务人员联系挂失。如果挂失时货已被提走,保管人员不承担责任,但要协助货主单位找回商品。如果货还没有提走,经保管人员和账务人员查实后,做好挂失登记,将原凭证作废,缓期发货。

2. 提货数与实存数不符

若出现提货数量与商品实存数不符的情况,一般是实存数小于提货数。造成这种问题的原因主要有如下几种。

(1) 商品入库时,由于验收问题,增大了实收商品的签收数量,从而造成账面数大于实存数。

(2) 仓库保管人员和发货人员在以前的发货过程中,因错发、串发等差错而形成实际商品库存量小于账面数。

(3) 货主单位没有及时核减开出的提货数,造成库存账面大于实际储存数,从而使开出的提货单提货数量过大。

(4) 仓储过程中造成了货物的毁损。

当遇到提货数量大于实际商品库存数量时,无论是何种原因造成的,都需要和仓库主管部门以及货主单位及时取得联系后再做处理。

3. 串发货和错发货

所谓串发货和错发货,主要是指发货人员由于对物品种类规格不很熟悉以及工作中的疏漏,把错误规格、数量的物品发出库的情况。

如果物品尚未离库,应立即组织人力重新发货。如果物品已经离开仓库,保管人员及时向主管部门和货主通报串发货和错发货的品名、规格、数量、提货单位等情况,会同货主单位和运输单位共同协商解决。一般在无直接经济损失的情况下由货主单位重新按实际发货数冲单(票)解决。如果形成直接经济损失,则应按赔偿损失单据冲转调整保管账。

4. 包装破漏

包装破漏是指在发货过程中,因物品外包装破损引起的渗漏等问题。这类问题主要是在储存过程中因堆垛挤压、发货装卸操作不慎等情况引起的,发货时都应经过整理或更换包装,方可出库,否则造成的损失应由仓储部门承担。

5. 漏记账和错记账

漏记账是指在商品出库作业中,由于没有及时核销商品明细账而造成账面数量大于或小于实存数的现象。错记账是指在商品出库后核销明细账时没有按实际发货出库的商品名称、数量等登记,从而造成账实不相符的情况。无论是漏记账还是错记账,一经发现,除及时向有关领导如实汇报情况外,同时还应根据原出库凭证查明原因调整保管账,使之与实际库存保持一致。如果由于漏记和错记账给货主单位、运输单位和仓储部门造成了损失,应予赔偿。同时应追究相关人员的责任。

5.3.5 发货要求

与出库方式相对应,仓储中的发货方式一般有托运、提货、取样、移仓、过户等。无论何种发货方式,均应按以下要求进行。

1. 准确

发货准确与否关系到仓储服务的质量。在短促的发货时间里做到准确无误,这要求在发货时做好复核工作,认真核对提货单,从配货、包装直到交提货人或运输人的过程中,要注意环环复核。

2. 及时

无故拖延发货是违约行为,这将造成经济上的损失。为掌握发货的主动权,平时应注意与货主保持联系,了解市场需求的变动规律,同时加强与运输部门的联系,预约承运时间。在发货的整个过程中,各岗位的责任人员应密切配合,认真负责,以保证发货的及时性。

3. 安全

在货物出库作业中,要注意安全操作,防止作业过程中损坏包装,或震坏、压坏、摔坏货物。在同种货物中,应做到先进先出。对于已发生变质的货物,应禁止发货。

5.3.6 发货准备和程序

1. 发货准备

发货前的准备工作包括以下几项内容。

(1) 原件货物的包装整理。货物经多次装卸、堆码、翻仓和拆检,会使部分包装受损,不适宜运输要求。因此,仓库必须视情况进行加固包装和整理工作。

(2) 零星货物的组配、分装。有些货物需要拆零后出库,仓库应为此事先做好准备,备足零散货物,以免因临时拆零而延误发货时间。有些货物则需要进行拼箱,为此,应做好挑选、分类、整理和配套等准备工作。

(3) 包装材料、工具、用品的准备。对从事装、拼箱或改装业务的仓库,在发货前应根据性质和运输部门的要求,准备各种包装材料及相应的衬垫物,并准备好钉箱、打包工具等。

(4) 待运货物的仓容及装卸机具的安排调配。对于待出库的商品,应留出必要的理货场地,并准备必要的装卸搬运设备,以便运输人员的提货发运。

(5) 发货作业的合理组织。发货作业是一项涉及人员较多、处理时间较紧、工作量较大的工作,进行合理的人员组织是完成发货的必要保证。

2. 发货的一般程序

(1) 验单:审核货物出库凭证,应注意审核货物提货单或调配单内容,特别注意是否有涂改的痕迹。

(2) 登账:对于审核无误的出库货物,仓库会计即可根据提货单所列项目进行登记,核销存储量,并在发货凭证上标注发货货物存放的货区、库房、货位编号以及发货后的结存数等。同时,转开货物出库单,连同货主开制的商品提货单一并交仓库保管员查对配货。

(3) 配货：保管员对出库凭证进行复核，确认无误后，按所列项目和标注进行配货。配货时应按"先进先出"、"易坏先出"、"已坏不出"的原则进行。

(4) 包装：在货物出库时，往往需要对货物进行拼装、加固或换装等工作，均涉及货物的包装。对货物包装的要求是：封顶紧密，捆扎牢固，衬垫适当，标识正确。

(5) 待运：包装完毕，经复核员复核后，需出库的货物均需集中到理货场所，与理货员办理交接手续，理货员复核后，在出库单上签字或盖章，然后填制货物运单，并通知运输部门提货发运。

(6) 复核：复核货物出库凭证的抬头、印鉴、日期是否符合要求，经复核不符合要求的货物应停止发货。对货物储存的结余数进行复核，查看是否与保管账目、货物保管卡上的结余数相符。对于不相符的情况应及时查明原因。

(7) 交付：仓库发货人员在备齐商品并经复核无误后，必须当面与提货人或运输人逐件点交，明确责任，办理交接手续。在货物装车时，发货人员应在现场进行监装，直到货物装运出库。发货结束后，应在出库凭证的发货联上加盖"发讫"印戳，并留据存查。

(8) 销账：上述发货作业完成后，需核销保管账、卡上的存量，以保证账、卡、货一致。

5.3.7 发货复核

在货物运出大门时，可有以下几种发货复核方式。

1. 托运复核

仓库保管员根据发货凭证负责配货，由理货员或其他保管员对货单逐行逐项核对，即核对货物的名称、规格、货号、花色、数量等，检查货物发往地与运输路线是否有误，复核货物的合同号、件号、体积、重量等运输标志是否清楚。经复核正确后，理货员或保管员应在出库凭证上签字盖章。

2. 提货复核

仓库保管员根据货主填制的提货单和仓库转开的货物出库单所列货物名称、规格、牌号、等级、计量单位、数量等进行配货；由复核员逐项进行复核。复核正确，则由复核人员签字后，保管员将货物当面交提货人。未经复核或复核不符的商品不准出库。

3. 取样复核

货物保管员按货主填制的正式样品出库单和仓库转开的货物出库单出货，核实无误，经复核员复核、签字后，将货物样品当面交提货人，并办理各种交接、出库手续。

5.3.8 库内清理及 5S 管理

发货后的库内清理，包括现场清理和档案清理。

1. 现场清理

商品出库后，有的货垛被拆开，有的货位被打乱，有的库内还留有垃圾和杂物等，这就需要对现场进行清理。现场清理的主要内容有：对库存的商品进行并垛、挪位、腾整货位，清扫发货场地、保持清洁卫生，检查相关设施设备和工具是否损坏、有无丢失等。

2. 档案清理

商品出库后，还要整理该批商品的出入库情况和保管保养情况，清理并按规定传递出库凭证、出库单等，相关原始依据要存入商品保管档案，档案要妥善保管，以备查用。

5.4 出库方案设计案例

5.4.1 任务描述

2013年11月25日，某仓库运营部接到新华都、吉马、芗客隆、沃尔玛、信义五家客户订单，见表5-9~表5-13。这五家客户的信用额度分别是100万元、100万元、100万元、70万元、100万元；累计应收账款分别为80.4500万元、80.3360万元、95.3120万元、81.3060万元、120.5640万元。根据客户订单设计出库方案。

表5-9　新华都超市采购订单

序号	商品名称	单位	重量/千克	单价/元	订购数量/箱	金额/元
1	紫山酱菜	箱	9.3	160	6	960
2	厨师肉松	箱	4.8	200	2	400
3	丹夫华芙饼	箱	2.5	180	5	900
4	泰山仙草蜜	箱	9.5	160	5	800
	合　计				18	3060

表5-10　吉马超市采购订单

序号	商品名称	单位	重量/千克	单价/元	订购数量/箱	金额/元
1	立邦油漆	箱	9	200	12	2400
2	泰山仙草蜜	箱	9.5	160	5	800
3	厨师肉松	箱	4.8	200	5	1000
4	丹夫华芙饼	箱	2.5	180	8	1440
	合　计				30	5640

表5-11　芗客隆超市采购订单

序号	商品名称	单位	重量/千克	单价/元	订购数量/箱	金额/元
1	立邦油漆	箱	9	200	12	2400
2	壳牌机油	箱	8	180	4	720
	合　计				16	3120

表 5-12 沃尔玛购物广场订单

序号	商品名称	单位	重量/千克	单价/元	订购数量/箱	金额/元
1	杜浔酥糖	箱	15	150	6	900
2	泰山仙草蜜	箱	9.5	160	10	1600
3	紫山酱菜	箱	9.3	160	5	800
4	厨师肉松	箱	4.8	200	6	1200
合 计					27	4500

表 5-13 信义购物广场订单

序号	商品名称	单位	重量/千克	单价/元	订购数量/箱	金额/元
1	杜浔酥糖	箱	15	150	2	300
2	泰山仙草蜜	箱	9.5	160	5	800
3	紫山酱菜	箱	9.3	160	6	960
4	厨师肉松	箱	4.8	200	2	400
5	丹夫华芙饼	箱	2.5	180	5	900
合 计					20	3360

5.4.2 订单处理及生成拣选单

1. 订单有效性分析

有效性即是合法性。收到客户订单后,应对订单的有效性即价格是否有效、赊销的金额的大小、信用额度、库存是否充足等几个方面进行分析和判断,对确定的无效订单予以锁定,陈述理由,主管签字并标注日期。

1) 计算客户信用额度

接受订单后都要核查客户的财务状况,以确定其是否有能力支付该订单的账款。通常做法是检查客户的应收账款是否已超过其信用额度。

客户信用额度是根据客户的信用额度档案以及客户的订单数量、订单金额和应收账款来计算(这里假设信用额度≤15%为有效),判断客户的订单是否有效。若客户累计应收账款超过信用额度的15%((应收账款+本期订单金额)/信用额度×100%-1),其订单为无效订单;若客户类型为内部客户,则不受信用额度限制,其订单均有效。计算过程和结果见表5-14所示。

表 5-14 订单有效性分析表

序号	客户名称	信用额度/万元	信用额度的15%	累计应收账款/万元	累计应收账款是否超过信用额度的15%	是否有效	备注
1	新华都	100	100×15%=15	80.4500	100+15>80.4500	有效	
2	吉马	100	100×15%=15	80.3360	100+15>80.3360	有效	
3	芗客隆	100	100×15%=15	95.3120	100+15>95.3120	有效	
4	沃尔玛	70	70×15%=10.5	81.3060	100+15>81.3060	无效	由于累计应收账款超过信用额度的15%，因此放弃订单
5	信义	100	100×15%=15	120.5640	100+15<120.5640	无效	

注：由于沃尔玛、信义两家客户累计应收账款超过信用额度的15%，因此判断是无效订单予以锁定，需要客户缴清应收账款后才予以发货。

2）存货查询和库存分配

查询库存目的在于确认库存是否能满足订单货品需求，通常称为"事先拣货"。查询时输入客户订货商品的名称、代号，系统从库存数据库查核存货的相关资料看是否缺货，若缺货则应提供商品资料或此商品的已采购未入库信息以便于接单人员与客户的协调，从而提高接单率及接单处理效率。订单资料输入系统，确认库存货物能满足订单需求后，就要将大量的订货资料做最有效的分类、调拨，以便后续物流作业的顺利进行。

存货分配模式可分为单一订单分配及批次分配两种。单一订单分配就是在输入订单、资料时，就将存货分配给订单。批次分配就是在输入所有订单资料、汇总已输入订单资料后，再一次分配库存的分配方式。配送中心因订单数量多，客户类型等级多，且多为每天固定配送次数，因此通常实行批次分配以确保库存能做最佳分配。

根据表 5-14 计算结果，对有效订单进行汇总。见表 5-15。

表 5-15 有效订单汇总   单位：箱

商品名称/客户名称	新华都	吉马	芗客隆	总数/箱
紫山酱菜	6			6
厨师肉松	2	5		7
丹夫华芙饼	5	8		13
泰山仙草蜜	5	5		10
立邦油漆		12	12	24
壳牌机油			4	4
合 计				64

进行批次分配，需注意订单分批原则，即批次的划分。各配送中心根据不同的作业采用不同的分批原则，常有以下几种划分方法。

(1) 按接单时序，即将整个接单时段划分为几个合理区段，订单分先后顺序分为几个批次处理。

(2) 按配送区域路径，即将同一配送区域路径的订单汇总处理。

(3) 按配送加工需求，即将需加工处理或需相同流通加工处理的订单一起处理的方法。

(4) 按车辆需求，即将需要特殊配送车辆（如低温车、冷藏车、冷冻车等）的货物汇总合并处理。若遇到某些货物的总出货量大于可分配的库存量时，则需要对订单做特殊处理。

2. 客户优先权分析

客户优先权从客户对企业营业额的贡献程度、合作年限、客户级别、忠诚度四个方面进行分析，并对客户按照优先权级别由高到低进行排序。可根据以下批次划分原则处理。

(1) 依订单金额，即对公司贡献度大的订单做优先分配。

(2) 按客户合作年限优先分配，即按 ABC 分类对客户进行重要程度划分等级以确定优先分配。

(3) 特殊优先权者先分配，根据客户级别对某些特殊订单应事先确认优先分配权，比如缺货补货订单、延迟交货订单、紧急订单或远期订单等。

(4) 客户信用（忠诚度）等级，对信用较好的客户订单做优先处理。

其中四个方面的影响因子的大小规定如下：客户对企业营业额的贡献程度（假设为 0.4），合作年限（假设为 0.2），客户级别（假设为 0.3），忠诚度（假设为 0.1）。

根据以上原则，对 2012 年 11 月 25 日某仓库运营部接到的客户订单进行分析处理，见表 5-16。

表 5-16　客户订单分析

客户	新华都超市	吉马超市	芗客隆超市
客户忠诚度	一般	一般	高
客户满意度	一般	一般	高
客户信誉度	中	高	中

注：一般为 0.7，中为 0.8，高为 0.9。

该配送中心客户优先权评价指标的权重见表 5-17。

表 5-17　客户优先权评价指标权重

评价指标	客户忠诚度	客户满意度	客户信誉度
权重	0.2	0.3	0.5

客户优先权等级见表 5-18。

表 5-18 客户优先权等级

客户	新华都超市	吉马超市	芗客隆超市
优先权指数	0.75	0.8	0.85

优先权排列：芗客隆超市＞吉马超市＞新华都超市

3．库存分配计划

按照客户优先权重大小排序分配，得出表 5-19。

表 5-19 库存分配计划表

单位：箱

商品名称/客户名称	芗客隆超市	吉马超市	新华都超市	总需求	库存	库存余额
紫山酱菜			6	6	36	30
厨师肉松		5	2	7	20	13
丹夫华芙饼		8	5	13	32	19
泰山仙草蜜		5	5	10	31	21
立邦油漆	12	12		24	36	12
壳牌机油	4			4	0	0

4．生成拣选单

根据库存分配计划，得出拣选单，见表 5-20～表 5-22。

表 5-20 拣选单 01

客户	芗客隆超市		验收员		姚英豪
拣选日期	2012-05-07		拣选员		潘泽伟
序号	商品名称	单位	重量/千克	单价/元	订购数量/箱
1	立邦油漆	箱	9	200	12

表 5-21 拣选单 02

客户	吉马超市		验收员		姚英豪
拣选日期	2012-05-07		拣选员		潘泽伟
序号	商品名称	单位	重量/千克	单价/元	订购数量/箱
1	立邦油漆	箱	9	200	12
2	泰山仙草蜜	箱	9.5	160	5
3	厨师肉松	箱	4.8	200	5
4	丹夫华芙饼	箱	2.5	180	8

表5-22　拣选单03

客户	新华都超市		验收员	姚英豪	
拣选日期	2012-05-07		拣选员	潘泽伟	
序号	商品名称	单位	重量/千克	单价/元	订购数量/箱
1	紫山酱菜	箱	9.3	160	6
2	厨师肉松	箱	4.8	200	2
3	丹夫华芙饼	箱	2.5	180	5
4	泰山仙草蜜	箱	9.5	160	5

5.4.3　制订作业计划

在分析货物出库作业流程的基础上,建立了以出库作业时间最短为目标的优化作业计划。作业计划见表5-23。

表5-23　作 业 计 划

操作	责任人	时间/分														
		16	17	18	19	20	21	22	23	24	25	26	27	28	29	30
出库信息录入	主管	■														
熟悉拣选货位	理货员1		■													
拣选货物	理货员2			■	■											
RF拣选确认	主管					■										
货物搬运到月台	理货员1						■									
月台配货	理货员2									■	■					
月台点检	理货员1											■				
进行5S管理	理货员1												■			
打印出库单	主管													■		
签名确认	主管														■	

复 习 思 考

一、填空题

1. 货物出库要严格贯彻(　　)的原则。

2. (　　)是指仓库用什么样的方式将货物交付用户。

3. (　　)是由提货人按照货主所填写的发货凭证,(　　)到仓库提取货物,仓库凭单发货。

4. 送货是由仓库根据货主预先送来的(　　),通过发货作业,把货物送达收货单位。

5. 托运是仓库部门将货物通过（   ），（   ）单位的一种出库方式。

二、判断题

1. 货物出库业务，也叫发货业务。它是仓库根据业务部门或存货单位开具的出库凭证，经过审核出库凭证、备料、拣货、分货等业务直到把货物点交给要货单位或发运部门的一系列作业过程。（   ）
2. 转仓是通过转账，变动货物所有者户头，而仓库货物保持不动的一种发货方式。（   ）
3. 过户是某些货物由于业务上的需要或保管条件的要求，必须从甲库转移到乙库储存的一种发货方式。（   ）
4. 取样是货主单位出于对货物质量检验、样品陈列等需要到仓库提取货样。一般都要开箱、拆包、分割。（   ）
5. 凡在证件审核中，发现有货物名称、规格、型号不对的，印鉴不齐全的、数量有涂改的，手续不符合要求的均不能发料出库。（   ）
6. 出库作业就是依据客户的订货要求或仓储配送中心的送货计划，尽可能迅速地将货物从其储存的位置或其他区域拣取出来的作业过程。（   ）
7. 转仓信息来源于客户的订单，它是进行拣货作业的依据。（   ）
8. 拣货单是企业采用计算机进行库存管理时，将客户订单原始信息输入计算机，经过信息处理后，生成并打印出来的拣货单据。（   ）
9. 分拣就是根据客户订单、出库凭证等单据，把不同种类、数量的商品集中在一起分门别类堆放的作业。（   ）
10. 在储存的商品不易移动，或者每一个客户需要的商品品种较多，而每种商品的数量较小时，可采用播种拣选作业方式。（   ）

三、单项选择题

1. "五检查"，即对单据和实物要进行（   ）、规格检查、包装检查、件数检查、重量检查。
   A. 品名检查　　　B. 形状检查　　　C. 数量检查　　　D. 单位检查
2. 订单传递是直接利用客户订单为拣货的凭证。此方式适合于订单订购品种数较少，（   ）的情况。
   A. 批量较大　　　B. 批量较小　　　C. 批量较多　　　D. 品种较多
3. （   ）适用于数量少、品种多、重量轻的单件小货物的分拣作业。
   A. 机器分拣　　　B. 自动分拣　　　C. 人工分拣　　　D. 立体仓
4. 自动分拣机或由人操作的叉车、（   ）巡回于一般高层货架间进行拣选，或者在高层立体货架一端进行拣选。
   A. 高位叉车　　　B. 托盘　　　　　C. 小推车　　　　D. 分拣台车

5. （　　）作业方式是针对每张拣货单（一个客户的一张订单），作业员巡回于仓库货架间，按照拣货单上所列项目，将客户所订购的商品逐一由仓储货架中挑拣出来的方式，是一种传统的拣货方式。

　　A. 摘果式　　　　B. 播种式　　　　C. 协同式　　　　D. 常规式

6. （　　）拣选也称批量拣选，是把多张订单集合成一批，按照商品品种将数量汇总后再进行拣取，然后按照不同客户订单做分类处理的拣选作业方法。

　　A. 摘果式　　　　B. 播种式　　　　C. 协同式　　　　D. 常规式

7. 订单分批按（　　）的基本原则，当累计订单数到达设定的固定量后，再开始进行拣货作业的方式。

　　A. 不同　　　　B. 不分先后　　　　C. 先进先出　　　　D. 后进先出

8. 根据后购入的商品先领用或发出的假定计价的，即首先发生的成本作为期末存货成本，先买进来的（　　）出去。

　　A. 不同性　　　　B. 相似　　　　C. 互补性　　　　D. 后卖

9. （　　）法是指根据先购进的存货先发出的成本流转假设对存货的发出和结存进行计价的方法。用先进先出法计算的期末存货额，比较接近市价。

　　A. 先进先出　　　　B. 后进先出　　　　C. 不分先后　　　　D. 随机

10. （　　）指货物包装的内层，即考虑水、湿气、光热、冲击等对货物的影响，而使用适当的材料或容器对货物加以包装。

　　A. 个装　　　　B. 内装　　　　C. 外装　　　　D. 件装

四、简答题

1. 出库的基本方式有哪些？
2. 出库作业流程包括哪些环节的内容？
3. 接到出库通知后应做的几项工作是什么？
4. 需要对出库凭证的哪些内容进行认真审核？
5. 拣货信息传递方式分为哪几种？
6. 根据拣货过程自动化程度的不同，拣货方式如何划分？
7. 简述播种式配货和摘果式配货各自的特点及优缺点。
8. 出货检查包括哪些工作？
9. 什么是先进先出法？
10. A连锁企业的两个门店发给B物流中心三份订单。订单信息员编制拣货表，拣货员领取拣货表，并签名确认。请按照摘取式和播种式两种方式进行分拣作业，比较两种拣货作业的操作步骤及其优缺点。

五、案例分析

联合利华的托盘管理

"Smart pallet"系统利用自动化技术消除重复分拣并缩短配送时间。联合利华公司（意大利）是全球第一个使用Smart pallet系统的企业，现在它的订货处理时间缩短了20%，员工数量减少了1/3。在安装RFIT系统之前，联合利华的Elida-Gibbs工厂每天需要3个工人处理200个托盘，现在一个仓库管理员一天就可以发送350个托盘，这样就可以减少托盘的堆垛和再装载工序。

此系统于1995年安装在位于米兰附近的GAGGlano工厂。通过开发低频的RFIT系统控制生产过程，记录产品位置，对产品称重和进行标签操作。配有无线电频率读数器的叉车在仓库装载活动中穿梭不息，这些读数器将每个托盘的状态及时传送给仓库门口的无线电应答器，然后传送到仓库的计算机控制中心，管理人员就可以随时知道任何一笔订单所处的状态。结合半导体技术、微电子包装、计算机系统设计的系统由三部分组成：无线电发射应答器、计算机系统阅读器和天线。无线电发射应答器被固定在托盘出入的仓库门口，信息阅读器和天线被装在联合利华的高科技仓库中，每一个托盘都有一个条码，通过扫描仪将信息输入仓库的程序逻辑控制器。除此以外，计算机还存有该托盘的详细数据：装货箱的数量、订单装运地点、运送的商品种类。一个托盘装载了货物后，经过第一道门时，用薄膜包装、称重，经过最后一道门时再次称重，以确保准确度。托盘按先进先出法处理，按排列顺序依次输入计算机中。当托盘被放在装载底板上时，叉车上的信息阅读器就开始检查、传送由门口的无线电发射应答器发出的无线电信号，精确定位托盘。当托盘到达装货地点时，另一个无线电发射应答器就会警示计算机托盘准备装进拖车中，随后货车的衡量工具自动计算总负荷与单个托盘的重量，如果出现任何偏差，便在系统内标注记号。

联合利华公司通过对托盘的先进管理，节约了时间，减少了差错，也降低了物流成本。

（资料来源：http://www.docin.com/p-65039578.html）

讨论

1. 联合利华公司的托盘管理先进之处在哪里？
2. 这种托盘管理给联合利华带来什么益处？

第 6 章

仓储实用技术

【学习目标】

通过本章的学习,能够使用条形码和射频识别系统;熟悉 EDI 系统的构成和工作流程;掌握 GPS 和 GIS 系统的构成和工作流程,以及自动分拣系统的工作流程;熟悉 WMS 的构成和使用。

【本章要点】

本章主要介绍条形码和射频识别系统、EDI 系统的构成和工作流程、GPS 和 GIS 系统的构成和工作流程、WMS 构成应用。

库存管理系统带给高科技企业收益

惠普在华盛顿州卡玛斯(Camas)的工厂中生产喷墨打印机。零部件存放在一现场的仓库和一个 12 英里之外的仓库中。为了管理生产车间中零部件的流转,惠普公司使用了一套库存管理系统(warehouse management system,WMS)。这套库存管理系统记录下从库存转入生产车间的物料的搬运过程。除了能记录这些物料外,这套 WMS 还能根据工厂的订单判断要把哪些物料发到车间里去。

惠普的两个库存管理系统独立运行,但又可以互相传递信息。一套系统运行生产现场的库存,另一套系统负责检查生产车间之外的那个工厂。系统能提供准确、新的库存信息和所有部件的存储位置。结果,现在 90%以上的订单在被确认后的几分钟内就能上生产线准备生产了。

再如,得州仪器(TI)在办公用品的订单下达管理中已经将电子数据交换(EDI)和条形码连接起来,效果很好。公司的库存占用资金减少了 200 万美元,所用的库存面积也减少了 40 000 平方英尺,重新安置了 11 名办公用品管理人员,并使整个周期时间减少了 1/3。

(资料来源:http://www.examw/wuliu/anli/资料引用经笔者修改)

思考

分析 WMS 给惠普公司带来的效益。

6.1 自动识别与 EDI 技术

6.1.1 条形码识别技术概述

条形码技术(bar code,简称条码)最早出现在 20 世纪 40 年代,是实现物流信息的自动采集与输入的重要技术。通过对货物上条形码的阅读获取信息资料,迅速、正确并简单地把货物信息输入计算机,实现货物信息的交流和传递。我国于 1988 年 12 月 28 日经国务院批准,国家技术监督局成立了"中国物品编码中心",负责研究并在我国推广条形码技术。

1. 条形码的概念

条形码是由一组规则排列的条、空及相应字符组成的用以表示一定信息的图形符号。条码中的条、空通常是深浅不同、粗细不同的黑、白两色,以满足一定光学对比度要求,其中"条"对光线反射率较低,而"空"对光线反射率较高。

2. 条形码的构成

一组完整的条形码依次由首静区、起始符、数据符、校验符、终止符和尾静区组成,如图 6-1 所示。

图 6-1 条形码构成

(1) 首静区和尾静区是分别位于条形码左右端,与空的反射率相同的限定区域,即无任何符号和信息的白色区域,是保证条形码阅读光束到达第一个线条前有一个稳定的速度。由于首、尾静区相同,故条形码可以双向阅读。

(2) 起始符是位于条形码起始位置的若干条与空,表示扫描器从这里开始阅读,避免连续阅读时几组条形码互相混淆或阅读不当丢失前面的条形码。

(3) 数据符是所要传递的主要信息,是条形码的核心部分。它是位于条形码中间的条、空结构。条形码的基本单位是模块,即条形码中最窄的条或空,通常为千分之一英寸。条形码的每一个条或空为一个单元,一个单元由若干模块组成。例如 EAN 码,所有单元由一个或多个模块组成;标准 39 码的所有单元由宽单元和窄单元组成,其中窄单元为一个模块。

(4) 校验符是位于数据符之后,对译出的条形码进行校验,确认阅读信息的正确性。

(5) 终止符是最后一个字符,标志一组条形码的结束。

什么是 RSS 码和 CS 码

RSS 码(reduced spaced symbology)和 CS 码(composite symbology)由 UCC 和 EAN 国际条码组织创造性开发,是为了满足日益增长的对较小商品进行识别的商务需要而应运而生的两种新的条码符号。

RSS 条码家族包括七种线性条码符号,非常适用于对条码空间有限制的应用场合。这些新的条码符号作为对现有条码符号和技术以及 EAN 和 UCC 条码体系的相关应用的补充,被认为是支撑全球商业活动运转的首要条码符号体系。今天,这些条码符号正被广泛应用于全球 23 个主要行业中,每日的扫描频率多达 50 亿次。

UCC 的高层这样评价 RSS 码的市场前景:"随着各主要行业对于较小物品和产品更有效识别需求的不断增强,RSS 码的市场应用空间将会迅速延伸。我们将继续推广并增强这种条码技术,来满足全球经济发展的需要。"

CS 码是一个一维条码(RSS 码、UPC/EAN 码或 UPC/EAN-128 码)和一个二维条码(或者是 PDF417 码,或者是 EAN 和 UCC 所规定的 MicroPDF417 码的不同形式)的组合。其主要识别信息被编码至一维线性条码中,部分信息可以被低端扫描器轻松识读。次要信息则被压缩编码至二维条码部分,以尽量少占空间。这样,CS 码可以实现对一维条码的向下兼容,可以方便那些暂时尚不具备购置二维条码识读设备能力的用户。除了基本的物品识别功能外,RSS 码和 CS 码的一个明显特点是,(电子版以下略)RSS 码和 CS 码的出现增强了 EAN 和 UCC 体系的功能,让使用者能够更有效地采集更多信息,并大大降低了成本。

3. 条形码系统的工作原理

条形码识别技术是利用光电扫描设备识读,完成对条形码数据的自动采集和光电信号的自动转换。整个系统由扫描系统、信号整形和译码三部分组成。扫描系统主要具有扫描光路完成对条形码的条、空及字符扫描,并接收从条形码上反射来的反射光。信号整形系统将扫描系统传来的光信号转换成电信号,经放大和滤波后再进行整形。译码系统是由计算机软硬件组成,可以将信号整形系统输出的信息,按照标准数字信号电压的大小进行量化,由译码器译出其中所包含的信息,见图 6-2。

4. 条形码识别装置和设备

条形码自动识别系统是由扫描器(阅读器)、译码器、计算机等硬件系统和系统软件、应用软件等软件系统组成。其中应有软件的功能具有扫描器输出信号的测量、条形码码制及扫描方向的识别、逻辑判断,以及阅读器与计算机之间的通信。

条形码阅读器的种类较多,可以适用于不同的作业要求、环境和场合。条形码读码器有以下几种。① 光笔条形码扫描器(图 6-3(a));② 手持式条码扫描器(图 6-3(b));③ 台

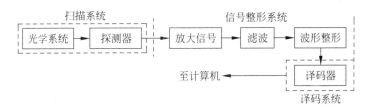

图 6-2　条形码识别系统组成

式条形码自动扫描器(图 6-3(c));④激光自动扫描器(图 6-3(d));⑤卡式条形码阅读器(图 6-3(e));⑥便携式条形码阅读器(图 6-3(f))。

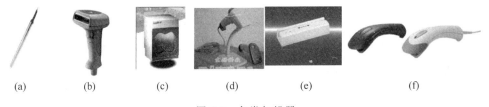

图 6-3　各类扫描器

6.1.2　条形码在仓储管理中的应用

1. 入库作业

入库时,搬运工或叉车司机只需扫描准备入库的物料箱上的标签和准备存放此箱的货架的标签即可。入库可分间接和直接两种:间接入库指物料堆放在任意空位上后,通过条码扫描记录其地址;直接入库指将某一类货物存放在指定货架,具体操作是,商品到库时,通过条形码识读器将商品基本信息输入计算机,在此基础上录入商品的入库信息,计算机系统根据预先确定的入库原则、商品库存数量,确定该种商品的库存位置,然后根据商品的数量发出条形码标签,作为该种商品对应仓库内相应货架的记录。对整箱进货的商品,其包装箱上有条形码,放在输送带上经过固定式条形码扫描仪的自动识别,按照指令传送到存放位置附近。如果拟入库的商品集装在托盘上,则需要通过叉车等机械操作入库,这种情况下,托盘一般都贴有条形码,叉车驾驶员通过安装在叉车前面的激光扫描仪,扫描贴于托盘面向叉车的一侧的条形码,按照计算机与射频数据通信系统所得到的下载到叉车的终端机上的存放指令将托盘放置在指定的库位,并通过叉车上装有的终端装置,将作业完成的信息传送到主计算机,计算机更新库存资料。

2. 订货作业

在配送中心、超市、商店的货架上对应商品标贴有信息卡,这些卡除了标示商品的价格、产地、名称、规格型号等信息以外,一般还有该商品的订货点,若该商品目前的陈列量低于订货点,即提示工作人员以掌上型条形码扫描仪读取卡上的商品条形码,并输入订货量。回到办公室后,通过网络发送给供货商供货。

3. 拣货作业

对于摘果式拣货作业,在拣取后用条形码扫描仪读取刚拣取商品上的条形码,即可确认拣货的正确性。对于播种式拣货作业,可使用自动分货机,当商品在输送带上移动时,由固定式条形码扫描仪判别商品货号,提示移动路线与位置。

4. 配货作业

在配货过程中采用条形码管理。在传统的物流作业中,分拣、配货要占去全部所用劳动力的50%以上,且容易发生差错。在分拣、配货中应用条形码,能使拣货迅速、正确,并提高生产率。

5. 补货作业

由于商品条形码和货架是一一对应的,基于条形码进行补货能确保补货不出现差错。补货时,预先在货架的相应储位卡上贴上有商品码与储位码的条形码。商品到位以后,通过手持条形码扫描仪采集商品条形码和储位码的信息,并由计算机核对,判断商品是否是所要找的商品,从而达到保证补货作业正确的目的。

6.1.3 射频识别技术

射频识别技术(radio frequency identification,RFID)是无线电频率识别的简称。它是利用无线电波对记录媒体进行读写。与一般的接触式识别技术 POS——条码系统不同,射频识别属于非接触式识别技术,是对条码技术的补充和发展。它避免了条码技术的一些局限性,可实现非接触目标、多目标和运动目标识别,为大量信息的储存、改写和远距离识别奠定了基础,在物流、交通运输、证照防伪、电子支付、出入控制等行业显现出较好的应用前景。

1. 射频识别技术概述

1) 射频识别技术的概念

射频(radio frequency,RF)技术是一种无线电通信技术,具有不局限于视频、更宽的覆盖面和低成本的优点。射频系统主要由电子标签、天线和阅读器三部分组成。如图6-4所示。

射频识别技术主要用于对运动或静止的标签进行不接触的识别,其技术基础是射频技术,通过在物流主体(如货架、汽车、自动导向车辆、宠物等)上贴置电子标签(又称"标签"),用射频技术进行电磁波射频扫描,就可以从标签上识别物流对象的有关信息,以进行直接读写或通过计算机网络将信息传输。

射频识别的距离可达几十厘米至几米,根据读写方式的不同,可输入数千字节的信息,而且保密性好。射频识别系统的传输距离取决于许多因素,如传输频率、天线设计等。运用RFID还应考虑反射距离、工作频率、标签的数据容量、尺寸、重量、定位、响应速度和选择能力等。

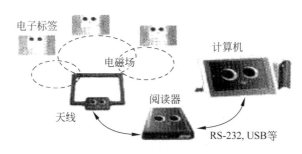

图 6-4　RF 系统

2) 射频识别技术同其他自动识别技术的比较

自动识别技术是信息数据自动识读、自动输入计算机的重要方法和手段,近几十年来在全球范围内得到了迅猛发展,初步形成了一个包括条码技术、磁条(卡)技术、光学字符识别、射频识别、IC 卡识别和声音识别等集计算机、光、机电、通信技术为一体的高新技术。

沃尔玛 RFID 应用

美国零售商巨头沃尔玛的配送系统主要是采用射频识别技术标签(RFID)。RFID 标签就是一种贴在每一件商品上的技术含量较高、信息独一无二的射频标签。在货物进出通道口时,RFID 标签发出无线信号,把信息立即传递给无线射频机阅读器,并将信息传递到供应链经营管理部门的各个环节上,于是仓库、堆场、配送中心,甚至商场货架上的有关商品的存货动态一目了然。

2005 年 10 月底,沃尔玛已经把 RFID 等现代化供应链管理技术,推广到全球 500 多家沃尔玛零售商场和连锁店,2006 年底扩大到 1000 余家。通过使用射频识别技术标签和电子信息网络,在第一时间和第一现场全面掌握有关超市货架上、托盘上、仓库中和运输途中的货物动态,其操作精确度可以达到 99% 以上。

目前,沃尔玛供货商提供不超过 5 天销量的商品。快充货架的物流战略,虽会引起货车货运成本的增加,但运输成本可通过先进的物流技术功能效益得到补偿——降低存货成本。供货商和制造商等合作伙伴的紧密合作,从供货源头开始就致力于物流成本的降低,最终达到零售行业整体利好平衡。

光学字符识别由于首读率(即一次性识读成功的概率)不高,输入速度和可靠性不如条码,正逐步被条码技术所取代;视觉和声音识别目前还没有被很好地推广应用。以下就条码技术、磁条(卡)技术、IC 卡识别技术和射频识别技术做一简单比较。

(1) 条码技术。条码成本最低,适用于大量需求,而且数据不必更改的场合。多数条码采用纸制材料,较易磨损,而且数字量小。

(2) 磁条(卡)技术。磁条(卡),如信用卡、银行 ATM 卡、电话磁卡等,其数据可读写,即具有现场改造数据的能力,且成本低廉,但易被伪造。

(3) IC 卡识别技术。IC 卡具有独立的运算和存储能力,数据安全性和保密性好,但价格稍高。

(4) 射频识别技术。其最大的优点是具有非接触式识读能力,射频标签要比条码标签具有放置方面的灵活性,允许"在飞行中识别"物品,且能同时识别多个物品,射频标签是封装式的,不易损坏,适合于恶劣环境下使用,故而几乎不需要任何保养工作。

2. RFID 系统的工作原理

读写器通过其天线在一个区域内发射能量形成电磁场,区域大小取决于发射功率、工作频率和天线尺寸。当储存信息编码的标签处于此区域时,利用所吸收到的电磁场能量供电,并根据读写器发出的指令对储存器进行相应的实时读写操作,再通过收发模块将数据发送出去。读写器接收到返回的数据后,解码并进行错误校验以决定数据的有效性,继而通过计算机网络将采集的数据进行数据转换、处理和传输。

3. RFID 技术的应用

(1) 射频技术已广泛应用到 EAS 系统、便携式数据采集系统、网络系统和定位系统中。生活当中常见的 EAS(electronic article surveillance)系统,是一种设置在出入门口的控制物品进出的 RFID 技术,典型的应用场合是超市、商场、图书馆、数据中心等地方。在物品上粘附 EAS 标签,当物品被合法取得时 EAS 标签通过一定的装置便失去活性,物品经过装有 EAS 系统的门口时,EAS 装置检测不到标签的活动性,便可以允许物品顺利离开门口,否则 EAS 就会发出警告提示。

(2) 物流行业中射频技术多数用于物流控制方面,在特定区域内分散布置 RFID 阅读器,阅读器直接与数据管理信息系统相连,标签可以安装在移动的货物或物流器具上。当货物或物流器具活动经过阅读器时,阅读器就会自动扫描标签上的数据信息,并输入数据管理信息系统中存储、分析和处理,以达到控制物流的目的。在智能托盘系统中,将射频阅读器安装在托盘进出仓库的必经通道口上方,同时每个托盘上也安装了射频标签,当叉车装载着托盘货物通过通道时,阅读器接收射频标签发射的数据信号并将信息传递到中心数据库,了解哪个托盘货物已经通过。当托盘装满货物时,自动称重系统自动比较装载货物的总重量与存储在计算机中的单个托盘重量,获取差异,协助工作人员准确可靠地了解货物的实时信息。

(3) 配送流水线自动化。在配送流水线上应用 RFID 技术可实现自动控制,提高了配送效率,改进了配送方式,节约了成本。

德国宝马汽车公司在装配流水线上应用射频技术,实现了由用户定制产品的生产方式。它们在装配流水线上安装 RFID 系统,使用可重复使用带有详细的汽车定制要求的标签,在每个工作点都设有读写器,以保证汽车在每个流水线工作站上都能按定制要求完成装配任务,从而得以在装配线上装配出上百种不同款式和风格的宝马汽车。

(4) 仓储管理。在仓储管理中应用 RFID 系统,实现了实时货位查询和货位动态分配功能,大幅度减少了查找货位信息的时间,提高了查询和盘点精度,大大加快了出、入库单的流转速度,从而大幅度提高了仓储运作与管理的工作效率,满足了现代物流管理模式下仓储管理系统的要求。

6.1.4 销售时点信息系统

1. 销售时点信息系统概述

销售时点信息系统(point of sale,POS),是指通过能够自动读取信息的设备,如收银机又称 POS 机,在销售商品时,直接读取和采集商品销售的各种信息,如商品名称、单价、销售数量、销售时间、销售的店铺和购买的顾客等,然后通过通信网络或计算机系统将读取的信息传输至管理中心进行数据的处理和使用。POS 系统是信息采集的基础系统,是整个商品交易活动或物流活动的信息传输的最基本的环节。POS 系统最早应用于零售业,现在其应用范围从企业内部扩展到整个供应链。

2. POS 系统的运行

POS 系统的运行由以下五个步骤组成。如图 6-5 所示。

第一步,适用 POS 系统商品的包装上印刷有商品标准条形码。或 OCR(optical character recognition)标签。

第二步,商品出库时利用自动读取设备读取商品条码标签或 OCR 标签上的信息,通过微型计算机确认商品的单价,计算出库件数、总金额等,同时反馈给收银机,打印出出库清单和付款总金额。

第三步,各个仓库销售时点信息,通过增值网络(value added network,VAN)以在线联结方式即时传送给总部或物流中心。

第四步,在总部、物流中心和仓库利用销售时点信息,进行库存调整、配送管理、商品订货等作业。通过对销售时点信息进行加工分析来掌握顾客购买动向,找出畅销商品和滞销商品,以此为基础,进行商品品种配置、价格设置等方面的作业。

第五步,在零售商与供应链的上游企业(批发商、生产厂家、物流业者等)结成协作伙

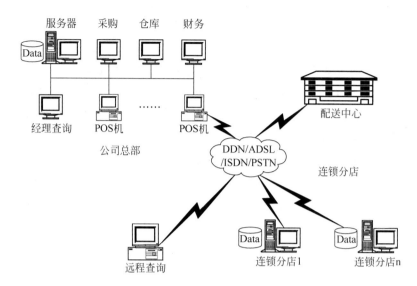

图 6-5 POS 的运行过程

伴关系(也称为战略联盟)的条件下,零售商利用 VAN 以在线联结的方式,把销售时点信息及时传送给上游企业。这样,上游企业可以利用销售现场最及时准确的销售信息制订经营计划,进行决策。

3. POS 系统在现代物流中的应用

(1) 单品管理、职工管理和顾客管理。零售业的单品管理,是指对店铺陈列、展示、销售的商品,以单个商品为单位进行销售跟踪和管理的方法。

(2) 职工管理是指通过 POS 终端机上的计时器的记录,依据每个职工的出勤状况、销售状况(以月、周、日甚至时间段为单位)进行考核管理。

(3) 顾客管理是指在顾客购买商品结账时,通过收银机自动读取零售商发行的顾客 ID 卡或顾客信用卡,来把握每个顾客的购买品种和购买额,从而对顾客进行分类管理。

(4) 自动读取销售时点的信息。在顾客购买商品结账时,POS 系统通过扫描读数仪自动读取商品条码标签或 OCR 标签上的信息,在销售商品的同时获得实时的销售信息,这是 POS 系统的最大特征。

(5) 信息的集中管理。在各个 POS 终端获得的销售时点信息,以在线联结方式汇总到企业总部,与其他部门发送的有关信息一起由总部的信息系统加以集中,并进行分析加工。

6.1.5 电子数据交换技术

1. EDI

电子数据交换(electronic data interchange,EDI),是一种在公司与公司之间传输订单、发票等商业文件的电子化手段。它通过计算机通信网络将贸易、运输、保险、银行和海关等行业信息,用一种国际公认的标准格式,实现各有关部门或公司与企业之间的数据交换和处理。EDI 包含了三个方面的内容,即计算机应用、通信网络和数据标准化。其中计算机应用是 EDI 的条件,通信环境是 EDI 应用的基础,数据标准化是 EDI 的特征,这三个要素互相衔接、互相依存,构成了 EDI 的基础框架。

对于物流领域而言,通过电子数据交换系统,已经成为物流管理信息系统和决策支持系统的重要组成部分,由于它的运用大大地提升了物流管理水平,在物流国际化趋势下,这个系统又成为支撑经济全球化和物流国际化的重要手段。

关于 EDI

EDI 是英文 Electronic Data Interchange 的缩写,中文可译为"电子数据交换",简单地说,就是企业的内部应用系统之间,通过计算机和公共信息网络,以电子化的方式传递商业文件的过程。现实中,供应商、零售商、制造商和客户等在其各自的应用系统之间利用 EDI 技术,通过公共 EDI 网络,自动交换和处理商业单证。EDI 是按照国际统一的语法规则进行处理,使其符合国际标准格式,并通过通信网络来进行数据交换,是一种用计算机进行商务处理的新业务。

2. EDI 的组成

EDI 系统由 EDI 的标准、EDI 的软件和 EDI 的硬件三部分构成。

1) EDI 的标准

为了使计算机能够识别和处理用户输入的资料内容,需要按照事先的规定,将有关信息转化成一定的格式和顺序排列,这就是 EDI 的标准。实际上 EDI 的标准是指它的数据标准。即当采用 EDI 方式时,计算机无法读懂各种单据或文件上的文字内容,所以将所要传递的信息以数码的形式按照既定的表达方式排列,才能使计算机读懂并传送这些信息。EDI 的标准主要包括语法规则、数据结构定义、编辑规则与转换、公共文件规范、通信协议和计算机语言。

目前,按照 EDI 标准的实施范围主要分为四种,即企业专用标准、行业标准、国家标准和国际标准。EDI 标准主要内容是基础标准、代码标准、报文标准、单证标准、管理标准、应用标准、通信标准、安全保密标准,其中首先要实现的就是单证标准化。它承载着需要传输的数据和信息的主要内容,一般被称为 EDI 电子单证或电子票据。单证标准化包括单证格式标准化、所记载信息标准化和信息描述标准化三部分。以对外贸易为例,单证格式的标准化是指按照国际贸易基本的单证格式设计出的各种商务往来的单证样式,参与 EDI 贸易各方所填制的各种单证表格都要符合标准化要求。在单证上利用代码来表示信息时,代码所处的位置也要标准化。我国已对中华人民共和国进出口许可证、原产地证书、装箱单等与国际贸易相关的单证制定出了标准。

2) EDI 的软件部分

EDI 的软件部分主要是指转换软件、翻译软件和通信软件。由于每个参与 EDI 的公司或单位都有自己规定的信息内容和格式,当要发送信息资料时,就必须利用一些相关软件从公司的专有数据库中提取,并把它们翻译成符合 EDI 标准格式,从而完成各公司或单位之间的信息往来。

(1) 转换软件可以帮助用户将自有计算机系统的文件转换成翻译软件能够理解的平面文件(flat file),或把从翻译软件接收到的平面文件转换成自有计算机系统的文件,在将自有文件翻译成标准文件过程中起过渡作用,这一过程被称为映射。

(2) 翻译软件可以将平面文件翻译成 EDI 标准格式,或将接收到的 EDI 标准格式翻译成平面文件。它是按照 EDI 数据交换标准的要求,将平面文件中的目录项,加上特定的分割符、控制符和其他信息,生成一种包括控制符、代码和单证信息在内的 ASCII 码文件,供计算机阅读。

(3) 通信软件是将通过翻译软件翻译而成的 EDI 标准格式的报文外加上通信信封、信头、信尾、投递地址、安全要求及其他辅助信息,送递到 EDI 系统交换中心的邮箱(mail box),或从 EDI 系统交换中心将收到的文件取回。

3) EDI 的硬件设备

EDI 的硬件设备主要包括计算机、计算机网络设备等。EDI 的通信方式有多种,如点对点方式、增值网络方式、报文处理系统和 Internet 等方式。

(1) 点对点方式(point to point,PTP)中包括一点对一点、一点对多点和多点对多点几种形式。主要是指用户之间直接连接通信,适用于贸易量不多、用户较少的情况。如一点对多点适用于大企业的分支机构与总部之间的联系结构,而多点对多点适用于平等机构之间的往来通信。

(2) 增值网络方式(VAN)是贸易伙伴之间通过第三方网络(如通信网络公司)所提供的 EDI 服务来传输信息的方式。它可以大大提高通信效率,降低通信费用,但是增值网络中存在全部互通、保密性差、缺少跟踪能力等不足之处。

(3) 报文处理系统(message handle system,MHS)是国际间基于 X.400(或 X.435)系列协议基础之上传送报文的主要工具之一,它包括电子邮箱、报文传输系统和用户代理等几部分。任何一个用户通过申请加入 MHS 系统,就可以通过 MHS 向全球任何一个用户代理进行报文交换。它是一个基于广域网的系统,对用户所在地域的网络环境和用户的网络知识有一定的要求。

(4) Internet 方式是通过 Internet 的 E-mail 功能来传输 EDI 报文。随着 Internet 的

迅速发展和越来越多的人对它的了解,通过 E-mail 可以更快捷、灵活地在全球范围内传送电子数据。其费用很低,操作简单,更适合中小企业使用。

EDIFACT 标准

EDIFACT 标准包括一系列涉及电子数据交换的标准、指南和规则,包括以下八个方面的内容：EDIFACT 应用级语法规则(ISO 9735)、EDIFACT 报文设计指南、EDIFACT 应用级语法规则实施指南、EDIFACT 数据元目录(ISO 7372)、EDIFACT 代码目录、EDIFACT 复合数据元目录、EDIFACT 段目录、EDIFACT 标准报文目录。

3. 电子数据信息交换流程

电子数据信息交换的过程大致可以分为三个主要步骤,即文件的标准化处理、传输和交换、文件的接收和处理。现以商品贸易为例来说明 EDI 系统的工作流程。

假定有一个由发送货物业主(如生产厂家)、物流运输业主和接收货物业主(如零售商)三方组成的物流模型,此模型在实施 EDI 过程中的运作流程如图 6-6 所示。

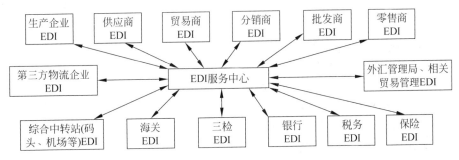

图 6-6 EDI 的运作过程

(1) 发送货物业主在接到订货后制订货物运送计划,并把运送货物的清单及运送时间安排等信息,通过 EDI 发送给物流运输业主和接收货物业主,以便物流运输业主预先制订车辆调配计划,接收货物业主制订货物接收计划。

(2) 发送货物业主依据顾客订货要求和货物运送计划,下达发货指令,分拣配货,将物流条码标签贴在货物包装箱上,同时把运送货物品种、数量、包装等信息,通过 EDI 发送给物流运输业主和接收货物业主。

(3) 物流运输业主从发送货物业主处取运货物时,利用车载扫描读数仪读取货物标签的物流条码,核实与先前收到的货物运输数据是否一致,以确认运送货物。

(4) 物流运输业主对货物进行整理、集装、制作送货清单,并通过 EDI 向接收货物业主发送发货信息。在货物运抵接收方后,物流运输业主通过 EDI,向发送货物业主发送完成运送业务信息和运费请示信息。

DB2

DB2 就是 IBM 开发的一种大型关系型数据库平台，它支持多用户或应用程序在同一条 SQL 语句中查询不同 database 甚至不同 DBMS 中的数据。网关（gateway）又称网间连接器、协议转换器。网关在传输层上已实现网络互联，是最复杂的网络互联设备，仅用于两个高层协议不同的网络互联。

（5）接收货物业主在货物到时，利用扫描读数仪读取货物标签的物流条码，并与先前收到的货物运输数据核对确认，开出收货发票，货物入库。同时，通过 EDI 向物流运输业主和发送货物业主发送收货确认信息。

物流 EDI 的优点在于，与供应链组成各方基于标准化的信息格式、处理方法，通过 EDI 分享信息、提高流通效率、降低物流成本。例如，在上述流程中，生产厂家可按市场订单来组织生产，有可能实现零库存生产；运输商能根据生产厂家及用户信息主动安排运输计划，迅速有效地组织运输；对零售商来说，应用 EDI 系统可大大降低进货作业的出错率，节省进货时间、成本，能迅速核对订货与到货的数据，易于发现差错。EDI 使产、供、销更紧密有效，使物流企业能更合理、有效地进行管理。

6.1.6　EDI 系统的应用

EDI 适用于需要大量地处理日常表、单证业务且对业务操作具有严格规范要求的企事业单位之间，物流业通过 EDI 系统可处理如下所述的物流单证。

（1）运输单证，包括海运提单、托运单、多式联运单据、陆运单、空运单、装货清单、载货清单、集装箱单和到货通知书等。

（2）商业单证，包括订单、发票、装箱单、重量单、尺码单和装船通知等。

（3）海关单证，包括进出口货物报关单、海关转运报关单、船舶进出港货物报关单和海关发票等。

（4）商检单证，包括出、入境通关单，各种检验检疫证书等。

（5）其他单证。

由于与物流企业相关的单位众多，它们之间都是依靠往来的单据作为货物移动和货权转移的凭证，这些行业特征正好符合 EDI 的使用要求，所以物流 EDI 得到快速发展和应用。专业物流企业服务对象和相关单位包括货主、承运业主、运输货的交通运输企业以及协助单位，它们之间相互传递着各类的单证，如采购单、询价单、订单、提单、发票、装船通知、到货通知、交货单等。通过快速、正确和安全地被传递，物流 EDI 就可以满足物流链上的各项要求。

资料

EDI 的应用效益

EDI 既准确又迅速,可免去不必要的人工处理;节省人力和时间,同时可减少人工作业可能产生的差错。由于它出口手续简便,可减少单据费用的开支,并缩短国际贸易文件的处理周期,因此给使用 EDI 的企业带来了巨大的经济利益。据美国创汇大户 GE 公司 1985—1990 年的数据表明,应用 EDI 使其产品零售额上升了 60%,库存由 30 天降到 6 天,每天仅连锁店文件处理一项就节约了 60 万美元,每张订单费用由 325 美元降到 125 美元,运输时间缩短 80%,其下属汽车制造厂作为 GE 公司内部 EDI 项目试点,就其购买钢锭一项,第一年就节约了 25 万美元。正因为 EDI 所具有的这种种优势,它已被广泛应用于运输、商检、报关、货物跟踪等多种物流管理活动。

例如,货主委托物流运输企业运送货物时,首先将货物清单、运送时间安排等信息通过 EDI 发送给物流运输企业和收货人;物流企业根据要求上门收货、组织包装、刷唛、入盘等操作,并进行车辆调度安排将货物运送到物流中心;在物流中心对货物进行整理、集装,并通过 EDI 向海运代理等有关单位询问航班船次,进行订船包舱,并向货主发送运输相关信息等待确认;货主同意后以 EDI 方式向物流运输企业确认;物流运输企业接收确认信息,组织通关发货,通过 EDI 将报关单、提单等单证发给货主和收货人,并对货物进行实时跟踪直至货物顺利交付给收货人;最后,物流企业将收货人的接货单传递给原货主,完成运输业务,根据事先协议进行财务结算。

6.2 GPS 和 GIS 技术

6.2.1 全球定位系统 GPS

1. 全球定位系统概述

全球定位系统(global positioning system,GPS)是美国于 20 世纪 70 年代开始研制的新一代卫星导航和定位系统,是继美国"阿波罗"登月飞船和航天飞机之后的第三大航天工程,耗资 200 亿美元,历时 20 年于 1994 年全面建成。GPS 可以对海、陆、空提供实时、全天候和全球性的导航定位、测速服务。由于该系统的定位精度高,对用户可以提供无偿服务,所以该系统很快就被用于汽车自定位、非军用内河和远洋船只的导航和调度、在途货物的信息收集和跟踪与控制管理等民用领域内。

2. GPS 系统的基本构成

GPS 是美国从 20 世纪 70 年代开始研制,历时 20 年,耗资 200 亿美元,于 1994 年全面建成,具有在海、陆、空进行全方位实时三维导航与定位能力的新一代卫星导航与定位系统。GPS 系统包括三大部分:空间部分——GPS 卫星星座,地面控制部分——地面监控系统,用户设备部分——GPS信号接收机。如图6-7所示。

图6-7　GPS卫星监控系统

（1）GPS工作卫星及其星座。由21颗工作卫星和3颗在轨备用卫星组成GPS卫星星座,记做(21+3)GPS星座。

（2）地面监控系统。对于导航定位来说,GPS卫星是一个动态已知点。卫星的位置是依据卫星发射的星历——描述卫星运动及其轨道的参数算得的。每颗GPS卫星所播发的星历,是由地面监控系统提供的。卫星上的各种设备是否正常工作,以及卫星是否一直沿着预定轨道运行,都要由地面设备进行监测和控制。

（3）信号接收系统。GPS信号接收机的任务是:能够捕获到按一定卫星高度截止角所选择的待测卫星的信号,并跟踪这些卫星的运行,对所接收到的GPS信号进行变换、放大和处理,以便测量出GPS信号从卫星到接收机天线的传播时间,解译出GPS卫星所发送的导航电文,实时地计算出测站的三维位置,甚至三维速度和时间。

3．GPS在现代物流中的应用

GPS的建立给导航和定位技术带来了巨大的变化,它从根本上解决了人类在地球上的导航和定位问题,可以满足不同用户的需要。

1）对舰船的作用

对舰船而言,它能在海上协同作战,在海洋交通管制、海洋测量、石油勘探、海洋捕鱼、浮标建立、管道铺设、浅滩测量、暗礁定位、海港领航等方面做出贡献。

2）对飞机的作用

对飞机而言,它可以在飞机进场、着陆、中途导航、飞机会合、空中加油、武器准确投掷及空中交通管制等方面进行服务。

3）用于陆地时的作用

在陆地上,可用于各种车辆、坦克、陆军部队、炮兵、空降兵和步兵等的定位,还可用于大地测量、摄影测量、野外调查和勘探的定位,甚至可以深入到每个人的生活中去,例如,用于汽车、旅行、探险、狩猎等方面。

4）用于空间技术时的作用

在空间技术方面，可以用于弹道导弹的引航和定位、空间飞行器的导航和定位等。

DGPS、WADGPS、LADGPS

DGPS 即差分 GPS(differential GPS)，就是把高精度的 GPS 接收机安装在位置准确测定的地点组成基站。WADGPS 即广域差分 GPS(wide area differential GPS)，不在地面设有基站，而只利用通信卫星，通过多个基站网络才发送生成的位置纠正信号。LADGPS 即局域差分 GPS(local area differential GPS)，是在局部区域内布设一个 GPS 差分网，网内由若干个差分 GPS 基准站组成，通常还包含至少一个监控站。

6.2.2 地理信息系统

地理信息系统(geographic information system，GIS)，是 20 世纪 60 年代开始迅速发展起来的地理学研究新成果，是多种学科交叉的产物，它以地理空间数据为基础，采用地理模型分析方法，适时地提供多种空间的和动态的地理信息，是一种为地理研究和服务的计算机技术系统。

1．GIS 的特征

(1) GIS 具有采集、管理、分析和输出地理空间信息的能力。

(2) GIS 以地理研究和地理决策为目的，以地理模型方法为手段，具有区域空间分析、多要素综合分析和动态预测能力，产生高层次的地理信息。

(3) 由计算机系统支持进行空间地理数据管理，并由计算机程序模拟常规的或专门的地学分析方法或模型，作用于空间数据，产生有用信息，完成人类难以完成的任务。

2．GIS 系统的组成

GIS 系统由计算机硬件、软件、地理数据、人员以及 GIS 模型组成。如图 6-8 所示。

(1) 计算机硬件设备是 GIS 系统的硬件环境，用于数据存储、处理、输入输出以及数据通信传输等。GIS 可以在很多类型的硬件设备上运行，从中央计算机、服务器到桌面 PC，从单机到网络环境等。数据存储设备有磁盘、磁带、光盘和硬盘等。

数据输入设备有数字化仪、扫描仪、测绘仪器、键盘、数码相机等，通过数字接口与计算机相连接。数据输出设备主要有绘图仪、打印机、图形终端等，以图形、图像、文件或报表等不同的形式来显示数据的分析结果。

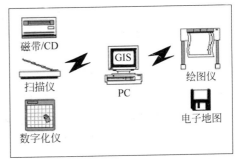

图 6-8 GIS 的硬件组成

GIS 需要与网络、网卡和其他网络专用设施连接,便于数据和分析结果的交流和传输。

(2) GIS 软件是指系统的软件环境,由计算机系统软件和 GIS 系统应用软件组成,负责执行系统的各项操作与分析功能,它构成了 GIS 的核心部分。在 GIS 软件环境中,除了计算机系统软件和基础软件外,还包含数据输入子系统、数据编辑子系统、空间数据库管理系统、空间查询与空间分析系统、数据输出子系统。这些软件系统支持接收用户的各项指令,运用程序实现人机交互,使 GIS 成为开放式的系统,其功能得到进一步的扩充。目前功能较为完善的国外软件有 ARC/INFO、MAPINFO、MICROSTATION、GENEMAP 等。

(3) 地理数据是 GIS 系统的重要管理内容,通过外业采集和从提供商处购得空间数据和属性数据,并与其他数据库互相连接,形成雄厚的地理数据基础。基本地理信息包括土地资源、森林资源、水资源、矿业资源、各级行政区服务和区域信息等数据。

(4) GIS 人员包括负责 GIS 系统研发人员和日常工作管理人员。GIS 系统实施和应用的质量高低取决于 GIS 人员的整体素质。

6.2.3 物流 GIS

1. 物流 GIS 应用原理

在物流信息管理中有相当多的内容都与地理因素有关,如仓库的选址、配送路线的选择等。在 GIS 数据库中,利用卫星和空间的照相将某一区域的地形地貌等基本信息扫描到计算机,或是将纸质地图扫描输入计算机并以网格的形式表示。再利用点来表示物流客户的所在位置,以线或多组线来表示公路网和铁路网,以多边形的各边表示仓库服务的区域边界等。利用 GIS 数据库中的地域网格,并将相关的数据、点、线和多边形调入,形成数字、图形、文字等地理和空间分布信息特征。一般而言,用户会购买专业数据提供商所提供的地图。

2. GIS 技术的应用

GIS 应用于物流分析,主要是指利用 GIS 强大的地理数据功能来完善物流分析技术。国外公司已经开发出利用 GIS 为物流分析提供专门的工具软件。完整的 GIS 物流分析软件,集成了车辆路线模型、最短路径模型、网络物流模型、分配集合模型和设施定位模型等。

(1) 车辆路线模型。用于解决一个起始点、多个终点的货物运输中,如何降低物流作业费用,并保证服务质量的问题。包括决定使用多少辆车,每辆车的行驶路线等。

(2) 最短路径模型。最短路径模型是图论研究中的一个经典算法问题,用于计算一个节点到其他所有节点的最短路径,旨在寻找运输网络图(由节点和路径组成的)中两节点之间的最短路径,找出货物运输中的关键路线,达到运输优化的目的。

(3) 网络物流模型。用于解决寻求最有效的分配货物路径问题,也就是物流网点布局问题。如,将货物从 N 个仓库运往到 M 个商店,每个商店都有固定的需求量,因此需要确定由哪个仓库提货送给哪个商店,使得运输代价最小。

(4) 分配集合模型。可以根据各个要素的相似点把同一层上的所有或部分要素分为几个组用以解决确定服务范围和销售市场范围等问题。如,某一公司要设立 X 个分销点,要求这些分销点要覆盖某一地区,而且要使每个分销点的顾客数目大致相等。

(5) 设施定位模型。用于确定一个或多个设施的位置。在物流系统中,仓库和运输线共同组成了物流网络,仓库处于网络的节点上,节点决定着线路,如何根据供求的实际需要并结合经济效益等原则,在既定区域内设立多少个仓库,每个仓库的位置,每个仓库的规模,以及仓库之间的物流关系等,运用此模型均能很容易地得到解决。

6.3 EOS 技术

6.3.1 电子订货系统的概述

1. EOS 的概念

EOS(electronic ordering system)即电子订货系统,是指企业间利用通信网络(VAN或因特网)和终端设备以在线连接(on-line)方式,进行订货作业和订货信息交换的系统。根据 EOS 所涵盖的范围来区分,可分成狭义的 EOS 与广义的 EOS。狭义的 EOS 是指零售商将订单传送到批发商、供应商为止的自动化订货系统;广义的 EOS 则是从零售点下单开始经批发商接单后,再经验货、对账、转账等步骤,完成所有商品交易动作为止。

EOS 可适用于企业内部、零售商和批发商之间,以及零售商、批发商和生产商之间建立的 EOS 系统。

2. EOS 的配备

(1) 计算机设备和附有数据机的通信设备,可以将手持式终端机(handy terminal,HT)的订货信息,通过数据机的转换,经由网络系统传递给供货商或总部。

(2) 应用的网络系统主要为 Internet 和 VAN。采用 Internet 可以在全球范围内传递订货信息,同时 Internet 网上的潜在供应商和零售商也可为货源和销售提供更多的机会,但是 Internet 的安全性和保密性制约了 EOS 的广泛应用。

商业增值网络(value added network,VAN)是用于转发和管理订货信息的增值服务提供者。基于此网络的 EOS 通过 EDI 方式来传递订货信息。VAN 可以分为地区 VAN 网络和专业 VAN 网络。VAN 网络不参与实际交易活动,只提供用户连接界面,具有信息存储功能、信息传递功能和加值功能。

(3) 其他配备包括订货簿、标签、电子订货书、手持终端机、扫描器等。

数字化配货(DPS)

数字化配货是指配货清单并不是书写在纸上而是由电脑来操作。数字化配货时,配货信息数据由终端输入并传送,在货架显示器上显示,作业者按照显示的信息进行配货。

数字化配货由于不要持着商品清单,所以能防止商品名和商品号的读错。另外,由于两手能自由使用,加快了作业的速度。

3. EOS 的特点

EOS 是商业企业内部,或许多零售商、批发商和供应商之间的整体运作系统,而不是单个企业或单个部门之间的系统;它是通过网络传递订货信息,信息传递及时准确;可以保证商品的及时供应,加速资金的周转。其特点如下。

(1) 可以缩短订货期和交货期,减少商品订单的出错率,节省人工费。

(2) 有利于减少企业的库存水平,提高企业的库存管理效率,同时也能防止商品特别是畅销商品缺货现象的出现。

(3) 对于生产厂家和批发商来说,通过分析零售商的商品订货信息,能准确判断畅销商品和滞销商品,有利于企业调整商品生产和销售计划。

(4) 有利于提高企业物流信息系统的效率,使各个业务信息子系统之间的数据交换更加便利和迅速,丰富企业的经营信息。

6.3.2 EOS 工作方式

电子订货的作业方式主要有三种。

1. 利用商品标签,用扫描器和手持终端机进行订货信息的发送

订货工作人员携带订货簿和手持终端机对仓库或货架中的商品进行检查,如发现某种商品缺货时,用扫描器扫描订货簿上或货架上的标签,将需要补货的数量输入手持终端机,并把订货信息发送给总部或供应商,完成订货需求。

2. 利用销售时点管理系统进行电子订货

销售时点(point of sale,POS)管理系统是指在销售商品时通过自动读取设备获得商品的销售信息,并通过计算机和网络将销售信息传送到后台计算机进行分析加工以提高经营效率的管理系统。也就是在顾客购买商品付账时,收银员用扫描器读取商品上的条形码或标签上的信息,这些信息包括品名、型号、单价、销售数量、金额、销售店铺等,并经确认后以在线的方式通过 VAN 即时传送给总部或配送中心,总部或配送中心根据各店发来的销售信息完成库存调整、订货和配送等作业。POS 系统主要适用于零售、物流、金融、旅馆等服务性行业。

3. 利用订货应用系统进行电子订货作业

订货应用系统产生的订货信息,通过订单处理系统处理之后,迅速传递出去。

电子订货系统(electronic ordering system)

EOS 系统是电子订货系统(electronic ordering system)的简称,是指将批发、零售商场所发生的订货数据输入计算机,即通过计算机通信网络连接的方式将资料传送至总公司、批发商、商品供货商或制造商处。因此,EOS 能处理从新商品资料的说明直到会计结算等所有商品交易过程中的作业,可以说 EOS 涵盖了整个物流。在寸土寸金的情况下,零售业已没有许多空间用于存放货物,在要求供货商及时补足售出商品的数量且不能有缺货的前提下,更必须采用 EOS 系统。EOS 因内含了许多先进的管理手段,因此在国际上使用非常广泛,并且越来越受到商业界的青睐。

6.3.3 EOS 组成及作业流程

1. EOS 组成

从 EOS 结构上看,包括订货系统、通信网络系统和接单系统三大部分。

(1) 在零售店的终端利用条码阅读器获取准备采购的商品条码,并在终端机上输入订货材料。

(2) 利用电话线通过调制解调器传到批发商的计算机中。

(3) 批发商开出提货传票,并根据传票,同时开出拣货单,实施拣货,然后依据送货传票进行商品发货。

(4) 送货传票上的资料便成为零售商的应付账款资料及批发商的应收账款资料,并接到应收账款的系统中去。

(5) 零售商对送到的货物进行检验后,便可以陈列与销售了。

2. EOS 的作业过程

1) 销售订货作业过程

EOS 销售订货业务的流程如图 6-9 所示。

(1) 各批发、零售商或社会网点根据自己的销售情况,确定所需货物的品种、数量,同体系商场根据实际网络情况,把补货需求通过增值网络中心,或通过实时网络系统发送给总公司业务部门;不同体系的商场或社会网点通过商业增值网络中心发出 EOS 订货需求。

(2) 商业增值网络中心将收到的补货、订货需求资料发送至总公司业务管理部门。

(3) 业务管理部门对收到的数据汇总处理后,通过商业增值网络中心向不同体系的商场或社会网点发送批发订单确认。

(4) 不同体系的商场或社会网点从商业增值网络中心接收到批发订单确认信息。

(5) 业务管理部门根据库存情况通过商业增值网络中心或实时网络系统向仓储中心发出配送通知。

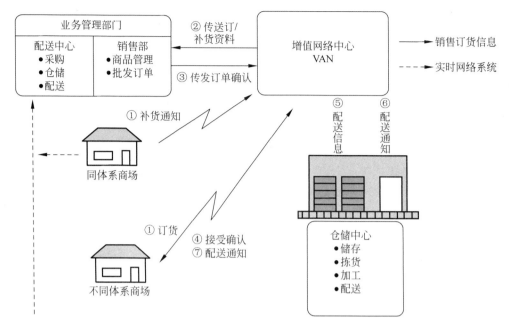

图 6-9 销售订货业务的流程

（6）仓储中心根据接收到的配送通知安排商品配送，并将配送通知通过商业增值网络中心传送到客户。

（7）不同体系的商场或社会网点，从商业增值网络中心接收到仓储中心对批发订单的配送通知。

（8）各批发商、零售商、仓储中心根据实际网络情况，将每天进出货物的情况通过增值网络中心或通过实时网络系统，报送总公司业务管理部门，让业务部及时掌握商品库存数量，以确定合理库存；并根据商品流转情况，做好调整商品结构等工作。

上述八个步骤组成了一个基本的电子批发、订货流程，通过这个流程，将某店与同体系商场（某店中非独立核算单位）、不同体系商场（某店中独立核算单位）和社会网点之间的商流、信息流结合在了一起。

2）采购订货作业过程

采购订货业务的流程如图 6-10 所示。

（1）业务管理部门根据仓储中心商品库存情况，向指定的供货商发出商品采购订单。

（2）商业增值网络中心将总公司业务管理部发出的采购单发送至指定的供货商处。

（3）指定的供货商在收到采购订货单后，根据订单的要求通过商业增值网络中心对采购订单加以确认。

（4）商业增值网络中心将供货商发来的采购订单确认发送至业务管理部门。

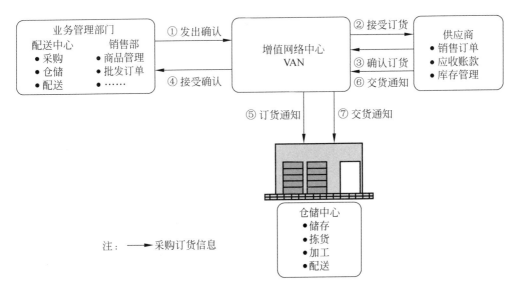

图 6-10 采购订货业务的流程

6.3.4 实施 EOS 系统的要求——标准化、网络化

要实施 EOS 系统,必须做一系列的标准化准备工作。以日本 EOS 的发展为例,从 20 世纪 70 年代起即开始了包括对代码、传票、通信及网络传输的标准化研究,如商品的统一代码、企业的统一代码、传票的标准格式、通信程序的标准格式以及网络资料交换的标准格式等。

在日本,许多中小零售商、批发商在各地设立了地区性的 VAN 网络,即成立区域性的 VAN 营运公司和地区性的咨询处理公司,为本地区的零售业服务,支持本地区的 EOS 系统的运行。在贸易流通中,常常是按商品的性质划分专业的,如食品、医药品、玩具、衣料等,因此形成了各个不同的专业。1975 年,日本各专业为了流通现代化的目标,分别制定了自己的标准,形成专业 VAN。目前已提供服务的有食品、日用杂品、医药品等专业。电子订货系统网络应用如图 6-11 所示。

EOS 系统在日本应用已相当普及,目前已有日用杂品、家庭用品、水果、医药品、玩具、运动用品、眼镜钟表、成衣八个专业网络的用户。用户可通过自己商店内标准的零售店终端机向网内的批发商订货,订货的依据就是统一的通用商品条形码,这个商品条形码可以直接从商品上通过条形码的扫描而获得,既快速又准确无误。

由于 EOS 系统给贸易伙伴带来了巨大的经济效益和社会效益,专业化的网络和地区网络在逐步扩大和完善,交换的信息内容和服务项目都在不断增加,EOS 系统正趋于系统化、社会化、标准化和国际化。

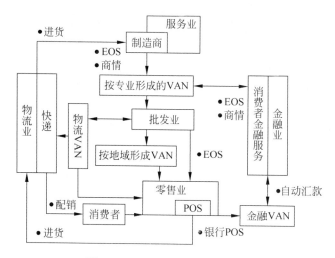

图 6-11 电子订货系统网络应用

库存处理的新方法

在 B to B 交易的电子市场上,也有为处理库存而进行的交易。在一般情况下,卖剩的库存商品很难处理,但企业可以通过网络在对方不知情的情况下对这些商品进行推销。企业可以利用因特网的匿名性开展各种销售活动,从而有效地减少仓库中各类商品的积压。总之,网络也将成为企业处理库存物品的最有效方式之一。

6.3.5 EOS 系统的效益

EOS 系统的效益可以从给零售业和批发业带来的好处中明显看出。

1. EOS 系统给零售业带来的好处

EOS 系统给零售业带来的好处如下。

(1) 压低库存量。零售业可以通过 EOS 系统将商店所陈列的商品数量缩小到最小的限度,以便使有限的空间能陈列更多种类的商品,即使是销量较大的商品也无须很大库房存放,可压低库存量,甚至做到无库存。商店工作人员在固定时间去巡视陈列架,将需补足的商品以最小的数量订购,在当天或隔天即可到货,不必一次订购很多。

(2) 减少交货失误。EOS 系统是根据通用商品条形码来订货的,可做到准确无误。批发商将详细的订购资料用计算机处理,可以减少交货失误,迅速补充库存,若能避免交错商品或数量不足,那么,把对商品的检验由交货者来完成是十分可取的,零售商店只做抽样检验即可。

(3) 改善订货业务。由于实施 EOS 系统,操作十分方便,任何人都可正确迅速地完成订货业务,并根据 EOS 系统获得大量的有用信息。如订购的控制、批发订购的趋势、紧俏商品的趋势、其他信息等。若能将订货业务管理规范化,再根据 EOS 系统就可更加迅速准确地完成订货业务。

(4) 建立商店综合管理系统。以 EOS 系统为中心确立商店的商品文件,商品货架系统管理,商品货架位置管理,进货价格管理等,便可实施商店综合管理系统。如将所订购的商品资料存入计算机,再依据交货传票,修正订购与实际交货的出入部分,进行进货管理分析,可确定应付账款的管理系统;而批发业运用零售商店中商品的货架标签来发行,也可据此提供商品咨询等,大大改善了交货体系。

2. EOS 系统给批发业带来的好处

EOS 系统给批发业带来的好处如下。

(1) 提高服务质量。EOS 系统满足了顾客对某种商品少量、多次的要求,缩短交货时间,能迅速、准确和廉价地出货、交货。EOS 系统提供准确无误的订货,因此减少了交错商品,减少了退货。计算机的库存管理系统可以正确、及时地将订单输入,并因出货资料的输入而达到正确的管理,从而减少了缺货现象的出现,增加商品品种,为顾客提供商品咨询。由于共同使用 EOS 系统,零售业和批发业建立了良好的关系,做到业务上相互支持,相辅相成。

(2) 建立高效的物流体系。EOS 系统的责任制避免了退货、缺货现象,缩短了交货时的检验时间,可大幅度提高送货派车的效率,降低物流的成本,同时,可使批发业内部的各种管理系统化、规范化,大幅度降低批发业的成本。

(3) 提高工作效率。实施 EOS 系统可以减轻体力劳动,减少事务性工作,减少以前专门派人去收订购单、登记、汇总等繁杂的手工劳动。以前三小时至半天的手工工作量,现在实施 EOS 系统后,10 分钟即可完成。通常退货处理要比一般订货处理多花五倍的工时,实施 EOS 系统后,避免了退货,减少了繁杂的事务性工作。

(4) 销售管理系统化。EOS 系统使得销售管理系统化、一体化,大大提高了企业的经济效益。

6.4 仓储管理信息系统

6.4.1 仓储管理信息系统概述

1. 概念

仓储管理信息系统(warehouse management system,WMS)是用于管理仓库中货品、空间资源、人力资源、设备资源等在仓库中的活动软件实施工具,对货品的进货、检验、上架、出货及转仓、转储、盘点及其他库内作业的管理系统。

2．WMS 的核心业务流程

（1）入库流程。首先由客户发来入库通知单，入库通知单主要包括以下几项：客户、入库时间、入库货位号、入库产品的品种、质量、数量（件数、重量）、金额、检验员签字、申请人签字、成品库库房主管签字等。

根据入库通知单，由检验员对货品检验签字后，并由库房人员核实入库数量、登记，库房主管签字。货品上架确认后，生成入库单。

（2）出库流程。出库流程根据客户出货计划、核对出库凭证、备货、复核等环节。货品出库的方式主要有三种：客户自提、委托发货、公司送货。第一种客户自提，是客户自己派人或派车来公司的库房提货。第二种是委托第三方物流运输公司提供送货服务。第三种是仓储企业派自己的货车，给客户送货的一种出库方式。

无论采用哪种出货方式，都要填写出库单。出库单主要包含以下几项内容：客户名称、发货时间、出库品种、出库数量、金额、出库方式选择、运算结算方式、提货人签字、成品库主管签字等。

（3）库内管理。库内管理主要包括对转库、转储、盘点及对货品数量的管理。对货品的保质期、最高库存、最低库存的管理等。

3．WMS 的功能

仓库管理系统有计划和执行两个功能。计划功能包括订货管理、运送计划、员工管理和仓库面积管理等。执行功能包括进货接收、分拣配货、发货运送等。在供应链管理中，仓库管理系统技术的作用表现为配货、发货运送等。在供应链管理中，仓库管理系统技术的作用表现在以下两个方面：一是减少库存水平方面的作用，二是与供应链互动所产生的作用。

1）WMS 的计划功能

订货管理是顾客订货和顾客询问的窗口。通过使用 WMS 技术可以登录和维护顾客订货。当收到订货或询问时，订货管理就存取所需要的信息，编辑适当的计算结果，然后对保留的可接受的订货进行处理。订货管理还能提供有关存货可行性的信息和交付日期，以获悉和确认顾客的期望。订货管理，连同顾客服务代表一起，形成了顾客和企业物流信息系统之间最基本的界面。

运送作业结合 WMS 技术来指导配送中心的实际活动，其中包括物料搬运以及储存和订货选择等。

在批量作业环境下，通过 WMS 技术开出一份指示清单或任务清单，来指导仓库内的每一位物料搬运人员。在实时作业环境下，运用诸如条形码、无线电射频通信，以及自动搬运设备等信息导向技术交互作业，以缩短决策和行动之间的时间。

当综合物流变成现实时，单一作业组织结构中集中功能的压力就减小了。随着信息网络的出现，正式分组已变得越来越不重要。人员组织被信息技术逐步分化，形成一种扁平结构时,信息技术就达到了指导组织结构调整的目的。同样,WMS技术在规划仓库库容管理和搬运装卸的组织计划等方面,都有十分重要的指导意义。

2) WMS的执行功能

对于厂商或批发商来讲,尽管以前物流中心都分散建立在经营场所附近,但随着近年来制造业和流通业物流活动的广泛开展,物流中心越来越具有集约化、综合化的倾向。在这类物流中心里,伴随着订发货业务的开展,物资检验作业也在集约化的物流中心内进行。条形码的广泛普及以及便携式终端性能的不断提高,使得物流作业效率得到大幅提高。在客户订货信息的基础上,在进货物资上要求贴附条形码,物资进入中心时用扫描仪读取条形码信息以检验物资;或在企业发货信息的基础上,在检验发货物资时同时加贴条形码,这样企业的仓库保管以及发货业务都在条形码管理的基础上进行。

随着零售企业的不断崛起,不少大型零售企业都建立了自己的配送中心,由自己的配送中心将物资直接运送到本企业的各分店或店铺。采用这种配送形态的企业,一般都在物资上贴附含有配送对象店铺名称的条形码,从而在保证物资检验作业合理化的同时,实现企业配送作业的高效化。

利用WMS技术可以事先做好销售账单、发货票等单据的制作和发送工作。即使批发商自己进行物资分拣再按订货要求配送,也都采取这种办法。与此同时,将备货清单传送到用户指定的店铺。备货作业按照不同的配送用户在物资上贴附条形码,分拣时只要用扫描装置读取条形码,便能自动按不同的配送场所进行分拣。

4. WMS在库存管理中的作用

WMS技术能精确地反映当前状况和定期活动,衡定存货水平。平稳的物流作业要求存货信息的精确度最好在99%以上。当实际存货和信息系统存货之间一致性较低时,就有必要采取缓冲存货或安全存货的方式来适应这种不确定性。

WMS技术能及时提供快速的管理反馈。这种及时是指活动发生后,其数据能立即在信息系统中体现出来。例如,在某些情况下,系统要花费几个小时或几天才能将一个新订货看作为实际需求,因此该订货就不会直接进入目前的需求数据库。结果,在认识实际需求量时就出现了耽搁,这种耽搁会使计划制订的有效性降低,而使存货量增加。

"及时性"的另一个含义是指产品从"在制品"进入"制成品"状态时存货量的更新。尽管实际存在着连续的产品流,但是,信息系统的存货状况也许是按每小时、每工班或每天进行更新的。显然,实际更新或立即更新更具及时性,但是它们也会增加记账工作量。编制条形码、扫描和EDI有助于及时而有效地记录。

及时的管理控制是在还有时间采取正确的行动或使损失减少到最低程度的时候提供信息的。概括地说,及时的信息减少了不确定性并识别了种种问题,于是减少了存货量,增加了决策的精确性。此外WMS还有如下作用。

(1) 为仓储作业全过程提供自动化和全面记录的途径。
(2) 实现仓库随机储存,最大限度地利用库容。
(3) 提高发货的质量和准确性,减少断档和退货,提高顾客满意度。
(4) 为仓库的所有活动、资源和仓储管理提供即时的正确信息。

6.4.2 WMS 的构成

仓储管理信息系统主要由入库管理子系统、出库管理子系统、数据管理子系统、系统管理子系统四部分组成。如表 6-1 所示。

表 6-1 WMS 的构成

WMS(wareouse management system)	入库管理子系统		1. 入库单处理(录入或转化); 2. 条形码管理; 3. 物资托盘化和标准化(录入); 4. 货位分配及入库指令发出; 5. 货位调整; 6. 入库确认; 7. 入库单据管理
	出库管理子系统		1. 出库单管理(录入); 2. 拣货单生成及出库指令发出; 3. 容错处理; 4. 出库确认; 5. 出库单据打印
	数据管理子系统	1. 库存管理	(1) 货位管理; (2) 物资编码查询; (3) 入库时间查询; (4) 盘点管理
		2. 数据管理	(1) 物资编码管理; (2) 安全库存量管理; (3) 供应商数据管理; (4) 使用部门管理; (5) 未被确认操作的查询和处理; (6) 数据库与实际不符记录的查询和处理
	系统管理子系统		1. 系统管理设置; 2. 数据库备份; 3. 系统通信管理; 4. 系统使用管理

1. 入库管理子系统

1) 入库单处理(录入)

入库单可包含多份入库分单,每份入库分单可包含多份托盘数据。入库单的基本结构是每个托盘上放一种货物,因为这样会使仓储的效率更高、流程更清晰。

2) 条形码管理

条形码管理的目的仅是避免条形码的重复,以使仓库内的每一个托盘货物的条形码都是唯一的。

3) 物资托盘化和标准化(录入)

入库单的库存管理系统可支持大批量的一次性到货。该管理系统的运作过程是:批量到货后,首先要分别装盘,然后进行托盘数据的登录注记。所谓托盘数据,是指对每个托盘货物分别给予一个条形码标识,登录注记是将每个托盘上装载的货物种类、数量、入库单号、供应商、使用部门等信息与该唯一的条形码标识联系起来。注记完成后,条形码标识即成为一个在库管理的关键,可以通过扫描该条形码得到该盘货物的相关库存信息及动作状态信息。

4) 货位分配及入库指令的发出

托盘资料注记完成后,该托盘即进入待入库状态,系统将自动根据存储规则(如货架使用区域的区分)为每一个托盘分配一个适当的空货位,手持终端发出入库操作的要求。

5) 占用的货位重新分配

当所分配的货位实际已有货时,系统会指出新的可用货位,通过手持终端指挥完成操作。

6) 入库成功确认

从注记完成至手持终端返回入库成功的确认信息前,该托盘的货物始终处于入库状态。到收到确认信息,系统才会把该托盘货物状态改为正常库存,并相应地更改数据库的相关记录。

7) 入库单据打印

以上各项作业完成后,打印实际收货入库单。

2. 出库管理子系统

1) 出库单管理

出库单管理是指制作出库单的操作。每份出库单可包括多种、多数量货物,出库单分为出库单和出库分单,均由手工输入生成。

2) 拣货单生成及出库指令发出

系统可根据出库内容按一定规律(如先进先出、就近等),具体到托盘及货位,生成拣货单,并发出出库指令。

3) 容错处理

当操作者通过取货位置扫描图确认物资时,如果发现物资错误或实际无货,只要将信息反馈给系统,系统就会自动生成下一个取货位置,指挥完成操作。

4) 出库确认

手持终端确认货物无误后,发出确认信息,该托盘物资即进入出库运行中的状态。在出库区终端确认出库成功后,即可读取数据库中的托盘条形码,并修改相应数据库的记录。

5) 出库单据打印

以上各项作业完成后,打印与托盘相对应的出库单据。

3. 数据管理子系统

1) 存库管理

(1) 货位管理、查询货位使用情况(空、占用、故障等)。

(2) 物资编码查询:查询某种物资的库存情况。

(3) 入库时间查询:查询以日为单位的在库情况。

(4) 盘点管理:进入盘点状况,实现全库盘点。

2) 数据管理

(1) 物资编码管理:提供与货物编码相关的信息的输入界面,包括编码、名称、所属部门、单位等的输入界面。

(2) 安全库存量管理:提供具体到某种物资的最大库存、最小库存的参数设置,从而实现库存量的监控预警。

(3) 供应商数据管理:录入供应商编号、名称、联系方法,供入库单使用。

(4) 使用部门数据管理:录入使用部门、编号、名称等,供出库单、入库单使用。

(5) 未被确认操作的查询和处理:提供未被确认操作的查询,逐条核对处理功能。

(6) 数据库与实际不符记录的查询和处理:逐条提供选择,决定是否更改为实际记录或手工输入记录。

4. 系统管理子系统

1) 系统管理设置

使用者名称、代码、密码、可使用程序模块的选择。

2) 数据库备份

提供存储过程,每日定时备份数据库或日志。

3) 系统通信管理

若系统有无线通信部分,应提供对通信的开始和关闭操作功能。

4) 系统使用管理

提供系统登录和退出界面的相关信息。

6.4.3 WMS 的操作流程

仓库管理系统最重要的操作流程应该是入库和出库操作流程。

1. 入库操作流程

入库操作流程框见图 6-12 所示。它包括：卸货作业、验商品条形码、商品点验作业和搬运作业，最终将商品从卸货地点搬运到存储地点。

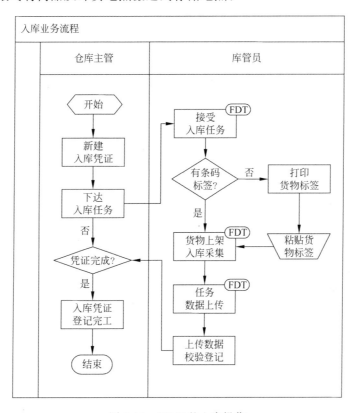

图 6-12 WMS 的入库操作

入库后，首先生成入库单，每份入库单可包含多种货物，按货物不同，又将入库单分成入库分单。此时，装盘完毕，在经人工预检认为外观尺寸等合格的托盘上贴以条码标识，通过扫描托盘条码标识（或人工键入），确认货物种类和数量的输入后，即完成托盘条码与所载货物信息的注识，即入库数据登录注记。

此时，该托盘货物即进入"待入库状态"，注记完成的货物托盘所处的状态会一直被管理系统跟踪和监控，直至出库成功取消该注记为止。

注记完成的货物托盘由管理系统分配一个目标储存货位，同时，该操作需求被发送到手持终端,手持终端接受需求,扫描托盘条码,即可得到该托盘的目标操作货位和货物信息。然后,根据手持终端指示,由操作人员驾驶堆垛机行驶至目的货位。如果一切正常,操作人员将用手持终端扫描确认目标货位,操作成功后进行确认反馈,管理系统收到操作成功确认后,即修改数据库相关记录,最终完成一次入库操作。

如果目的货位已有货物,手持终端将扫描现有货物条码,并发送给管理系统。管理系统将该异常情况记入数据库,并生成一个新的推荐目标货位,指挥重新开始操作,直至成功完成本次操作。

2．库内作业流程

入库作业完成后,将进入库内管理阶段,库内管理的主要作业活动包括储位分配、移库、盘点、补货等。其中,储位分配是库内作业及仓储管理的必要环节。如图 6-13 所示。

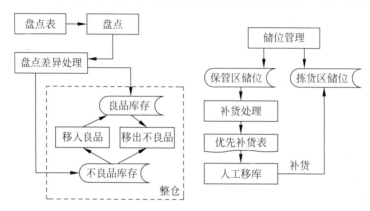

图 6-13　库内管理

1) 储位分配、移库

储位分配是指根据已确定的商品分类保管方案、仓容定额,规划和确定库房和货场的货位摆放形式。移库指不改变货物的所有权,不改变货物的存货性质,只是改变它的存放地点。库内保管的主要内容见表 6-2。

表 6-2　库内保管的主要内容

内　　容	作业说明与相关信息
商品查询	商品代码、商品名称、库存数量、仓库地点、商品价格
储存保养	采用商品储存保养的策略和一般原则,将商品安排存放在适当的场所和位置,并为商品提供良好的保管条件和环境
补货	一是接收入库商品,二是在考虑库存量、保管空间、最低库存、最高库存、出库计划的基础上,计算补货量并进行补货作业管理
盘点	对库存货物进行清查,清点数量、检查质量,并在盘点表上进行登记

2）补货

补货可以分为定期补货和紧急补货。定期补货是根据安全库存量对库内储存的货物进行补充。紧急补货是以预订出库的数量为基准，当进行货物的分配时，拣货区出现不足，由存储库区给予紧急补充。补货管理涉及的较为详细的信息如表6-3所示。

表6-3 补货管理详细信息

补货方案

补货方案代码	订货期	货物名称	采购数量	采购价格	供货商代码	决策依据	备注

库存状况

货物储存号	仓库号	货区号	货位号	入库单号	入库日期	合同号	货位空间利用率	备注
货物号	货物数量	货物体积	货物重量	货物安全等级	供应商代码	储存有效期		

供货商信息

供货商代码	供货商名	地址	邮编	电话	传真	E-mail	开户行	账号	备注

货物信息

货物代码	货物名称	规格	型号	计量单位	质量技术标准	备注

3）盘点

盘点的目的是为了正确地掌握库存货物。盘点的方法有多种，从财务上看，期末和期初为了确定资产，要进行库存盘点。从管理上看，盘点的做法也有多种选择，例如，进行商品销售的 ABC 分析，对 A 商品正确地掌握计算机系统的库存，为了减少库存错误，盘点的周期应该较短；C 商品库存变动趋于稳定，则盘点的周期应该较长，以减少额外作业负担；考虑到盘点作业的效率，可以对每一个货区在一定时间间隔进行盘点，这种方法称为循环盘点法。

为了减轻盘点负担，应灵活借助于库存数据库的信息进行盘点。在计算机系统中，如果用库存数据库对仓库和不同货架存储的货物进行盘点，需要事先输出盘点清单，并交给作业人员。作业人员根据盘点清单登记库存数量，以减少盘点时间。此外，还可采用手持式条码数据终端来提高盘点的效率和准确性，即通过条码表示各个货架的编号，将计算机系统中掌握的每个货架上的货物事先下载到该条码数据终端中，盘点时用该条码数据终端扫描货架的编号，再输入表示该货物的盘点数。

3. 出库操作流程

1) 出库管理

出库作业包括申报仓储计划、核对出库凭证、备货、复核等环节。货物出库的方式主要有三种：客户自提、委托发货、公司送货。第一种：客户自提，是客户自己派人或派车来公司的库房来提货。第二种：委托发货，自己去提货有困难的客户，会委托第三方物流公司提供送货服务。第三种：是仓储企业派自己的货车，给客户送货的一种出库方式。

接驳式转运

接驳式转运指产品大量运入，并马上进行分解，以无误的种类和数量进行混合，再运输给客户。因而，从理论角度来看，产品从未进入过仓库。例如，一家负责处理汉斯牌（Hanes）产品的库存公司，将商品贴上标签，放置在吊架上，并装入箱中运往沃尔玛的各个分店，来补充那些已经卖出去的商品。拖车到达沃尔玛的配送中心后，产品从接驳式站台上用卡车运往各个分店，到了商店打开箱子，再将这些商品摆放在陈列支架上。可以看出，接驳式转运力图缩短产品的存储时间，在这里，库存实际上是一个配送混合中心。

无论采用哪种出货方式，都要填写出库单，出库单主要包含以下项目：发货部门名称、发货时间、出库品种、出库数量、金额、出库方式选择、运算结算方式、提货人签字、成品库主管签字等，如表6-4所示。

表6-4 出 库 单

发货部门名称		出库日期	
产品品种	产品数量	金额	备注
出库方式选择：	1.客户自提	2.委托发货	3.公司送货
运费结算方式：	1.公司代垫运费	2.货到付款	
提货人签字：		成品库主管签字：	

出库单也是一式四份，第一联：存根；第二联：成品库留存；第三联：财务核算；第四联：提单，提货人留存。提货的车到达仓库后，出示出库单据，在库房人员协调下，按指定的货位、品种、数量搬运货物装到车上。保管人员做好出库质量管理，严防撒漏、破损，做好数量记录，检斤人员做好数量、重量记录，制作出库检斤表，由复核人员核实品种、数量和提单，制作出仓库出门条。出库时交出库门卫，核实后放行。

2) 出库操作流程

出库操作流程见图6-14。

出库流程始于出库单的生成，接着管理系统将根据出库单内容以一定规律（先入先出等）生成出库品项和内容，即出库货位和货位信息。手持终端接到操作目的货位信息后，

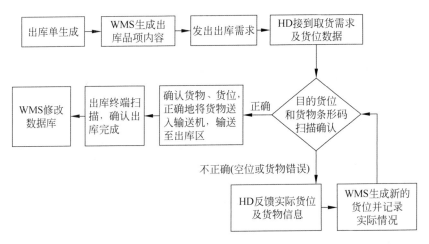

图 6-14　WMS 的出库操作

还须由操作人员驾驶堆垛机驶至目的货位，扫描确认货位货物信息。经确认无误，操作人员即取出货物并送至待出库区。此时货物的状态为"位于待出库区"。最终由出货终端扫描确认后，发送操作完成确认信息给系统。管理系统收到此确认信息才修改数据库的相关记录。

如果堆垛机驶至取货货位，扫描确认发现异常时（空货位或货物错误），手持终端即将此信息发送给管理系统，管理系统将该异常情况记入数据库并生成一个新的推荐货位，指挥重新开始操作，直至成功完成此操作。

复 习 思 考

一、填空题

1. 条形码技术（bar code，简称条码）最早出现在（　　），是实现物流信息的自动采集与输入的重要技术。
2. 条形码是由一组规则排列的条、空及相应字符组成的用以表示一定信息的（　　）。
3. 一组完整的条形码依次由（　　）、（　　）、（　　）、（　　）、（　　）组成。
4. 射频（radio frequency，RF）技术是一种无线电通信技术，具有不局限于（　　）、（　　）、（　　）的优点。
5. （　　），是一种在公司与公司之间传输订单、发票等商业文件的电子化手段。

二、判断题

1. 起始符是所要传递的主要信息，是条形码的核心部分。（　　）

2. 数据符是最后一个字符，标志一组条形码的结束。（   ）

3. 射频识别的距离可达几十厘米至几米，根据读写方式的不同，可输入数千字节的信息，而且保密性好。（   ）

4. IC 卡具有独立的运算和存储能力，数据安全性和保密性好，但价格稍高。（   ）

5. POS 系统的运行由三个步骤组成。（   ）

6. EDI 系统由 EDI 的标准、EDI 的软件和 EDI 的硬件三部分构成。（   ）

7. EDI 的软件部分主要是指转换软件、翻译软件和通信软件。（   ）

8. EDI 的通信方式有多种，如点对点方式、增值网络方式、报文处理系统和 Internet 等方式。（   ）

9. EOS 可适用于企业内部、零售商和批发商之间，以及零售商、批发商和生产商之间建立的 EOS 系统。（   ）

10. 仓储管理信息系统主要由入库管理子系统、出库管理子系统、数据管理子系统三部分组成。（   ）

三、单项选择题

1. 条码中的条、空通常是深浅不同、（   ）的黑、白两色，以满足一定光学对比度要求，其中"条"对光线反射率较低，而"空"对光线反射率较高。
   A. 粗细不同   B. 粗细相同   C. 颜色不同   D. 颜色相同

2. （   ）自动识别系统是由扫描器（阅读器）、译码器、计算机等硬件系统和系统软件、应用软件等软件系统组成。
   A. 条形码   B. 射频   C. IC 卡   D. POS

3. （   ）技术已广泛应用到 EAS 系统、便携式数据采集系统、网络系统和定位系统中。
   A. 条形码   B. IC 卡   C. 射频   D. POS

4. （   ）系统是信息采集的基础系统，是整个商品交易活动或物流活动的信息传输的最基本的环节。
   A. 条形码   B. IC 卡   C. 射频   D. POS

5. （   ）包含了三个方面的内容，即计算机应用、通信网络和数据标准化。
   A. EDI   B. POS   C. 条形码   D. EOS

6. GPS 工作卫星及其星座。由（   ）颗工作卫星和 3 颗在轨备用卫星组成 GPS 卫星星座。
   A. 20   B. 21   C. 22   D. 23

7. （   ）系统由计算机硬件、软件、地理数据、人员以及 GIS 模型组成。
   A. EDI   B. POS   C. GIS   D. GPS

8. 从（   ）结构上看，包括订货系统、通信网络系统和接单系统三大部分。

A. EDI　　　　　　B. POS　　　　　　C. 条形码　　　　　D. EOS

9. WMS 系统具有 WMS 的计划功能和（　　）。

　　A. WMS 的执行功能　　　　　　B. WMS 的决策功能

　　C. WMS 的备货功能　　　　　　D. WMS 的分拣功能

10. （　　）的目的是为了正确地掌握库存货物。

　　A. 盘点　　　　B. 分拣　　　　C. 补货　　　　D. 出库

四、简答题

1. 名词解释

条码　POS　EDI　射频　GPS　GIS　EOS

2. 简述条码的构成。

3. 简述条码在仓储管理中的作用。

4. 简述 EDI 工作原理。

5. 简述 EDI 的作用。

6. 简述 EOS 工作原理。

7. GIS 系统能解决哪些问题？

8. 应用 EOS 的注意事项是什么？

9. 实施 EOS 所带来的主要优势有哪些？

10. WMS 系统有哪些功能？采用 WMS 系统有哪些好处？

五、案例分析

保时捷公司采用 WMS 获得准时信息

保时捷在北美市场中内华达州的利诺有一个部件仓库。这个仓库设施存储价值共计 1800 万美元的部件存货，大约是 35 000 个存储单元，每天大约平均需要履行 500 个订单。除了标准的维修物品如过滤器和垫圈之外，仓库中还存有发动部件、电器系统、传输器和离合器。

大部分的部件直接从德国通过海运运到西海岸，接着用卡车运输至内华达州的分拣中心。作为一项规则，部件分别在德国包装，再集中装到更大运输集装箱中以便于海洋运输。当保时捷的管理人员开始寻找可以提高零售商部件服务水平的方法时，他们便快速得出这样的结论：仓库管理系统（WMS）软件不仅可以提供关于分销中心中存储部件的更加精确的信息，而且避免了对书面记录的需求。除了软件之外，公司还安装了射频数据收集（RFDC）系统，可以实时处理存货控制。当工人在接收地区检验条形码时，信息已经通过电波传给了仓库中负责部件记录的计算机。

WMS 和 RF 系统一起加速了部件接收的流程。过去，保时捷运一批货需要 10 天，现在仅需要 3 天，几乎可以同步获取零件来满足订单。软件的应用不仅是提供存货状态的可视性，它还在部件接收和运输中提高了汽车制造商的准确性。这意味着保时捷可以给销售商提供部件的实时的可得性信息。结果,它减少了运输差错率,减少了销售损失,仓库吞吐量也提高了 17%。

(资料来源:http://www.examw.com/wuliu/anli/资料引用经笔者修改)

讨论

1. WMS 功能有哪些?
2. 开发 WMS 有什么好处?

第 7 章

仓储成本管理与控制

【学习目标】

通过本章学习了解物流仓储成本的构成,掌握仓储成本的计算方法、存货数量的盘存方法、仓储成本分析与控制方法。掌握降低仓储成本的措施、降低库存的策略、库存合理化措施、定量订货法与定期订货法的原理、实现零库存的措施、MRP 运行的步骤、VMI 与 JMI 的实施;能够进行定量订货法、定期订货法、MRP 的计算。

【本章要点】

本章主要介绍降低仓储成本的措施、降低库存的策略、库存合理化措施、定量订货法与定期订货法的原理、MRP、VMI 与 JMI。

戴尔库存战略

"IT 企业应是物流管理效率最高的整体。但迄今,戴尔以外的 IT 企业客户,除了在我们这里放有托管原料外,还要在自己的工厂中存放 2~4 天的安全库存,"作为戴尔原料的提供商,柏灵顿公司的孙炳坤经理说:"唯有戴尔,在工厂中没有安全库存,完全是真正的零库存概念,这是近 30 年来在全球 123 个国家遇到的第一个真正的零库存的企业。"

如果计算从工厂生产和发货到客户桌面之前的时间,戴尔的平均库存周期是 4 天,传统企业的库存周期维持在 30~60 天是很正常的,4 天的库存周期已经等于零库存的底线。

当产品最终投放市场时,物流配送优势(物流效率)就可转变成 2‰~3‰的产品优势,竞争力的强弱不言而喻。

戴尔产品 90%的零部件是通过网络采购的。在最近的几年里,生产流程中的工艺已经削减了一半,以信息代替存货,即要求供应商提供准确、充分、迅速的信息,从而努力减少存货。

(资料来源:http://www.examw.com/wuliu/anli/资料引用经笔者修改)

思考

1. 简述戴尔的库存战略。
2. 戴尔如何实现零库存?

7.1 仓储成本概述

7.1.1 仓储成本的含义及特点

1．仓储成本的含义

仓储成本是指在储存、管理、保养、维护物品的相关物流活动中所发生的各种费用，它是伴随着物流仓储活动所消耗的物化劳动和活化劳动的货币表现。

仓储成本管理的任务是用最低的费用在合适的时间和合适的地点取得适当数量的存货。在企业的物流总成本中，仓储成本是一个重要的组成部分。对各种仓储成本的合理控制能增加企业的利润，反之就会增加物流总成本，冲减企业利润。

2．仓储成本的特点

1）重要性

仓储成本是物流总成本的重要组成部分，而物流成本又占国民经济产值的很大部分。据世界银行分析，发达国家物流成本占 GDP 的 10％左右，美国低于 10％，中国估计约为 16.7％。如果中国物流成本占 GDP 的比重降到 15％，每年将为全社会直接节约 2400 多亿元，将会给社会和企业带来可观的经济效益。因此，仓储成本的管理成为"第三利润源泉"的重要来源之一。

2）效益背反性

要增加客户满意度，提高物流水平，就会引起仓库建设、管理、仓库工作人员工资、存货等费用开支增高，加大仓储成本。而为了削减仓储成本而减少物流网络中仓库的数目并减少存货，就会增加运输成本。因此要将仓储成本管理纳入整个物流系统，以成本为核心，按最低成本的要求，使整个物流系统化、最优化。

3）复杂性

在现行的会计制度下对物流成本的核算缺乏统一的标准。如仓储成本中的仓储保管费用、仓储办公费用、仓储物资的合理损耗等一般计入企业的经营管理费用，而不是仓储成本。此外对于内部所发生的仓储成本有时涉及面广、环节多而无法划归相应科目，因此增加了仓储成本的复杂性。

物流费冰山说

只能把握委托物流那种容易算清成本的部分，而不能正确地把握隐藏在水面下的自家物流的全部成本。为此，人们把物流成本比喻为冰山。在核算不清的费用中，有自家公司的物流成本，也有不列入费用的向其他公司所交的物流费。若不把这些费用计算清楚，就不能实现物流整体的合理化。

7.1.2 仓储成本构成

仓储持有成本构成了仓储成本的主要内容。仓储持有成本是指为保持适当的库存而发生的成本,它可以分为固定成本和变动成本。固定成本与一定限度内的仓储数量无关,如仓储设备折旧、仓储设备的维护费用、仓库职工工资福利费等;变动成本是与仓储数量相关的成本,如库存占用资金的利息费用、仓储物品的毁损和变质损失、保险费用、搬运装卸费用、挑选整理费用等。

仓储持有成本主要包括以下四项成本:资金占用成本、仓储维护成本、仓储作业成本、仓储风险成本。

1. 资金占用成本

资金占用成本也称为利息费用,是指企业将购买库存的资金用于其他投资所能实现的收益,属于投资的资金成本,这种成本并不是一种实实在在支出的成本,它只是对于可能丧失的获利机会的反应,因此属于机会成本。

为了核算上的方便,一般情况下,资金占用成本指占用资金支付的银行利息。

$$资金成本 = 库存占用资金 \times 相关收益率$$

2. 仓储维护成本

仓储维护成本主要包括与仓库有关的租赁、水电费用、设备折旧、保险费用和税金等费用。仓储维护成本随企业采取的仓储方式不同而有不同的变化。如果企业利用自用的仓库,大部分仓储维护成本是固定的;如果企业利用公共的仓库,则有关存储的所有成本将直接随库存数量的变化而变化。

另外,根据产品的价值和类型,产品丢失或损坏的风险高,就需要较高的保险费用。

3. 仓储作业成本

1) 仓储作业种类

现代仓库内的主要作业包括以下几种。

(1) 出入库作业

发货与接货时,对物品登记、制作相关单据、传递相关信息,为入库货品贴附方便仓储管理条形码等作业属于出入库作业。根据产品订单或出库通知,对出库货品进行登记,以便进行部门间的信息传递。

(2) 验货作业

在现代仓库里,在货品出入库活动的同时,检验作业也在进行。入库时的验货作业根据入库清单对即将进入仓库的货品进行数量、货品名的核对,同时还要进行货品质量方面的检验。

（3）日常养护与管理作业

对在库的货品要进行日常养护，以保证货品的完好状态，减少货品的损耗，同时要预防货品被盗或发生火灾等。

（4）备货作业

备货作业是指在接受订货指令、发出货票的同时，备货员按照发货清单在仓库内寻找、提取所需货品的作业。

（5）装卸搬运作业

装卸搬运是指货品在指定地点以人力或机械装入运输等设施设备或从运输等设施设备卸下的作业。在现代仓库中，各个作业环节或同一环节的不同活动之间，都必须进行装卸搬运作业。在仓储活动中，装卸搬运是一项非常重要的作业，它贯穿于整个仓储活动的始终。

（6）流通加工作业

流通加工是在货品从生产领域向消费领域流动过程中，为了促进销售、维护货品质量和提高物流效率，对货品进行简单的加工，包括对货品进行包装、分割、计量、组装、贴付价签、贴付标签等简单作业。

2）各类作业成本的构成

（1）人工成本。人工成本指按规定支付给工人、司机、管理人员的工资、加班费、各种工资性津贴、职工福利费（指按工人、管理人员工资总额和规定比例计提的职工福利费）、劳动保护费（从事装卸搬运业务使用的劳动保护用品、防暑、防寒、保健饮料以及劳保安全措施所发生的各项成本）。该项成本从相关会计科目中抽取出来即可。当某个员工从事多项作业时，应当根据员工从事各项作业的时间，将其费用进行分配。

（2）燃料和动力。燃料和动力指机械设备在运行和操作过程中耗用的燃料、动力所产生的成本。

（3）低值易耗品。低值易耗品指机械设备领用的外胎、内胎和在运行过程中耗用的机油、润滑油的成本等。

（4）折旧。折旧指各类机械设备、工具按规定计提的折旧费。

（5）应由该项作业承担的管理费等间接成本。

4．仓储风险成本

仓储风险成本是指由于企业无法控制的原因，造成的库存商品贬值、变质等损失。包含以下两种。

1）过期成本

企业的仓库中有时会出现由于过时或其他原因，而必须亏本处理或以低于正常售价的价格出售库存产品的情况。这时过期成本便出现了。过期成本是由于企业库存控制不当，库存货品过多所引起的，它与库存水平有直接关系。

2)破损成本

损耗与库存水平无关,而与企业的仓储作业质量有关,因此,该部分损耗成本应当计入仓储成本,而不是库存持有成本。

7.2 仓储成本核算

仓储成本是伴随着物流仓储活动而发生的各种费用,仓储成本的高低直接影响着企业的利润水平。因此,仓储成本管理成为企业物流管理的一项重要内容。从企业经营总体看,核算仓储成本所获得的数据,可以为各个层次的经营管理者提供物流管理所需成本资料,为编制物流预算、预算控制及制订物流计划提供所需物流成本资料。因此,在核算物流成本之前,首先需要明确仓储成本的核算范围和具体的成本项目。

7.2.1 仓储成本核算范围

仓储成本的计算范围取决于成本计算的目的,如果要对所有的仓储物流活动进行管理,就需要计算出所有的仓储成本。同样是仓储成本,由于所包括的范围不同,计算结果也不一样。由于每个企业在统计仓储费用时的口径不一样,往往缺乏可比性。因此,在讨论仓储成本的时候,首先应该明确该成本计算所包括的范围。

在计算仓储成本时,由于原始数据主要是来自财务部门提供的数据,因此首先应该把握按支付形态分类的成本。在这种情况下,对外支付的保管费可以直接作为仓储物流成本全额统计,但对于企业内发生的仓储费用是与其他部门发生的费用混合在一起的,需要从中剥离出来,具体核算范围包括材料费、人工费、折旧费、维修费、管理费、营业外费用等。

1. 材料费

材料费是与包装材料、消耗工具、器具备品、燃料等相关的费用,可以根据材料的出入库记录,将此期间与物流有关的消耗量计算出来,再分别乘以单价,即可得出物流材料费。

2. 人工费

人工费指按规定支付给仓库工人、仓库管理人员的工资、加班费、各种工资性津贴、职工福利费(指按工人、管理人员工资总额和规定比例计提的职工福利费)、劳动保护费。该项成本从相关会计科目中抽取出来即可。

3. 折旧费

企业所需仓储空间如果是由企业自建的仓库,则按规定需对仓库及内部设施设备计提折旧费用。折旧根据设施设备的折旧年限、折旧率计算提取。

4. 维修费

仓储机械设备的维修费用,也应计入仓储成本。

5．设备租赁费

如果仓库及仓储机械设备是通过租赁获得的，则应将租赁费用计入仓储成本。当租赁设备维修由出租方负责时，租赁费中包含了维修的费用，因此，就不必再计算维修费用了；当租赁方不负责设备的维修时，租金中未包含维修费，此时，在租金以外，还应计入维修费用。

6．应当分摊的管理费等间接成本

例如，水、电、气等费用，可以从相关会计科目中获取，直接计入物流成本；如果无法从相关会计科目方面直接得到相关的数据，可以按员工人数比例分摊计算。

如何利用 ABC 法测算出的数据

利用 ABC 法测算出的数据有以下几种。

改进业务——能否汇总作业？能否省略某道环节？根据这些观点，追求处理次数的高速化、少量化。由于产生了不同活动的单价，所以能进行活动效果的测算。

重新认识物流服务——把握不同客户的成本及其依据（高成本时，有怎样的原因），就能改进供货条件。

制成费用表——根据活动单价制成费用表，在制定新规定时就能把它作为依据。

7.2.2　仓储成本核算对象归集

1．仓储成本核算对象

仓储成本是在一定时期内，企业为完成货物储存业务而发生的全部费用，包括支付外部仓储费和使用自有仓库仓储费。具体包括三部分内容。

（1）人工费。人工费主要指从事仓储业务人员的费用，具体包括仓储业务人员工资、福利、奖金、津贴、补贴、住房公积金、职工劳动保护费、人员保险费、按规定提取的福利费、职工教育培训费和其他一切用于仓储业务人员的费用等。

（2）维护费。维护费主要是指与仓库及保管货物有关的费用，具体包括仓储设施的折旧费、设施设备维修保养费、水电费、燃料与动力消耗费等。

（3）一般经费。在企业仓储业务的过程中，除了人工费和维护费之外的其他与仓库或仓储业务有关的费用，如仓库业务人员办公费、差旅费等。

目前，许多教材中，仓储成本的含义较为广泛，通常包括仓储持有成本、订货或生产准备成本、缺货成本和在途库存持有成本等，其中资金占用成本、存货风险成本和存货保险成本等均包括在上述内容中。本书中的仓储成本是指狭义的仓储成本，仅指为完成货物储存业务而发生的全部费用。因此，就物流范围而言，仓储成本通常发生于企业内物流阶段。

2. 计算仓储成本时作业的确定

作业是资源耗费的活动。对不同类型企业以及同一类型的不同企业而言,作业可以有不同的定义。作业的确定可粗可细,企业应根据实际情况和管理需求,在考虑成本收益原则的前提下加以确定。在这里,我们以南储物流公司为例,首先把企业所有的作业活动划分为物流作业和非物流作业,然后将物流作业进一步细分为运输作业、仓储作业、包装作业、装卸搬运作业、流通加工作业、物流信息作业、物流管理作业。这样,企业的所有作业活动可划分为运输、仓储、包装、装卸搬运、流通加工、物流信息、物流管理和非物流作业。当然,作业的确定也可采用其他方式,同时在上述定义的作业中还可以进一步定义更细化的作业。

3. 确定资源动因,将资源耗费分配至作业

如前所述,对于可直接计入成本计算对象以及可直接计入作业的资源耗费,相对于作业而言,都属于直接成本,无须确定资源动因进行分配,只有那些相对于作业而言,资源耗费呈现混合状态,由若干项作业同时耗费的间接成本,才需确定资源动因进行分配。资源动因在各作业中进行分配的数据如表 7-1 所示。

表 7-1 资源动因在各作业中进行分配表

作业 \ 资源耗费	职工教育经费	电费	合计
运输			
仓储			
包装			
装卸搬运			
流通加工			
物流信息			
物流管理			
物流作业合计			
非物流作业			
总计			

4. 确定成本动因,将物流作业成本分配至成本计算对象

如前所述,确定成本动因,应考虑其与成本计算对象之间的相关性、可计量性并考虑成本收益原则,在此前提下,选择适合企业实际运作情况的成本动因,将各作业成本分配至最终成本计算对象。由于分配和计算的最终目的是要获取物流成本的相关信息,因此在将作业成本分配至成本计算对象这一过程中,只需计算分配各物流作业,非物流作业不再做进一步的分配。

在实践中,成本计算对象的选择可以有很多种,既可以是不同产品,也可以是不同客户,还可以是不同物流范围等。企业可以根据物流成本管理的需要选择物流成本计算对

象。为了计算方便，也为了与前面所阐述的物流成本计算对象中物流范围阶段的构成内容相符，在这里，以南储物流公司为例，将成本计算对象设定为企业内物流。

例如，仓储作业分配的职工教育经费 735.29 元，因其对应的物流范围阶段仅为企业内物流阶段，所以，企业内物流分担的该项仓储作业成本为 735.29 元，其他物流范围阶段分担的该项仓储成本为 0。

仓储作业和包装作业因其对应的物流范围阶段仅为企业内物流阶段，所以，企业内物流分担的该项仓储作业和包装作业成本分别为 722.58 元和 361.29 元，其他物流范围阶段分担的该项仓储成本和包装成本都为 0。

7.2.3 仓储成本核算案例

[**难点例释 7-1**]　假定企业某月仓储、包装、装卸搬运、流通加工、物流信息、物流管理作业按消耗电力度数分配的电费分别为 722.58 元、361.29 元、451.61 元、722.58 元、541.94 元、270.97 元，则上述作业按成本动因向最终成本计算对象进行成本分配。

[**分析**]　第一，仓储作业和包装作业因其对应的物流范围阶段仅为企业内物流阶段，所以，企业内物流分担的该项仓储作业和包装作业成本分别为 722.58 元和 361.29 元，其他物流范围阶段分担的该项仓储成本和包装成本都为 0。

装卸搬运作业的成本动因为装卸搬运工作小时数，其在供应物流、企业内物流、销售物流、回收物流和废弃物物流阶段所发生的装卸搬运工作小时数分别为 110、55、100、25、15，则供应物流、企业内物流、销售物流、回收物流和废弃物物流分担的装卸搬运成本分别为 [451.61/(110+55+100+25+15)]×110=162.88(元)，81.44(元)，148.07(元)，37.02(元)，22.20(元)。

流通加工作业的成本动因为流通加工工作小时数，其对应的物流范围仅仅为销售物流，所以，销售物流分担的该项流通加工作业成本为 722.58 元，其他物流范围阶段分担的该项流通加工作业成本都为 0。

物流信息作业的成本动因为物流信息工作小时数，其在供应物流、企业内物流、销售物流、回收物流和废弃物物流阶段所发生的物流信息工作小时数分别为 60、40、60、10、6，则供应物流、企业内物流、销售物流、回收物流和废弃物物流分担的物流信息成本分别为 [541.94/(60+40+60+10+6)]×60=184.75(元)，123.17(元)，184.75(元)，30.79(元)，18.48(元)。

物流管理作业的成本动因为物流管理工作小时数，其在供应物流、企业内物流、销售物流、回收物流和废弃物物流阶段所发生的物流管理工作小时数分别为 55、35、75、7、4，则供应物流、企业内物流、销售物流、回收物流和废弃物物流分担的物流管理成本分别为 [270.97/(55+35+75+7+4)]×55=84.68(元)，53.89(元)，115.47(元)，10.78(元)，6.15(元)。

第二，将上述数据分析计算结果以表的形式表示，如表 7-2 所示。

表 7-2　各物流作业耗用电费在不同物流范围阶段分配一览表

物流范围 作业成本	供应物流	企业内物流	销售物流	回收物流	废弃物物流	合　计
运输作业						
仓储作业		722.58				722.58
包装作业		361.29				361.29
装卸搬运作业	162.88	81.44	148.07	37.02	22.20	451.61
流通加工作业			722.58			722.58
物流信息作业	184.75	123.17	184.75	30.79	18.48	541.94
物流管理作业	84.68	53.89	115.47	10.78	6.15	270.97
合计	432.31	1342.37	1170.87	78.59	46.83	3070.97

第三,确认各物流作业的成本动因,有关数据如表 7-3 所示。

表 7-3　各项作业及其成本动因

作业	作业成本动因
运　输	作业小时
装卸搬运	作业小时
物流信息	作业小时
物流管理	作业小时

第四,计算各物流作业成本动因分配率,计算结果如表 7-4 所示。

表 7-4　物流作业成本动因分配率计算及结果一览表

物流作业	运输	装卸搬运	物流信息
物流作业成本/元	50 400	44 880	21 704
成本动因量/单位	1056	594	176
成本动因分配率	47.73	75.56	123.32

第五,计算供应物流、销售物流实际消耗的资源价值以及未消耗资源成本,计算结果如表 7-5 所示。

表 7-5　供应物流、销售物流实际消耗资源价值及未消耗资源成本信息表

作　业	成本动因 分配率	实际耗用成本动因量			未耗用成本 动因量	实际耗用资源/元		未耗用 资源
		供应物流	销售物流	合计		供应物流	销售物流	
运　输	47.73	462.00	475.20	937.20	118.80	22 051.26	22 681.30	5667.44
装卸搬运	75.56	231.00	297.00	528.00	66.00	17 454.36	22 441.32	4984.32
物流信息	123.32	84.00	85.00	169.00	7.00	10 358.88	10 482.20	862.92
物流管理	84.82	76.00	48.00	124.00	52.00	6446.32	4071.36	4410.32
合　计						56 310.82	59 676.18	15 925.00

通过上述未耗用资源的计算,企业可以发现在物流运作的过程中,哪些作业未满负荷运作,存在资源浪费现象,从而为资源的合理配置提供依据。

7.3 仓储成本控制

在物流企业中存货占有较大的比重,因此物流企业的仓储成本管理是一项非常重要的工作,物流企业仓储成本管理的核心内容是确定合理的库存量。因此,仓储成本控制的目标就是实现仓储成本合理化,就是用经济的方法实现仓储的功能。

7.3.1 影响仓储成本的因素

物资仓储量的多少是由许多因素决定的。比如,物资本身的特征、运输条件的便利、物资的使用和销售方面等。但是,在这些影响因素中,可以找到起主要作用的因素,同时也能找到某种形式的指标。对于所要找的指标,应该能综合反映主要因素和其他非主要因素的内在联系。这样就可以通过研究这个指标,实现对问题的解决。在研究物资最佳仓储量时,采购批量的大小是控制仓储量的基础。

影响采购批量的成本因素可以分为以下几种。

1. 取得成本

取得成本主要包括采购过程中所发生的各种费用的总和,包括两大类:一是随采购数量的变化而变化的变动费用;二是与采购数量多少关系不大的固定费用。

2. 储存成本

生产销售使用的各种物资,在一般情况下都应该有一定的储备。储备就会有成本费用发生,这种费用也可以分为两大类:一是与储备资金多少有关的成本,如储备资金的利息、相关的税金、仓储物资合理损耗成本等;二是与仓储物资数量有关的成本,如仓库设施维护修理费、物资装卸搬运费、仓库设施折旧费、仓库管理人员工资、福利费、办公费等。

3. 缺货成本

由于计划不周或环境条件发生变化,导致企业仓储中发生了缺货现象,影响了生产的顺利进行,造成了生产或销售的损失。这种由于缺货原因所造成的生产损失和其他额外支出称为缺货损失。所以,为了防止缺货损失,在确定采购批量时,必须综合考虑采购费用、储存费用等相关因素,确定最佳经济储量。

4. 运输时间

在物资采购过程中,要做到随要随到的情况是有条件的。在一般情况下,物资采购到企业仓库总是需要一定的时间。所以,在物资采购时,需要将运输时间考虑在相关因素中。

总之，在对上述影响物资采购批量的因素进行综合分析之后才能确定物资的最佳经济采购量，从而进一步确定仓储的最佳经济储量。

项目分类管理的效果

在商业上有"快卖胜于高价"的观点。所谓项目分类管理，就是要削减销售慢的商品库存。实施后的效果如下。

提高库存管理的精度——若项目数多，库存管理就变得繁杂，容易粗枝大叶。由于减少了管理项目，就能进行细致的管理。

降低成本——由于积压库存变为零，就减少了保管成本，扩大了作业场地；由于项目数变少，就提高了配送中心等处的作业效率。

7.3.2 仓储成本的分析

1. 取得成本

取得成本是指为取得存货而支出的成本。取得成本又可以分为订货成本和购置成本，前者是指取得订单的成本，与订货次数有关；后者是存货本身的价值。因此取得成本为

$$TC_a = F_1 + K_a D/Q + DU$$

式中，TC_a——取得成本(元)；

F_1——订货固定成本(元)；

K_a——每次订货的变动成本(元)；

D——年需求量(件)；

Q——每次订货量(件)；

U——单价(元/件)。

2. 储存成本

储存成本是指企业为保持存货而发生的成本，如仓储费用资金的利息等。储存成本可以分为变动成本和固定成本两类，前者与库存数量的多少有关，后者与存货数量无关。因此储存成本为

$$TC_c = F_2 + K_c Q/2$$

式中，TC_c——储存成本(元)；

F_2——固定储存成本(元)；

K_c——单位变动储存成本(元/件)。

3. 缺货成本

缺货成本是指由于存货不能满足生产经营活动的需要而造成的损失，如失销损失、信

誉损失、紧急采购额外支出等。缺货成本用 TC_b 表示。

$$总成本 = 取得成本 + 储存成本 + 缺货成本$$
$$TC = TC_a + TC_c + TC_b$$
$$= F_1 + K_a D/Q + F_2 + K_c Q/2 + TC_b$$

如果存货量大,可以防止因缺货造成的损失,减少缺货成本,但相应要增加储存成本;反之,如果存货量小,可以减少储存成本,但相应会增加订货成本和缺货成本。存货管理的目标是使存货的总成本达到最小,即确定经济批量。

7.3.3 经济批量模型

1. 概念

经济订货批量(econmic order quantity,EOQ),是固定订货批量模型的一种,可以用来确定企业一次订货(外购或自制)的数量。当企业按照经济订货批量来订货时,可实现订货成本和储存成本之和最小化。

存货成本主要由采购成本、订货成本、储存成本和短缺成本构成。其中,采购成本与存货的订购批量无关,在不允许缺货的情况下,也不存在短缺成本。所以,与存货采购次数和每次采购的订购批量相关的成本只有订货成本和储存成本两种。如果在一定时期内,企业需求的存货总是固定的,那么,存货的订购批量越大,储存的存货就越多,储存成本就会越高,但由于订货次数减少,则会使订货成本降低;反之,减少存货的订购批量,会使储存成本随之减少,但由于订货次数增加,订货成本会上升。由此可见,存货的订货成本和储存成本与存货的采购批量密切相关,并且呈反方向变动。这样,就可以找到一个使订货成本与储存成本之和最低的采购批量,这就是经济订货批量。存货的经济订货批量可以用图 7-1 表示。

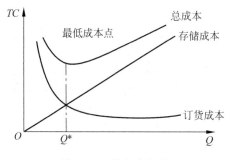

图 7-1　经济订货批量

2. 经济订货批量的基本数学模型

存货的经济订货批量可以用数学模型来表示。

假设存在以下基本前提。

（1）企业一定时期内存货的总需求可以准确地预测。

（2）存货的耗用是均衡的。

（3）不允许出现缺货情况。

（4）存货的价格稳定，并且不存在数量折扣。

（5）存货的订货数量和订货日期完全由企业自行决定并且当存货数量降为零时，下一批存货能马上一次到位。

（6）仓储条件和所需资金不受限制。

在符合以上基本前提下，可以计算存货的总成本、经济订货批量与经济订货批次。

$$平均库存量 = \frac{Q}{2}$$

$$全年订货次数 = \frac{A}{Q}$$

$$全年订货成本 = B \times \frac{A}{Q}$$

$$全年储存成本 = C \times \frac{Q}{2}$$

$$存货总成本\ TC = B \times \frac{A}{Q} + C \times \frac{Q}{2}$$

式中，A——全年存货总需求量；

Q——每批订货批量；

B——每次订货的订货成本；

C——单位存货年储存成本；

TC——全年存货的订货成本与储存成本之和。

根据存货总成本公式，求 TC 对 Q 的导数得：

$$Q^* = \sqrt{\frac{2AB}{C}}$$

3．经济订货批量决策步骤

经济订货批量一般按下列步骤进行决策。

（1）按照存货经济订货批量的基本模型计算无数量折扣情况下的经济订货批量及其存货总成本。

（2）不同数量折扣下的优惠价格，计算不同批量下的存货总成本。

（3）比较经济订货批量与不同批量下的存货总成本，总成本最低的批量就是最佳订货批量。

［**难点例释 7-2**］ 某公司全年需要甲零件 8000 件，采购价格为每件 50 元，每次订货成本为 40 元，每件年储存成本为 4 元，供应商规定，如果一次订货达 500 件，可以得到

1% 的价格折扣,要求确定该公司采购甲零件的经济订货批量。

首先,计算无价格折扣情况下的经济订货批量和存货总成本。

经济订货批量为

$$Q = \sqrt{\frac{2AB}{C}} = \sqrt{\frac{2 \times 8000 \times 40}{4}} = 400(件)$$

存货总成本为

$$TC = \frac{400}{2} \times 4 + \frac{8000}{400} \times 40 + 8000 \times 50 = 401\,600(元)$$

其次,计算有价格折扣情况下的存货总成本为

$$TC = \frac{500}{2} \times 4 + \frac{8000}{500} \times 40 + 8000 \times 50 \times (1 - 1\%) = 397\,640(元)$$

所以,每次订货 500 件时,存货的总成本可以降低,因此,经济订货批量是 500 件。

 经济订货批量

经济订货批量(economic order quantity,EOQ)是指库存总成本最小时的订货量。经济订货批量模型是在总成本最小的情况下得出的订货批量,因此,其模型是通过对库存物品的年度总费用(TC)=采购成本(DP)+订货成本(DC/Q)+库存保管费用($QK/2$)中的每次订货批量 Q 求导得出的。

7.3.4 仓储成本的控制原则

在物流企业中存货占有较大的比重,因此物流企业的仓储成本控制是一项非常重要的工作,库存物资数量并非越多越好,库存物资数量越多,虽然越能满足生产和消费的需要,但却会占用大量的资金,仓储保险费用也较多,显然是极不经济的,因此,物流企业仓储成本控制具有极其重要的意义。

1. 仓储成本控制的重要性

仓储成本控制的重要性主要体现在以下几个方面。

(1) 仓储成本控制是企业增加盈利的"第三利润源",直接服务于企业的最终目标。增加利润是企业的目标之一,也是社会经济发展的原动力。无论在什么情况下,降低成本都可以增加利润。在收入不变的情况下,降低成本可使利润增加;在收入增加的情况下,降低成本可使利润更快增长;在收入下降的情况下,降低成本可抑制利润的下降。

(2) 仓储成本控制是企业持续发展的基础,把仓储成本控制在同类企业的先进水平上,才有迅速发展的基础。仓储成本降低了,可以削减售价以扩大销售,销售扩大后经营基础稳定了,才有力量提高产品质量、创新产品设计、寻求新的发展。许多企业陷入困境的重要原因之一,是在仓储成本失去控制的情况下,一味在扩大生产和开发新产品上冒

险,一旦市场萎缩或决策失误,企业没有抵抗能力,很快就垮下去了。同时,仓储成本一旦失掉,就会造成大量的资金沉淀,严重影响企业的正常生产经营活动。

2．仓储成本控制的原则

1) 政策性的原则

(1) 质量和成本的关系。不能片面追求降低储存成本,而忽视储存物资的保管要求和保管质量。

(2) 国家利益、企业利益和消费者利益的关系。降低仓储成本从根本上说对国家、企业、消费者都是有利的,但是如果在仓储成本控制过程中采用不适当的手段损害国家和消费者的利益,是极端错误的,应予避免。

(3) 全面性的原则。由于仓储成本涉及企业的管理等方方面面,成本控制要进行全员控制、全过程控制、全方位控制。

2) 经济原则

经济原则主要强调推行仓储成本控制而发生的成本费用支出不应超过因缺少控制而丧失的收益。与销售、生产、财务活动一样,任何仓储管理工作都要讲求经济效益。为了建立某项严格的仓储成本控制制度,需要发生一定的人力或物力支出,但这种支出不应太大,不应超过建立这项控制所能节约的成本。

经济原则要求仓储成本控制要能起到降低成本、纠正偏差的作用,并具有实用、方便、易于操作的特点。经济原则要求在仓储成本控制中贯彻"例外原则"。对正常储存成本费用支出可以从简控制,而特别关注各种例外情况。

3) 分级归口管理原则

企业的仓储控制成本目标,要层层分解、层层归口、层层落实,落实到各环节、各小组甚至个人,形成一个仓储成本控制系统。一般来说,控制的范围越小越好,因为这样可使各有关责任单位明确责任范围,使仓储成本控制真正落到实处。

权责利相结合原则。落实到每个环节、小组或个人的目标成本,必须与他们的责任大小、控制范围相一致,否则成本控制就不可能产生积极的效果。

4) 例外管理原则

那些不正常的、不符合常规的问题称为"例外问题"。根据成本效益原则,仓储成本控制应将精力集中在非正常金额较大的例外事项上。解决了这些问题,就等于解决了关键问题,仓储目标成本的实现就有了可靠的保证,仓储成本控制的目的也就实现了。

7.3.5 仓储成本的控制方法

1．存货的订购点控制法

订购点控制法是以固定订购点和订货批量为基础的一种存货控制方法。它以永续盘存制为基础,当库存低于或等于订购点时就提出订货计划,并且每次订货的数量是固定的。

实施订购点控制的关键是正确确定订货批量和订购点。订货批量一般采用经济订货批量。订购点的确定则取决于对交货时间的准确计算和对保险储备量的合理确定。

订购点受以下几个因素影响。

（1）交货期。交货期指从办理采购到货物验收入库为止的时间间隔发运、在途、验收入库等所需时间。

（2）物资每日的平均耗用量。

（3）保险储备量。保险储备是为应付采购期间需要量的变动而建立的，包括不能按时到货、实际交货时间延时而增加的需要，也包括交货期内实际每日需要量超过平均日需要量而增加的需要。

$$订购点 = 交货时间 \times 每日出库量 + 保险储备$$
$$= 交货期平均耗用量 + 保险储备量$$

订购点控制是将订购点数量的物资从库存中分离出来，单独存放或加以明显标志。当库存量的其余部分用完，只剩下订购点数量时，即提出订货，每次订购固定数量的物资。

2．存货的定期控制法

定期控制法是指以固定的订货周期为基础的一种库存控制方法。它采用定期盘点，按固定的时间间隔检查库存量，并随即提出订货批量计划，订货批量根据盘点时的实际库存量和下一个进货周期的预计需要量而定。

在定期库存控制中，关键问题在于正确确定检查周期，即订货周期。检查周期的长短对订货批量和库存水平有决定性的影响。订货周期是由预先规定的进货周期和备运时间长短所决定的。合理确定保险储备量同样是实施定期控制的重要问题。在定期库存控制中，保险储备量不仅要用以应付交货期内需要量的变动，而且要用以应付整个进货周期内需要量的变动。因此，与定量控制相比，定期控制要求有更大的保险储备量。

定期采购量标准是指每次订货的最高限额，它是由订货周期平均耗用量、交货期平均耗用量与保险储备量构成。公式如下：

$$定期采购量 = 供应间隔时间 \times 每日平均耗用量 + 交货期时间$$
$$\times 每日平均耗用量 + 保险储备量$$

定期控制的优点如下。

（1）能经常掌握库存量动态，不易出现缺货。

（2）保险储备量少，仓储成本相对较低。

（3）每次订货量固定，能采用经济批量，也便于进货搬运和保管作业。

（4）盘点和订货手续比较简单，尤其适于计算机进行控制。

定期控制的缺点如下。

（1）订货时间不确定，难以编制严密的采购计划。

（2）不适用需求量变化较大的物资，不能及时调整订货批量。

定期控制法一般适用于单位价值较低、需求量比较稳定、缺货损失较大、储存成本较高的货物。

定期控制法的适用范围如下。

（1）需求量较大、有较严格的保管期限、必须严格管理的物资。

（2）需求量变化大、可以事先确定采用量的物资。

（3）发货次数较多，难以进行连续动态管理的物资。

（4）许多不同物资能从统一供应商或中心集中采购订货的物资。

3．定期定量混合控制法

定期定量混合控制法也称最高最低库存量控制法，它是以规定的最高库存量标准和最低库存量标准为基础的一种库存量控制法，简称 Ss 控制法。S 是最高库存量，指订货时要求补充到的最高点；s 是最低库存量，指订购点。这种方法是定期库存成本控制法和定量库存成本控制法相结合的产物，是一种不严格的订购点法。它由三个参数组成，即检查周期、订购点和最高库存量。实行定期检查，当实际盘点库存量等于或低于订购点时就及时提出订购，而订货批量则视实际盘点库存量而定。如果检查实际盘点库存量高于订购点，就不能发出订购单，这是定期定量混合控制法区别于定期库存成本控制法的最主要的方面。

4．ABC 存货分类管理控制方法

1）ABC 分类法原理

ABC 库存管理法又称为 ABC 分析法、重点管理法，它是"关键的少数和次要的多数"的帕累托原理在仓储管理中的应用。ABC 库存管理法就是强调对物资进行分类管理，根据库存物资的不同价值而采取不同的管理方法。

ABC 库存分类法的基本原理是：由于各种库存品的需求量和单价各不相同，其年耗用金额也各不相同。那些年耗用金额大的库存品，由于其占用企业的资金较多，对企业经营的影响也较大，因此需要进行特别重视和管理。ABC 库存分类法根据库存物资的年耗用金额的大小，把库存物资划分为 A、B、C 三类。A 类库存物资：其年库存耗用金额占总库存金额的 75%～80%，其品种数只占总库存数的 5%～15%；B 类库存物资：其年库存耗用金额占总库存金额的 10%～15%，其品种数占库存品种数的 20%～30%；C 类库存物资：其年库存耗用金额占总库存金额的 5%～10%，其品种数却占总库存品种数的 60%～80%，如图 7-2 所示。

2）ABC 分析的一般步骤

（1）收集数据

按分析对象和分析内容，收集有关数据。例如，打算分析库存品成本，则应收集库存

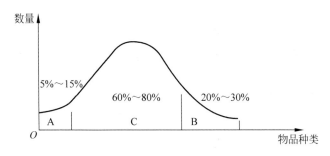

图 7-2　ABC 库存分类法的基本原理

品成本因素、库存品成本构成等方面的数据;打算分析针对某一系统的价值工程,则应收集系统中各局部功能、各局部成本等数据。

(2) 处理数据

利用收集到的年需求量、单价,计算出各种库存品的年库存耗用金额。

(3) 编制 ABC 分析表

根据已计算出的各种库存品的年库存耗用金额,把库存品按照年库存耗用金额从大到小进行排列,并计算累计百分比,如表 7-6 所示。

表 7-6　ABC 分析表

产品序号	数量	单价/元	占用资金/元	占用资金百分比/%	累计百分比/%	占产品项的百分比/%	占产品项的累计百分比/%	分类
1	10	680	6800	68.0	68.0	5.5	5.5	A
2	12	100	1200	12.0	80.0	6.6	12.1	A
3	25	20	500	5.0	85.0	13.7	25.8	B
4	20	20	400	4.0	89.0	11	36.8	B
5	20	10	200	2.0	91.0	11	47.8	C
6	20	10	200	2.0	93.0	11	58.8	C
7	10	20	200	2.0	95.0	5.5	64.3	C
8	20	10	200	2.0	97.0	11	75.3	C
9	15	10	150	1.5	98.5	8.2	83.5	C
10	30	5	150	1.5	100	16 5	100	C
合计	182		10 000	100		100		

(4) 根据 ABC 分析表确定分类

根据已计算的年耗用金额的累计百分比,按照 ABC 分类的基本原理,对 A、B、C 三类库存物资进行分类。

1、2 类物资累计百分比为 12.1%,平均资金占用额累计百分比为 80%,因此应划为

A类。

3、4类物资累计百分比为24.7%,平均资金占用额累计百分比为9%,因此应划为B类。

5～10类物资累计百分比为63.2%,平均资金占用额累计百分比为11%,因此应划为C类。

(5) 绘制ABC分析图

以库存品种数百分比为横坐标,以累计耗用金额百分比为纵坐标,在坐标图上取点,并连接各点,则绘成如图7-3所示的ABC曲线。按ABC分析曲线对应的数据,以ABC分析表确定A、B、C三个类别的方法,在图上标明A、B、C三类,则制成ABC分析图。

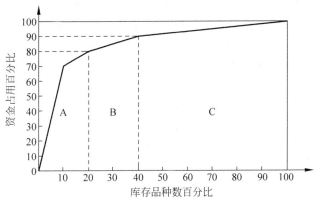

图7-3　ABC分析图

3) ABC分析在库存控制中的应用

ABC分析的结果,只是理顺了复杂事物,搞清了各局部的地位,明确了重点。但是,ABC分析的主要目的在于解决困难,它是一种解决困难的技巧,因此,在分析的基础上必须提出解决的办法,才能真正达到ABC分析的目的。目前,许多企业为了应付验收检查,形式上搞了ABC分析,虽对了解家底有一些作用,但并未真正掌握这种方法的用意,未能将分析转化为效益,这是应避免的。按ABC分析结果,权衡管理力量与经济效果,对三类库存物资进行有区别的管理,具体方法如表7-7所示。

表7-7　不同库存的管理策略

库存类型	特点(按货币量占用)	管理方法
A	品种数约占15%～20%,年库存耗用金额占总库存金额的75%～80%	在保证需求的前提下,尽可能减少库存和流动资金。现场管理要更加严格,应放在更安全的地方;为了保持库存记录的准确性,要经常进行检查和盘点;预测时要更加精细

续表

库存类型	特点(按货币量占用)	管理方法
B	品种数占总库存品种数的 20%~25%,年库存耗用金额占总库存金额的 10%~15%	进行次重点管理。现场管理不必投入比 A 类更多的精力,库存检查和盘点的周期可以比 A 类长一些
C	品种数占总库存品种数的 60%~65%,年库存耗用金额占总库存金额的 5%~10%	只进行一般管理。现场管理可以更粗放一些;但是由于品种多,差错出现的可能性比较大,因此也必须定期进行库存检查和盘点,周期可以比 B 类长一些

ABC 库存分类管理法并非尽善尽美,在实际生产中,库存物资的价值并不等同于其在生产中所起的实际作用。有的物资虽然价值比较低,但在生产中起关键性的作用;有的物资价值很高,却不是生产中的关键因素,起到的作用很一般。因此,根据库存物资在生产中的关键因素来进行评估和管理是另一种比较有效的库存管理方法。

ABC 管理

以一个小例子来说明 ABC 管理。根据产品进行的销售数量分析显示:A 类物品占物品种类数的 5%和销售额的 70%,B 类物品占物品种类数的 10%和销售额的 20%,而 C 类物品占剩余的 65%的物品种类和只有 10%的销售额。

那么,对于 A 类物品进行每天检查或连续检查库存状况是比较合适的。B 类物品可以每周进行库存检查,而 C 类物品则应该得到最少的关注。

5. 关键因素分析法

关键因素分析法(critical value analysis,CVA)根据库存物资在生产经营中所起关键性的大小,把它们划分为四个级别,分别是最高优先级、较高优先级、中等优先级和较低优先级。不同的级别采用不同的管理方法,如表 7-8 所示。

表 7-8　关键因素分析法

库存类型	特　　点	管理措施
最高优先级	生产经营管理中的关键物资,或 A 类重点客户的存货	不许缺货
较高优先级	生产经营管理中的基础性物资,或 B 类客户的存货	允许偶尔缺货
中等优先级	生产经营管理中比较重要的物资,或 C 类客户的存货	允许在合理范围内缺货
较低优先级	生产经营中需要,但可替代的物资	允许缺货

关键因素分析法的管理要点：最高优先级物资不允许缺货，因为它是生产中的关键物资或是重要客户的存货，偶尔的缺货会导致生产不能正常进行或影响重要客户的满意度。为了保证供应，一般和此类物资供应商签订长期合同，结为战略合作伙伴。较高优先级物资允许偶尔缺货，因为基础性的物资在市场上有较多的供应商，可以很容易并快速地做出选择。中等优先级的物资，在生产中比较重要，但不是关键因素，因此它的缺货不会对生产带来决定性的影响，另外，C类客户也就是一般客户，他们对企业的重要性不如A类和B类客户，所以可以在合理范围内缺货，其需求可根据生产进度计划进行计算，这也是降低库存管理成本的一种方式。较低优先级的物资虽然生产中也需要，但在市场上有许多的替代品，可以随时根据需要在市场上购买，因此可以允许这类物资在仓库中缺货，但并不会影响生产或需求。

关键因素分析法较适用于生产性企业。对于销售型企业，如家乐福、沃尔玛，进行关键因素分析就需要做出必要的调整，可以根据商品的月销售天数（即这种商品一个月中的多少天有销售量）作为划分的依据。

7.3.6 库存控制中储备定额确定

1. 保险储备定额的确定

保险储备定额，也称安全库存量，是为了防止物资供应过程中可能发生到货误期或来料品质不符等不正常现象、保证生产正常进行而必须储备的物资数量标准。它是一个常数储备量，动用后必须及时补足。

保险储备量并不是所有的企业、所有的物资都要建立。对于货源充足、容易购买、供应条件较好的物资，或可用其他物资代用的物资，可以不建立或少建立保险储备定额。保险储备定额，主要是由保险储备天数和平均每日需要量决定的。其计算公式为

$$保险储备定额 = 保险储备天数 \times 平均每日需要量$$

保险储备天数，也称平均误期天数，一般是考虑供应条件确定的，也可根据上年统计资料中实际到货平均误期天数来确定。

所谓误期，是指实际到货天数大于平均供应天数之间的差额天数。

平均误期天数，就是以历次到货的误期天数进行加权平均得出的天数。

当主要考虑企业临时需要时，

$$保险储备天数 = 临时需要量 \times 供应天数 / 经常储备定额$$

主要考虑延期到货时，

$$保险储备天数 = \sum (每次误期入库量 \times 每次误期天数) / \sum 每次误期入库量$$

$$每次误期天数 = 供应间隔天数 - 平均供应间隔天数$$

当所需物资能够临时订购到时，

$$保险储备天数 = 临时订购天数$$

例如,某种物资经常储备天数为 30 天,上年到货统计资料如表 7-9 所示,求平均延期天数。

表 7-9　到 货 统 计

月份	1	2	3	4	5	6	7	8	9	10	11	12
延期天数/天	0	4	0	0	8	0	0	5	8	0	0	3
延期交货量	0	60	0	0	21	0	0	15	30	0	0	20

平均延期天数=(4 天×60+8 天×21+5 天×15+8 天×30+3 天×20)/(60+21+15+30+20)=783 天/146=5.4 天

2. 季节性储备定额

季节性储备定额,是指企业为克服某些物资供应的季节性或生产消耗的季节性因素影响,保证生产正常进行而建立的物资储备数量标准。凡是已建立季节性储备的物资,一般不再建立经常储备和保险储备。其计算公式为

$$季节性储备定额 = 季节储备天数 \times 平均每日需要量$$

季节性储备,是为了适应进料、用料的季节性特点而建立的储备;季节性储备天数,一般是根据生产需要和供应中断天数来决定的。

由于运输中断等原因造成的进料季节性时,

$$季节性储备天数 = 正常进料中断天数$$

由于季节性储备供整个计划期使用的季节性供料时,

$$季节性储备天数 = 计划期天数 - 进料期天数$$

3. 竞争储备定额

竞争储备,是根据市场竞争的需要而建立的储备数量标准,旨在增加企业的竞争能力。竞争储备定额,需根据具体的市场竞争状况综合确定。

7.3.7　降低仓储成本的有效途径

物流企业为达到仓储成本管理的目的,必须努力控制仓储经营过程中的各项成本,尽量减少不必要的开支,争取最大的经济效益。降低仓储成本的主要措施有以下几个方法。

1. 运用 ABC 分类管理

在仓储成本管理中,采用 ABC 分类管理,对于 A 类物资,由于占用资金较大,应该严格按照最佳库存量的办法,采取定期订货方式,设法将物资库存降到最低限度,并对库存变动实行经常或定期检查、严格盘存等;C 类物资虽然数量较多,但占用的资金不大,因此在采购订货方式上,可以用定量不定期的办法,即按订货点组织订货,在仓库管理上可采取定期盘点,并适当控制库存;B 类物资,可分别不同情况,对金额较高的物资可按 A 类物资管理,对金额较低的物资可按 C 类物资管理。

2. 追求经济规模,适当集中存储

适当集中库存是利用储存规模的优势,以适当集中储存代替分散的小规模储存来实现库存合理化,在集中规模的情况下,有利于形成一定批量的干线运输,成为支线运输的起始点,从而使仓储以外的运输费用降低,进而降低仓储总成本。

3. 加速周转,提高单位仓容产出

周转速度加快可以使资金周转加快、资本效益提高,可以减少货损货差,增加仓库吞吐能力,降低仓储成本等。

4. 采用"先进先出"法,减短存货的储存期,从而减少存货的保管风险

先进先出法(first in first out,FIFO)是指根据先入库先发出的原则,对于发出的存货以先入库存货的单价计算发出存货成本的方法。采用这种方法的具体做法是:先按存货的期初余额的单价计算发出的存货的成本,领发完毕后,再按第一批入库的存货的单价计算,依此从前向后类推,计算发出存货和结存货的成本。实现"先进先出"的方法有以下几种。

(1) 使用贯通式货架系统:利用货架每层通道,从一端存入货物,从另一端取出货物,货物在通道中按先后次序排队,不会出现越位等现象。

(2) 采用"双仓法"储存:给每种货物都准备两个仓位或货位,轮换进行存取,再配以必须在一个货位中取光后才可以补充的规定,则可以保证实现"先进先出"。

(3) 使用计算机储存系统:采用计算机管理,存货时在计算机中输入时间记录,取货时根据计算机的提示提取货物。计算机系统的采用不仅可以保证"先进先出",同时还可以保证在采用随机利用货位的情况下准确提取货物。

5. 提高储存密度和仓容利用率

这一方式的主要目的是减少存储设施的投资,提高单位存储面积的利用率,以降低土地的占用,从而降低成本。主要方法有以下几种。

(1) 采取高垛的方法,增加储存的高度。具体方法有采用高层货架仓库,使用集装箱等,这些可以比一般的堆存方法增加储存高度。

(2) 缩小库内通道宽度,增加储存有效面积。具体方法有采用窄巷道式通道,配备轨道式装卸车辆,减少车辆运行宽度要求;采用侧叉车、推拉式叉车,减少叉车转弯所要的宽度等。

(3) 减少库内通道数量,增加储存有效面积。具体方法有采用密集型货架,采用可进车的可卸式货架,采用不依靠通道的桥式吊车装卸技术等。

6. 采用有效的储存定位系统

储存定位系统的含义是指确定被储存货物的位置,如果采用有效的定位系统,就能很大程度地节约寻找、存放和取出的时间,节约大量的劳动,而且还能防止出现差错、便于清点。

7. 充分利用仓储技术和设备

现代技术和设备在减少差错、提高效率、提高仓库利用率、降低残损、减少人员劳动强度、防止人身伤害等方面都会为仓储企业带来直接的长远收益,如采用计算机管理技术、仓储条码技术、现代化货架、专业作业设备、叉车、新型托盘等。

8. 盘活资产和合理使用外协

仓储设施和设备的巨大投入,只有在充分利用的情况下才能获得收益,如果不能投入使用或者只是低效率使用,只会造成成本的加大。仓储企业应及时决策,采取出租、借用、出售等方式,使这些资产盘活。而对仓储企业不擅长运作的仓储活动,仓储企业也可以充分利用社会服务,通过外协的方式,让更具有优势的其他企业提供服务,如运输、重型起吊和信息服务等,使企业充分获得市场竞争的利益。

9. 降低经营管理成本

经营管理成本是企业经营活动和管理活动的费用和成本支出,包括管理费、业务费、交易成本等。加强该类成本管理,减少不必要的支出,也能降低成本。当然,经营管理成本费用的支出时常不能产生直接的收益和回报,但也不能完全取消,加强管理是很有必要的。

10. 从物流管理的层面考虑降低仓储成本

物流管理的最重要的目的就是降低产品的最终成本。独立的仓储经营活动,也是构成物流的最重要环节,仓储经营人员也应该站在全程物流的层面,通过调整其他物流环节和改变仓储运作,参与降低整体成本的努力。

7.4 现代库存控制技术

7.4.1 JIT 技术

目前企业间的竞争已逐渐转变为企业物流供应链之间的竞争,尤其是企业的仓库管理与库存控制,成为企业降低成本、寻求改善的切入点。然而,随着市场竞争加剧,越来越多的企业面临客户需求多变、订单提前期短、采购周期长、库存控制困难等问题。为了适应现代物流技术的发展,实现更有效率的库存管理,掌握现代库存管理技术就显得更加必要。

1. 零库存技术

"零库存"概念可以追溯到20世纪60年代,日本丰田汽车公司实施全新的生产模式——JIT生产制。此后"零库存"的概念逐渐延伸到更广的领域,成为企业降低库存成本的最佳策略。如今,网络市场销售下零库存管理已从最初的一种减少库存水平的方法发展成为内涵丰富,包括特定知识、技术、方法的管理哲学。

零库存技术就是在生产与流通领域按照准时制组织物资供应,使整个过程中库存最小化的技术的总称。零库存技术并非单纯地在数量上使得库存为零。由于物流系统中广泛存在着"二律背反"现象,单纯降低企业的库存,可能会引起企业运输成本的大幅增加,二者不可能同时降低到最小值。但是物流对于企业的意义,并不是某一方面或环节的成本压缩,而是整体资源的最优化,因此明智的做法是在运输成本和库存成本间找到一个平衡点,而非盲目地压缩库存。所以,零库存技术只是一种理念,并不是把企业库存绝对地降低为零,而是相对尽可能地降低。零库存技术也不是把企业的库存推到企业之外去完成,其最终目的是在整个供应链中实现零库存。这样才能使企业在现代竞争中的总成本最低。

2. 实施零库存技术的方法

有了零库存理念,零库存的技术就容易掌握。企业可以根据自身实际,采取有效降低库存的方法。

1) 借助 JIT 生产的零库存技术

来源于丰田汽车公司的 JIT 生产,由于使用了需求拉动的思想,采用"看板供应"技术,使企业的供应链上一环节的物资数量、品种和时间由下一环节的物资数量、品种和时间决定。保证在供应链的每一环节不会出现物资的过多生产和库存。

看板一般分为取货看板与生产看板两种,分别如图 7-4 和图 7-5 所示。

前工序	零件号	零件名称	后工序
____车间	数量	发行张数	____车间
工位	件	3/5	工位

说明:①前工序为取货地点;②发行张数:3/5 指共有 5 张看板,此为第 3 张。

图 7-4 取货看板

送:	零件号
____车间	零件名称
____机床	生产数量

图 7-5 生产看板

生产企业推行准时制(JIT)生产方式,实行精细管理,在库存控制方面,就要降低甚至取消前置缓冲。要求物流部门加强与供应商的协调与联系,准确把握生产现场的物流时间与物流量的变化趋势,准确、及时地将物品送到生产现场。

实际上,把需求拉动的思想应用于企业的生产和库存管理中,就可以使库存尽可能地降低。DELL 公司就是一个很好的范例。DELL 根据客户的订单进行生产,使企业的零部件、产成品在各个环节都降到尽可能低的程度,企业在低成本下运作,提高了企业的竞争力。

2）虚拟库存

虚拟库存不是实实在在的库存，而是充分利用信息系统，掌握市场动态和社会生产与物流状况，把握形势，把外界可利用的生产能力及库存物品当成企业的库存。利用这种库存方法，可以使企业避免库存风险，降低物流成本，提高企业效益和效率。

例如，"鸡西矿业集团虚拟库存管理"就是这样。鸡西矿业集团的信息化建设使企业得到了实实在在的好处，在原材料管理中，借助信息化建设，2003年鸡西矿业集团物资供应公司完成了与12个煤矿材料科的联网，形成了鸡西矿业集团物资供应系统的局域网，实现了物资供应业务数据的共享。鸡西矿业集团号称"百里矿区"，最远的煤矿离鸡西市有三四十千米，局域网建成后，大量的报表、申请单都在网上传递，备受矿工欢迎。2004年，物资供应公司又实施了信息化二期工程，按照寻价、采购、签订合同、审核、入库、质检、付款、出库等物流路径设计信息平台程序，并根据工作流进行串联与分解，环环相扣，实现了物品采购、仓储、供应、管理现代物流的全程监督，变"买了再用"为"用了再买"，彻底改变了传统的煤矿物资供应管理模式。

3）越库供应

传统仓库进行物资供应时，一般经历的过程是：采购进货→入库储存→分拣备货→配装送货，物资必须在本企业的仓库中转，才能实现供应目标。越库供应是一套高效的供应运作体系，它打破了这一传统的运作方式，所采购的物资不经过本企业的仓库，直接供应给下一个环节，即采购→送货。这样，供应环节减少了，仓库面积减少了，提高了仓库的运作效率，减少了储存、分拣次数，库存周转率加快了。如果物资每日进出量很大，越库作业对于库存成本的降低是很可观的。

越库作业就是实现物资从收到发的直接转移，通过很少或几乎没有的库存占用实现物资交付。越库作业最明显的特征就是非常短的运输仓储提前期，将物资的收货环节和发货环节高度整合到一起，体现的是配送环节的JIT。而快速消费品因其周转快、批量大、物资价值低和对物资新鲜度要求高等特性，使得越库作业技术在快速消费品行业中被广泛应用。

当然，要实施大批量越库作业，必须满足特定的集装箱化要求，还必须进行足够的信息沟通。首先，每个集装箱和每件产品都必须配有条形码或射频标签，以便被自动识别出来。其次，供应商必须将装货时间预先通知仓库，以便物资被自动分配到卸货地点。再次，用于越库处理的入库货盘或容器应该只包含一个单独的存货单位，或者根据目的地的情况进行预先装配，从而将分类的需求降到最小。

越库作业并不是所有物资都100%不经过仓库，而是把能够直接发运的物资越库供应，其他物资仍然按常规入库供应。

7.4.2 MRP 技术

MRP 即物料需求计划,是库存控制方法中在库存管理的订货点基础上提出来的一种工业制造企业内的物资计划管理模式。它根据产品结构层次、产品的从属和数量关系,以每个产品为计划对象,以完工日期为时间基准倒排计划,按提前期长短区别各个产品下达计划时间的先后顺序,以此来减少库存量、降低劳动力成本、提高按时发货率。

1. MRP 系统的组成

MRP 系统由 MRP 的输入与 MRP 的输出两大部分组成。

1) MRP 的输入

(1) 主生产进度计划(MPS):主生产计划确定最终产品在每一个具体时间生产的产品数量,在一般情况下具体时间的单位为周,也可以是日、旬、月。主生产计划一般处理的是最终物料,优先处理的是主要的部件。

(2) 主产品结构文件(BOM):也称产品结构表,表示产品组成结构和组成单位产品的原物料和零部件的数量,反映一个完整的生产产品的描述,这一描述一般用产品结构树来反映。

(3) 库存文件(ISR):也称库存状态文件,反映的是企业有什么,是对企业的原材料、零部件、在制品等库存状态的一种反映,主要包含总需求量、预计入库量、现有库存量、净需求量、已分配量、计划订货量、计划下达量等内容。

2) MRP 的输出

MRP 的输出包含三个方面。

(1) 净需求量:指系统需要外界在给定的时间内提供的给定的物资的数量。

(2) 计划接受订货量:指为满足净需求量的要求,应该计划从外界接受订货的数量和时间。一般情况下,计划接受订货量等于净需求量。

(3) 计划发出订货量:指发出采购订货单进行采购或发出生产任务单进行生产的数量和时间,在数量上等于计划接受订货量,在时间上比计划接受订货量提前一个提前期。

2. MRP 系统的实施步骤

(1) 根据市场预测、客户订单及企业生产规模,编制完整、准确的主生产计划、生产作业计划和物料清单,详细记录每个时间段上的各种材料的总需求数量和时间。

(2) 准确掌握各种物料和零部件的实际库存量。

(3) 编制流水线工作指示图表和各种物料、零部件的用料明细表,确定各工序所需的时间、订货批量及指令发出时间。

(4) 根据各种物料和零部件的订货提前期确定订货的时间、订货的周期及收货时间,确定物料需求计划。

(5) 根据物料需求计划发出订货生产指令。

MRP 系统的实施步骤如图 7-6 所示。

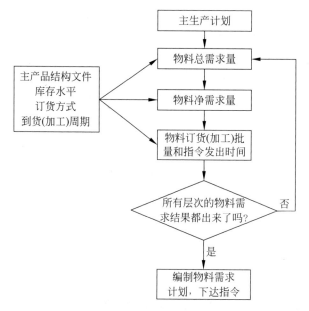

图 7-6　MRP 系统的实施步骤

MRP Ⅱ 是从整体最优的角度出发，运用科学的方法，对企业的各种制度资源和企业生产经营各环节实行合理、有效的计划、组织、控制和协调，达到既能连续均衡生产，又能最大限度地降低各种物资的库存量，进而提高企业经济效益的管理方法。

3．MRP 的计算方法

1）产品结构与零件分解

（1）产品结构：将组成最终产品的组件、部件、零件，按组装成品顺序合理地分解为若干个等级层次，从而构成产品的完整系统。

（2）零件分解：根据企业在规定时期内应生产的产品种类和数量，分析计算这些产品所需各种零部件的种类和数量，并计算出每一种零部件所需的准备、加工及采购的全部时间。

2）零部件需要量的计算方法

已知 U 为最终产品，属于独立需求。若已知其需求量为 100 个，而其他零部件都属于相关需求，其需求量受 U 产品的数量影响，根据所有产品及零部件的库存量，可以计算出实际需求量。产品 U 的结构树状关系图如图 7-7 所示。

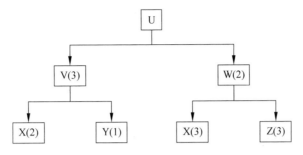

图 7-7　产品 U 的结构树状关系图

计算结果如下所示。

(1) 部件 V：3×U 的数目＝3×100＝300(个)。

(2) 部件 W：2×U 的数目＝2×100＝200(个)。

(3) 部件 X：2×V 的数目＋3×W 的数目＝2×300＋3×200＝1200(个)。

(4) 部件 Y：1×V 的数目＝1×300＝300(个)。

(5) 部件 Z：3×W 的数目＝3×200＝600(个)。

4．MRP 的适用性

MRP 适用于加工装配型企业，尤其是生产由成千上万个零部件组成的结构复杂的产品的企业。

(1) 产品装配提前期较长。

(2) 原材料、零部件的备货提前期较长。

(3) 原材料、零部件的备货提前期是可靠的，而不是臆测的。

(4) 有一个稳定的生产主进度表。

(5) 批量的大小变动较小。

7.4.3　VMI 技术

VMI 即供应商管理库存，指供应商等上游企业基于其下游客户的生产经营、库存信息，对下游客户的库存进行管理与控制。这是一种用户和供应商之间的合作性策略，以对双方来说都是最低的成本优化产品的可获性，在一个双方同意的目标框架下由供应商管理库存，这样的目标框架被经常性地监督和修正，以产生一种连续改进的环境。

卖方主导型的库存管理

在 CRP 系统中，厂家和批发商编制产品的补充计划，对零售商的库存进行管理。像这样由卖方对顾客的库存进行管理的方法称为卖方主导型的库存管理。

与 CRP 系统相似的库存管理有 VMI(vendor managed inventory,供应商的库存管理)。两者的区别:一般前者是指零售业物流中心的库存管理,后者是指零售企业的库存管理。

1. 实施的原则

VMI 力求最大限度地优化供应结构,根据实际供应关系和影响运行效率的环节,寻求解决问题的办法。一般来说,要想成功地实施 VMI,必须遵循以下基本原则。

(1) 合作性原则。在实施该策略时,相互信任和信息透明是很重要的,供应商和用户都要有较好的合作精神,才能相互保持较好的合作。

(2) 互惠原则。供应商管理库存不是关于成本如何分配或谁来支付的问题,而是关于降低成本的问题,通过该策略使双方成本最低。

(3) 目标一致性原则。双方都明白各自的职责,在观念上达成一致的目标。如库存存放在哪里、什么时候支付、是否需要管理费用等问题都要回答,并且体现在框架协议中。

(4) 持续改进原则。使得供求双方能够共享利益和消除浪费。

2. VMI 的优点

与传统库存相比,VMI 具有以下优点。

(1) 缩减成本。供应商通过网络共享用户信息,削弱了"牛鞭效应",缓和了需求的不确定性,削减了用户的库存管理成本,供应商也可根据用户信息编制补货计划,减少了非增值活动和浪费。

(2) 提高服务水平。在 VMI 中,多用户补货订单、递送间的协调大大改善了服务水平,可以优先完成重要的递送业务,更有利于产品的更新。

3. 实施 VMI 的内容

实施 VMI 的具体内容采用 VMI 管理策略,要求建立企业战略联盟,并从组织上促进企业间的信息共享,在信息、物流和库存等方面进行系统管理。实施 VMI 的主要内容包括以下几项。

(1) 建立供应方和需求方合作协议。供应方和需求方本着节约资源的原则共同实施 VMI 策略。为了保证 VMI 实施的正常运行,双方应共同协商制定合作协议,确定订单的业务流程及库存控制的有关参数,如最低库存水平、安全库存水平、货物所有权、付款方式、信息传递方式等。

(2) 权力转让和机构调整。在制定好合作协议之后,供需双方都要进行一定的机构调整以适应 VMI 的实施。供应商要扩大管理范围,或者说将库存管理流程延伸到需求方,对本企业的库存和需求方的库存进行集成管理。需求方可撤销库存管理机构,并将库存管理权转让给供应商。在具体的实施中,根据双方制定的合作协议,需求方库存中的货物所有权可能归属于供应方,也可能归属于需求方。

（3）构建信息系统。充分利用信息技术实现供应链上的信息集成，共享订货、库存状态、缺货状况、生产计划、运输安排、在途库存、资金结算等信息。按照所商定的协议将订单、提单、送货单、入库单等商业文件标准化和格式化，在贸易伙伴的计算机网络系统间进行数据交换和自动处理。

（4）建立完备的物流系统。建立完备的物流系统，实现对仓储、分销和运输货物的综合管理，使自动化系统、分销系统、仓储系统和运输系统同步实现数字化管理。迅速反馈各个环节的信息，组织进货，指导仓储，为经营决策提供信息依据，有效地降低物流成本。

（5）为最终客户建档。为了有效地对库存进行管理，必须能够获得最终客户的有关信息。通过建立客户的信息库，跟踪客户购货行为，可掌握不同地区、不同时段、不同年龄、不同职业的客户需求变化的有关情况。供需双方应共建、共享最终客户信息并共同对市场需求进行预测。

（6）建立监督机制。VMI 是一个动态发展的过程，不同的伙伴在 VMI 处理策略实施中会遇到不同的问题。同一合作伙伴间的 VMI 在不同的时期也会遇到不同的挑战。为了保证 VMI 实施的顺利展开，有必要建立一个监督机制，对 VMI 的实施进行监督。例如，在顺境中，监督机构对供应商缺乏责任心或从本身利益出发滥用权力等行为进行监督，并按规定实施处罚；在逆境中，监督机构促进需求方和供应方一起出谋划策，共渡难关。监督机制能使 VMI 在发展中不断得到完善。

4．VMI 的方式

VMI 的方式主要有四种，如图 7-8 所示。

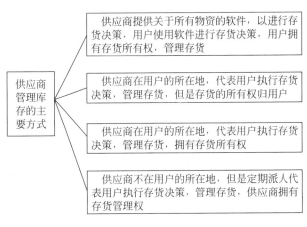

图 7-8　VMI 的主要方式

5．实施 VMI 的难点

实施 VMI 的难点主要表现在以下几方面。

（1）必须做好仓储人员的工作。

(2) 拟订一份粗略的存货品种和补充计划。

(3) 供应商使用什么样的工具交货？在哪里建立仓库？其面积能否保证产品的进出和不断增长的产品需求？

(4) 谁将代表供应商管理存货？

(5) 供应商将如何满足所有参与者的送货要求？供应商送货时交接细节和有关文件如何处理？

(6) 单位库存量、规格、存货进出流程，如何从 VMI 中剔除产品或改变单位送货规格，单位库存产品的所有权归谁？

(7) 建立适合评价 VMI 的评估体系。

(8) 参与 VMI 的供应商资格标准，潜在的符合条件的供应商列表，供应商培训和退出计划。

(9) 退货条款的拟订。

(10) 例外条款的拟订。

(11) 付款条款的拟订。

(12) 罚款条款的拟订。

7.4.4　JMI 技术

JMI(jointly managed inventory)技术即联合管理库存，是为了规避传统库存控制中的"牛鞭效应"，在 VMI 的基础上发展起来的上游企业和下游企业权力责任平衡和风险共担的库存管理模式，其基本思想如图 7-9 所示。

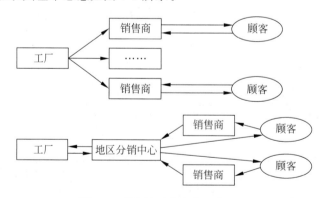

图 7-9　联合管理库存的基本思想

1. JMI 有效运作的前提

(1) 建立清晰而有效的责任与风险分摊机制，明确各个企业、各级供应商的库存责任并达成具体的风险承担条款，建立公平的利益分配制度，增加协作性和协调性。

(2)建立有效的沟通机制或系统,提高整个供应链需求信息的一致性。

2．JMI 的实施策略

1）建立供应链协调管理机制

建立供应链协调管理机制,需从以下四方面着手。

(1)建立联合管理库存模式的共同合作目标。首先供需双方必须本着互惠互利的原则,建立共同的合作目标。为此,要理解供需双方在市场目标中的共同之处和冲突点,通过协商达到共同的目标,如用户满意度、利润的共同增长和风险的减少等。

(2)建立联合管理库存的协调控制方法。联合管理库存中心担负着协调供需双方利益的角色,起协调控制器的作用,因此需要对库存优化的方法进行明确确定。这些内容包括库存如何在多个用户之间调节与分配,库存的最大量和最低库存水平、安全库存的确定,需求的预测等。

(3)建立一种信息沟通的渠道或系统信息共享。为了提高整个供应链的需求信息的一致性和稳定性,减少由多重预测导致的需求信息扭曲,应增加合作各方对需求信息获得的及时性和透明性。为此应建立一种信息沟通的渠道或系统,以保证需求信息在合作各方中的畅通和准确性。要将条形码技术、扫描技术、POS 系统和 EDI 集成起来,并且要充分利用因特网的优势,在供需双方之间建立一个畅通的信息沟通桥梁和联系纽带。

(4)建立利益的分配、激励机制。要有效运行基于协调中心的库存管理,必须建立一种公平的利益分配制度,并对参与协调管理库存中心的各个企业(供应商、制造商、分销商或批发商)进行有效的激励,防止机会主义行为,增加协作性和协调性。

2）发挥两种资源计划系统的作用

(1)为了发挥联合管理库存的作用,在供应链库存管理中应充分利用目前比较成熟的两种资源管理系统:MRPⅡ和 DRP。

(2)原材料库存协调管理中应用制造资源计划系统 MRPⅡ,在产品联合库存协调管理中则应用物资资源配送计划 DRP。

分销资源计划(DRP)

分销资源计划是管理企业的分销网络的系统,目的是使企业对订单和供货具有快速反应和持续补充库存的能力。

通过互联网将供应商与经销商有机地联系在一起,DRP 为企业的业务经营及与贸易伙伴的合作提供了一种全新的模式。供应商和经销商之间可以实时提交订单、查询产品供应和库存状况并获得市场、销售信息及客户支持,实现了供应商与经销商之间端到端的供应链管理,有效地缩短了供应链。

3)建立快速响应系统

快速响应系统是一种有效的供应链管理策略,目的是最大限度地提高供应链的运作效率。实施快速响应系统后 JMI 的效率大有提高:缺货大大减少,通过供应商与零售商的联合协作保证 24 小时供货;库存周转速度提高 1~2 倍;通过敏捷制造技术,企业的产品中有 20%~30% 是根据用户的需求制造的。快速响应系统需要供需双方的密切合作,因此联合库存管理中心的建立为快速响应系统发挥更大的作用创造了有利条件。

4)发挥第三方物流公司的作用

第三方物流公司(3PL)是供应链集成的一种技术手段,它也被称为物流服务提供者,可以为委托物流服务的企业提供各种服务,如产品运输、订单选择、库存管理等。第三方物流公司是由一些大的公共仓储公司通过提供更多的附加服务演变而来的,或由一些制造企业的运输和分销部门演变而来。把库存管理的部分功能代理给第三方物流企业管理,可使委托企业获得诸多好处。

3. JMI 的优点

JMI 的优点主要表现在以下四方面。

(1)由于 JMI 将传统的多级别、多库存点的库存管理模式转化成对核心制造企业的库存管理,核心企业通过对各种原材料和产成品实施有效控制,就能达到对整个供应链库存的优化管理,简化了供应链库存管理运作程序。

(2)JMI 在减少物流环节、降低物流成本的同时,提高了供应链的整体工作效率。联合库存可使供应链库存层次简化并使运输路线得到优化。

(3)联合库存管理系统把供应链系统管理进一步集成为上游和下游两个协调管理中心,从而部分消除了由供应链环节之间的不确定性和需求信息扭曲现象导致的库存波动。通过协调管理中心,供需双方共享需求信息,因而增强了供应链的稳定性。

从供应链整体来看,联合库存管理减少了库存点和相应的库存设立费及仓储作业费,从而降低了供应链系统总的库存费用。

(4)联合库存管理系统也为其他科学的供应链物流管理(如连续补充货物、快速反应、准时化供货等)创造了条件。

7.4.5 库存管理模式的比较

传统库存管理、VMI 库存管理、JMI 库存管理有各自的优点、缺点、适用范围、支持技术、实施策略,其比较如表 7-10 所示。

表 7-10　传统库存管理、VMI 库存管理、JMI 库存管理的比较

类　　别	传统库存管理	VMI 库存管理	JMI 库存管理
管理实体	各节点企业	供应商	核心企业
主要思想	各企业独立管理自有库存，寻求减小自身的缺货、需求不确定等风险的方法	各节点共同帮助供应商制订库存计划，要求供应商参与管理客户的库存	各节点共同参与库存计划管理，共同制订统一的生产计划与销售计划
主要优点	减小缺货、需求不确定性等风险及对外部交易商的依赖	减少库存、降低成本，改善缺货、提高服务水平，提高需求预测的精确度，配送佳	共享库存信息，改善供应链的运作效率，降低成本与风险，改善客户服务水平
主要缺点	库存量过高，存在严重的"牛鞭效应"，库存管理各自为政	缺乏系统集成、对供应商依存度较高、决策缺乏足够协商	建立和协调成本较高、企业合作联盟的建立较困难
适用范围	传统的库存各自分离，协作信任程度较弱，对风险较保守	上游厂商实力雄厚、下游企业没有实力有效管理库存	供应链节点企业有良好的沟通与信任基础
支持技术	MRP/MRPII、订购点技术	EDI、条码技术、连续补货系统、企业信息系统	企业内部大型 ERP、SCM、CRM 系统，网络技术
实施策略	确定独立需求库存、订货库存策略、安全库存量	建立顾客信息和销售网络系统，建立合作框架协议	建立供需协调机制，建立快速响应系统，利用第三方物流

复习思考

一、填空题

1. 仓储成本管理的任务是（　　）取得适当数量的存货。
2. （　　）是指为保持适当的库存而发生的成本。它可以分为固定成本和变动成本。
3. （　　）＝库存占用资金×相关收益率。
4. （　　）是指在接受订货指令、发出货票的同时，备货员按照发货清单在仓库内寻找、提取所需货品的作业。
5. （　　）指机械设备在运行和操作过程中耗用的燃料、动力所产生的成本。

二、判断题

1. 仓储持有成本主要包括三项成本。（　　）
2. 仓储持有成本也称为利息费用，是指企业将购买库存的资金用于其他投资所能实现的收益，属于投资的资金成本。（　　）

3. 仓储维护成本主要包括与仓库有关的租赁、水电费用。(　　)
4. 过期成本是由于企业库存控制不当,库存货品过多所引起的,它与库存水平有直接关系。(　　)
5. 在计算仓储成本时,由于原始数据主要是来自财务部门提供的数据,因此首先应该把握按支付形态分类的成本。(　　)
6. 作业是资源耗费的活动。(　　)
7. 由于缺货原因所造成的生产损失和其他额外支出称为缺货损失。(　　)
8. 储存成本是指为取得存货而支出的成本。(　　)
9. 取得成本是指企业为保持存货而发生的成本,如仓储费用资金的利息等。(　　)
10. 如果存货量大,可以防止因缺货造成的损失,减少缺货成本,但相应要增加储存成本;反之,如果存货量小,可以减少储存成本,但相应会增加订货成本和缺货成本。(　　)

三、单项选择题

1. 仓储(　　)主要包括以下四项成本:资金占用成本、仓储维护成本、仓储作业成本、仓储风险成本。
   A. 风险成本　　　B. 库存成本　　　C. 持有成本　　　D. 取得成本
2. (　　)属于仓储固定成本。
   A. 仓储作业成本　B. 仓储维护成本　C. 仓储风险成本　D. 仓储设备折旧
3. 为了防止不确定因素准备的缓冲库存是(　　)。
   A. 经常库存　　　B. 安全库存　　　C. 投机库存　　　D. 沉淀库存
4. 为了避免因货物价格上涨造成损失或为了从商品价格上涨中获利而建立的库存是(　　)。
   A. 经常库存　　　B. 安全库存　　　C. 投机库存　　　D. 季节性库存
5. 对库存物资进行 ABC 分类管理,是对物资储存(　　)的合理化。
   A. 结构　　　　　B. 质量　　　　　C. 数量　　　　　D. 分布
6. 对库存进行 ABC 分类之后,必须定时进行盘点,详细记录并经常检查分析物资使用、存量增减、品质维持等信息,加强进货、发货管理和运送管理的是(　　)。
   A. A 类　　　　　B. B 类　　　　　C. C 类　　　　　D. 以上都可以
7. 关键因素分析法允许偶尔缺货的物资指的是属于(　　)的物资。
   A. 最高优先级　　B. 较高优先级　　C. 中等优先级　　D. 较低优先级
8. 使用(　　)系统:利用货架每层通道,从一端存入货物,从另一端取出货物,货物在通道中按先后次序排队,不会出现越位等现象。
   A. 流利货架　　　B. BTOC 货架　　C. 阁楼货架　　　D. 贯通式货架
9. 库存状态记录用字母(　　)表示。

A. MRP　　　　B. BOM　　　　C. MPS　　　　D. ISR

10. 供应商管理库存用字母（　　）表示。

A. JMI　　　　B. VMI　　　　C. ERP　　　　D. DDP

四、简答题

1. 仓储成本有何特征？
2. 仓储成本核算对象有哪些内容？
3. 影响仓储成本的因素有哪些？
4. 什么是缺货成本？如何计算？
5. 简述经济订货批量决策步骤。
6. 简述仓储成本控制的原则。
7. 什么是存货的订购点控制法？
8. 什么是存货的定期控制法？
9. 简述 ABC 分类法原理。
10. 什么是 JIT、MRP、VMI、JMI？

五、案例分析

安科公司的库存管理

安科公司是一家专门经营进口医疗用品的贸易公司，因为进口产品交货期较长，库存占用资金大，因此，库存管理显得尤为重要。

安科公司按销售额的大小，将其经营的 26 种产品排序，划分为 A、B、C 三类。排序在前三位的产品占到总销售额的 97%，因此归为 A 类产品；第 4～7 种产品每种产品的销售额在 0.1%～0.5%，归为 B 类；其余的 21 种产品（共占总销售额的 1%），归为 C 类。

对于 A 类的三种产品，安科公司实行了连续性检查策略，每天检查库存情况，随时掌握准确的库存信息，进行严格的控制，在满足客户需要的前提下维持尽可能低的经常量和安全库存量，通过与国外供应商协商，并且对运输时间做认真分析，算出了该类产品的订货前置期为两个月（也就是从下订单到货物从安科公司的仓库发运出去，需要两个月的时间）。由于该公司产品的月销售量不稳定，因此，每次订货的数量不同，要按照实际的预测数量进行订货。为了预防预测的不准确和工厂交货的不准确，还要保持一定的安全库存，安全库存是下一个月预测销售数量的 1/3。如果实际的存货数量加上在途的产品数量等于下两个月的销售预测数量加上安全库存，就下订单订货，订货数量为第三个月的预测数量。因其实际的销售量可能大于或小于预测值，所以每次订货的间隔时间也不相同。这样进行管理后，这三种 A 类产品库存的状况基本达到了预期的效果。

对于 B 类产品的库存管理，该公司采用周期性检查策略。每个月检查库存并订货一次，目标是每月检查时应有以后两个月的销售数量在库里（其中一个月的用量视为安全库存），另外在途中还有一个月的预测量。每月订货时，根据当时剩余的实际库存数量决定需订货的数量。这样就会使 B 类产品的库存周转率低于 A 类。

对于 C 类产品,该公司采用了定量订货的方式。根据历史销售数据,得到产品的半年销售量为该产品的最大库存量,并将其两个月的销售量作为最小库存量。一旦库存达到最低就订货,将其补充到最大库存量,这种方法比前两种更省时间,但库存周转率更低。

该公司实行了产品库存的 ABC 管理以后,虽然 A 类产品占用了最多的时间、精力,但得到了满意的库存周转率。而 B 类和 C 类产品,虽然库存的周转率较低,但相对于其很低的资金占用和很少的人力支出来说,这种管理也是个好方法。

(资料来源:http://www.doc88.com/p-042804545674.html)

讨论

1. 安科公司将产品分为哪几类进行管理?
2. 安科公司怎样对 A、B、C 三类产品进行库存控制?

第 8 章

特殊货物仓储管理

【学习目标】

通过本章学习熟悉危险品货物的种类和特性;掌握冷藏品储存的措施;了解油品仓库管理的主要内容;熟悉粮食储存期间的一些主要特性,并能采取相应的保管措施。

【本章要点】

本章主要介绍危险品储存、冷藏品储存、油品储存、粮食储存。

危险品的管理

上海外高桥保税区首家公共型危险品物流企业于 2002 年 4 月诞生。日本陆运产业株式会社和上海外高桥保税区联合发展有限公司正在组建日陆外联发物流(上海)有限公司。日本陆运产业株式会社是世界著名的专业危险品物流企业,在危险品行业内拥有很高的国际知名度和市场占有率。

合资公司一期将建成占地面积 1 万余平方米,仓储面积 3 千余平方米,投资 600 万美元的危险品仓储项目。日方控股 60%,外联发公司派员参加项目管理,向日方学习先进的经验技术,为在外高桥物流园区内建设更大规模物流园区打下基础。

随着我国 IT、化工等产业的飞速发展,各种危险品被广泛应用到相关产业。但保税区内缺乏专业危险品物流的现状,不但制约了高科技企业的发展,而且导致安全隐患的增加。外联发公司引进了日本陆运产业株式会社这个危险品物流企业,并与其合资建立专业的危险品物流企业,无疑填补了保税区物流业的空白,大大拓展了保税区物流服务的功能。

(资料来源:http://www.examw.com/wuliu/anli 资料引用经笔者修改)

思考

1. 各国为什么越来越重视危险品物流?
2. 危险品仓储该如何管理?

8.1 危险品仓储管理

8.1.1 危险品的种类及特性

1. 危险品概述

(1) 危险品概念及分类。危险品又称为危险化学品、危险货物,是指在流通中,由于本身具有的燃烧、爆炸、腐蚀、毒害及放射线等性能,或因摩擦、振动、撞击或温湿度等外界因素的影响,能够发生燃烧、爆炸或使人畜中毒、表皮灼伤,以致危及生命、造成财产损失等危险性的商品。在运输、装卸和储存过程中,由于危险品容易造成人身伤亡和财产毁损,是属于需要特别防护的一类货物。危险品主要有化工原料、化学试剂及部分医药、农业杀虫剂、杀菌剂等。

危险品的特征就是危害性,但各种危险品的危害性具有不同的表现,根据危险品的首要危险特性可分为 10 大类,分别是:①爆炸品;②压缩气体和液化气体;③易燃液体;④易燃固体;⑤自燃物品;⑥遇湿易燃物品;⑦氧化剂和有机过氧化剂;⑧有毒品;⑨腐蚀品;⑩放射性物品。具体包括列入国家标准《危险货物品名》(GB 12268—1990)和国务院经济贸易综合管理部门公布(会同公布)的剧毒化学品名录和其他危险化学品。危险品还包括未经彻底清洗盛装过危险品的空容器、包装物。

(2) 危险品管理制度与法规。国家对危险品实施严格的管理,采取相应管理部门审批、发证、监督、检查的系列管理制度,包括经济贸易管理部门的经营审批,公安部门的通行证发证,质检部门的包装检验发证,环境保护部门的监督管理,铁路、民航、交通部门的运输管理,卫生行政部门的卫生监督,工商管理的经营管理等。对于政府部门依法实施的监督检查,危险化学单位不得拒绝、阻挠。

危险品管理采取依法管理的原则,严格根据法规的规定和国家标准实施管理。涉及危险品仓储和运输的管理法规有:《危险化学品安全管理条例》、《危险货物品名表》(GB 1226—1990)、《危险货物分类和品名编号》(GB 36944—1986)、各种运输方式的"危险货物运输规则",以及环境保护法、消防法的相关规范和其他安全生产的法律和行政法规,涉及国家运输的危险货物还需要执行《国际海运危险货物规则》。

(3) 危险品的分级、包装和标志。根据危险货物的危险程度,各类危险品划分为一级危险品和二级危险品。危险性大的为一级危险品,危险性小的为二级危险品。危险品的分级在品名编号中由后三位数字的顺序号表示,顺序号小于 500 的为一级危险品,顺序号大于 500 的为二级危险品。

危险品的包装是危险品安全的保障,包括危险品不受损害和外界影响,保持危险品的使用价值;防止危险品对外界造成损害,避免发生重大危害事故;形状规则的包装方便作业和便于堆放储存；固定标准的包装确保危险品的单元数量限定。

危险品的包装要经过规定的性能试验和具有检验标志，具有足够的强度，没有损害和变形，封口严密等。包装使用与危险品不相忌的材料，按包装容器所注明的使用类别盛装危险品。

危险品的外包装上需要有明确、完整的标志，包括危险品的包装标志、储运图示标志、收发货标志，具体有包装容器的等级、编号、危险品的品名、收发货人、重量尺度、运输地点、操作指示、危险品的危险性质、等级的图示等。

2．不同类别危险品的特性

（1）爆炸品。此类物品化学性质活泼，对机械力、电、热等很敏感。在外界作用下（如受热、撞击摩擦、震动或其他因素激发等），能发生剧烈的化学反应，瞬间产生大量的气体和热量，使周围压力急剧上升，发生爆炸，对周围环境造成破坏。其特征有以下三个。

① 爆炸性。爆炸性是一切爆炸品的主要特征。这类物质都具有化学不稳定性，在一定外因的作用下，能以很高的速度发生猛烈的氧化还原反应，同时产生大量的气体和热量，形成冲击波，以致对周围造成机械性破坏。

② 吸湿性。很多爆炸品都具有较强的吸湿性，多数炸药随着水分含量的增加而降低爆炸能力，甚至失去爆炸性。但这些物品的水分蒸发后，仍可恢复原来的爆炸性，吸湿和干燥的反复进行，会使药体硬化结块，降低质量。已结块的炸药，不得用铁工具粉碎，以防发生爆炸。

③ 条件性。爆炸性是由其本身组成和性质决定的，但也要有必要的外界条件，如热的作用、机械作用、接触明火、日光的作用、金属的作用、强酸的作用等。

（2）压缩气体和液化气体。本类物品系指压缩、液化或加压溶解的气体贮存于耐压容器中。在具备一定的受热、撞击或剧烈震动的条件下，容器的内压力容易膨胀引起介质泄漏，甚至使容器破裂爆炸，从而导致燃烧、爆炸、中毒、窒息等事故。压缩气体和液化气体具有剧毒性、易燃性、助燃性、爆破性等特点。

（3）易燃液体。凡在常温下以液体形状存在，遇火容易引起燃烧，其燃点在45℃以下的物质叫易燃液体，如豆油、花生油、乙醚、汽油、酒精等。其特性有：易燃性、挥发性、高度的流动扩散性、爆炸性、与氧化性强酸及氧化剂作用。此外，多数易燃液体都有不同程度的毒性。

（4）易燃固体。物质以固体形态存在，本身燃点较低，遇明火或受热、受撞击、摩擦、接触氧化剂或强酸后，发生剧烈的氧化反应，产生热量，达到该物质的燃点时，便迅速发生猛烈的燃烧，这类物质叫易燃固体商品。易燃固体的特性是燃烧性。

（5）自燃物品。物质开始燃烧的最低温度称为该物质的燃烧点。燃烧点越低的物品越容易引起燃烧，危险性就越大。其特性有自燃性，即物品不需明火接触而自身燃烧的特性。条件性，是指其燃烧性是有条件的，如温度、湿度、有无助燃物等。

（6）遇湿易燃品。遇湿能分解产生可燃气体，并放出热量而引起燃烧或爆炸的物品叫遇湿易燃品。其特性是遇湿后能发生剧烈的化学反应，放出可燃性气体，当达到其燃点时立即燃烧以致爆炸。

（7）氧化剂和有机过氧化剂。本类具有强烈的氧化性，在不同条件下，遇酸、受热、受潮或接触有机物、还原剂即能分解放氧，发生氧化还原反应，引起燃烧。其特性有以下五方面。

① 氧化性，就是具有较强的得电子能力。

② 遇热分解，有遇热分解、燃烧、爆炸的危险。

③ 吸水性，大多数盐类都具有不同程度的吸水性。它们在潮湿环境里很容易从空气中吸收水分，甚至溶化、流失。

④ 化学敏感性，氧化剂与还原剂、有机物、易燃物等接触时，有的能立即发生不同程度的化学反应甚至爆炸、燃烧，或由外界因素的作用而引起的燃烧、爆炸等。

⑤ 遇酸分解，特别是碱性氧化剂，遇酸后能猛烈反应，引起燃烧或爆炸。氧化剂还有其他的特性，如一定的毒性、腐蚀性，使人中毒与灼伤等。

（8）有毒品。本类物品被误服、吸入或皮肤黏膜接触进入肌体后，积累到一定的量，能与体液或组织发生生物化学作用或生物物理学变化，扰乱或破坏机体的正常生理功能，引起暂时性或持久性的病理状态，甚至危及生命。其特性为毒性、挥发性、燃烧性、溶解性等。

（9）腐蚀品。本类物品能灼伤人体组织，并对金属等商品造成损坏。其散发的粉尘、烟雾、蒸汽，强烈刺激眼睛和呼吸道，吸入会中毒。如无机酸性物品、有机酸性腐蚀物品、碱性腐蚀物品等。其特征有：腐蚀性、易燃性、氧化性、遇水分解性等。

（10）放射性物品。本类物品能自发不断地放出人体感觉器官不能觉察到的射线（有 α、β、γ、中子流四种类型），具有不同的穿透能力，能杀伤细菌，破坏人体组织，长时间或大剂量照射，会引起伤残甚至死亡。其中有些物品还具有易燃、毒害、腐蚀等性质。

各类危险物资的标志图见图 8-1。

8.1.2 危险品仓库

1. 危险品仓库的类型

我国把危险品仓库按其隶属和使用性质分为甲、乙两类。甲类是那些商业仓储业、交通运输业、物资管理部门的危险品仓库，这类仓库往往储量大、品种复杂，且危险性较大。乙类是指那些企业自用的危险品仓库。

如按仓库规模，又可分为三级：库场面积大于 9000 平方米的为大型仓库，面积在 550～9000 平方米的为中型仓库，550 平方米以下的为小型仓库。

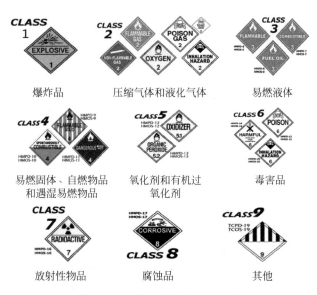

图 8-1　各类危险物资的标志图

2. 危险品仓库的库区布局

危险品仓库由于其储存的货物具有危险性,故一般设在郊区的较空旷地带,且位于常年主导风的下风处,并避开交通干线。

危险品仓库库区布置上应严格按照公安部颁布的《建筑设计防火规范》要求,设置防火安全距离。大、中型甲类仓库和大型乙类仓库与邻近居民点和公共设施的间距应大于150米,与企业、铁路线间距大于100米,与公路间距应保持大于50米。在库区内,库房间防火间距根据货物特性取20~40米,小型仓库的防火间距在12~40米。易燃商品最好储存在地势较低的位置,桶装易燃液体应存放在库房内,对于危险品储罐的布置可参考有关油品储罐的要求。

3. 危险品的仓库管理

危险品仓库管理的一般要求同其他货物仓储管理相同。这里我们仅讨论危险品仓储管理中的一些特殊要求。

(1) 货物入库。仓库保管员应对货物按交通部颁发的《危险品运输规则》要求进行抽查,做好相应的记录,并在货物入库后的2天内应对其验收完毕。货物存放应按其性质分区、分类、分库存储。对于不符合危险品保管要求的应与货主联系拒收。

在入库验收方法上,主要是采用感官验收为主,仪器和理化验收为辅。在验收程序上,可按以下步骤进行。

① 检验货物的在途运输情况,检查是否发生过混装。

② 检查货物的外包装上是否沾有异物。

③ 对货物包装、封口和衬垫物进行验查，看包装标志与运单是否一致，容器封口是否严密，衬垫是否符合该危险品运输、保管的要求。

④ 货物本身质量的检查，看是否有变质、挥发、变色或成分不符等问题。

⑤ 提出对问题的处理意见，对属于当地的货物，以书面形式提出问题和改进措施，并退货。如为外地货物，又无法退回的，又系一般问题不会造成危险的，可向货主提出整改意见，对于会影响库场安全的货物则应置于安全地点进行观察，待问题解决后方可入库。

（2）货物保管。对于危险品货物应实行分类分堆存放，堆垛不宜过高，堆垛间应留有一定的间距，货堆与库壁间距要大于 0.7 米。对怕热、怕潮、怕冻物品应按气候变化及时采取密封、通风、降温和吸潮等措施。

危险品仓库实行定期检查制度，检查间距不宜超过 5 天；对检查中发现的问题应及时以"问题商品通知单"的形式上报仓库领导。仓库保管员需要保持仓库内的整洁，特别是对残余化学物品应随时清扫。对于残损、质次、储存久的货物应及时向有关单位联系催调。

（3）货物出库。对于一次提货量超过 0.5 吨时，要发出场证，交运输员陪送出场。仓库保管员应按"先进先出"原则组织货物出库，并认真做好出库清点工作。

（4）送货。车辆运送时，应严格按危险品分类要求分别装运，对怕热怕冻的货物需按有关规定办理。

8.1.3 危险品的储存

1．危险品储存的基本要求

（1）储存危险品必须遵照国家法律、法规和其他有关的规定。

（2）危险品必须储存在经公安部门批准设置的专门的危险品仓库中，经销部门自管仓库储存危险品及储存数量必须经公安部门批准。未经批准不得随意设置危险品储存仓库。

（3）危险品露天堆放，应符合防火、防爆的安全要求，爆炸物品、一级易燃物资、遇湿易燃物品、剧毒物资不得露天堆放。

（4）储存危险品的仓库必须配备有专业知识的技术人员，其库房及场所应设专人管理，管理人员必须配备可靠的个人安全防护用品。

2．危险品储存场所的要求

储存危险品的建筑物不得有地下室或其他地下建筑，其耐火等级、层数、占地面积、安全疏散和防火间距应符合国家有关规定。

储存地点及建筑结构的设置，除了应符合国家的有关规定外，还应考虑对周围环境和居民的影响。

1）储存场所的电气安装

（1）危险品储存建筑物、场所消防用电设备应能充分满足消防用电的需要，并符合

GBJ16 第十章第一节的有关规定。

（2）危险品储存区域或建筑物内输配电线路、灯具、火灾事故照明和疏散指示标志，都应符合安全要求。

（3）储存易燃、易爆危险品的建筑，必须安装避雷设备。

2）储存场所通风或温度调节

（1）储存危险品的建筑必须安装通风设备，并注意设备的防护措施。

（2）储存危险品的建筑通排风系统应设有导除静电的接地装置。

（3）通风管应采用非燃烧材料制作。

（4）通风管道不宜穿过防火墙等防火分隔物，必须穿过时应用非燃烧材料分隔。

（5）储存危险品建筑采暖的热媒温度不应过高，热水采暖不应超过 80℃，不得使用蒸汽采暖和机械采暖。

（6）采暖管道和设备的保温材料必须采用非燃烧材料。

3）储存方式

根据危险品性能分区、分类、分库储存。各类危险品不得与禁忌物资混合储存。储存化学危险品的建筑物、区域内严禁吸烟和使用明火。化学危险品储存方式分为三种。

（1）隔离储存。在同一建筑或同一区域内，不同的物资之间有一定的距离，非禁忌物资间用通道保持空间的储存方式。

（2）隔开储存。在同一建筑或同一区域内，用隔板或墙将其与禁忌物资分离开的储存方式。

（3）分离储存。在不同的建筑物或远离所有建筑的外部区域内的储存方式。

4）储存安排及储存量限制

化学危险品储存安排取决于化学危险品分类、分项、容器类型、储存方式和消防的要求。

危险品的储存量及储存安排如表 8-1 所示。

表 8-1 危险品的储存量及储存安排

储存类别 储存要求	露天储存	隔离储存	隔开储存	分离储存
平均单位面积储存量	1.0～1.5	0.5	0.7	0.7
单一储存区最大储量/t	2000～2400	200～300	200～300	400～600
垛距限制/米	2	0.3～0.5	0.3～0.5	0.3～0.5
通道宽度/米	4～6	1～2	1～2	5
墙距宽度/米	2	0.3～0.5	0.3～0.5	0.3～0.5
与禁忌品距离/米	10	不得同库储存	不得同库储存	7～10

遇火、遇热、遇潮能引起燃烧、爆炸或发生化学反应、产生有毒气体的化学危险品不得在露天或在潮湿、积水的建筑物中储存。

受日光照射能发生化学反应引起燃烧、爆炸、分解、化合或能产生有毒气体的化学危险品应储存在一级建筑物中。其包装应采取避光措施。

爆炸物资不准和其他类物品同储，必须单独隔离限量储存，仓库不准建在城镇，还应与周围建筑、交通干道、输电线路保持一定的安全距离。

压缩气体和液化气体必须与爆炸物资、氧化剂、易燃物资、自燃物资、腐蚀性物资隔离储存。易燃气体不得与助燃气体、剧毒气体同储；氧气不得与油脂混合储存，盛装液化气体的容器属压力容器的，必须有压力表、安全阀、紧急切断装置，并定期检查，不得超装。

易燃液体、遇湿易燃物资、易燃固体不得与氧化剂混合储存，具有还原性的氧化剂应单独存放。

有毒物资应储存在阴凉、通风、干燥的场所，不要露天存放，不要接近酸性物资。

腐蚀性物资，包装必须严密，不允许泄漏，严禁与液化气体和其他物资共存。

5）化学危险品的养护

化学危险品入库时，应严格检验物资质量、数量、包装情况、有无泄漏。

化学危险品入库后应采取适当的养护措施，在储存期内，定期检查，发现其品质变化、包装破损、渗漏、稳定剂短缺等，应及时处理。

库房温度、湿度应严格控制、经常检查，发现变化后及时调整。

6）化学危险品出入库管理

储存化学危险品的仓库，必须建立严格的出入库管理制度。化学危险品出入库前均应按合同进行检查验收、登记，验收内容包括：数量、包装、危险标志，经核对后方可入库、出库，当物资性质未弄清时不得入库。

进入化学危险品储存区域的人员、机动车辆和作业车辆，必须采取防火措施。

装卸、搬运化学危险品时应按有关规定进行，做到轻装、轻卸，严禁摔、碰、撞、击、拖拉、倾倒和滚动。

装卸对人身有毒害及有腐蚀性的物资时，操作人员应根据危险性，穿戴相应的防护用品。

不得用同一车辆运输互为禁忌的物资。

修补、换装、清扫、装卸易燃、易爆物资时，应使用不产生火花的铜制、合金制或其他工具。

7）消防措施

根据危险品特性和仓库条件，必须配置相应的消防设备、设施和灭火药剂，并配备经过培训的兼职和专职的消防人员。

储存化学危险品的建筑物内应根据仓库条件安装自动监测和火灾报警系统。

储存化学危险品的建筑物内,如条件允许,应安装灭火喷淋系统(遇水燃烧化学危险品,不可用水扑救的火灾除外)。

8)废弃物处理

禁止在化学危险品储存区域内堆积可燃废弃物资。

泄漏或渗漏危险品的包装容器应迅速移至安全区域。

按化学危险品特性,用化学的或物理的方法处理废弃物资,不得任意抛弃、污染环境。

9)人员培训

仓库工作人员应进行培训,经考核合格后持证上岗。

对化学危险品装卸人员进行必要的教育,使其按照有关规定进行操作。

仓库的消防人员除了具有一般消防知识之外,还应进行在危险品库工作的专门培训,使其熟悉各区域储存的化学危险品的种类、特性、储存地点、事故的处理程序及方法。

8.1.4 危险品的应急处理

危险品仓库内储存着大量的易燃、易爆或有毒的危险品,一旦发生事故,若不及时处理,就会给国家和人民造成巨大损失。因此,从事危险品储存的企业应该使每一位员工熟练掌握如何处理危险品事故。

1. 应急措施

当发生危险品事故时,应该首先采取一些应急措施,以减少损失和人员伤害,具体内容如下。

(1)迅速撤离非必要人员,隔离危险品区并禁止人员进入。

(2)让人员离开低洼地,在上风口处停留。

(3)拨打救助电话,请求应急支援。

(4)如发生水污染,应及时通知有关单位采取措施。

2. 具体措施

现场人员要首先通过危险品标签、包装标志或依据货运票据、标签或包装箱上的名称确定危险品的名称,然后根据危险品事故的性质和处理要求采取相应的处理措施,见表8-2。

表8-2 危险品事故处理措施

事故的性质和处理要求	处 理 措 施
发生火灾	(1)小火——干化学剂、二氧化碳、喷射水或常规泡沫剂。 (2)大火——喷射水、雾剂或常规泡沫剂。 (3)如无危险,将容器移出火区。 (4)面临火焰的容器,向各边洒冷水直至火完全熄灭。 (5)对货区大面积火灾,使用无人操纵的水龙带支架或监控喷管;如不能采取此法,则撤离火区,任其燃烧

续表

事故的性质和处理要求	处 理 措 施
发生溢流或泄漏	（1）阻断引燃源，在危险区内禁止吸烟、出现火苗及火焰。 （2）可燃物（木、纸、油等）须远离溢出物。 （3）切勿触及溢物或在溢流区行走。 （4）小量溢流——用沙或其他不燃的材料渗入溢流物中，将之放入容器内以便日后处理。 （5）大量溢流——在液体溢流区远方构筑围堤防护，以备日后处理
人工急救	（1）将伤员移至空气新鲜处，请求派遣急救医护人员。伤员如已停止呼吸，应进行人工呼吸；如呼吸困难，应输氧。 （2）如已触及危险品，立即用流动的水冲洗皮肤或眼睛，至少15分钟。 （3）脱下在现场受污染的衣服、鞋并加以隔离。 （4）使伤员保持安静和体温正常

8.2 冷藏仓储管理

随着现在生活节奏的加快以及人们生活水平的提高，人们对冷冻产品（如冰淇淋）、速冻产品（肉制品、蔬菜、面食）的需求越来越多。这些产品从出库到销售商直到最终消费者的每个储运环节都需要冷冻或冷藏，从而形成了一条特殊的供应链，叫做冷链。在冷链中，仓储是至关重要的一个环节，因为它是影响最终交货商品质量的一个重要因素。

8.2.1 冷藏品的仓库管理

1. 食品低温储藏的原理

冷藏是指在保持低温的条件下储存物资的方法。由于在低温环境中能够延长有机体的保鲜时间，因而对鱼肉食品、水果、蔬菜及其他易腐烂物资都采用冷藏的方式储藏。另外，对于在低温时能凝固的液体流质品，采取冷藏的方式有利于运输、作业和销售，也采用冷藏的方式储藏。此外，在低温环境中一些混合物的化学反应速度降低，也采用冷藏方式储藏。

1）低温储藏、保鲜应遵守的原则

为了保持食品的质量，在冷库内储藏食品时，应遵守以下原则。

（1）食品入库前必须经过严格检验，适合冷冻、冷藏的食品才能入库。

（2）严格按照食品储存要求的温度条件进行储存。温度、湿度要求不相同的食品，不能存放在一起。

（3）有挥发性和有异味的食品应分别储藏，否则会造成串味并影响食品质量。

(4) 食品严格按照先进先出的原则进行管理。

2) 食品的低温储藏原理

把食品进行冷冻处理和储存,食品的生化反应速度会大大减慢,这样就可以使食品储存较长时间而不变质,这就是低温储藏食品的基本原理。

(1) 动物性食品低温储藏原理。动物性食品变质的主要元凶是微生物和酶。对一般的腐败菌和病原菌,10℃以下它们的发育就显著地被抑制了。在冻结时,酶的反应受到严重抑制,生物体内的化学变化就会变慢,食品可以较长时间储藏。

(2) 植物性食品低温储藏原理。低温一方面能够减弱果蔬类食品的呼吸作用,有助于延长储藏期限;但另一方面,温度过低会引起植物性食品的生理病害,甚至冻死。例如,香蕉储藏温度在12℃～13℃,如果降到12℃以下,香蕉就会变黑。

2. 冷库库房与物资管理

1) 冷库库房的管理

冷库是用隔热材料建筑的低温密封性库房,具有怕潮、怕水、怕风、怕热交换等特性。因此,在使用库房时,应注意以下问题。

(1) 冷库门要保持常闭状态,物资出入库时,要随时关门。要尽量减少冷热空气的对流,经常出入库物资的门要安装空气幕、塑料隔温帘或快速门等装置。要保持库门的灵活,并尽可能安装电动门,使库门随时保持关闭。

(2) 冷库内各处(包括地面、墙面和顶棚)应无水、霜、冰,库内的排管和冷风机要定期除霜、化霜。

(3) 没有经过冻结的温度过高的货品不能入库。这是因为较高温度的物资会造成库内温度急速回升,使库温波动过大。

(4) 冷库库房必须按规定用途使用,高、低温库不能混淆使用。在没有物资存库时,也应保持一定的温度。

(5) 冷库的地板有隔热层,所以有严格的承重要求和保温要求。不能将物资直接铺放在库房地板上冻结;拆垛时,不能用倒垛的方法;不能在地坪上摔击。

(6) 要安装自然通风或强制通风装置。要保持地下通风畅通,并定期检查地下通风道内有无结霜、堵塞和积水现象,检查回风温度是否符合要求,地下通风道周围严禁堆放物资。

(7) 冷库货品的堆放要与墙、顶、灯、排管有一定距离,以便于检查、盘点等作业。

(8) 冷库内要有合理的走道,方便操作、运输,并保证安全。

2) 冷库物资的管理

冷库中储存的物资一般是处于产成品阶段的物资。冷库的物资管理一般应注意以下几方面。

（1）严格控制库房温度、湿度。一般情况下，冷库的平均温度升降幅度一昼夜不得超过 1℃，高温库房的温度一昼夜升降幅度不得超过 0.5℃。为了保证冷库的温度稳定，食品的入库温度一般不高于冷库设定温度 3℃以上，即在-18℃的库房中，物资的入库温度要达到-15℃较为合适。

（2）降低物资干耗。食品在冷加工与储藏过程中，水分会蒸发，即食品的干耗。防止物资干耗的措施有降低储藏温度、改进包装、控制库房湿度、用冰衣覆盖货品，对冻肉、鱼类物资可以采取喷水加冰衣的方法。

（3）合理堆放冷库中的物资。堆放要尽量紧密，以提高库房利用率。不同类别的物资放在不同的地方，没有包装的物资不要和有包装的物资存放在一起，味道差异比较大的物资不要放在一起。物资尽量不要放在风机、蒸发器下面，以免水滴在物资上。

（4）定期检查冷库中的物资。要经常检查，检查物资是否按照出入库要求先进先出，是否因存放时间过长而发生质量变化，物资表面是否结冰、结霜等。

（5）减少物资搬动次数。可以采用整板出货、整层出货的方法减少人工搬动物资的机会。

一些主要水果冷藏储存时冷库内二氧化碳含量控制情况如表 8-3 所示。

表 8-3　主要水果冷藏二氧化碳含量控制情况

品名	梨	香蕉	柑橘	苹果	柿子	西红柿
二氧化碳容积百分比/%	0.2～2	16	2～3	8～10	5～10	5～10

3．冷库的仓储管理

冷库是可以创造特定温度和相对湿度的条件，能够延长有机体的保鲜时间，在加工和储存食品、工业原料、生物制品以及医药等领域有着特定用途的一种特殊的仓库。冷库的结构复杂、造价高、技术性强，对此类冷库的使用、维修和管理，必须认真执行有关规章制度。

冷库分为冷冻库和冷藏库，两者不能混用。库房在改变用途时，必须按照新的用途进行制冷能力、保冷材料、设施及设备改进，完全满足新的用途。

1）对冷库的管理要求

对冷库的管理要求见表 8-4。

表 8-4 冷库的管理要求

要求对象	具体管理要求
对冷库的要求	应具备可供商品随时进出的条件,并要经常打扫、清洁、消毒、晾干。冷库的外室、走廊、汽车月台及附属车间等场所,都要符合卫生要求。还应具有通风设备,以随时去除异味
对冷库内设备的要求	冷藏库中的设备等一切用具都要符合卫生要求。所有手拉车都要保持干净,并将运输肉和鱼的手拉车区分开来,要定期对运输工具消毒
对入库食品的要求	必须新鲜、清洁、经过检查合格,如鱼类要冲洗干净按种类及大小装盘,肉类及副产品要求修割干净、无毛、无血、无污染。食品在冷却的过程中,库房温度保持在 0~1℃。当肉内部温度达到 0~4℃时冷却即为完成。食品冻结时,库温应保持设计要求的最低温度,当肉内部温度不高于冷藏间温度 3℃时,冻结即告完成。食品到达前,应当做好一切准备工作,到达后,双方必须根据发货单及卫生检查证,在冷库月台上进行交接验收,并立即组织入库。已经腐败变质散发臭味、变色的肉类食品及经过雨淋或水浸过的食品不得入库
对仓库温度的要求	根据食品的自然属性和所需的温度、湿度选择库房,并力求保持库房的温度、湿度的稳定。对冻结物环境温度要保持－18℃。库温只允许在短时间内有小的波动,在正常的情况下温度波动不得超过 1℃。在大批冷藏食品进库、出库的过程中,一昼夜升温不得超过 4℃。冷却物冷藏间温度升温幅度不得超过 0.5℃,在进出库时温度升高不得超过 3℃

冷库是用隔热材料建造的低温密闭性仓库,具有怕水、怕潮、怕热、怕跑冷的特性,故要把好冷、霜、水、门等关。

冷库的合理使用和管理要求如下。

(1) 冷库内要保持清洁干净,地面、墙、顶侧、门框上无积水、结霜、挂冰,随用随扫,特别是在作业后,应及时清洁。制冷设备、管壁上的结霜、结冰也应及时清除,以提高制冷功能。

(2) 按货物所需要的通风要求,进行通风换气。其目的是为了保持库内合适的氧气和湿度,冷库一般采用机械通风的方式进行通风换气,并要选择合适的时机。

(3) 为减少冷耗,货物出入库作业应选择在气温较低的时间进行,如早晨、傍晚、夜间。出入库作业时,应集中仓库内的作业力量,尽可能缩短作业时间。要使装运车辆离库门最近,缩短货物露天搬运距离,防止隔车搬运。在货物出入库中出现库温升高较多时,应停止作业,封仓降温。出入库搬运应采用推车、叉车、运输带等机械搬运,采取托盘等成组作业,提高作业速度。作业中不得将货物散放在地坪上,避免货物、货盘冲击地坪、内墙、冷管等,吊机悬挂重量不得超过设计负荷。

(4) 库内堆码严格按照仓库规章进行,选择合适货位,将长期存储的货物存放在库里端,存期短的货物存放在库门附近,易升温的货物接近冷风口或排管附近放置。货垛要求堆码整齐、稳固、间距合适。货垛不能堵塞或影响冷风的流动,避免出现冷风短路。堆码完毕在垛头上悬挂货垛牌。

(5) 冷库必须注意合理使用仓容,提高仓库利用率。要不断总结改进堆垛方法,安全、合理地安排货位和堆存高度,在楼板允许的负荷下,提高每立方米的堆垛数量。并且要求堆垛牢固整齐,便于盘点、检查,进出仓方便。货垛与墙壁和排管应保持以下的距离。

- 距低温库顶棚：0.2 米。
- 距高温库顶棚：0.3 米。
- 距顶排管下侧：0.3 米。
- 距顶排管横侧：0.2 米。
- 距无排管的墙：0.2 米。
- 距有排管的墙：0.4 米。
- 距风道喷风口中心(下侧)：0.3 米。
- 距冷风机周围：1.5 米。

2) 冷库人员安全

(1) 防止冻伤。进入库的人员,必须加以保温防护,穿戴手套、工作鞋。身体裸露部位不得接触冷库内的物品,包括货物、排管、货架、工作用具等。

(2) 防止人员缺氧窒息。由于冷库特别是冷藏库内的植物和微生物的呼吸作用使二氧化碳浓度增加或者冷媒泄漏入库内,会使库房内氧气不足,造成人员窒息。因此人员在进入库房前,尤其是长期封闭的库房,允许进行通风,避免可能的氧气不足。

(3) 避免人员被封闭库内。库门应设专人开关,限制无关人员入库,应在门外悬挂告示牌。作业班需明确核查人数的责任承担人,在确定人员出库后,才能摘除告示牌。

(4) 妥善使用设备。库内作业应使用抗冷设备,且进行必要的保温防护。不使用会发生低温损害的设备和用具。

4. 冷库的卫生管理

冷库卫生管理是一项重要工作,要严格执行国家颁布的卫生条例,尽可能减少微生物污染食品的机会,以保证食品的质量,延长冷藏期限。

1) 冷库的环境卫生

食品进出库时,都要与外界接触,如果环境卫生不良,就会增加微生物污染食品的可能性,因而冷库周围的环境是十分重要的。冷库四周不应有污水和垃圾,冷库周围的场地和走道应经常清扫,定期消毒。垃圾箱和厕所应与库房有一定的距离。

2）库房和工具设备的卫生与消毒

在库房内,霉菌较细菌繁殖得更快,并极易伤害食品。因此,库房应进行不定期的消毒。运输用的手推车以及其他载货设备也能成为微生物污染食品的媒介,应经常进行清洗和消毒。库内冷藏的食品,不论是否有包装,都要堆放在垫木上。垫木要刨光,并经常保持清洁。垫木、手推车以及其他设备,要定期在库外冲洗、消毒。加工用的一切设备,如秤盘、挂钩、工作台等,在使用前后都应用清水冲洗干净,必要时还应用热碱水消毒。冷库内的走道和楼梯要经常清扫,特别是在出入库时,对地坪上的碎肉等残留物要及时清扫,以免污染环境。

3）冷库室内的卫生与消毒

消毒剂主要包括下述几种。

(1) 漂白粉消毒。漂白粉可配置成有效氯 $0.3\%\sim0.4\%$ 的水溶液,在库内喷洒消毒,或与石灰混合,粉刷墙面。

(2) 次氯酸钠消毒。可用 $2\%\sim4\%$ 的次氯酸钠溶液,加入 2% 氯酸钠,在低温库内喷洒,然后将门关闭。

(3) 乳酸消毒。每立方米库房空间需要用 $3\sim5$ 毫升粗制乳酸,每份乳酸再加福尔马林。福尔马林对人体有很大的刺激作用,使用时要注意安全。

抗腐剂主要包括下述几种。

(1) 氟化钠法。在白陶土中加入 1.5% 的氟化钠或 2.5% 的氟化氨,配成水溶液粉刷墙壁。

(2) 羟基联苯酚钠法。当发霉严重时,在库房内,可用 2% 的羟基联苯酚钠溶液刷墙,或用同等浓度的药剂溶液配成混合剂进行粉刷。消毒后,地坪要细化并干燥通风,而后库房才能降温使用。

(3) 硫酸铜法。将硫酸铜 2 份和钾明矾 1 份混合,取其一份混合物加 9 份水在木桶中溶解,粉刷时再加 7 份石灰。

(4) 用 2% 的过氧酚钠盐水与石灰水混合粉刷。

消毒方法有以下几种。

(1) 喷洒。将消毒剂配制成符合浓度要求的溶液,用喷洒设备进行喷洒消毒。喷洒时要关闭门窗,等时间到时,再打开门窗通风,通风要彻底。

(2) 粉刷。将消毒剂配制成溶液对墙面进行粉刷。在粉刷前应将库房内食品全部撤出,并清除地坪、墙和顶板上的冰霜。

(3) 紫外线消毒。一般用于设备和工作服的消毒。操作简单,节省费用,效果良好。每立方米空间装设功率 1W 的紫外线灯,每天照射 3 小时,即起到对空气消毒的作用。

冷库消毒的效果要根据霉菌孢子的减少来评定。因此,在消毒前后均要做测定和记录。消毒后,每平方厘米表面上不得多于一个霉菌孢子。

4) 冷库工作人员的个人卫生

冷库工作人员经常接触多种食品,如不注意卫生,本身患有传染病,就会成为微生物和病菌的传播者。因此对冷库工作人员的个人卫生应严格要求。

(1) 要勤理发、勤洗澡、勤洗工作服,工作前要勤洗手,经常保持个人卫生。

(2) 定期检查身体,如发现患有传染病,应立即进行治疗并调换工作岗位,未痊愈时,不能进入库房与食品接触。

(3) 工作人员不应将工作服装穿到食堂、厕所和库房以外的场所。

通过以上方法对冷库进行卫生管理,才能使冷库达到合格的仓储条件,使储存商品符合卫生标准。

8.2.2 冷藏品仓储的质量管理

质量是企业的生命,没有产品的质量,企业的生产和经营不仅没有意义,而且还需要承担违约、赔偿等责任,只有提高和改进冷加工工艺,保证合理的冷藏温度,采用有效的管理方法,才能确保冷库商品的质量。

1. 温度控制

在正常生产情况下,冻结物冷藏库的温度应控制在设计温度的±1℃的范围内,冷却物冷藏库的温度应控制在设计温度±0.5℃的范围内。货物在储库过程中,冻结物冷藏库的温升不超过4℃,冷却物冷藏库的温升不超3℃。进入冻结物冷藏库的货物的温度不应高于冷藏库3℃。例如冷藏库温度为−17℃,则货物温度应在−14℃以下。

2. 分组管理

为保证冷库商品的质量,要采用分组管理的方法来管理库内商品。按照商品的品种、等级和用途等分批分垛储存,并按垛位编号,填制卡片悬挂于货位明显的地方。要有商品保管账目,正确记载库存货物的品种、数量、等级、质量、包装以及进出的动态变化,还要定期核对账目,出库一批清理一批,做到账货相符。要正确掌握商品储存安全期限,执行先进先出的制度。定期或不定期进行商品质量检查,如发现商品有霉烂、变质等现象时,应及时处理。

3. 特殊处理

有些商品(如家禽、鱼类、副食品等)在冷藏时,要求表面包冰衣。可在垛位表面喷水,但要防止水滴在地坪、墙和冷却设备上。冻肉在码垛后,可用防水布或席子覆盖,在走廊或靠近冷藏门处的商品尤其应覆盖好,要求喷水结成 3 毫米厚的冰衣。在热流大的时候,冰衣易融化,要注意保持一定的厚度。表 8-5～表 8-7 给出了易腐商品冷藏的推荐条件。

表 8-5 肉、禽、蛋类冷藏推荐条件

类别、品名	温度/℃	相对湿度/%	预计冷藏期限/月	备注
冻猪肉	−12	95～100	3～5	肥度较大的期限还应缩短
	−18	95～100	8～10	
	−20	95～100	10～12	
	−18	95～100	10～12	
冻牛肉	−12	95～100	6～10	
	−18	95～100	10～12	
	−20	95～100	12～14	
冻鸡肉、鸭肉等	−12	95～100	3～4	
冻羊肉	−12	95～100	6～10	
	−18	95～100	10～12	
	−20	95～100	12～14	

表 8-6 水产品冷藏推荐条件

类别、品名	温度/℃	相对湿度/%	预计冷藏期限/月	备注
鳗鱼沙丁鱼	−25～−18	95～100	6～10	
比目鱼、黄花鱼	−25～−18	95～100	10～14	
鳖、鲫鱼	−25～−18	95～100	8～12	
贝类、蛤	−25～−18	95～100	6～10	
虾类	−25～−18	95～100	6～10	

表 8-7 副食品冷藏推荐表

类别、品名	温度/℃	相对湿度/%	预计冷藏期限/月	备注
灌肠	−25～−18	95～100	4～8	
熏肉	−18	95～100	5～7	
油煎鸡	−18	95～100	3～4	

8.3 油品仓储管理

8.3.1 油品仓库的种类

油品仓库是专用于接收、存储发放液体性的原油或成品油的仓库,由于油品具有易燃、易爆、易蒸发、易产生静电等特性,并且具有一定的毒性,因此,属危险品,需要采用特殊的仓储方式。

1. 根据管理和业务关系的不同分类

（1）公共油库。公共油库是为社会或军事服务的，独立于油品生产和使用部门的企业或单位。它包括民用油库和军用油库两类，其中民用油库可以分为储备油库、中转油库和分配油库，军用油库可分为储备油库、供应油库和野战油库。在民用公共油库中，分配油库是直接面向用户的供油企业或部门，这类油库的特点是油品周转频繁，经营品种较多而每次发货量一般较小，往往有较多的桶装油供应用户。中转油库承担油品运输过程中的转储，它一般设在交通枢纽地区。储备油库是为储存后备油品而设立的，以保证油品市场的稳定。这类油库的特点是容量大，油品储存时间长，库存周转慢，品种比较单一，且往往建在隐蔽性、安全性较好的地方。

（2）企业附属油库。企业附属油库是企业为满足自身生产需要而设置的储存设施。它可分为油田原油库、炼油厂油库、交通企业自备油库以及一些大型企业的附属油库等。设在机场、车站和港口的燃料供应公司是专为运输企业提供燃料的独立企业，其油库系公共服务性质。

2. 根据建筑形式的不同分类

（1）地下油库。地下油库指其油罐内最高液面低于附近地面最低标高0.2米的油库。这种油库始于军事上的需要，以其较好的隐蔽性而可以防止敌方的攻击。在民用中，这种油库以其安全性好、占用地面少而越来越受到欢迎。地下油库的一种特殊形式是水下（水中）油库，比较典型的是在船舶基地或港口处利用废旧的大型油轮充当油库，这是一种投资省、不占用陆域的方法，也有沉油罐于水底，并在水面上设置作业平台的水下油库方式。

（2）地面油库。地面油库指其油罐底面等于或高于附近地面最低标高，且油罐的埋入深度小于其高度一半的油库。目前多数油库属此类，是分配和供应油库的主要形式，但其目标太大，不宜做储备性油库。

（3）半地下油库。半地下油库指其油罐底部埋入地下且深度不小于罐高一半，罐内液面不高于附近地面最低标高2米的油库。

3. 根据油库总容量的不同分类

根据总容量，油库一般可分为五个等级，Ⅰ级油库的库容量大于100 000立方米，Ⅱ级油库的库容量为50 000~100 000立方米，Ⅲ级油库的库容量为30 000~50 000立方米，Ⅳ级油库的库容量为10 000~30 000立方米，Ⅴ级油库的库容量小于10 000立方米。

8.3.2 油品仓库的布置

为了保证油库安全，便于油库管理，各种设施应根据防火和工艺要求进行分区布置。即按照其作业要求分为：铁路收发区、水路收发区、储油区、油罐车作业区、桶装油发放区、辅助作业区、油库管理区以及污水处理区等几个部分。生活区要求设在库区以外，以利于油库的安全管理。

（1）铁路收发区主要进行铁路油罐车的油品装卸作业。区内设施有铁路专用线、油品装卸栈桥、装卸油罐管、相应的油管线以及装卸油泵房等。铁路收发栈桥应布置在油库的边缘地带，不可与库内道路交叉，并与其他建筑物保持一定的距离。

（2）水路收发区是向油船进行油品装卸作业的区域，其主要设施有码头、趸船、装卸油臂和泵房等。

（3）储油区为油品安全储存的区域，主要设施为油罐，此外还有用于防火、防静电和安全监视装备，以及降低油品损耗的设备。区内油罐的排列是：与装卸泵房较近处安排重质油罐，较远则布置轻质油罐。各油罐之间必须留有足够的安全距离。我国对罐区布置的规定如下。

① 每组油罐总容量小于 40 000 立方米，一组地面油罐壁间距离应大于表 8-8 的规定。

表 8-8　地面油罐之间防火距离

油罐形式	油品闪点	防火距离
金属油罐	闪点≤45℃	D
	闪点＞45℃	0.75D
	闪点≥120℃	0.5D
混凝土/砖石油罐	闪点≤45℃	0.65D
	闪点＞45℃	0.65D
	闪点≥120℃	0.5D

注：D 为相邻油罐中较大油罐的直径，单位为米。

② 每组总容量为 40 000 立方米的地面油罐组之间距离应大于两组间相邻油罐直径的 1.5 倍，但相邻安全疏散通道之间距离不应大于 50 米。

③ 一组总容量为 10 000 立方米以上的地面油罐只允许排成 1～2 行，多于 2 行时应用消防通道或防火堤分开。

④ 小型油罐的储量不超过表 8-9 的规定时，可成组布置，但组内油罐不超过 2 行。

表 8-9　小型油罐成组布置限量

油品闪点	单罐最大容积/立方米	一组最大储量
≤45℃	50	300
＞45℃	250	1500
≥120℃	500	3000

⑤ 在每组油罐内，必须用防火堤或防火墙再把油罐分隔成小于 20 000 立方米的

小组。

⑥ 从油罐壁至防火墙脚间距应大于邻近较大油罐直径的一半。

⑦ 每组油罐的防火堤外均应设置 3.5 米的消防车道,因此,油罐在消防堤内只能布置 2 排。

(4) 油罐车作业区和桶装油发放区是向用户直接供油的场所。这里,一般设有油罐车灌油间、灌桶间、桶装站台、桶装油库、油品调配间等;该区设在油库出入口附近、交通便利之处。

(5) 辅助作业区内安置为油库生产配套的辅助设施,如锅炉房、配电间、机修间、化验室等。

8.3.3 油品仓库的设施

油品仓库设施分为:油品装卸设施、油品输送设施、油品储存设施、油库发放设施、油库自动化设施以及污水处理设施等。这里只就其中主要设施作一简单介绍。

1. 油品装卸设施

根据油质的轻黏程度不同,应采用不同的工艺设施。对于轻质油罐车,采用上装上卸的方法。对于黏质油,多采用下装下卸的方式,可采用吸力较强的往复泵或齿轮泵,并设有加热设备。

2. 油品输送设施

油品输送设施是将油库内各种设施有机地组成一个工艺流程系统的装置,主要由管道和泵房构成。其中,管道分为单管系统、双管系统以及独立管道系统三种。

对于油罐数量较多、油品种类较广的油库,一般采用双管系统,并辅以单管系统或独立管道系统。在不影响油库正常作业的情况下,尽可能利用同一油泵输送几种性质接近的油品。

泵房由工艺系统、真空系统以及放空系统组成。工艺系统应能完成收油、发油、倒管、放空等作业。真空系统的作用是填充卸油罐管、抽吸油槽车底以及夏季装卸油品时克服气阻断流。该系统由真空罐、真空泵、气水分离器和管路系统组成。当用同一油管输送黏滞油品而未随管热件时,一般需设置放空系统,以防混油和冻结。放空系统由放空罐和油管系统组成。

3. 油品储存设施

油罐是最基本的储存设施,按其所使用的材料可分为金属油罐和非金属油罐。金属油罐使用较广,根据其形状可分为:立式圆柱形、卧式圆柱形和特殊形状三种。非金属油罐有砖砌油罐、石砌油罐、钢筋混凝土油罐、耐油橡胶油罐以及塑料油罐等。

从技术角度看,立式圆柱油罐由罐体和附件组成。罐体可以分为罐底、罐壁和罐顶三部分。罐顶按其结构可分为无力矩式、梁柱式、套顶式、拱顶式和浮顶式多种。

4. 油库发放设施

油库发放设施,包括油品的加热和计量设施。由于许多油品具有高黏度、高凝固点的特性,在低温下黏度增加。为了降低这些油品输送时的黏度,提高其流动性,就需要加热。加热方法一般有以下几种。

(1) 蒸汽直接加热:将饱和水蒸气直接通入被加热的油品。

(2) 蒸汽间接加热:将水蒸气通入油罐中的管式加热器或罐车的加热套,使之升温并加热油品,蒸汽与油品不直接接触。

(3) 热水垫层加热:依靠油品下面的热水垫层向油品传热。

(4) 热油循环加热:从储油容器中不断抽出一部分油品,在容器外加热到低于闪点温度 15~20℃,再用泵打回容器与冷油混合。

(5) 加热:分电阻加热、感应加热和红外线加热三种。

为了正确测定和统计油品储量以及在收发油品时进行计量,需要设置油品计量设备。油品计量方法有三种:重量法、体积重量法和体积法。对于小体积(如油桶)可以采用体积法直接用秤称重,对大型油罐,则用体积重量法,测出油品的体积、温度和容重,而后计算出重量。

8.3.4 油品仓库的管理

油库属危险品仓库,故需要严格管理。在日常管理中应强调"以防为主"的方针,使任何作业均在安全情况下进行。油库管理主要涉及以下内容。

1. 生产管理

生产管理包括从油品的入库、保管到出库整个过程的管理。除货物仓储管理中的一般要求外,还应注意油品管理的特殊要求。

在油品入库时,要对油品进行计量和化验,以证明其质量合格和数量相符。油品接卸时,要派专人巡视管线,谨防混、溢、跑、漏油情况的出现。桶装油品卸车时,严禁从车上摔下。若需沿滑板滚下时,应避免前后两桶的相撞。在油品从油桶向油罐倒装时,应注意防止桶罐间的撞击。

在油品保管期间,对油品接卸、转运时,应按其性质不同分组进行,实行按组专泵、专管。在输油完毕后,应及时用真空泵(或压缩空气)进行管道清扫。油品储存时,根据牌号和规格分开存放。对储油罐应尽可能保持较高的装满率,并且少倒罐,以防止氧化,减少蒸发。在夏季还需要采取降温措施。桶装油品在露天堆码时,如果采用卧放,应桶底相对,桶口置于上方,双行并列,一般堆放两层。立放时,桶口朝上。堆场地面高出周围地面 0.2 米,便于排水。油品库存应按照"先进先出"的原则进行,对于性质不稳定的油品应尽可能缩短储存期。在油品保存期内,要定期对油品进行化验,整装油品半年一次,散装油品三个月一次。

对于出库的油品要严格执行"四不发"规定：即油品变质不发，无合格证不发，对经调配加工过的油品无技术证明和使用说明的不发，车罐、船舶或其他容器内不洁净不发。在站台、码头上待装油品应用油布遮盖，以防渗入雨水。

2. 降低油品损耗的措施

由于自然蒸发，各环节洒漏以及容器内黏附等原因，均会造成油品数量上的损失，这在油品储存中被看作"自然损耗"。油品仓储管理的主要任务之一就是尽可能减少这类油耗。降低油品损耗的主要措施如下所述。

（1）加强对储油、输油设备容器的定期检查、维修和保养，做到不渗不漏不跑油，如发现渗漏容器应立即将其倒空。

（2）严格按操作规程进行，控制安全容量，做到不溢油、不洒漏。

（3）合理安排油罐的使用，尽量减少倒罐，以减少蒸发损失。

（4）发展直达运输的散装业务，尽量减少中间的装卸、搬运环节。

（5）对地面油罐可采取一些措施来降低热辐射造成的蒸发。如在油罐表面涂刷强发光涂料，向罐顶洒水等。

（6）油库建立损耗指标计划和统计制度，制定鼓励降低损耗的措施，以保证降低损耗指标的落实。

8.4 粮食仓储管理

8.4.1 粮食仓储的特点

1. 粮食的呼吸作用

粮食在储存过程中主要的生理活动是呼吸作用。适度的呼吸作用对维持粮食种子的生命力和品质是必要的。但是过于旺盛的呼吸，会加速粮食所含物质的分解，引起品质裂变。通过呼吸作用，粮食的复杂的有机物质分解为简单的物质，并释放出一定的热量。粮食的呼吸作用在有氧和无氧的条件下均能进行。

粮食进行有氧呼吸时，营养物质分解而损失，产生的水和热量大部分积存在粮食内，造成水分增高，粮堆发热，进而促进粮食的呼吸作用，引起微生物和害虫的繁殖和发展，损伤粮食的品质。粮食处于缺氧状态时，进行缺氧呼吸，产生的酒精积累过多，能使粮食中毒，降低耐存性，丧失发芽能力。在粮食含水量低的条件下，缺氧呼吸微弱，可长期保持粮食的品质。粮食呼吸作用的强弱受以下因素的影响。

粮食仓储是指粮食集中储存、逐步消费，同时也是国家战略物资储备的主要项目。由于粮食本身具有呼吸性、自热性和易受虫害等特点,使得对于粮仓的管理要采取特殊的措施。储藏粮食的粮仓内不能储存非粮食的其他货物。

(1) 水分。含水量在12%以内的干燥粮食呼吸作用很微弱,随着含水量的增加,呼吸作用逐渐增强,当超过一定界限时,呼吸作用极具增强,形成一个明显的转折点。粮食含水量超过转折点,就易变质而不安全。粮食转折点的含水量称为"安全水分"或"临界水分"。粮食的安全水分,因粮种和环境温度不同而异。在常温下,粮食含水量不超过15%一般是比较安全的。粮食水分是微生物繁殖的重要条件,含水量在13%以下,可以抑制大部分微生物的生长和繁殖。

(2) 温度。粮食的呼吸作用在一定温度范围内,随粮温的升高而增强。低温能抑制粮食的呼吸作用,且不利微生物和害虫的生存和繁殖。因此保持低温,有利于保护粮食品质。较高的温度对粮食的储运一般是不利的,粮食温度的升高,往往是呼吸旺盛的征兆。在粮食的储运中,必须密切注意粮食环境及粮食储存温度的变化,并及时采取降温措施。

(3) 空气成分和粮食的品质状况。空气中有充分的氧能促进粮食的呼吸作用。可采用在粮仓中充氮,增加空气中的含氮量,抑制粮食的呼吸作用,并消灭害虫和抑制微生物的繁殖。粮食中的不熟粒、冻伤粒和发芽粒等不完善粒,较之完善粒有较强的呼吸作用,其含量以少为好。杂草种粒等有机杂质亦能促进粮食的呼吸作用,应予以清除。

2. 粮食的自热

粮食温度自行升高的现象,称为粮食的自热。粮食由于呼吸作用而产生的热量是粮食自热的根源,微生物的生长和繁殖也是促进粮食自热的重要因素。粮食由于旺盛的呼吸作用产生的水和热量,如果不能散失而积存在粮堆内,将增加粮食的含水量和提高粮温,进而又促进粮食的呼吸作用,使粮温进一步升高。如此反复循环,使粮食温度不断上升而形成自热。

在粮食的含水量和温度由于呼吸作用而上升到一定程度时(一般为粮温 $200\sim250℃$,相对湿度为8%以上),附着在粮粒表面的微生物迅速繁殖,特别是霉菌的活动加强,而微生物体内的酶又促进粮食的自热。两者相互促进,使粮食发生自热和霉变,品质迅速恶化。

3. 粮食的吸附性和吸湿性

(1) 吸附性。各种粮食都具有吸附各种物质的蒸汽和异味的性能。这种吸附现象可分为吸附、吸收、毛细管凝结和化学吸附。粮谷吸附的某些蒸汽和异味,在一定条件下可完全或部分散出来,称为解吸现象。粮食吸附的熏蒸剂的蒸汽在一定时间后散发。但对煤油、汽油、樟脑和某些农药,吸附以后散失很慢甚至不能散失,而影响粮食的使用。

（2）吸湿性。粮粒是多孔毛细管结构体,并含有大量淀粉、蛋白质等亲水胶体物质,具有较强的吸湿性。在空气湿度大,水蒸气压力大于粮粒内部水蒸气压力的情况下,粮食吸附空气中的水蒸气而增加含水量;反之,在干燥环境中释放其含有的水分而降低含水量。在一定的外界条件下,如粮食的吸湿和散湿的速度相等,水分处于平衡状态,含水量稳定在一定数值上。此时粮食的含水量,称平衡水分。粮食的平衡水分随环境的升高而降低,随环境湿度的增大而提高。不同水分含量的粮食混合堆放,湿粮水分向干燥粮食转移。因此,水分含量相差较大的粮食应分离储存。

4. 粮食的不良导热性

粮食的导热性甚低,是热的不良导体。在正常情况下,粮温的变化比环境温度的变化慢。夏季,粮温一般低于环境温度,冬季,则高于环境温度。

根据粮食的不良导热性,冬季应充分通风冷却,使粮温处于 0℃ 以下,使呼吸作用缓慢,抑制害虫的繁殖和活动。夏季,粮食经晾晒后,趁热封囤储存,可收到高温杀虫、安全储存的效果。粮食发生自热,应及时采取散热措施,降低粮温。

8.4.2 粮食仓储管理的方法

1. 粮仓要保证干净无污染

（1）粮仓要达到粮食的清洁卫生条件,尽可能采用专用的粮仓。

（2）采用通用仓储存粮食,仓库应是能封闭的,仓内地面、墙面进行硬化处理,不起灰扬尘,不脱落剥离,必要时使用木板、防火合成板固定铺垫和镶衬,作业通道进行防尘铺垫。

（3）金属筒仓应进行除锈防锈处理,如采用电镀、喷漆、喷塑、内层衬垫等,确保无污染物、无异味物时方可使用。

（4）粮食入库前,应对粮仓进行彻底清洁,消除异物、异味。待仓内干燥、无异味时,粮食才能入库。地面条件不满足要求的,应采用合适的衬垫,如用帆布、胶合板严密铺垫。

2. 保持干燥、控制水分

粮仓内不得安装日用水源,消防水源应妥善关闭,洗仓水源应离仓库有一定距离,并在排水下方。仓库旁的排水沟应保持通畅,无堵塞。

对粮仓内随时监控湿度,将湿度严格控制在合适范围内。仓内湿度升高时,要检查粮食的含水量。水量超过要求时,及时采取除湿措施。粮仓通风时,要采取措施避免将空气中的水分带入仓内。

硬稻谷质量指标

硬稻谷质量指标见表 8-10。

表 8-10　硬稻谷质量指标

等级	出糙率/%	整精米率/%	杂质/%	水分/%	色泽
1	≥81	≥60			
2	≥79	≥60			
3	≥77	≥60	≤1	≤14.5	正常
4	≥75	≥60			
5	≥73	≥60			

(1) 各类 3 等为中等标准,低于 5 等属等外稻谷。
(2) 稻谷中混有其他类稻谷不超过 5%。
(3) 各类稻谷中黄粒米不超过 1.0%。
(4) 各类稻谷中谷外糙米不超过 2.0%。
(5) 卫生检验和植物检疫按国家有关标准和规定执行。

3. 控制温度

粮食具有自热性,在温度、湿度较高时,自热能力就更强。在气温高、湿度大时,要控制粮仓温度,采取降温措施。每日要测试粮食温度,特别是内层温度,及时发现自热升温。当发现粮仓自热升温时,及时降温,采取加大通风、进行货堆内层通风降温、内层释放干冰等,必要时进行翻仓、倒垛散热。

4. 防止火源

粮食具有易燃性,粮仓的防火工作有较高的要求,在粮食出入库、翻仓作业时,应避免一切火源出现,特别要注意对作业设备运转的静电、粮食与仓壁、输送带的摩擦静电的消除,粉尘遇火源也会爆炸起火,应加强吸尘措施,排除扬尘。

5. 防霉变

粮仓防霉变以预防为主,主要有以下措施。

(1) 严把入口关,防止已霉变的粮食入库。
(2) 避开潮湿货位,如通风口、仓库排水口、漏水撒雨的窗和门口,远离易雨湿的外墙、地面妥善衬垫隔离。
(3) 加强仓库内湿度的控制和管理,保持低温、干燥。
(4) 经常清洁仓库,特别是潮湿的地角;消除随空气入库的霉菌以及清洁仓库外部环境,消除霉菌源。
(5) 经常检查粮食和粮仓,发现霉变,立即清除霉变部分的粮食,进行除霉和单独存放或另行处理,并针对性地在仓库采取防止霉变扩大的措施。

(6) 使用现代防霉技术和设备，如使用过滤空气通风法、紫外线灯照射、防霉药等。但是用药物时需避免使用对人体有毒害的药物。

粮食霉变除了因为细菌、酵母菌、霉菌等微生物污染分解外，还会因为自身的呼吸作用、自热而霉烂。微生物的生长繁殖需要较适宜的温度、湿度和氧气含量。在温度25～27℃、湿度75%～90%时，霉菌生长繁殖最快，霉菌和大部细菌需要足够的氧气，而酵母菌则是可以进行有氧呼吸、无氧呼吸的兼性厌氧微生物。

6. 除虫害

危害粮仓的昆虫种类很多，有多种甲虫、蜘蛛、米虫、白蚁等，这些昆虫往往繁殖能力很强，危害猛烈，能在很短时间内造成大量损害。因此，应该采取有效措施预防虫鼠对粮食的损害。

(1) 保持良好的仓库状态，及时用水泥等高强度填料堵塞建筑破损、孔洞、裂痕，防止虫鼠在仓内隐藏。库房各种开口隔栅完好，保持门窗密封。

(2) 防止虫鼠随货入仓，对入库粮食进行检查，确定无害时方可入仓。

(3) 经常检查，及时发现虫害鼠迹。

(4) 使用药物灭杀。使用高效低毒的药物，不直接释放在粮食中进行驱避、诱食灭杀，或者使用无毒药物直接喷洒、熏蒸除杀。

(5) 使用诱杀灯、高压电灭杀，合理利用高温、低温、缺氧等手段灭杀。

通过以上方法，可以有效地进行粮仓的管理，确保粮食的安全。

黑龙江省某市国有粮库，由于管理人员和保管人员的失职，造成了30万吨粮食发生霉变。究其原因是由于管理松懈，库内温度、湿度过高所致，最后打开粮仓时，蛾子满库飞。该市的主要领导和粮库的主要领导和有关人员都受到了严厉的处理。粮食是涉及国计民生的重要物资，又是国家战略物资储备的主要物资。因此作为粮仓管理人员应该提高觉悟，制定严格的管理制度，坚持按照规定进行粮食的储藏保管，以确保粮仓安全管理。

复 习 思 考

一、填空题

1. 国家对危险品实施严格的管理，采取相应管理部门审批、（   ）、（   ）、（   ）

的一系列管理制度。
2. 涉及危险品仓储和运输的管理法规有：（   ）、（   ）、（   ）、各种运输方式的"危险货物运输规则"，以及环境保护法、消防法的相关规范和其他安全生产的法律和行政法规，涉及国家运输的危险货物还需要执行《国际海运危险货物规则》。
3. 危险品的外包装上需要有明确、完整的标志，包括危险品的（   ）、（   ）、（   ），具体有包装容器的（   ）、（   ）、（   ）、收发货人、重量尺度、运输地点、操作指示、危险品的危险性质、等级的图示等。
4. 很多爆炸品都具有较强的（   ），多数炸药随着（   ），甚至失去爆炸性。
5. 凡在常温下以液体形状存在，遇火容易引起燃烧，其燃点在（   ）以下的物质叫易燃液体。

二、判断题

1. 化学变化只改变物资本身的外表形态，不改变其本质。（   ）
2. 风化指含结晶水的物资，在一定温度和干燥空气中，失去结晶水而使晶体崩解，变成非结晶状态的无水物资的现象。（   ）
3. 所有物资对环境湿度的要求都是一样的。（   ）
4. 在任何情况下，库房的湿度都是越低越好。（   ）
5. 水分是微生物繁殖的必要条件。（   ）
6. 爆炸品对撞击、摩擦、温度等非常敏感。（   ）
7. 采用冷藏方式储存的食品无须按照"先进先出"的原则进行管理。（   ）
8. 油品在储存、输送中需要做好防静电措施。（   ）
9. 对于出库的油品要严格执行"四不发"规定：即油品变质不发，无合格证不发，对经调配加工过的油品无技术证明和使用说明的不发，车罐、船舶或其他容器内不洁净不发。（   ）
10. 危险品的分级在品名编号中由后三位数字的顺序号表示，顺序号小于400的为一级危险品，顺序号大于400的为二级危险品。（   ）

三、单项选择题

1. （   ）是指那些企业自用的危险品仓库。
   A. 甲类   B. 乙类   C. 丙类   D. 丁类
2. 危险品仓库由于其储存的货物具有危险性，故一般设在郊区的较空旷地带，且位于常年主导风的（   ）处，并避开交通干线。
   A. 下风   B. 上风   C. 风口   D. 中间
3. （   ）在入库验收方法上，主要是采用感官验收为主，仪器和理化验收为辅。
   A. 易燃品   B. 冷藏品   C. 危险品   D. 特殊品
4. 对于危险品货物应实行分类分堆存放，堆垛不宜过高，堆垛间应留有一定的间距，货堆与库壁间距要大于（　　）米。
A．0.4　　　　B．0.5　　　　C．0.6　　　　D．0.7

5．对于一次提货量超过（　　）吨时,要发出场证,交运输员陪送出场。
A．0.5　　　　B．0.6　　　　C．0.7　　　　D．0.8

6．（　　）资应储存在阴凉、通风、干燥的场所,不要露天存放,不要接近酸性物资。
A．爆炸物　　　B．有毒物　　　C．化学物　　　D．易燃物

7．香蕉储藏温度在（　　）℃。
A．12～13　　　B．13～14　　　D．14～15　　　C．15～16

8．一般情况下,冷库的平均温度升降幅度一昼夜不得超过1℃,高温库房的温度一昼夜升降幅度不得超过（　　）℃。
A．0.4　　　　B．0.5　　　　C．0.6　　　　D．0.7

9．为了保证冷库的温度稳定,食品的入库温度一般不高于冷库设定温度（　　）以上。
A．1℃　　　　B．2℃　　　　C．3℃　　　　D．4℃

10．次氯酸钠消毒,可用2%～4%的次氯酸钠溶液,加入（　　）氯酸钠,在低温库内喷洒,然后将门关闭。
A．5%　　　　B．4%　　　　C．3%　　　　D．2%

四、简答题

1．什么是危险品？它包括哪几类？
2．爆炸品有何特征？
3．氧化剂和有机过氧化剂有什么特征？
4．简述危险品仓库管理特殊要求。
5．低温储藏、保鲜应遵守什么原则？
6．油库油品的加热方法一般有哪几种？
7．降低油品损耗的主要措施有哪些？
8．简述粮食的吸附性和吸湿性。
9．粮食仓储有何特点？
10．简述粮食仓储管理的方法。

五、案例分析

原料储存不当致仓库失火

2013年7月12日23时左右,某公司值班人员发现原料仓库冒出烟雾,值班人员判断可能是原料仓库里面堆放的硫黄起火,于是立刻向公司总调度室报告,同时也向公司领导做了报告。公司领导接到报告后立即组织人员进行扑救。据了解,该仓库存放400吨硫黄、31吨氯酸钾,在仓库的一角还堆放有100吨水泥。由于燃烧物是硫黄和氯酸钾,遇

高温时就变成液态,绿色的火苗随着液化的化学物质流动,火苗高时竟蹿起1尺多。

7月13日1时许,消防队到达起火地点参与扑救。采取的灭火办法一是降温扑救,二是用编织袋装上泥土在仓库东、南、西面砌起矮墙,防止液态的硫黄外流。直到5时左右,火势才得到初步控制,10时40分,经过11小时的奋战,大火才被完全扑灭。值得庆幸的是,整个起火爆炸过程中并无人员伤亡。

事后人们才知道,在爆炸现场东面120米处有一个液化气站,西面80米处有一个5000L的煤气储存罐,南面80米处是化工厂的一个煤气储存罐,如果大火蔓延到这三处地方,很可能会引发特大爆炸,后果将更加严重。

[原因分析]

这起事故的起因,是化学品的自燃。就化学品的存放而言,把硫黄和氯酸钾堆放在一个仓库内是极不科学的。氯酸钾是强氧化性物质,如果与强还原性物质混合,就易发生燃烧或爆炸,而硫、磷都是强还原性物质。氯酸钾遇明火或高温都有可能燃烧,严重的还能发生爆炸。

防范措施如下。

(1) 规范安全管理,对管理人员和仓库保管人员进行相关的化学品知识培训,使他们掌握基本的常识。

(2) 优化仓库布局,仓库附近设有液化气站、煤气储存罐,距离只有80米和120米,原料仓库的火灾很可能引发液化气站、煤气储存罐爆炸,仓库布局时要全面考虑这些因素。

(3) 从本次事故中吸取教训,据了解,该厂过去也因为同样的原因发生过事故,但由于火势较小,很快就被扑灭,管理人员并没有重视,把隐患消除。所以这次有关领导一定不能忽视,要从中吸取教训,避免再次发生类似事故。

(资料来源:http://www.examw.com/wuliu/anli/资料引用经笔者修改)

讨论

1. 强氧化性物质与强还原性物质混合易发生燃烧或爆炸?
2. 案例中仓库布局是否合理?
3. 案例中仓库着火应选择什么样的灭火方法?
4. 仓库管理人员应该怎样对库存物资进行保养与维护?

第 9 章 仓库安全管理

【学习目标】

通过本章学习熟悉仓库治安保卫管理的内容、管理组织、管理制度；理解仓库安全作业的基本要求和安全生产管理的内容；掌握仓库火灾的知识，以及防火、灭火的方法；仓库防台风、防雷、防雨汛等安全防护措施；能够使用常见的灭火器及其他消防设备。

【本章要点】

本章主要介绍仓库治安保卫管理，仓库安全作业的基本要求，仓库防火、灭火方法；仓库防台风、防雷、防雨汛等安全防护措施。

一起化学品仓库特大火灾爆炸事故

某市化工厂新录用了一批工人，但该厂目前暂时没有住宿用房。有人提出，可以先到外面去租用住房。厂长认为，到外面租房成本太高，厂内一个仓库的二层还闲着，可以先住到那里。副厂长说，仓库存放的三硝基苯是一种爆炸性物质，工人住那里不太安全。厂长说，没事，告诉大家注意点就行了。由于厂长说话，其他人不好坚持，这批新录用的工人就住进了仓库的二层。一天晚上，仓库突然发生爆炸并倒塌，造成 30 多名工人死亡，10 多人重伤。

(资料来源：http://www.examw.com/wuliu/anli/资料引用经笔者修改)

思考

1. 请用安全防范知识分析此案例，引起事故的原因是什么？
2. 此案例给人们什么教训？你认为如何能杜绝此类事故发生？

9.1 仓储安全管理概述

9.1.1 仓储安全管理的意义、内容及任务

1. 仓储安全管理的意义

仓库是商品高度集中的重要基地，也是广大仓储职工进行各种仓储作业的场所。做

好商品的养护工作,确保商品安全,是仓储职工的基本职责,也是使仓储的商品进行正常流通的基本保证。如果因仓储的安全管理工作不善致使仓库发生火灾、被盗、商品霉烂变质、虫蛀鼠咬或自然灾害等情况,不仅给有关客户及本单位造成重大的经济损失,而且也会影响正常的社会秩序、生产秩序和人民生活秩序,还会严重影响仓储企业的信誉。仓储安全管理就是要及时发现并消除这些安全隐患,在发生事故、安全问题时,能够采取有效措施降低损失的程度,保证仓储的正常、安全运作。因而做好仓库的安全管理工作直接影响到企业的生存和发展,是仓储工作的首要任务,也是每个工作人员的基本职责。

仓储安全管理工作要以消防工作为核心,认真贯彻"预防为主"的方针,确保人身、商品和设备的安全。

2. 仓储安全管理的内容

仓储安全管理主要包括库房、机械设备、商品、人身等多项内容。仓库治安保卫管理是仓库为了防范、制止恶性侵权行为的发生,防止意外事故对仓储财产造成破坏和侵害,维护稳定、安全的仓库环境,保证仓储生产经营的顺利开展进行的管理工作。

仓库的治安保卫管理和治安保卫工作的具体内容,包括执行国家治安保卫规章制防盗、防抢、防破坏、防骗及防止财产被侵害,防火,维持仓库内秩序,防止意外仓库治安灾难事故,协调仓库与外部的治安保卫关系,保证库内人员生命安全与物资等。仓库治安保卫管理的原则是:坚持预防为主、严格管理、确保重点、保障安全和负责制。

3. 仓储安全管理的基本任务

(1) 建立、健全安全生产责任制和各项安全保卫制度。安全生产责任制和各项安全保卫制度是加强安全管理的重要措施。安全生产责任制应落实到各级人员,主要负责人对本单位的安全生产工作全面负责。安全生产责任制一般有安全操作规程、危险品仓库安全操作制度等。安全保卫制度主要有门卫制度、执勤制度、交接班制度等。

(2) 保证仓储安全生产的投入,完善安全生产条件,加强仓储安全技术工作。在物资储运过程中,为防止和消除伤亡事故,保障职工安全和减轻繁重体力劳动,必须对仓储安全生产给予充分的投入,进行安全生产科学技术研究,推广应用安全生产先进技术,提高安全生产水平。如需采用新工艺、新技术或者使用新设备,就必须了解、掌握其安全技术特性,采取有效的安全防护措施,并对从业人员进行专门的安全生产教育和培训。

(3) 加强对有关安全生产的法律、法规和安全生产知识的宣传,提高职工的安全生产意识。充分发动和依靠全体职工是切实做好仓储安全工作的必由之路。为此,从业人员必须具备必要的安全生产知识,熟悉有关的安全生产规章制度和安全操作规程,掌握本岗位的安全操作技能。未经安全生产教育和培训合格的从业人员,不得上岗作业。

（4）提高警惕，严防不法分子破坏，坚决有力地打击一切破坏活动。仓库内储存着大量物资，这往往成为不法分子的攻击目标。为此，必须提高广大职工的警惕性，积极做好必要的防护措施，确保仓库安全。一旦发生偷盗、纵火等事故，仓库应立即与公安部门联系，争取早日破案。

在建立和健全各种安全制度的同时，要加强平时的检查、监督执行情况，及时发现并消除隐患，确保安全。针对安全事故，实行生产安全事故责任追究制度，依照《中华人民共和国安全生产法》和有关法律、法规的规定，追究生产安全事故责任人员的法律责任。

9.1.2 库场治安

库场治安工作即治安保卫管理，是仓储管理的重要组成部分，通过治安保卫管理，能预防和制止违反治安管理的行为和犯罪活动，消除灾害隐患，确保各项仓储工作的正常进行，保护国家、集体的财产和职工的生命、财产安全。库场治安工作的内容包括建立、健全治安保卫管理组织，建立、健全治安保卫管理制度，落实各项治安防范措施等。

1. 治安保卫管理组织

治安保卫组织，通常分为保卫组织、警卫组织和群众性治安保卫组织，具体分工见表9-1，仓储部门应当根据实际情况，按照精干高效、运转灵活的原则设立保卫机构，或者配备各专职、兼职保卫工作人员，从而形成仓储安全网。

表9-1 各治安保卫组织分工

组织	工作方式	主要任务
保卫组织	在仓库党政的领导下进行工作，业务上受到当地公安机关和上级保卫部门的指导	对本库的商品、设备和人员的安全全面负责。保卫机构要与公安、劳动、供电、交通运输、防汛、防震、卫生等部门加强联系，及时交换安全信息，接受它们的指导；对警卫守护人员进行经常性的业务技术教育；对员工进行安全方面的讲座和业务技术训练；定期或不定期地举行安全操作表演；调查、登记、处理、上报有关案件等
警卫组织	工作的重点是负责仓库日常的警戒防卫	掌握出入仓库的人员情况；禁止携带易燃、易爆等危险物品入库；核对出库物资；日夜轮流守卫，谨防盗窃与破坏等事故的发生；在仓库发生人为或自然灾害事故时，要负责仓库的防护、警戒工作

续表

组织	工作方式	主要任务
群众性治安保卫组织	在仓库党政领导及保卫部门的指导下的治安保卫委员会或治安保卫小组;其成员既有仓库领导,也有职工群众,并在各班、组设立安全保卫员	利用各种方式对仓库职工和四邻居民进行治安保卫宣传教育,协同警卫人员做好保卫和防火工作,协助维护单位的治安秩序和保卫要害的安全,劝阻和制止违反治安管理法规的行为

2. 治安保卫管理制度

治安保卫管理必须贯彻预防为主、确保重点、打击犯罪、保障安全的方针,坚持"谁主管,谁负责"和"有奖有惩、奖惩分明"的原则。治安保卫工作的顺利开展,必须有完善的制度保障。为此,仓储部门应建立一系列治安保卫管理制度。

1) 安全岗位责任制度

明确安全管理责任一直是安全生产管理的重点,也是保障安全生产的基础。仓储部门或企业应根据收发、保管、养护等具体业务特点,确定每个岗位的安全责任,并与奖惩挂钩。通过认真贯彻执行安全岗位责任制度来加强职工各自的责任感,堵塞工作中的漏洞,保证仓储工作秩序有条不紊,确保仓库安全。

2) 门卫、值班、巡逻、守护制度

门卫是仓库的咽喉,必须严格人员、货物的出入管理。传达室人员及值班警卫人员要坚守岗位,尽职尽责,对外来人员必须进行验证、登记,及时报告可疑情况,以防意外发生。

3) 仓储设施管理制度

仓储设施是进行仓储工作的必要条件。完善的仓储设施管理制度,能保证仓储业务活动的正常进行,避免意外事故的发生,也有利于仓储经营取得最大的经济效益。

4) 重要物品安全管理制度

根据 ABC 管理法的观点,仓储物资可根据一定的指标分为 A、B、C 三类,而对 A 类物资应重点对待。从安全角度看,危险品、价值极高的物资应重点防护、认真对待,以免造成人身伤亡和巨大的经济损失。

5) 要害部位安全保卫制度

制定仓库保密规则,对仓库工作人员应定期进行保密教育;严禁向无关人员泄露仓库性质、位置、面积、隶属关系、人员编制、储存货物的品种和供应范围等机密;仓库的各种文件、单据等应妥善保管,以防丢失;严禁在私人通信、电话或公共场所谈论仓库相关事宜;外来办公或访友人员必须在规定的范围内活动,严禁在库区内乱转。要害部位是安全防护的重点,因此,必须建立、健全要害部位安全保卫制度。在要害部位设置安全技术防范设施。要害部门或者要害岗位,不得录用和接受有犯罪记录的人员。

6）防火安全管理制度

在安全管理工作中,防火是重点,保证商品安全又是防火的中心。为此,必须熟悉各种仓储物品的性能、引起火灾的原因和各种防火、灭火方法,并采取各种防范措施,从而保证仓库的安全。

7）机动车辆安全管理制度

机动车辆管理也是治安保卫管理的一个重要方面。外单位的车辆不得随意进入,因业务需要必须进入的,必须履行必要的手续,且必须做好防火、防爆等保护措施。严格加强仓库自有车辆的使用制度,做到安全用车,避免灾害事故的发生。

8）外来务工人员管理制度

目前大量企业的从业人员是外来务工人员,不同程度地存在着安全素质偏低的问题。仓储部门或企业在赋予这些外来务工人员安全生产权利的同时,必须向他们明确安全岗位责任制度,即他们应严格遵守安全规程和规章制度、服从管理、接受培训、提高安全技能,及时发现、处理和报告事故隐患和不安全因素。只有充分重视和发挥人在仓储活动中的主观能动性,最大限度地提高从业人员的安全素质,才能把不安全因素和事故隐患降到最低限度,预防和减少人身伤亡。

9）实现安全监控电子化

计算机技术和电子技术的发展促进了仓储安全管理的科学化和现代化,仓储安全管理必将突破传统的经验管理模式,增加安全管理的科技含量,依靠科技手段,推广应用仓储安全监控技术,提高仓储安全水平。

10）治安防范的奖惩制度

认真落实治安防范的奖惩工作直接关系到安全岗位责任制度能否有效运行。因此,必须对治安防范工作搞得好的给予表扬、奖励,对工作不负责任而发生事故和问题的给予批评或处罚,并及时向上级有关部门报告奖惩情况。

3．治安保卫工作的内容

为了预防和制止违反治安管理的行为和犯罪活动,消除治安灾害隐患,确保各项仓储工作的正常进行,治安保卫管理应突出做好下列工作。

（1）根据仓库地形和库房、货场分布情况,划定岗哨和巡逻范围,在划定地段内,明确守护员之间以及守护员与保管员之间的安全交接责任。

例如,守护员在保管员下班后,应检查所负责地段内的库房、门窗是否关闭落锁,电源是否切断,库房周围的杂物是否清除。保管员上班开仓前,应检查门窗锁封有无异状。警卫员换班时要交清情况,非工作时间,尤其是夜间,除警卫员之外的一切人员,非经仓库主管批准,不得私自进入仓库存货区。

（2）开展社会主义法制和治安保卫工作的宣传教育,增强职工群众的法制观念和自觉维护本企业治安秩序的意识。同时,加强警卫人员的人格、业务学习,邀请当地公安部门派员讲授有关专业知识和协助军事训练,以提高其军事素质。

(3) 应当按照公安机关的规定和技术标准,在要害部位设置安全技术防范设施。专职警卫人员,均应驻守仓库。有事外出须经批准,并按时返库,仓库可采取轮休,以保证人员必要的休息。

(4) 仓库警卫组织应与公安部门建立经常性的联系制度,及时交换情报和经验,并应与周围单位密切联系,了解四周动态,做到心中有数。

9.2 仓 库 消 防

9.2.1 仓库消防管理措施

仓库消防管理的方针是"预防为主、防治结合"。仓库的消防管理工作包括仓库建设时的消防规划、消防管理组织、岗位消防责任、消防工作计划、消防设备配置和管理、消防检查和监督、消防日常管理、消防应急、消防演习等。

仓库消防管理的具体措施如下。

1. 普及防火知识

坚持经常性的防火宣传教育,普及消防知识,不断提高全体仓库职工对火灾的警惕性,每个职工都要学会基本的防火、灭火方法。

2. 遵守"建筑设计防火规范"

新建、改建的仓库要严格遵照"建筑设计防火规范"的规定,不得擅自搭建违章建筑,也不得随意改变建筑物的使用性质。仓库的防火间距内不得堆放可燃物品,不得破坏建筑物内已有的消防安全设施、消防通道、安全门、疏散楼梯、走道,要始终保持畅通。

3. 易燃、易爆的危险品仓库必须符合防火、防爆要求

凡是储存易燃、易爆物资的危险品仓库,进出的车辆和人员必须严禁烟火;危险品应专库专储,性能相抵触的物资必须分开储存和运输,专库须由专人管理,防止剧烈震动和撞击。易燃、易爆危险品仓库内,应选用不会产生电火花的开关。

4. 电气设备应始终符合规范的要求

仓库中的电气设备不仅安装时要符合规定要求,而且要经常检查,一旦发现绝缘损坏要及时更换,不应超负荷,不应使用不合规格的保险装置。电气设备附近不能堆放可燃物品,工作结束应及时切断电源。

5. 明火作业须先经消防部门批准

若需电焊、气割、烘烤取暖、安装锅炉等,必须经有关的消防部门批准,才能动火工作。

6. 配备适量的消防设备和火灾报警装置

根据仓库的规模、性质、特点,配备一定数量的防火、灭火设备及火灾报警器,按防火灭火的要求,分别布置在明显和便于使用的地点,并定期进行维护和保养,使之始终保持完好状态。

7. 遇火警或爆炸应立即报警

如遇仓库发生火情或爆炸事故,必须立即向当地的公安消防部门报警。

9.2.2　仓库火灾的知识

1. 燃烧知识

凡有热和光一起放出的氧化反应,称为燃烧。燃烧是空气中的氧和可燃物质的一种强烈的化学反应,也就是可燃物的激烈氧化。在这种化学反应中,通常要发出光和火焰,并放出大量的热。发生燃烧,必须同时具备三个条件。

(1) 具有可燃物质:如木材、纸张、汽油、酒精、氢气、乙炔、金属钠、镁等。

(2) 具有助燃物质:如空气、氧气、氯、过氧化钠、氯酸钾、高锰酸钾等。

(3) 具有着火源:如明火、赤热体、火星、电火花等。

在仓储环境中常见的火源的温度都大大超出一般可燃物所需点火能量。所以,要求在有火灾爆炸危险的场所严禁烟火,禁止使用易产生火花的金属工具,不准机动车辆随便驶入,采用防爆电器,严格防火检修制度等。

2. 仓库火灾的基本知识

(1) 火灾的定义:在时间和空间上失去控制的燃烧所造成的灾害。(GB 5907—86)

(2) 火灾的分类:四类(GB 4968—85)(见表9-2)。

表9-2　火灾的分类

分　　类	项　　目	示　　例
A类火灾	指固体物质火灾。这种物质往往具有有机物性质,一般在燃烧时能产生灼热的余烬	如木材、棉、毛、麻、纸张火灾等
B类火灾	液体火灾和可熔化的固体火灾	如汽油、煤油、原油、甲醇、乙醇、沥青、石蜡火灾等
C类火灾	气体火灾	如煤气、天然气、甲烷、乙烷、丙烷、氢气火灾等
D类火灾	金属火灾	钾、钠、镁、钛、锆、锂、铝镁合金火灾等

(3) 防火的基本原理:防止燃烧条件的产生,不使燃烧三个条件相互结合并发生作用,以及采取限制、削弱燃烧条件发展的办法,阻止火势蔓延,这就是防火的基本原理。

(4) 火灾事故发生的原因。火灾事故发生的原因主要有下述几个。

- 火源管理不善。
- 易燃、易爆炸性物资由于保管方法不当,搬运装卸中的事故而引起火灾。
- 仓库建筑及平面布局不合理。
- 防火制度、措施不健全,思想麻痹大意。

具体表现为放火、电气、违章操作、用火不慎、玩火、吸烟、自燃、雷击以及其他因素如地震、风灾等引起。

9.2.3 仓库防火与灭火

1. 仓库防火

仓库中存放着大量物资,一旦发生火灾,将造成人员伤亡和巨大的经济损失。因此,仓库必须遵守消防法规和安全规程,把消防安全工作贯彻到仓储的各个岗位和全部活动中并确保防火安全。仓库的防火工作应从以下几方面着手。

1) 储存管理

(1) 库房内物品储存要分类、分堆,堆与堆之间应当留出必要的通道,主要通道的宽度一般不应少于两米。根据库存物品的不同性质、类别确定堆距、墙距、柱距、梁距。每个库房必须规定储存限额。能自燃的物品、化学易燃物品与一般物品以及性质互相抵触和灭火方法不同的物品,必须分库储存,并标明储存物品的名称、性质和灭火方法。

(2) 能自燃的物品和化学易燃物品堆垛应当布置在温度较低、通风良好的场所,并应当有专人定时测温。

(3) 遇水容易发生燃烧、爆炸的化学易燃物品,不得存放在潮湿和容易积水的地点。

(4) 受阳光照射容易燃烧、爆炸的化学易燃物品,不得在露天存放。化学易燃物品的包装容器应当牢固、密封,发现破损、残缺、变形和物品变质、分解等情况时,应当立即进行安全处理。

(5) 易燃、可燃物品在入库前,应当由专人负责检查,对可能带有火险隐患的物品,应当存放到观察区,经检查确无危险后,方准入库或归垛。

(6) 储存易燃和可燃物品的库房、露天堆垛附近,不准进行试验、分装、封焊、维修、动用明火等可能引起火灾的作业。如需要进行这些作业,事先必须经仓库防火负责人批准,并采取安全措施,调配专职或义务消防队员进行现场监护,备有充足的灭火器材。作业结束后,应当对现场认真进行检查,切实查明未留火种后,方可离开现场。

(7) 库房内不准设办公室、休息室,不准住人,不准用可燃材料搭建隔层。在库房或露天堆垛的防火间距内,不准堆放可燃物品和搭建货棚。

(8) 库房内一般不应当安装采暖设备,如物品防冻必须采暖,可用暖气。散热器与可燃物品堆垛应当保持安全距离。

(9) 库区和库房内要经常保持整洁。对散落的易燃、可燃物品和库区的杂草应当及时清除。用过的油棉纱、油抹布、沾油的工作服、手套等用品,必须放在库房外的安全地点,妥善保管或及时处理。

2)装运管理

(1)装卸化学易燃物品,必须轻拿轻放,严防震动、撞击、重压、摩擦和倒置。不准使用能产生火花的工具,不准穿带钉子的鞋,并应当在可能产生静电的设备上安装可靠的接地装置。

(2)进入易燃、可燃物品库区的蒸汽机车和内燃机车,必须装置防火罩,蒸汽机车要关闭风箱和送风器,并不得在库区停留和清炉。仓库应当由专人负责监护。

(3)进入库区的汽车、拖拉机必须戴防火罩,且不准进入库房。进入库房的电瓶车、铲车,必须有防止打出火花的安全装置。运输易燃、可燃物品的车辆,一般应当将物品用苫布苫盖严密,随车人员不准在车上吸烟。

(4)对散落、渗漏在车辆上的化学易燃物品,必须及时清除干净。库房、站台、货场装卸作业结束后,应当彻底进行安全检查。

在仓储环境中常见的火源的温度都大大超出一般可燃物所需点火能量。所以,要求在有火灾爆炸危险的场所严禁烟火,禁止使用易产生火花的金属工具,不准机动车辆随便驶入,采用防爆电器,严格防火检修制度等。

(5)各种机动车辆在装卸物品时,排气管的一侧不准靠近物品。各种车辆不准在库区、库房内停放和修理。

3)电源管理

(1)库房内一般不宜安装电器设备。如果需要安装,应当严格按照有关电力设计技术规范和有关规定执行,并由正式电工进行安装和维修。

(2)储存化学易燃物品的库房,应当根据物品的性质,安装防爆、隔离或密封式的电器照明设备。

(3)各类库房的电线主线都应当架设在库房外,引进库房的电线必须装置在金属或硬质塑料套管内,电器线路和灯头应当安装在库房通道的上方,与堆垛保持安全距离,严禁在库房内顶架线。

(4)库房内不准使用碘钨灯、日光灯、电熨斗、电炉子、电烙铁、电钟、交流收音机和电视机等电器设备,不准用可燃材料做灯罩,不应当使用超过60W以上的灯泡。灯头与物品应当保持安全距离。

(5)库房内不准架设临时电线。库区如需架设,必须经仓库防火负责人批准。使用临时电线的时间不应当超过半个月,到期及时拆除。

(6) 库区的电源应当设总闸和分闸,每个库房应当单独安装开关箱。开关箱应当设在库房外,并安装防雨、防潮等保护设施。

(7) 在库区及库房内使用电器机具时,必须严格执行安全操作规程。电线要架设在安全部位,免受物品的撞击、砸碰和车轮碾压。

(8) 电器设备除经常检查外,每年至少应当进行两次绝缘摇测,发现可能引起打火、短路、发热和绝缘不良等情况时,必须立即修理。禁止使用不合规格的保险装置。电器设备和电线不准超过安全负荷。库房工作结束时,必须切断电源。

4) 火源管理

(1) 库区内严禁吸烟、用火,严禁放烟花、爆竹和信号弹。在生活区和维修工房安装和使用火炉,必须经仓库防火负责人批准。

(2) 金属火炉距可燃物不应当小于1.5米。在木质地板上搭设火炉,必须用隔热的不燃材料与地板隔开。

(3) 金属烟囱距可燃墙壁、屋顶不应当小于70厘米,距可燃屋檐不应小于10厘米,高出屋檐不应小于30厘米。烟囱穿过可燃墙、窗时必须在其周围用不燃材料隔开。

(4) 不准用易燃液体引火。火炉附近不准堆放木片、刨花、废纸等可燃物。不准靠近火炉烘烤衣物和其他可燃物。燃着的火炉应有人负责管理。从炉内取出的炽热灰烬,必须用水浇灭后倒在指定的安全地点。

图 9-1 灭火器箱、消防栓箱

5) 消防设施

(1) 在仓库区域内应布置消防设备和器材。消防设备包括:水塔、水泵、水池、消防供水管道、消防栓(见图9-1)、消防车、消防泵等。消防器材包括:各类灭火器、砂箱、水桶、消防斧、钩、铣等。

消防器材应根据分散配置与集中安放相结合的原则配备,特别是在各库门处安放。外部消火栓应沿道路设置,要靠近十字路口,两个消火栓之间距离不应超过100米,距房屋墙壁不少于5米,距道路不超过2米。没有消防水道的仓库,一般应配备蓄水池和与建筑高度相应的水泵或喷水车。各种消防器材的使用应根据货物的性质进行选择才能起到应有的效果。

(2) 仓库区域内应当按照《建筑设计防火规范》的规定,消防器材设备附近,严禁堆放其他物品。仓库应当装设消防通信、信号报警设备。

(3) 消防器材设备应当由专人负责管理,定期检查维修,保持完整好用。寒冷季节要对消防储水池、消火栓、灭火机等消防设备采取防冻措施。

仓库的防火是非常重要的一个环节,各个企业及相关负责人都要高度重视,以免造成重大财产损失及人员伤亡。关键要加强教育,掌握正确的防火方法。

2．仓库灭火

1）灭火方法

物质燃烧必须同时具备三个必要条件,即可燃物、助燃物和着火源。根据这些基本条件,一切灭火措施,都是为了破坏已经形成的燃烧条件,或终止燃烧的连锁反应而使火熄灭以及把火势控制在一定范围内,最大限度地减少火灾损失。这就是灭火的基本原理。

根据这个原理,灭火的方法有以下几种。

(1) 冷却法:如用水扑灭一般固体物质的火灾,通过水来大量吸收热量,使燃烧物的温度迅速降低,最后使燃烧终止。

(2) 窒息法:如用二氧化碳、氮气、水蒸气等来降低氧的浓度,使燃烧不能持续。

(3) 隔离法:如用泡沫灭火剂灭火,通过产生的泡沫覆盖于燃烧体表面,在冷却作用的同时把可燃物同火焰和空气隔离开来,达到灭火的目的。

(4) 化学抑制法:如用干粉灭火剂通过化学作用,破坏燃烧的链式反应,使燃烧终止。

(5) 综合灭火法:根据情况,多种灭火方法同时使用。

2）常用的灭火器及使用方法

常用的灭火剂有水、泡沫、不燃气体和干粉等。

灭火器是一种轻便的灭火工具,它可以用于扑救初起火灾,控制蔓延。不同种类的灭火器适用于不同物质的火灾,其结构和使用方法也各不相同。灭火器的种类较多,常用的主要有：干粉灭火器、二氧化碳灭火器、1211灭火器、泡沫灭火器、四氯化碳灭火器、清水灭火器、消防水桶及砂箱(见表9-3)。

表 9-3 常用的灭火器种类及使用范围

灭火器的种类	使用范围
干粉灭火器	用于扑救易燃液体、有机溶剂、可燃气体和电气设备初起火灾
二氧化碳灭火器	用于扑灭贵重仪器、图书档案、电气设备及其他忌水物资的初起火灾
1211灭火器	用于扑救可燃气体、可燃液体、带电设备及一般物资的初起火灾
泡沫灭火器	用于扑救油类、木材及一般货物的初起火灾
四氯化碳灭火器	用于扑救电气设备初起火灾
清水灭火器	用于扑救一般固体火灾(如竹木、纺织品等)
消防水桶及砂箱	用于扑救一般初起火灾

(1) 干粉灭火器。干粉灭火器方面的知识介绍如下。
- 干粉储压式灭火器（手提式）是以氮气为动力,将筒体内干粉压出。适宜于扑救石油产品、油漆、有机溶剂火灾。它能抑制燃烧的连锁反应而灭火。也适宜于扑灭液体、气体、电气火灾（干粉有 5 万伏以上的电绝缘性能）。有的还能扑救固体火灾。

干粉灭火器不能扑救轻金属燃烧的火灾。

使用时先拔掉保险销（有的是拉起拉环）,再按下压把,干粉即可喷出。

灭火时要接近火焰喷射。干粉喷射时间短,喷射前要选择好喷射目标,由于干粉容易飘散,不宜逆风喷射。

- 注意保养灭火器,要放在好取、干燥、通风处。每年要检查两次干粉是否结块,如有结块要及时更换。每年检查一次药剂重量,若少于规定的重量或看压力表如下掉气压,应及时充装。
- 推车式干粉灭火器又叫干粉推车,见图 9-2。干粉推车使用时,首先将推车灭火器快速推到火源近处,拉出喷射胶管并展直,拔出保险销,开启扳直阀门手柄,对准火焰根部,使粉雾横扫重点火焰,注意切断火源,控制火焰蹿回,由近及远向前推进灭火。35～50 千克干粉推车有效射程为 8 米,时间为 20 秒;70 千克干粉推车有效射程为 9 米,时间为 25 秒。

图 9-2 推车式干粉灭火器
MFZ1 MF22 MF23

图 9-3 手提贮压式 BC 干粉灭火器
MFT235 MFT250 MFT270

- 如图 9-3 所示;手提贮压式 BC 干粉灭火器（MFZ）2～3 千克有效射程为 2.5 米;4～5 千克有效射程为 4 米,时间为 8～9 秒;8 千克射程为 5 米,时间为 12 秒。

(2) 二氧化碳灭火器。二氧化碳灭火器都是以高压气瓶内储存的二氧化碳气体作为灭火剂进行灭火,二氧化碳灭火后不留痕迹,适宜于扑救贵重仪器设备、档案资料、计算机室内火灾,它不导电,也适宜于扑救带电的低压电器设备和油类火灾,但不可用它扑救钾、钠、镁、铝等物质火灾。

使用时,鸭嘴式的先拔掉保险销,压下压把即可;手轮式的要先取掉铅封,然后按逆时针方向旋转手轮,药剂即可喷出。注意手指不宜触及喇叭筒,以防冻伤。

二氧化碳灭火器射程较近,应接近着火点,在上风方向喷射。

对二氧化碳灭火器要定期检查,重量少于5%时,应及时充气和更换。

推车式使用方法:同干粉推车一样。

(3) 1211灭火器,见图9-4和图9-5。1211(二氟一氯一溴甲烷,无色透明的不燃绝缘液体)灭火器是一种高效灭火剂。灭火时不污染物品,不留痕迹,特别适用于扑救精密仪器、电子设备、文物档案资料火灾。它的灭火原理也是抑制燃烧的连锁反应,也适宜于扑救油类火灾。

图9-4　手提式1211灭火器　　图9-5　推车式1211灭火器

使用时要首先拔掉保险销,然后握紧压把开关,即有药剂喷出。使用时灭火筒身要垂直,不可平放和颠倒使用。它的射程较近,喷射时要站在上风,接近着火点,对着火源根部扫射,向前推进,要注意防止回头复燃。

1211灭火器每三个月要检查一次氮气压力,每半年要检查一次药剂重量、压力,药剂重量减少10%时,应重新充气、灌药。

1211推车灭火器的使用方法同干粉灭火器。

手提式1211灭火器1千克有效射程为2.5米;2~3千克射程3.5米;4千克射程4.5米,时间为8秒。1211推车25千克射程为8米,时间为20秒;40千克射程为8米,时间为25秒。

(4) 泡沫灭火器,见图9-6。目前主要是化学泡沫,将来要发展空气泡沫,泡沫能覆盖在燃烧物的表面,防止空气进入。它最适宜于扑救液体火灾,不能

图9-6　SPM230型水泡沫灭火装置

扑救水溶性可燃、易燃液体的火灾(如醇、酯、醚、酮等物质)和电器火灾。

使用时先用手指堵住喷嘴将筒体上下颠倒两次,就有泡沫喷出。对于油类火灾,不能对着油面中心喷射,以防着火的油品溅出,顺着火缘根部的周围,向上侧喷射,逐渐覆盖油面,将火扑灭。使用时不可将筒底筒盖对着人体,以防发生危险。

筒内药剂一般每半年,最迟一年换一次,冬夏季节要做好防冻、防晒保养。

泡沫推车使用:先将推车推到火源近处展直喷射胶管,将推车筒体稍向上活动,转开手轮,扳直阀门手柄,手把和筒体立即触地,将喷枪头直对火源根部周围覆盖重点火源。

泡沫 MP6m 灭火器(10L)喷射距离为 5 米,时间为 35 秒;65L 的射程为 9 米,时间为 150 秒左右。

(5) 四氯化碳灭火器。四氯化碳灭火器主要用于扑灭电气和精密仪器火灾。使用四氯化碳灭火器用时扭动保险夹,高压二氧化碳气体便把四氯化碳溶液从喷嘴压缩喷出。使用时要站在上风向,扑救高压电气火灾时,操作人员要与电源保持 3 米以上的距离,防止触电。室内灭火后要注意通风。

(6) 清水灭火器。清水灭火器喷出的主要是水,作用与酸碱灭火器相同,使用时不用颠倒筒身,先取下安全帽,然后用力打击凸头,就有水从喷嘴喷出。它主要是冷却作用,只能扑救一般固体火灾(如竹木、纺织品等),不能扑救液体及电器火灾。

(7) 消防水桶及砂箱的用途。消防水桶是轻便灭火器具,用来扑灭一般初起的火灾,但不能用于电气设备、易燃液体及遇水急剧氧化的物资的火灾。砂箱存放干燥的沙子,用于电气设备及液体燃料的初起火灾。

仓库火灾的特点:① 容易发生,损失巨大。② 容易蔓延扩大。③ 扑救困难。

3) 禁止用水灭火的情况

以下货物起火禁止用水灭火。

- 电气设备:水可以导电,电路如未切断,用水灭火有触电危险。
- 忌水货物:如钾、钠、镁、铝粉、电石等,能与水发生化学反应,易引起爆炸。
- 油类、酒精和其他轻于水的易燃液体:此类货物能浮于水面。用水灭火会扩大火灾面积,但面积不广、厚度不超过 3 厘米时,可用雾状水扑灭。
- 粉末状固体:如用水灭火时,能随水流的冲击,造成粉尘的飞扬,扩大灾害,可用雾状水扑灭。
- 已经高度灼热的物体:如金属铸件和某些矿物体,与水接触会爆炸伤人,不宜用水灭火。
- 其他过水能使质量变化或怕水的物资:如仪器、机电设备、纸张等,避免用水扑救,应用其他方法施救。

4) 消防设备的管理

消防设备在管理时应注意以下情况。

- 每个库房配备的灭火器不得少于2个,应悬挂在库外墙上,距地高度不超过1.5米,远离取暖设备,防止日光直射。对灭火器每隔15天就应检查一次,注意药料的完整和出口的畅通。灭火器的部件每半年要检查一次,每年要换药一次。
- 消防水桶每栋独立的库房至少要配备4个。挂于明显位置,并不许挪作他用。
- 每个仓库附近都要配备一定数量的消防桶。日常应保持存水满量,冬季防止结冰。

9.3 仓储作业安全管理

9.3.1 仓库安全作业措施

仓库的日常工作包括物资的进出库、堆垛等作业,在这些作业过程中,会涉及人力或机械作业,通过制定作业标准、规章制度等措施来保障生产的安全进行,是仓库安全生产的重要任务。

仓储作业安全管理是经济效益管理的组成部分。作业安全涉及物资的安全、作业人员人身安全、作业设备和仓库设施的安全。仓库安全生产措施应包括以下内容。

 仓库工作是事故发生率最高的领域

根据美国劳动署的统计资料,货车及仓库运输作业是全美工业事故发生率最高的领域。快速移动的叉车载运重负荷货物并在狭小的区域操作,很容易引起事故的不断发生。

每年平均每个装卸平台大约500 000次通过,因此发生事故的概率很大。当事故发生时,将导致员工永久致残或更恶劣的结果。在美国,一个30岁的员工在因工伤导致残废后所需承担的费用可能达100万美元。

1. 安全作业管理制度化

安全作业管理应成为仓库日常管理的重要项目。通过制度化的管理保证管理的效果,制定科学合理的各种作业安全制度、操作规程和安全责任制度,并通过严格的监督,确保管理制度得以有效的执行。

2. 加强劳动安全保护

劳动安全保护包括直接和间接施加于员工人身安全的保护措施。仓库要遵守《中华人民共和国劳动法》的劳动时间和休息规定,每日8小时、每周不超过44小时,依法安排加班,保证员工有足够的休息时间,包括合适的工间休息。提供合适和足够的劳动防护用品,如高强度工作鞋、安全帽、手套、工作服等,并督促作业人员使用和穿戴具有较高安全系数的作业设备、作业机械,作业工具应适合作业要求,作业场地必须具有通风、照明、防滑、保暖等适合作业的条件。不进行冒险作业和不安全环境的作业,大风、雨雪影响作业时暂缓作业。避免人员带伤病作业。

3. 重视作业人员资质管理、业务培训和安全教育

新参加仓库工作和转岗的员工,应进行仓库安全作业教育,对所从事的作业进行安全作业和操作培训,确保熟练掌握岗位的安全作业技能和规范。从事特种作业的员工必须经过专门培训并取得特种作业资格,方可进行作业,且仅能从事其资格证书限定的作业项目操作,不能混岗作业。安全作业宣传和教育是仓库的长期性工作,作业安全检查是仓库安全作业管理的日常工作。通过不断地宣传、严格地检查,严厉地对有违章和忽视安全行为的人员进行惩罚,强化作业人员的安全责任心。

9.3.2 仓库安全作业的基本要求

1. 人力作业安全

(1) 人力作业仅限于轻负荷的作业。男工人力搬举货物每件不超过 80 千克,距离不大于 60 米;集体搬运时每个人负荷不超过 40 千克,女工不超过 25 千克。

(2) 尽可能采用人力机械作业。人力机械承重也应在限定的范围内,如人力滑车、拖车、手推车等承重不超过 500 千克。

(3) 只在适合作业的安全环境里进行作业。作业前应使作业员工清楚作业要求,让员工了解作业环境,指明危险因素和危险位置。

(4) 作业人员按要求穿戴相应的安全防护用具,使用合适的作业工具进行作业,采用安全的作业方法,不采用自然滑动和滚动、推倒垛、挖角、挖井、超高等不安全作业,在滚动物资的侧面作业。注意人员与操作机械的配合,在机械移动作业时人员需避开。

(5) 合理安排工间休息。每作业 2 小时至少有 10 分钟休息时间,每 4 小时有 1 小时休息时间。

(6) 必须有专人在现场指挥和安全指导,严格按照安全规范进行作业指挥。人员避开不稳定货垛的正面、塌陷和散落的位置、运行设备的下方等不安全位置作业;在作业设备调位时暂停作业;发现安全隐患时及时停止作业,消除安全隐患后方可恢复作业。

2. 机械作业安全

(1) 使用合适的机械设备进行作业。尽可能采用专用设备,或者使用专用工具作业。使用通用设备,必须满足作业需要,并进行必要的防护,如物资绑扎、限位等。

(2) 所使用的设备应无损坏。设备不得带"病"作业,特别是设备的承重机件,更应无损坏,符合使用的要求。应在设备的许用负荷范围内进行作业,绝不超负荷运行。危险品作业时还需减低负荷25%。

(3) 设备作业要有专人指挥。采用规定的指挥信号,按作业规范进行作业指挥。

(4) 汽车装卸时,注意保持安全间距。汽车与堆物距离不得小于2米,与滚动物资距离不得小于3米。多辆汽车同时进行装卸时,直线停放的前后车距不得小于2米,并排停放的两车侧板距离不得小于1.5米,汽车装载应固定妥当、绑扎牢固。

(5) 移动吊车必须在停放稳定后方可作业。叉车不得直接叉运压力容器和未包装物资;移动设备载货时需控制行驶速度,不可高速行驶。物资不能超出车辆两侧0.2米,禁止两车共载一物。

(6) 载货移动设备上不得载人运行。除了连续运转设备如自动输送线外,其他设备需停稳后方可作业,不得在运行中作业。

3. 安全技术

1) 装卸搬运机械的作业安全

(1) 要经常定期地对职工进行安全技术教育,从思想认识上提高其对安全技术的认识。

(2) 组织职工不断学习仓储作业技术知识。

(3) 各项安全操作规程是防止事故的有效方法。

2) 仓库储备物资保管、保养作业的安全

(1) 作业前要做好准备工作,检查所用工具是否完好。

(2) 作业人员应根据危险特性的不同,穿戴相应的防护服装。

(3) 作业时要轻吊稳放,防止撞击、摩擦和震动,不得饮食和吸烟。

(4) 工作完毕后要根据危险品的性质和工作情况,及时洗手、洗脸、漱口或淋浴。

3) 仓库电气设备的安全

(1) 电气设备在使用过程中应有熔断器和自动开关。

(2) 电动工具必须有良好的绝缘装置,使用前必须使用保护性接地。

(3) 高压线经过的地方,必须有安全措施和警告标志。

(4) 电工操作时,必须严格遵守安全操作规程。

(5) 高大建筑物和危险品库房,要有避雷装置。

4) 仓库建筑物和其他设施的安全

对于装有起重行车的大型库房及储备化工材料和危险物品的库房,要经常检查维护,各种建筑物都得有防火的安全设施,并按国家规定的建筑安全标准和防火间距严格执行。

9.3.3 劳动保护制度

劳动保护是为了改善劳动条件,提高生产的安全性,保护劳动者的身心健康,减轻劳动强度所采取的相应措施和有关规定。劳动安全保护包括直接和间接施行于员工人身的保护措施。仓库要遵守《中华人民共和国劳动法》的劳动时间和休息规定，依法安排加班，保证员工有足够的休息时间。提供合适和足够的劳动防护用品，如安全帽、手套、工作服、高强度工作鞋等，并督促作业人员使用和穿戴。

1. 重视安全

要提高各级领导干部的安全思想认识和安全技术知识以及各班组安全人员的责任心，使其认识到不安全因素是可以被认识的，事故是可以控制的，只要思想重视，实现安全作业是完全可能的。

2. 建立和健全劳动保护机构和规章制度

专业管理与群众管理相结合，把安全工作贯穿到仓库作业的各个环节，对一些有害有毒工种要建立保健制度，实行专人、专事、专责管理，推行安全生产责任制。并要建立群众性的安全生产网，大家管安全，使劳动保护收到良好效果。

3. 及时消除安全隐患

结合仓库业务和中心工作，开展劳保活动。要根据仓库具体情况，制定有效的预防措施。做到年度有规划，季度有安排，每月有纲要，使长计划与短安排结合。同时还要经常检查，防止事故的发生。仓库要经常开展安全检查，清查潜在的不安全因素，及时消除事故的隐患，防患于未然。

除此之外，采用具有较高安全系数的作业设备、作业机械、作业工具应适合作业要求，作业场地必须具有合适的通风、照明、防滑、保暖等适合作业的条件。不进行冒险作业和不安全环境的作业，在大风、雨雪影响作业时暂缓作业，避免人员带伤病作业。

9.3.4 库区的安全管理

库区的安全管理可以划分成几个环节，即仓储技术区、库房、物资保管、物资收发、物资装卸与搬运、物资运输、技术检查、修理和废弃物的处理等。其中，重点是以下几个环节。

1. 仓储技术区的安全管理

仓储技术区是库区重地，应严格安全管理。技术区周围设置高度大于2米的围墙，上置钢丝网，高1.7米以上，并设置电网或其他屏障。技术区内道路、桥梁、隧道等通道应畅通、平整。

技术区出入口设置日夜值班的门卫，对进出人员和车辆进行检查和登记，严禁将易燃、易爆物品和火源带入。

技术区内严禁危及物资安全的活动（如吸烟、鸣枪、烧荒、爆破等），未经上级部门批准，不准在技术区内进行参观、摄影、录像或测绘。

2. 库房的安全管理

经常检查库房结构情况，对于地面裂缝、地基沉降、结构损坏，以及周围山体滑坡、塌方,或防水、防潮层和排水沟堵塞等情况,应及时维修和排除。

此外,库房钥匙应妥善保管,实行多方控制,严格遵守钥匙领取手续。对于存放易燃、易爆、贵重物资的库房,要严格执行两人分别掌管钥匙和两人同时进库的规定。有条件的库房,应安装安全监控装置,并认真使用和管理。

3. 物资装卸与搬运中的安全管理

仓库机械应实行专人专机,建立岗位责任制,防止丢失和损坏,操作手应做到"会操作、会保养、会检查、会排除一般故障"。

根据物资尺寸、重量、形状来选用合理的装卸、搬运设备,严禁超高、超宽、超重、超速及其他不规范操作。不能在库房内检修机械设备。在狭小通道、出入库房或接近物资时应减速鸣笛。

9.4 仓库的其他安全管理

仓库还应注意防台风、防雨湿、防雷、防震、防静电等安全内容。台风、雷雨、静电等危害虽然不会频繁发生,但如果出现也会给仓库带来非常大的损失,所以有必要针对这些情况制订相应的安全管理措施。

9.4.1 防台风

1. 台风的危害

台风实际上是一种强热带气旋。我国对发生在北太平洋西部和南海的热带气旋,根据国际惯例,依据其中心最大风力分为以下几种。

(1) 热带低压,最大风速6～7级(10.8～17.1米/秒)。

(2) 热带风暴,最大风速8～9级(17.2～24.4米/秒)。

(3) 强热带风暴,最大风速10～11级(24.5～32.6米/秒)。

(4) 台风,最大风速12～13级(32.7～41.4米/秒)。

(5) 强台风,最大风速14～15级(41.5～50.9米/秒)。

(6) 超强台风,最大风速≥16级(≥51.0米/秒)。

台风发生的规律及其特点主要有以下几点。

(1) 有季节性。台风(包括热带风暴)一般发生在夏秋之间,最早发生在五月初,最迟发生在十一月。

(2) 台风中心登陆地点难准确预报。台风的风向时有变化,常出人预料。

(3) 台风具有旋转性。其登陆时的风向一般先北后南。

(4) 损毁性严重。对不坚固的建筑物、架空的各种线路、树木、海上船只,以及海上网箱养鱼、海边农作物等破坏性很大。

(5) 强台风发生时常伴有大暴雨、大海潮、大海啸。

(6) 强台风发生时，人力不可抗拒，易造成人员伤亡。

我国所濒临的西北太平洋是热带气旋生成最多的地区。年平均约有 30 个，其中 7～10 月份最多，其他月份较少，因而我国将此段时间称为台风季节。在我国登陆的地点主要集中在华南、华东地区，华北、东北极少。西北路径的台风经常在华东登陆后又回到东海，这种台风的危害较大。

2．防台风工作管理组织

华南、华东沿海地区的仓库经常受到台风的危害。处在这些地区的仓库要高度重视防台风工作，避免台风对仓储造成严重的危害。仓库应设置专门的防台风办公室或专门人员，负责研究仓库的防台风工作。制订防范工作计划，接收天气预报和台风警报，与当地气象部门保持联系，组织防台风检查，管理相关文件，承担台汛期间防台风联络工作。

仓库主要领导亲自承担仓库防台风工作的领导指挥责任，主要部门的负责人为防台风指挥部成员。在台汛期到来之前，防台风指挥部要组织检查仓库的防台风准备工作，对仓库的抗台风隐患及时予以消除或制订消除措施，督促各部门准备各种防台风工具、制订抗台风措施，组织购买抗台风物资并落实保管责任。

在台汛期间，建立通信联络、物资供应、紧急抢救、机修、排水、堵漏、消防等临时专业小组。

3．防台风、抗台风工作

对于台风，应采取以下几方面的措施。

1）积极防范

防台风工作是一项防患未然、有备无患的工作。仓库要对员工，特别是领导干部进行防台风宣传和教育，以保持警惕、不麻痹。防台风办公室应与当地气象部门保持密切联系，及时掌握台风动向。在中央气象台发布台风消息时（当台风进入 150°以西或在此区域生成时都发布消息），密切跟踪台风动向，收集各类资料，根据专业部门预测的台风路径，判定是否会对本地区和本仓库造成影响，随时向仓库领导和各主要部门通报消息。当台风进入仓库抗台风警戒区时（一般为 300 千米），启动仓库抗台风应急程序，抗台风指挥部开始运作。当确定台风将在本地区登陆，或者会对仓库造成影响时，仓库立即转入抗台风工作。

2）全员参与

防台风、抗台风工作是所有员工的工作，需要全员参与。抗台工作是在台风到达之前，将可能被狂风暴雨、积水、落物造成损害的财产进行妥善的处理、转移、加固、保护，疏通排水，堵塞仓库入水口、道等。在台风到达时，切断非必要的电源，人员转入安全场所庇护，避免受到伤害。

3）不断改善仓库条件

为了使防台风、抗台风取得胜利，需要有较好的硬件设施和条件，提高仓库设施设备的抗风、防雨、排水防水浸的能力；减少使用简易建筑，及时拆除危房、危建和及时维修、加固老旧建筑、围墙；提高仓库、货场的排水能力，注意协调仓库外围，避免对排水的阻碍；购置和妥善维修水泵等排水设备，备置堵水物资；牢固设置仓库、场地的绑扎固定绳桩。

4）仓库抗台风

仓库在得到抗台风指挥部的抗台风通知后，应迅速将工作中心转移到抗台风上。动员和召集员工，分工协作地开展抗台风准备。

（1）全面检查仓库和物资，确定抗台风准备方案。仓库管理者召集各班组长、专岗人员，对仓库设施、仓储物资、场地等进行全面检查，按照抗台风指挥部的要求、仓库抗台风的制度和实际需要制订抗台风措施，并迅速组织执行。

（2）将存放在可能被风雨水损害的位置的物资、设备转移到安全位置。将散放的物资及时堆垛收存。将简易建筑、移动式苫盖棚中的怕水货物移到合适的仓库中，临江、河、水沟的物资内移。

（3）加固仓库的门窗、屋顶、雨棚等，防止漏水和被风吹落，必要时对使用的仓库建筑本身进行加固，收遮雨棚或遮阳棚。

（4）对会被风吹动、雨淋湿的物资、设备、设施进行苫盖、固定绑扎，并与地面固定绳桩系牢靠。将不使用的设备收妥，如吊杆等放下、固定好。

（5）对仓库、建筑、场地、下水道等排水系统、管系进行疏通，确保畅通。清理泄水口附近的物资、杂物，防止散落堵塞泄水口。对于年久失修或一时无法疏通的排水通道，应采用临时措施确保排水。

（6）台风到来时，仓库及时关闭门窗、拴锁妥当，关闭迎风开口，必要时顶固封闭，关闭非必要电源，关闭仓库一切火源、热源，将排水泵等所有应急设备启动运行，停止作业、收整固定作业设备。

（7）在风力达到 8 级以上时，或者抗台风指挥部发出通知时，所有人员按照安排进入预定的安全场所躲避，进行人员清点登记。选择的安全场所要避开树木旁、电缆下、高空设备下、临水处、挡土墙旁，不能躲在货垛旁、集装箱内、车辆及车旁，同时要避免单人随处躲避，注意保持与外界联系。

（8）确定风力减弱时，在保证人员安全的前提下，以两人及以上为一小组，迅速进行排水、检查和加固封闭仓库门窗；检查和加固物资苫盖，稳固会倒塌的物资。风力加强时，迅速返回安全处所。

（9）台风过后或者台风警报解除后，仓库人员迅速返回工作岗位，及时排除仓库、货场的积水；详细检查货物情况，将物资受损情况进行详细记录；发现损失严重时，通报商务部门摄影取证；视天气情况进行通风散热、除湿保管作业，尽快消除台风的影响，恢复正常仓储生产。

9.4.2 防雨湿

下雨水湿是造成仓储物资损害的一个重要原因,在我国南方地区、长江流域,雨水较为充沛,洪水也主要发生在长江水系、珠江水系,防雨水危害是一项长年的安全工作。华北地区和东北地区雨水较少,发生水灾的次数也较少,但也不能放松对雨水危害的预防,北方地区正因为雨水少,防水能力差,水灾的危害更大。

仓库防雨湿工作主要有以下几个方面。

1. 建立组织,积极防范,加强联系

汛期到来之前,要成立临时性的短期工作机构,在仓库领导者的领导下,具体组织防汛工作。平时要加强宣传教育,提高职工对自然灾害的认识;在汛期,职工轮流守库。职能机构定员驻库值班,领导现场坐镇,以便在必要时统一指挥,积极组织抢救。仓库防汛组织要主动争取上级主管部门的领导,并与气象电台联系,了解汛情动态,预见汛情发展,克服盲目性,增强主动性。

2. 建设足够的防雨建筑

仓库规划建设时,要根据仓库经营的定位、预计储存物资的防雨需要,建设足够的货棚室内仓库等防雨建筑,保证怕水湿物资都能在室内仓储。除此之外,还要注意对陈旧的仓库改造排水设施,提高货位,新建仓库应考虑历年汛情的影响,使库场设施能抵御雨讯的影响。

3. 仓库应具有良好的排水能力

仓库建筑、货场场地要能及时排水,不会积水。整个库区有良好的、足够能力的排水沟渠网络,能保证满足一定量的正常排水需要。加强日常管理,随时保证排水沟渠不淤积、不堵塞;暗渠入水口的一定范围内不能码放物资和杂物。

4. 做好货垛衬垫

货场堆放物资、低洼地的仓库或地面较低的仓库室内,雨季时仓库入口的货位,都要采用防水湿垫垛。防水湿垫垛要有足够的高度,场地垫垛30~50厘米,仓库垫垛10~30厘米。尽可能将货场建设成高出地面30~50厘米的平台货位。

5. 及时苫盖物资

如果仓储的物资需要防湿,在入库作业开始时就要在现场准备好苫盖物资。作业过程中,在下雨和天气不稳定时的停工、休息、作业人员离开的情况下,都要用苫盖材料盖好物资;天气不好时,已堆好的货垛端头也要及时苫盖;货垛堆好后,堆垛作业人员离开前,必须苫盖妥当。无论天气怎样,怕水湿物资都不能露天过夜。

9.4.3 防雷

雷电是大自然中雷云之间或雷云对地的大规模放电现象,这种迅猛的放电过程产生强烈的闪光并伴随巨大的声音。雷云放电会产生雷电流,雷电流除具有电流的一般特性外,还有发生时间短、幅值高的特点,所以雷电流的瞬间功率是巨大的。雷击可以把建筑物劈裂,使架空的电线短路、引起森林大火,还会造成人员的直接伤亡。了解雷电基本知识,有利于搞好仓库防雷工作。

1. 雷电的分布特点

我国地域辽阔,从南到北约 30 多个纬度,大部分地区位于北温带和亚热带,都处于雷雨区,只是受高度等不同因素的影响雷暴日不同(雷暴日指一年中听到雷声的天数)。我国各地区雷雨季节相差较大,南方约从 2 月开始,长江流域一般从 3 月开始,华北和东北地区迟至 4 月开始,西北可延至 5 月开始。总体上,雷电活动呈现以下基本规律。

(1) 热而潮湿的地区比冷而干燥的地区雷暴多。

(2) 从纬度看,雷暴总是由北向南增加,到赤道最高,以后又向南递减。在我国,递减的顺序大致是:华南、西南、长江流域、华北、东北、西北。

(3) 从地域看,山区大于平原,平原大于沙漠,陆地大于湖海。

(4) 从时间看,雷暴高峰月都在 7~8 月份,活动时间大都在 14:00~22:00,各地区雷暴的极大值和极小值多数出现在相同的年份。

2. 防雷装置

仓库建筑物和电气设施都应设置防雷装置。常见的防雷装置有避雷针、避雷线、避雷网、避雷带、避雷器等,不同类型的防雷装置有不同的保护对象。

(1) 避雷针主要用于保护建筑物、构筑物和变配电设备。

(2) 避雷线主要用于保护电力线路。

(3) 避雷网和避雷带主要用于保护建筑物。

(4) 避雷器是并联在被保护的电力设备或设施上的防雷装置,用以防止雷电流通过输电线路传入建筑物和用电设备而造成危害。

仓库建筑物防雷大都采用避雷针,部分仓库建筑物也采用避雷网或避雷带,仓库的电气设备防雷主要采用避雷器。

3. 防雷装置的检测与管理

仓储企业应在每年雷雨季节来临之前,对防雷装置进行全面检查。主要应检查的方面有以下几个。

(1) 检查建筑物维修或改建后的变形,是否使防雷装置的保护情况发生改变。

(2) 有无因挖土方、敷设管线或种植树木而挖断接地装置。
(3) 检查各处明装导体有无开焊、锈蚀后截面积减小过大、机械损伤或折断的情况。
(4) 检查接闪器有无因受雷击而熔化或折断情况。
(5) 检查避雷器磁套有无裂纹、碰伤、污染、烧伤痕迹。
(6) 检查引下线距地 2 米段的绝缘保护处理有无破坏情况。
(7) 检查支持物是否牢固,有无歪斜、松动,引下线与支持物固定得是否可靠。
(8) 检查断接卡子有无接触不良情况。
(9) 检查木结构接闪器支柱或支架有无腐朽现象。
(10) 检查接地装置周围的土壤有无沉陷情况。
(11) 测量全部接地装置的流散电阻。
(12) 发现接地装置的电阻有很大变化时,应将接地装置挖开检查。

9.4.4 防震

搞好仓库防震,在仓库建筑上,要以储存物资的价值大小为依据。审视建筑物的结构、质量状况,从保存物资的实际需要出发,合理使用物力、财力,进行相应的加固。新建的仓库,特别是多层建筑、现代化立体仓库,更要结合当地地质结构类型,预见地震的可能性,在投资上予以考虑,做到有所准备。在情报信息上,要密切注视毗邻地区及地震部门的预测和预报资料。在组织抢救上,要充分准备,当接到有关部门地震预报时,要建立必要的值班制度和相应的组织机构,当进入临震时,仓库领导要通盘考虑、全面安排、合理分工、各负其责,做好宣传教育工作,动员职工全力以赴,做好防震工作。

9.4.5 防静电

在仓储活动的各个环节中,静电的产生是不可避免的,若产生的静电没有得到及时的泄放,便可能积聚起来。积聚的静电荷构成的电场对周围空间有电场力的作用,可吸引周围微粒,进而引起灰尘堆积、纤维纠结等。静电放电时还可对人体造成瞬间冲击性电击,使人产生不恰当反应而导致严重的二次事故或妨碍作业。当然,静电积聚最大的危害是可产生火花放电,导致火灾、爆炸等事故。

1. 形成静电危害的条件

静电危害的形成必须具备一定的条件。

1) 存在引发火灾、爆炸事故的危险物资

仓储物资中,炸药、油料、化工危险品等都是对静电敏感、易发生静电火灾与爆炸事故的危险物资。油料及酒精、二甲苯等挥发性物资容易散发蒸气,这些蒸气在空气中的浓度达到一定比例时,一旦产生静电火花,则可能引发爆炸事故。表 9-4 为常见的几种易挥发物资的爆炸极限。

表 9-4　常见的几种易挥发物资的爆炸极限

名　称	爆炸极限/%	
	下　限	上　限
车用汽油	1.7	7.2
航空汽油	1.0	6.0
灯用煤油	1.4	7.5
航空煤油（大庆2号）	0.5	7.2
航空煤油（胜利1号）	0.5	7.8
苯	1.5	9.5
乙炔	2.5	8.2

2）静电产生的条件

在仓储活动的各个环节中，如物资在装卸、输送过程中容易因摩擦而产生静电，油品在收、发、输送过程中也会产生静电，粉体、灰尘飞扬可产生静电，人员在作业中的操作、行走也会产生静电。

3）静电积聚的条件

对于任何材料，静电的积聚和泄漏是同时进行的，只有静电起电率大于静电泄漏率，并有一定量的积累，才能使带电体形成高电位，产生火花放电而构成危害。

4）静电放电的火花能量大于最小静电点火能

虽然仓储活动极易产生静电，但是，只有当产生的静电积聚起来，在一次放电中所释放的能量大于或等于危险物资最小静电点火能时，才会引发火灾、爆炸事故。

入侵防范指防止犯罪分子非法侵入仓库某一区域、建筑。它有两种防范形式：①由保安人员防范入侵形式，是较原始的措施，但效果并不理想；②以电子技术、传感器技术和计算机技术为基础的技术手段，该方式一旦安装调试完毕，只要维护保养得当，则极少有疏漏现象发生，而且一次投入长年受益，维护保养费用很低。正因为如此，技术防入侵方式已经取得了飞速发展，并得到越来越广泛的推广和使用。

安装入侵防范系统首先会对犯罪分子产生一种威慑作用，使其不敢轻易作案。其次，一旦出现了入侵、盗窃等犯罪活动，入侵防范系统能及时发现、及时报警，并能启动电视监控系统，自动记录下犯罪现场及犯罪分子的犯罪过程，为及时破案提供可靠的证据，从而节省大量的人力、物力和财力。重要单位、要害部门安装多功能、多层次的入侵防范系统后，大大减少了巡逻值班人员，既提高了入侵防范的可靠性，又可减少开支。

入侵防范系统的构成如图9-7所示，通常由探测器、传输通道和报警控制器三部分构成。

图 9-7　入侵防范系统的构成

2．门禁控制系统

门禁控制系统可对仓库建筑物内外正常的出入通道进行管理,既可控制人员的出入,又可控制人员在楼内及其相关区域的行动,它代替了保安人员、门锁和围墙的作用,可以避免人员的疏忽,钥匙的丢失、被盗和复制。门禁控制系统在重要场所的入口处安装磁卡识别器或密码键盘,机要部位甚至采用指纹识别、眼纹识别、声音识别等唯一身份标志识别系统,只有被授权的人才能进入,而其他人则不得入内。该系统可以将每天进入人员的身份、时间及活动记录下来,以备事后分析,而且不需门卫值班人员,只需很少的人在控制中心就可以控制整个建筑内的所有出入口,减少了人员使用,提高了效率,也增强了保安效果。

门禁控制系统一般分为卡片式门禁控制系统和人体生物特征识别门禁控制系统两大类。

1) 卡片式门禁控制系统

卡片式门禁控制系统主要由读卡机、打印机、中央控制器、卡片和附加的报警监控系统组成。卡片的种类很多,如磁卡、灵巧卡、激光卡、感应卡,使用最多的是感应卡(非接触式 IC 卡)。卡片式门禁控制系统结构图如图 9-8 所示。

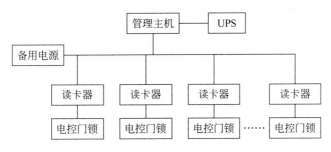

图 9-8　卡片式门禁控制系统结构图

2) 人体生物特征识别门禁控制系统

按人体生物特征的非同性(如指纹、掌纹、眼纹、声音、视网膜)来辨别人的身份是最安全、可靠的方法。其中人体指纹具有独特的单一性和排他性,以指纹识别替代传统个人身份鉴别方式,不会遗忘、不可伪造、不会损坏、不易被盗用、永不丢失,因此它具有极高的安全性,得到了广泛应用。

复 习 思 考

一、填空题

1. 仓储安全主要包括库房、（　　）、（　　）、（　　）等多项内容。
2. 从安全角度看，（　　）、（　　）的物资应重点防护、认真对待，以免造成人身伤亡和巨大的经济损失。
3. 仓库消防管理的方针是"（　　）、（　　）"。
4. 新建、改建的仓库要严格遵照"（　　）"的规定，不得擅自搭建违章建筑，也不得随意改变（　　）。
5. 燃烧是空气中的（　　）的一种强烈的化学反应，也就是可燃物的激烈氧化。

二、判断题

1. 治安保卫组织，通常分为保卫组织、警卫组织。（　　）
2. 在安全管理工作中，防雷是重点，保证商品安全又是防火的中心。（　　）
3. 认真落实治安防范的奖惩工作直接关系到安全岗位责任制度能否有效运行。（　　）
4. 能自燃的物品和化学易燃物品堆垛应当布置在温度较低、通风良好的场所，并应当由专人定时测温。（　　）
5. 遇水容易发生燃烧、爆炸的化学易燃物品，不得存放在潮湿和容易积水的地点。（　　）
6. 装卸化学易燃物品，必须轻拿轻放，严防震动、撞击、重压、摩擦和倒置。（　　）
7. 各种机动车辆在装卸物品时，排气管的一侧不准靠近物品。（　　）
8. 电气设备：水可以导电，电路如未切断，用水灭火有触电危险。（　　）
9. 仓储技术区是库区重地，应严格安全管理。技术区周围设置高度大于1米的围墙，上置钢丝网，高2.7米以上，并设置电网或其他屏障。技术区内道路、桥梁、隧道等通道应畅通、平整。（　　）
10. 超强台风，最大风速≥16级（≥51.0米/秒）。（　　）

三、单项选择题

1. （　　）应专库专储，性能相抵触的物资必须分开储存和运输，专库须由专人管理，防止剧烈震动和撞击。
   A. 危险品　　　　B. 化学品　　　　C. 特种商品　　　　D. 普通商品
2. 发生燃烧，必须同时具备（　　）条件。
   A. 二个　　　　B. 三个　　　　C. 四个　　　　D. 五个
3. 金属火炉距可燃物不应当小于（　　）。

A. 1.5 米　　　　B. 2.5 米　　　　C. 3.5 米　　　　D. 4.5 米

4. 金属烟囱距可燃墙壁、屋顶不应当小于(　　),距可燃屋檐不应小于 10 厘米,高出屋檐不应小于 30 厘米。烟囱穿过可燃墙、窗时必须在其周围用不燃材料隔开。

A. 40 厘米　　　B. 50 厘米　　　C. 60 厘米　　　D. 70 厘米

5. (　　)是用二氧化碳、氮气、水蒸气等来降低氧的浓度,使燃烧不能持续。

A. 冷却法　　　B. 窒息法　　　C. 隔离法　　　D. 化学抑制法

6. (　　)是用干粉灭火剂通过化学作用,破坏燃烧的链式反应,使燃烧终止。

A. 冷却法　　　B. 窒息法　　　C. 隔离法　　　D. 化学抑制法

7. (　　)是一种轻便的灭火工具,它可以用于扑救初起火灾,控制蔓延。

A. 干粉　　　　B. 砂箱　　　　C. 消防水桶　　　D. 灭火器

8. 对二氧化碳灭火器要定期检查,重量少于(　　)时,应及时充气和更换。

A. 5%　　　　　B. 6%　　　　　C. 7%　　　　　D. 8%

9. 热带低压,最大风速(　　)(10.8～17.1 米/秒)。

A. 4～5 级　　　B. 5～6 级　　　C. 6～7 级　　　D. 7～8 级

10. 热带风暴,最大风速(　　)级(17.2～24.4 米/秒)。

A. 8～9　　　　B. 9～10　　　　C. 10～11　　　　D. 11～12

四、简答题

1. 简述仓储安全管理的基本任务。
2. 治安保卫管理制度有哪些?
3. 简述治安保卫工作的内容。
4. 仓库消防管理的具体措施有哪些?
5. 简述火灾事故发生的原因。
6. 仓库的防火工作应从以下几方面着手?
7. 简述火源管理。
8. 简述库房的安全管理。
9. 仓库抗台风措施有哪些?
10. 仓库防雨湿工作主要有哪些?

五、案例分析

天津汉沟仓库火灾重大责任事故案

某天,天津市北辰区双街乡小街村装卸队在市化工轻工业公司汉沟仓库内,为该库往火车皮内装纯碱。装车任务完成后,装卸工陈某站在库区老罩棚西侧的第一个精萘(易燃化工原料)垛的东北角吸烟,而后在给火车皮盖苫布过程中,陈某又站在该原料垛垛顶吸烟,并遗留下火种。当晚 23 时许,陈遗留在垛顶的火种在苫布上长时间阴燃后,燃到苫布簇拥处时热量积聚,随之出现明火,迅速将精萘引燃,导致特大火灾事故。烧毁库房三栋

（建筑面积6000余平方米），以及精萘、纯碱、橡胶、树脂等化工轻工原料，天津市渤海啤酒厂代存在该库的引进啤酒灌装生产线也被烧毁，给国家造成直接经济损失1347万元。

装卸工陈某违章在库区吸烟，是造成这起事故的直接原因，陈某应对此负有直接责任。

该矿领导对职工、民工忽视安全教育，是导致发生重大火灾事故的重要原因，侯某、魏某、刘某、王某负有重要责任。

陈某明知仓库区域内有禁止吸烟的规定，却随意在禁烟区内吸烟，违反危险物品管理规定，酿成特大火灾事故，其行为触犯《中华人民共和国刑法》(以下简称《刑法》)第115条的规定，构成违反危险物品管理规定重大事故罪。

侯某身为仓库主任兼安委会主任，对安全防火工作不重视，在贯彻仓库安全防火细则工作中，仅在会上布置，未进一步检查落实，以致有些职工不清楚防火细则，在工作中未尽安全防火职责，尤其在民工管理工作上漏洞较大，对装卸队民工在库区内吸烟的问题，始终没有采取有效措施加以制止，以致造成民工吸烟而酿成特大火灾事故。其行为触犯《刑法》第187条的规定，构成玩忽职守罪。

魏某身为仓库业务股副股长，对安全防火工作不重视，特别是在贯彻该仓库制定的安全防火岗位制细则工作中，违背领导关于将该细则传达到全体职工的要求，未向股内全体人员传达，使职工对防火安全细则不清楚，致使有的值班人员忽视安全防火工作。其行为触犯《刑法》第187条的规定，构成玩忽职守罪。

刘某、王某身为仓库巡逻、门卫值班人员，在值班时违反规定，擅离职守，不履行职责，在当晚20时至23时三个多小时时间内，未进行巡逻检查，以致未能发现火情隐患。其行为触犯《刑法》第187条的规定，构成玩忽职守罪。

天津市北辰区人民检察院经审查，依法决定对侯某、魏某、刘某、王某以玩忽职守罪免于起诉。对陈某以违反危险物品管理规定重大事故罪提起公诉。北辰区人民法院依法判处陈某有期徒刑六年。

（资料来源：http://www.examw.com/wuliu/anli/资料引用经笔者修改）

讨论

1. 简述该起火灾事故发生的原因。
2. 结合案例谈谈如何有效地实施仓库安全管理。

第 10 章

仓储经营与商务管理

【学习目标】
通过本章学习熟悉仓储经营方法、仓储合同的特征及主要内容、仓储合同的文本形式；熟悉仓单业务，熟悉仓库事故处理的方法。掌握仓储合同的订立原则、订立程序及条款内容；能够处理仓储合同纠纷；能够预防和处理仓储经营活动中产生的安全和质量问题。

【本章要点】
本章主要介绍仓储合同、仓储安全管理、仓单业务。

仓储合同案例

2013年3月，原告大观园和被告商业储运公司订立了一份仓储合同。合同约定：由商业储运公司为大观园商场储存衣服、布料等物品一年，期限为2010年4月10日至2011年4月10日止，仓储费每月2800元。合同对储存货物的品名、数量、验收方法、入库、出库手续等都做了规定。合同订立后，商业储运公司即开始清理二号仓库，从2010年3月15日起不再接受其他单位的存储业务。至2010年4月5日，仓库已全部清理完毕，商业储运公司马上通知大观园商场运货入库。可是大观园商场称其已经租到仓位，不再需要商业储运公司提供仓储服务了。商业储运公司要求大观园商场支付违约金，并赔偿损失。大观园商场则称合同还没有生效，自然谈不上履行义务和承担违约责任的问题。于是，商业储运公司向人民法院起诉，要求大观园商场支付违约金、赔偿损失。

(资料来源：http://www.examw.com/wuliu/anli/资料引用经笔者修改)

思考
1. 仓储合同是否生效？
2. 仓储公司的要求是否合理？为什么？
3. 如果你是法官，会做怎样的判决？

10.1 仓储经营管理

随着企业购、销、存经营活动连续不断地进行,物资的仓储数量和仓储结构也在不断变化,为了保证物资的仓储趋向合理化,必须采用一些科学的方法,对物资的仓储及仓储经营进行有效的动态控制。如何确定科学、先进、有效的仓储经营方法,使仓储资源得以充分利用是仓储企业搞好经营管理的关键。现代仓储经营方法主要包括保管仓储经营、混藏仓储经营、消费仓储经营、仓库租赁经营、流通加工经营等。

10.1.1 仓储经营管理的内容

仓储经营管理既包括仓储企业对内部仓储业务活动的管理,也包括对整个企业资源的经营活动的管理,即仓储商务活动的管理。

具体包括以下几个方面。

1. 仓库的选址与建筑决策管理

企业在建立仓库选址时要依据企业生产经营的运行和发展来考虑;应保证所建仓库各种设备的有效利用,不断提高仓库的经济效益;要能保证仓库运营的安全,一方面要保证储存物资不受各种可能的自然灾害或人为破坏,另一方面要保证储存物资对企业及周围环境的安全。

2. 仓库的机械作业的选择与配置

企业根据实际需要以及自身的实力要决定是否采用机械化、智能化设备,若要使用,就要对智能化的程度、投资规模、设备选择、安装、调试与运行维护等进行管理。

3. 仓库的日常业务管理

例如,如何组织物资入库前的验收,如何存放入库物资,如何对物资进行有效的保养,如何出库等。

4. 仓库的库存管理

库存管理包括对库存物资的分类、库存量、进货量、进货周期等的确定。

5. 仓库安全管理

仓库安全管理是其他一切管理工作的基础和前提,包括仓库的警卫和保卫管理、仓库的消防管理、仓库的安全作业管理等内容。

6. 仓储经营组织管理

仓储经营组织管理包括仓储经营管理机构的设定、经营管理人员的选用和配备、经营管理制度、工作制度的制定与实施等。

7. 市场管理

仓储企业要广泛开展市场调查和研究,对市场环境因素以及仓储服务的消费者行为进行分析,细分市场以发现和选择市场机会;向社会提供能满足客户需求的仓储服务、制定合理的价格策略;加强市场监督和管理,广泛开展市场宣传,巩固和壮大企业的客户队伍。

8. 资源管理

仓储企业需要充分利用仓储资源,为企业创造和实现更多的商业机会。因此,要合理利用仓储资源,做到物尽其用。

9. 制度管理

高效的商务管理离不开规范、合理的管理制度。仓储企业应该在资源配置、市场管理、合同管理等方面建立和健全规范的管理制度,做到权利、职责明确。

10. 成本管理

一方面,企业应该准确进行仓储成本核算,确定合适价格,提高产品或服务的竞争力;另一方面,企业应该通过科学合理的组织,充分利用先进的技术来降低交易成本。

其他业务管理。除了以上的业务管理外,仓库业务考核问题、新技术和新方法在仓库管理中的运用问题等都是仓储业务管理所涉及的内容。

10.1.2 仓储经营方法

1. 保管仓储

1) 概念

保管仓储经营是由仓储经营人提供完善的仓储条件,接受存货人的仓储物进行保管,在保管期届满,将原收保的仓储物原样交还给存货人,存货人支付仓储费的一种仓储经营方法。在保管仓储经营中,仓储经营人一方面需要尽可能多地吸引仓储,获得大量的仓储委托,求得仓储保管费收入的最大化;另一方面还需在仓储保管中尽量降低保管成本,来获取经营成果。仓储保管费取决于仓储物的数量、仓储时间及仓储费率。其计算公式为

$$C = QTK$$

式中:C——仓储保管费;

Q——存货数量;

T——存货时间;

K——仓储费率。

仓储总收入可按下式计算:

仓储总收入 = 总库容量 × 仓容利用率 × 平均费率

2) 保管仓储的特点

(1) 保管仓储的目的在于保持仓储物原状。也就是说,货主将自己的物资存入仓储企业,仓储企业必须对仓储物实施必要的保管,从而达到最终维持保管物原状的目的,一

定要确保原物形状。它与存货企业是一种提供劳务的关系,所以在仓储过程中,仓储物的所有权不转移到仓储过程中,仓储企业没有处分仓储物的权利。

(2) 仓储物一般都是数量多、体积大、质量高的大宗物资,如粮食、工业制品、水产品等,要求"仓储物只能是动产,不动产不可能是仓储物"。

(3) 保管仓储活动是有偿的,保管人为存货人提供仓储服务,存货人必须支付仓储费。仓储费是保管人提供仓储服务的价值表现形式,也是仓储企业利润的来源。

(4) 仓储保管经营的整个仓储过程均由保管人进行操作,仓储经营企业需要有一定的投入,为了使仓储物资质量保持完好,需要加强仓储的管理工作。

3) 保管仓储经营的任务

保管仓储经营的主要任务是仓储企业展开市场调研,积极开展市场营销,及时掌握仓储物资信息,并依据企业的仓储条件制订仓储经营计划,合理组织人、财、物,并根据仓储物的性能和特点为存储企业提供合适的仓储设施和保管条件,确保仓储物的质量和数量的正确、完好,为仓储企业创造良好的经济效益和积极的社会效益。

2. 混藏仓储

1) 混藏仓储的概念

混藏仓储是指存货人将一定品质、数量的种类物交付保管人储藏,而在储存保管期限届满时,保管人只需以相同种类、相同品质、相同数量的替代物返还的一种仓储经营方法。混藏仓储经营人的收入依然来自于仓储保管费,存量越多,存期越长,收益越大。

2) 混藏仓储的特点

(1) 混藏仓储的对象是种类物。混藏仓储的目的并不是完全在于原物的保管,有时寄存人仅仅需要实现物的价值的保管即可,保管人以相同种类、相同品质、相同数量的替代物返还,并不需要原物返还。

(2) 混藏仓储的保管物并不随交付而转移所有权,混藏保管人只需为寄存人提供保管服务,而保管物的转移只是物的占有权转移,与所有权的转移毫无关系,保管人无权处理存货的所有权。

(3) 混藏仓储是一种特殊的仓储方式。混藏仓储与消费仓储、保管仓储有着一定的联系,也有一定的区别。保管仓储的对象是特定物,而混藏仓储和消费仓储的对象是种类物。

混藏仓储在物流活动中发挥着重要的作用,在提倡物尽其用、发展高效物流的今天,赋予了混藏仓储更新的功能,配合以先进先出的运作方式,使得仓储物资的流通加快,有利于减少耗损和过期变质等风险。另外,混藏方式能使仓储设备投入最少,仓储空间利用率最高。

理解混藏仓储的特点

例如,农民将玉米交给仓储企业保管,仓储企业可以混藏玉米,仓储企业将所有收存的玉米混合储存于相同品种的玉米仓库,形成一种保管物为混合物(所有权的混合)状况,玉米的所有权并未交给仓储企业,各寄存人对该混合保管物按交付保管时的份额各自享有所有权。在农民需要时,仓储企业从玉米仓库取出相应数量的存货交还给农民。

3.消费仓储

1)消费仓储的概念

消费仓储是指存货人不仅将一定数量、品质的种类物交付仓储管理人储存保管,而且与保管人相互约定,将储存物的所有权也转移给保管人,在合同期届满时,保管人以相同种类、相同品质、相同数量替代品返还的一种仓储方法。

2)消费仓储的特点

(1)消费仓储是一种特殊的仓储形式,具有与保管仓储相同的基本性质,消费仓储保管的目的是对保管物的保管,主要是为寄存人的利益而设定。

(2)消费仓储以种类物作为保管对象,仓储期间转移所有权于保管人。在保管物返还时,保管人只需以相同种类、相同品质、相同数量的物品代替原物返还即可。

(3)消费仓储以物的价值保管为目的,保管人通过经营仓储物获得经济利益,通过在高价时消费仓储物,低价时购回获得利益,在最终,需要买回仓储物归还存货人。

3)消费仓储的意义

消费仓储经营人的收益主要来自对仓储物消费的收入,当该消费的收入大于返还仓储物时的购买价格时,仓储经营人获得了经营利润;反之,消费收益小于返还仓储物时的购买价格时,就不会对仓储物进行消费,而依然原物返还。在消费仓储中,仓储费收入是次要收入,有时甚至采取无收费仓储。

可见消费仓储中,仓储经营人利用仓储物停滞在仓库期间的价值进行经营,追求利用仓储财产经营的收益。消费仓储的开展使得仓储财产的价值得到充分利用,提高了社会资源的利用率。消费仓储可以在任何仓储物中开展,但对仓储经营人的经营水平有极高的要求。

保管仓储、混藏仓储和消费仓储的差别

保管仓储、混藏仓储和消费仓储的差别见表10-1。

表 10-1 保管仓储、混藏仓储和消费仓储的差别

仓储方式	仓储对象	仓储物的所有权	仓储经营人的收益	适 用 范 围
保管仓储	特定物	不转移	仓储费	数量大、体积大、质量高的大宗货物,如粮食、工业制品、水产品等
混藏仓储	种类物	不转移	仓储费	品质无差别、可以准确计量的商品,主要适用于农村、建筑施工、粮食加工等行业
消费仓储	种类物	转移	主要是对仓储物消费收益,仓储费只是次要收益	主要开展在期货仓储中

4．租赁经营

仓库租赁经营,也称"仓库租赁制"或"仓库抵押承包",指在不改变仓库所有制性质的条件下,实行所有权与经营权分离,国家或出租人通过签订承租合同,将仓库有限期地租赁给承租人经营,承租人向出租人交付租金,并按合同规定对仓库进行自主经营的一种方式。仓库租赁经营形式有个人承租、集体承租、全员承租和仓库承租等类型。仓库租赁经营一般通过租赁招标方式进行。

1) 仓库租赁经营的内容

仓库租赁经营是通过出租仓库、场地,出租仓库设备,由存货人自行保管物资的仓库经营方式。进行仓库租赁经营时,最主要的一项工作是签订仓库租赁合同,在法律条款的约束下进行租赁经营,取得经营收入。

仓库租赁经营中,租用人的权利是对租用的仓库及仓库设备享有使用权,并保护仓储设备设施,按约定的方式支付租金。出租人的权利是对出租的仓库及设备设施拥有所有权,并享有收回租金的权利,同时必须承认租用人对所租用仓库及设备设施的符合约定的使用权,并保证仓库及设备设施的完好性能。

仓储租赁经营可以是整体性的出租,也可以采用部分出租、货位出租等分散方式。在分散出租形式下,仓库所有人需要承担更多的仓库管理工作,如环境管理、保安管理等。

目前正迅速发展的箱柜委托租赁保管业务就属于仓库租赁经营。

仓库租赁经营成因

仓库出租的原因:一是仓库所有人为更好地经营自己的核心主业,放弃仓库保管经营业务;二是仓库经营人不善于经营仓储保管,致使保管成本无法降低,企业的利润较低;三是仓库经营人不具有特殊商品的保管能力和服务水平。

仓库承租的原因:对于仓库租用者而言,主要是因为具有特殊的保管能力、作业能力

及企业管理的需要,采取租用仓库方式自行开展仓储保管更有利于企业的发展。

2) 租赁双方当事人间的关系

仓库租赁经营中,租赁双方不是一般意义上的买卖双方的关系,而是出租人和租用人两个关系人之间的约束;两者之间的关系不是买卖合同的关系,而是租赁合同的关系,两者的权利和义务也不同于买卖关系。租用人的权利是对租用的仓库及仓库设备享有使用权(不是所有权),义务是按约定支付租金、保护设备的使用性能和仓库的完整。出租人的权利是按时收取租金、对出租的仓库及设备拥有所有权,其义务是按协议的要求提供仓库及仓库设备,并保证仓库及仓库设备的性能完好。

3) 仓库租赁的经营特点

(1) 承租人具有特殊物资的保管能力和服务水平

采取出租仓库经营方式的前提条件为出租的收益所得高于自身经营收益所得。一般以下式为计算依据:

$$租金收入 > 仓储保管费 - 保管成本 - 服务成本$$

(2) 合同的方式确定租赁双方的权利和义务

出租人的权利是对出租的仓库及设备拥有所有权,并按合同收取租金。同时必须承认承租人对所租用仓库及仓库设备的使用权,并保证仓库及仓库设备的性能完好。承租人的权利是对租用的仓库及仓库设备享有使用权(不是所有权),并有保护设备及按约定支付租金的义务。

(3) 分散出租方式,增加管理工作量

若采用部分出租、货位出租等分散出租方式,出租人需要承担更多的仓库管理工作,如环境管理、安保管理等。但采用整体性的出租方式,虽然减少了管理工作量,却也放弃了所有自主经营的权利,不利于仓储业务的开拓和对经营活动的控制。

5. 箱柜委托租赁保管业务

目前,箱柜委托租赁保管业务在许多国家发展较快。在日本,从事箱柜委托租赁保管业务的企业数目和仓库营业面积在迅速上升。

箱柜委托租赁保管业务是仓库业务者以一般城市居民和企业为服务对象,向他们出租体积较小的箱柜来保管非交易物资的一种仓储业务。对一般居民家庭的贵重物品,如金银首饰、高级衣料、高级皮毛制品、古董、艺术品等,提供保管服务。对企业的法律或规章制度等规定必须保存一定时间的文书资料、磁带记录资料等提供保管服务。箱柜委托租赁保管业务强调安全性和保密性,为居住面积较小的城市居民和办公面积较小的企业提供了一种便利的保管服务。箱柜委托租赁保管业务是一种城市型的仓库保管业务。许多从事箱柜委托租赁保管业务的仓库经营人专门向企业提供这种业务,他们根据保管物品、文书资料和磁带记录资料的特点建立专门的仓库,这种仓库一般有三个特点。

(1) 注重保管物资的保密性,因为保管的企业资料中有许多涉及企业的商业秘密,所以仓库有责任保护企业秘密，防止被保管的企业资料流失到社会上去。

（2）注重保管物资的安全性，防止保管物资损坏变质。因为企业的这些资料如账目发票、交易合同、会议记录、产品设计资料、个人档案等需要保管比较长的时间，在长时间的保管过程中必须防止发生保管物品损坏变质的情况。

（3）注重快速服务反应。当企业需要调用或查询保管资料时，仓库经营人能迅速、准确地调出所要资料并及时地送达到企业。箱柜委托租赁保管业务作为一种城市型的保管业务具有较大的发展潜力。

10.1.3 流通加工经营

流通加工是物资从生产地到使用地的过程中，根据需要施加包装、分割、计量、分拣、刷标志、拴标签、组装等简单作业的总称。

根据不同的目的，仓库流通加工具有不同的类型。

1. 为适应多样化需要的流通加工

例如，对钢材卷板的舒展、剪切加工；平板玻璃按需要规格开片加工；木材改制成枕木、板材、方材等。

2. 为方便消费的流通加工

例如，根据需要将钢材定尺、定型，按要求下料；将木材制成可直接投入使用的各种型材；将水泥制成混凝土拌和料，使用时只需稍加搅拌即可。

3. 为保护产品所进行的流通加工

例如，水产品、肉类、蛋类的保鲜、保质的冷冻加工、防腐加工等。

4. 为弥补生产领域加工不足的流通加工

例如，木材在生产领域只能加工到圆木、板、方材的程度，进一步的下料、切裁、处理等加工则由流通加工完成。

5. 为促进销售的流通加工

例如，将过大包装或散装物分装成适合依次销售的小包装的分装加工；将蔬菜、肉类洗净切块以满足消费者要求等。

6. 为提高加工效率的流通加工

流通加工以集中加工的形式解决了单个企业加工效率不高的问题。

7. 为提高物流效率、降低物流损失的流通加工

例如，造纸用的木材磨成木屑的流通加工，可以极大地提高运输工具的装载效率。

8. 为衔接不同运输方式、使物流更加合理的流通加工

例如，散装水泥中转仓库把散装水泥装袋、将大规模散装水泥转化为小规模散装水泥的流通加工，就衔接了水泥厂大批量运输和工地小批量装运的需要。

9. 生产-流通一体化的流通加工

依靠生产企业和流通企业的联合,或者生产企业涉足流通,或者流通企业涉足生产,对生产与流通加工进行合理分工、合理规划、合理组织,统筹进行生产与流通加工的安排。

10. 为实施配送进行的流通加工

例如,混凝土搅拌车可以根据客户的要求,把沙子、水泥、石子、水等各种不同材料按比例要求装入可旋转的罐中。

10.1.4 仓储多种经营

面对日益激烈的竞争和消费者价值取向多重化,仓储经营者已发现,加强仓储的多种经营、改进为顾客服务的方式是创造持久的竞争优势的有效手段。

1. 仓储多种经营的概念及特点

仓储多种经营指仓储企业为了实现经营目标,采用多种经营方式。例如,在开展仓储业务的同时,还开展运输中介、商品交易、配载与配送、仓储增值服务等。仓储企业为增加企业的利润增长点,必须依据自身条件因地制宜地开展仓储多种经营。

仓储多种经营具有以下优点。

(1) 能适应瞬息万变的物流市场。

(2) 能更好地避免和减少风险。

(3) 是实现仓储企业经营目标的需要。

2. 仓储多种经营的条件

仓储企业要开展多种经营必须具备一定的条件。

(1) 要能适应瞬息万变的物流市场。消费者需求受市场环境等多种不可控因素的影响,环境因素在不断变化,市场需求也在不断变化。这时企业采用的多种经营必须能适应市场需求的变化。

(2) 能更好地减少风险。任何一个企业的经营活动都存在风险,问题在于如何减少风险、分散风险和增强抗风险的能力。多元化经营能分散风险,但经营项目选择不当会带来风险。

实施仓储经营多样化,可使仓储的经营范围更广,把资金分散经营,其前提条件就是这些项目是企业的优势项目,可以减少风险,确保企业的正常经营。

3. 仓储增值服务

随着物流业的快速发展,仓储企业充分利用其联系面广、仓储手段先进等有利条件,向多功能的物流服务中心方向发展,开展加工、配送、包装、贴标签等多项增值服务,增加仓储利润。仓储可提供以下增值服务。

(1) 托盘化：即将产品转化为一个独立托盘的作业过程。

(2) 包装：产品的包装环节由仓储企业独自或与企业的仓储部门共同完成，并且把仓储的规划与相关的包装业务结合起来综合考虑，有利于物流效益的提高。

(3) 贴标签：在仓储过程中完成在商品上或商品包装上贴标签的工序。

(4) 产品配套、组装：当某产品需要由一些组件或配件组装配套而成时，就有可能通过仓储企业或部门的配套组装增值服务来提高整个供应链的效率。在仓储过程中，这些配件不出仓库就直接由装配工人完成配装，提高了物流的效率，降低了供应链成本，不但使得仓储企业的竞争力增强、效率提高，同时也使得生产部门和企业的压力减轻。

(5) 简单的加工生产。一些简单的加工生产业务本来在生产过程中是作为一道单独的工序完成的。把这些简单加工过程放到仓储环节来进行，可以从整体上节约物流流程，降低加工成本，并使生产企业能够专心于主要的生产经营活动。例如，把对商品的涂油漆过程放到仓储环节来进行，可以缩短物流流程，降低物流成本，提高仓储企业的效率。

(6) 退货和调换服务。当产品销售之后，产品出现质量问题或出现纠纷，需要实施退货或货物调换业务时，由仓储企业来帮助办理有关事项。

(7) 订货决策支持。由于仓储过程中掌握了每种货物的消耗过程和库存变化情况，这就有可能对每种货物的需求情况做出统计分析，从而为客户提供订货及库存控制的决策支持，甚至帮助客户做出相关的决策。

10.2 仓储商务与合同管理

10.2.1 仓储商务管理概述

1. 仓储商务活动

仓储商务是指仓储经营者利用仓储保管能力向社会提供仓储保管服务，并以获得经济收益为目的所进行的交换行为。仓储商务是仓储企业基于仓储经营而对外进行的经济交换活动，属于一种商业性行为，它一般发生在公共仓储和营业仓储中，而企业自营仓储则不发生仓储商务。

仓储商务活动的内容包括仓储商情调查、寻找商业机会、市场分析、选择商业机会、商务磋商、签订商业合同、合同履行的协调、争议处理、风险控制、制定竞争战略、发展市场、保持企业可持续性发展。仓储商务的活动可以分为制定仓储经营决策、进行市场调查和宣传、订立仓储合同、存货人交付仓储物、仓储保管人接收货物和保管货物以及存货人提货六个方面。

2. 仓储商务管理概念

仓储商务管理是指仓储经营者对仓储商务所进行的计划、组织、指挥和控制的活动，属于独立经营的仓储企业内部管理之一。

3．特点

相对于仓储企业其他项目管理，仓储商务管理具备以下特点。

(1)经济效益性。因涉及企业的经营目标、经营收益，因而更为重视管理的经济效益性。

(2)外向性。仓储商务管理是围绕着仓储企业与外部发生的经济活动的管理，因而它具有外向性。

(3)整体性。仓储商务工作不仅仅是仓储企业商务职能部门的工作，由于既涉及仓储企业整体的经营和效益，又关乎其他部门能否获得充足工作量，因而仓储商务管理是仓储企业的高层管理的核心工作，同时也是企业其他各部门关心的工作，需要仓储企业各部门的支持与配合。所以说仓储商务管理具有整体性。

10.2.2 仓储商务管理的内容与作用

1．仓储商务管理的内容

作为仓储企业管理的组成部分，仓储商务管理包括对仓储商务工作的人、财、物的组织和管理，涉及企业资源的合理利用、制度建设、激励机制以及仓储商务队伍的教育培养等各方面。具体包括以下内容。

(1)组建仓储商务机构，选配仓储商务人员，制定仓储商务工作和管理制度。

(2)有效组织市场调研，广泛收集和分析市场信息，捕捉有利的商机，科学制定竞争策略。

(3)根据市场的需要和发展，科学规划和设计营销策略。

(4)通过科学组织、充分利用先进的技术和有效的手段降低成本。

(5)准确进行成本核算，细致进行成本分析，促进企业整体成本管理的效果，进一步降低成本。

(6)以优质的服务满足社会的需要，实现企业经济和社会效益的提高。

(7)加强交易磋商管理和合同管理，严格依合同办事，守信用，讲信誉。

(8)建立风险防范机制，妥善处理商务纠纷和冲突，防范和降低商务风险。

(9)加强仓储商务人员管理，以人为本，充分调动全体商务人员的积极性，发挥其聪明才智；重视仓储商务人员的培养，确保其跟上时代发展的要求，保持企业发展后劲。

2．仓储商务管理的作用

仓储商务管理的目的是有效利用仓储资源，最大限度地获得经济收益和提高经济效益。具体表现在以下几个方面。

(1)满足社会需要。仓储企业的商务管理就是为了通过仓储服务，向社会提供尽可能多的仓储产品，满足社会对仓储产品的需要。其任务就是积极开发市场，适应市场需求的变化,提高服务水平,降低产品价格,提高产品竞争力。

(2) 充分利用企业资源。在有效的仓储管理之下,仓储企业在获得大量的商业机会的同时,也承担起按时提供仓储服务的义务。这需要仓储企业充分利用企业的人力、物力、财力资源,完成仓储任务,使仓储企业的一切资源都得到最充分的利用。

(3) 降低成本。成本的高低是决定企业竞争力的关键因素。仓储商务管理不仅要尽可能地提高交易回报,在市场竞争激烈的形势之下,更重要的是采取先进的经济管理理论、现代化技术、有效的经营手段,控制和减少成本,借以提高企业竞争力。

(4) 降低风险。一般来讲,企业的经营风险绝大部分来自于商务风险,高水平的商务管理应尽可能避免商务风险与责任事故的发生,规避经营风险。所以建立有效的风险防范机制,妥善地处理协议纠纷,构建仓储商务质量管理体系是仓储商务管理的重要任务。

(5) 塑造企业形象。商务的每一项工作都会对企业形象产生直接的影响,例如,商务人员在对外交往的过程中,其一言一行常常代表着企业的形象,关系到客户对企业的信赖程度。因此,仓储商务管理要以以人为本、用人为贤、权责分明为原则建立一支精明能干、业务熟练的商务队伍,提倡合作和服务的精神,加上企业整体守合同、讲信用的商务管理,逐步树立起仓储企业可信赖、高水平的企业形象。

(6) 提高效益。一方面,通过有效的成本管理、最少的经营风险使成本降低,进而实现仓储企业效益的提高;另一方面,良好的企业形象将促进仓储企业社会效益的提高。

10.2.3 仓储合同的定义及特征

1. 仓储合同的定义

《中华人民共和国合同法》(以下简称《合同法》)第 381 条指出,仓储合同是仓储保管人储存存货人交付的仓储物,存货人支付仓储费的合同。提供仓储保管服务的一方称保管人,接受储存保管服务并支付报酬的一方称存货人。仓储合同属于保管合同的一种特殊类型,我国以往的有关合同法规将仓储合同归入保管合同中,统称仓储保管合同,但因其有别于一般保管合同的仓库营业性质,因而合同法将其作为独立的有名合同固定下来。从《合同法》的界定可以看出,仓储合同是由保管人提供场所,存放存货人的货物、物品,仓储管理人只收取仓储费和劳务费的合同。其中,存货人交付储存物,支付规定的仓储费是仓储合同成立的必要条件。仓储合同的种类主要有一般保管仓储合同、混藏式仓储合同、消费式仓储合同和仓库租赁合同。

仓储合同与保管合同的区别

仓储合同有其法定的特点,所以在签订履行时要注意自己权利义务的内容、起始时间,这决定着承担责任的内容和开始时间,例如两者的合同生效时间不同,前者为成立时生效,后者为交付时生效;前者均为有偿,而后者有偿与否则由当事人自行约定。

2. 仓储合同的特征

就仓储合同的性质而言,它仍然是保管合同的一种,但又具有与一般保管合同相区别的显著特征。

(1) 仓储保管人必须是拥有仓储设备并具有从事仓储业务资格的人。仓储是一种商业行为,有无仓储设备是仓储保管人是否具备营业资格的重要标志。仓储设备是保管人从事仓储经营业务必备的基本物质条件。从事仓储业务的资格是指仓储保管人必须取得专门从事或者兼营仓储业务的营业许可。

(2) 仓储保管的对象是动产,不动产不能成为仓储合同的标的物。与一般保管合同的标的物必须是特定物或特定化了的种类物不同的是,作为仓储物的动产不限于特定物,也可以是种类物。若为特定物,则储存期限届满或依存货人的请求返还仓储物时,须采取原物返还的方式;若为种类物,则只需返还该种类的相同品质、相同数量的替代物。

(3) 仓储合同为诺成、双务、有偿合同。由于仓储合同的主体——仓库营业人即保管人——以营利为经营仓库的目的,这就决定了仓储合同应为诺成合同。若双方意思表示一致,合同即告成立。仓储合同的当事人双方于合同有效成立后相互承担义务,保管人提供仓储服务,存货人按约给付报酬和其他费用,双方的义务具有对应性和对价性。所以仓储合同为双方的有偿合同。

(4) 存货人的货物交付或返还请求权以仓单为凭证,仓单具有仓储物所有权凭证的作用。作为法定的提取或存入仓储物的书面凭证,仓单是每一仓储合同中必备的,因此仓单是仓储合同中最为重要的法律文件之一。

《合同法》第 381 条规定:"仓储合同是保管人储存存货人交付的仓储物,存货人支付仓储费的合同。"双方、有偿性显而易见。

《合同法》第 386 条所规定的仓单的重要一项即为仓储费。

《合同法》第 392 条规定:如果存货人或者仓单持有人逾期提取仓储物,那么,保管人应当加收仓储费。因此,仓储合同为双方性、有偿性的合同。

我国《合同法》第 382 条"仓储合同自成立时生效"之规定,确认了仓储合同为诺成性合同,而不是等到仓储物交付才生效。

10.2.4 仓储合同的订立

1. 仓储合同订立的原则

(1) 平等原则。《合同法》第 3 条规定:"合同当事人的法律地位平等,一方不得将自己的意志强加给另一方。"根据这一规定,在订立仓储合同的过程中,合同当事人双方要自觉、有意识地遵循平等原则,不能以大欺小、以强凌弱,杜绝命令式合同,反对一切凭借职位、业务、行政等方面的优势而与他人签订不平等的仓储协议。

(2) 公平及等价有偿原则。《合同法》第5条规定:"当事人应当遵循公平原则确定各方的权利和义务。"这一规定要求仓储合同的双方当事人依价值规律来进行利益选择,禁止无偿划拨、调拨仓储物,也禁止强迫仓储保管人或存货人接受不平等利益交换。

(3) 自愿与协商一致的原则。《合同法》第4条规定:"当事人依法享有自愿订立合同的权利,任何单位和个人不得非法干预。"自愿意味着让存货人与仓储保管人完全依照自己的知识判断并追求最大的利益。协商一致是在自愿基础上寻求意思表示一致,寻求利益的结合点,仓储合同的订立只有在自愿与协商一致的基础上,才能最充分体现出双方的利益,从而保证双方依约定履行合同。

2. 合同订立的程序

一般来说,订立仓储合同主要有两个阶段,即准备阶段和实质阶段,实质阶段又包括要约和承诺两个阶段。

1) 准备阶段

在许多场合,当事人并非直接提出要约,而是经过一定的准备,进行一些先期性活动,才考虑订立合同。其中包括接触、预约和要约邀请,其意义在于使双方当事人相互了解,为双方进入实质的缔约阶段(即要约和承诺阶段)创造条件,扫除障碍。

(1) 合同接触。合同接触一般有以下两种形式:一是双方通过会谈、实际调查及实地考察等活动,进行单独接触,全面了解;二是通过向开户银行、公证机关、登记主管机关及业务主管机关咨询,了解对方当事人的资信情况、履约能力等,在此基础上进行可行性分析,做出是否与其订立合同的决定。

我国法律对合同接触没有明确的规定。但在合同实务中,合同接触意义重大、不容忽视。实践证明,充分的合同接触,可以预防和减少合同纠纷,提高合同履约率。减少和避免无效合同的发生,能有效防止合同订立过程中的欺诈行为。

(2) 合同预约。所谓预约,指当事人之间约定将来订立一定合同的合同,将来应当订立的合同,称为"本约",而约定订立本约合同,称为"预约"。合同预约的履行结果是订立本约,预约是本约产生的前提和根据,本约是预约履行的必然结果。

我国《合同法》对合同预约未做规定,但在实际中经常采用。预约合同虽然只是预约,但也是一种合同。依据预约仓储合同,存货人和仓储保管人负有应当订立合同的义务,如果预约的一方当事人不履行其订立本约的义务,则另一方有权请求其履行义务及承担违约责任。在预约仓储合同的情形下,如果存货人或仓储保管人不履行订立本仓储合同的义务,另一方完全有权请求法院强制其订约。

(3) 要约邀请。又称为邀请要约,是指向不特定的人发出的,希望对方向自己提出订约的意思表示。其特征为:①要约邀请仅是订立合同的提议,并不包含合同内容的主要条款。换言之,要约邀请不具备合同基本条款的内容,对其加以承诺并不能成立合同;②要约要求是向不特定的人发出的;③要约邀请以希望他人向自己提出订约为目的。

在发生要约邀请之后,要约邀请人撤回其邀请,只要没有给善意相对人造成信赖利益的损失,要约邀请人一般不承担法律责任,但要约邀请给对方造成损失时,须负法律责任。因为此时虽未进入实质缔约阶段,但双方已由一般对待关系进入特殊对待关系,基于诚实信用原则而产生了附随义务,违反此种义务,给对方造成损害的,自然应承担赔偿义务。

2) 实质阶段

根据《合同法》的规定,只要存货人与仓储保管人之间依法就仓储合同的有关内容经过要约与承诺的方式达成意思表示一致,仓储合同即告成立,正因为要约与承诺直接关系到当事人的利益,决定合同是否成立,所以将其称为合同订立的实质阶段。

(1) 要约。所谓要约,是指向特定人发出的订立合同的意思表示,内容必须确定并表明经特定人同意后合同即告成立,发出要约的当事人称为要约人,而要约所指向的当事人则称为受要约人。在仓储合同中,一般来说,要约的内容至少应当包括以下内容:标的物数量、质量和仓储费用。即使没有具体的数量、质量和仓储费用表述,也可以通过具体的方式来确定这些内容。

根据仓储合同的特点和现实环境,仓储合同的要约最好采用书面形式,特别是大批货物的储存与保管,更要提出可行的储存计划。在实践中,如果是长期、固定的货物储存,一般而言,存货人与仓储保管人应当签订长期仓储合同。在分期分批储存时,适宜填写标准格式的仓单,办理具体的仓储手续。

(2) 承诺。承诺是指受要约人做出的同意要约内容的意思表示,承诺必须在要约的有效期限或合理期限内做出,并与要约的内容一致。受要约人对要约内容的任何扩充、限制或者其他变更,都构成一项新要约,而非有效的承诺。在仓储合同中,承诺的法律意义在于仓储保管人一旦承诺,仓储合同即告成立且同时生效。

3. 仓储合同成立的其他方式

一般情况下,仓储合同经过要约和承诺两个阶段后即告成立。但在实践中,合同的成立并非必须以要约、承诺方式来实现,只要意思表示达成一致,当事人采取要约和承诺以外的方式,也可以成立合同。

1) 交叉要约

交叉要约,是指订约当事人采取非直接对话的方式,相互不约而同地向对方发出内容相同的要约。

例如,A 公司向 B 公司发出要约,称自己有货物 1000 吨,欲在 B 公司储存,期限一个月,费用 3000 元。而与此同时,B 公司也向 A 公司发出要约,称自己公司有仓库一间,可为 A 公司储存货物 1000 吨,期限一个月,费用 3000 元。这种情况被称为交叉要约,在此情况下,双方意思表示在内容上完全一致且意思表示已经送达对方。因此,交叉要约可以成立合同。

2) 意思实现

意思实现,是指依照习惯或事件的性质,承诺无须通知的要约,或要约人预先声明承诺无须通知的要约,其相对人如在相当时期内可推断其承诺意思的客观事实,可以据此而成立合同。如仓储保管人开始为其保管行为,存货人开始发运寄存物品等。

通常以这种承诺事实而成立合同的方式,必须在要约的有效期间做出。该承诺事实出现之时,也即是合同成立的时间。

10.2.5　仓储合同的形式

根据我国《合同法》规定,合同可以采用书面形式、口头形式或其他形式。采用电报、电传、传真和电子数据、电子邮件也可以作为书面形式。订立仓储合同的要约、承诺也可以是书面的、口头的或其他的形式。由双方当事人协商确定具体采用何种形式,但储存物价值较高或者为特殊物品,或者仓储费较高的仓储合同应采用书面形式。

由于通常情况下仓储物的数量较多、存期较长,有时还可能进行加工配送等作业,甚至涉及被转让的仓单持有人,因此仓储合同使用完整的书面合同较为合适。书面合同有利于合同的保管、履行与争议的处理。

1. 仓储合同的格式

仓储合同可以分为单次仓储合同、长期仓储合同、仓库租赁合同、综合仓储合同等。

仓储合同是不要式合同,当事人可以协议采取任何合同格式。

(1) 合同书是仓储合同的最常用格式。由合同名称、合同编号、合同条款、当事人签署四部分构成。合同书具有形式完整、内容全面、程序完备的特性,便于合同订立、履行、留存及合同争议的处理。

(2) 确认书是合同的格式的主要部分。一般有两种形式,一种仅列明合同的主要事项,合同的其他条款在其他文件中表达;另一种是将完整合同事项列在确认书上,相当于合同书的形式。由于确认书是由发出确认书的一方签署,所以与完整合同书不同。在采取口头(电话)、传真、电子电文等形式商定合同时,常常采用这种形式。

(3) 计划表是长期仓储合同的补充合同或执行合同。

(4) 格式合同是由一方事先拟订,并在工商管理部门备案的单方确定合同。对于仓储周转量极大、每单位仓储物量较小,即次数多、批量少,如车站仓储等,常采用格式合同。在订立合同时,只由仓储保管人填写仓储物、存期、费用等变动事项后直接签发和存货人签认,不进行条款协商。

2. 仓储合同的内容

仓储合同的内容,又称仓储合同的主要条款,是存货人和保管人双方协商一致而订立的,规定双方所享有的主要权利和承担的主要义务的条款,是检验合同合法性、有效性的主要依据。

实践中,仓储合同应具备以下条款。

(1) 保管货物的品名、品类条款。仓储合同的标的物,对于存货人来说,具有特定的用途,保管人不但应妥善保管,以免发生损毁,而且在保管期满后应当按约定将原物交还给存货人。因此,双方当事人必须在合同中对货物的品种或品名做出明确的规定。

(2) 货物的数量、质量、包装条款。货物的数量依据保管人的存储能力由双方协商确定,并以法定计量单位计算。在合同中货物的质量应使用国家或者有关部门规定的质量标准标明。如货物有保质期也应一并注明。货物的包装由存货人负责。对于包装标准来说,有国家或者专业包装标准的,执行规定标准;没有有关标准的,在保证运输和储存安全的前提下,由合同当事人约定。

(3) 货物验收的内容、标准、方法、时间条款。验收存货人的货物是保管人的义务和责任。合同中应明确约定验收的内容、标准。通常验收的内容、标准包括三个方面:一是无须开箱拆捆,即直观可见的质量情况,验收项目主要有货物的品名、规格、数量、外包装状况等。二是包装内的货物品名、规格、数量,以外包装或者货物上的标记为准。无标记的,以供货方提供的验收资料为准。三是散装货物按国家有关规定或合同的约定验收。

验收的方法有全验和按比例抽验两种,具体采用哪种方法,双方当事人应在合同中明确写明。验收的期限是自货物和验收资料全部送达保管人之日起,至验收报告送出之日止,日期以运输或邮电部门的戳记或直接送达的日期为准。

如何获得物流合同

德国的物流企业获得物流合同的一种方法：一个潜在的新物流客户开业了，物流企业的代表带上公司的宣传册去拜访，送上小小的纪念品，比如有公司标志的圆珠笔。第一次见面未必提业务。过一段时间，再去或者请对方来公司，了解他的业务并告诉他，我能为你提供什么服务，价格是多少。如果对方愿意接受，客户关系就建立起来了。物流企业会定期拜访客户，并且每过一段时期都会举办一些活动。

（4）货物保管和保管要求条款。仓储合同的标的物即存货人委托储存保管的货物，种类繁多，性质各异，因而对保管和保管要求也各不相同，许多货物需要特殊的保管条件和保管方法，在合同中应做出相应的约定。例如，储存易燃、易爆、有毒、有腐蚀性、有放射性等危险物品，或者易变质物品，需要有专门的仓储设备及技术条件，在合同中必须明确约定，存货人必须向保管人说明该物的性质，并提供有关材料，以免发生货仓毁损或者人身伤亡的恶性事件。

（5）货物进出库手续、时间、地点、运输方式条款。双方应当详细约定货物进出库的具体的交接事项，以便分清责任。合同对货物入库，应明确规定是由存货人或运输部门、供货单位送货到库，还是由保管人到供货单位、车站、码头等处提取货物。同样，对货物出库，也应明确规定是由存货人、用户自提或是由保管人代送、代办发运手续。

（6）货物损耗标准和损耗处理条款。货物损耗标准是指货物在储存运输过程中，由于自然因素和货物本身的性质或度量衡的误差原因，产生的一定数量破损或计量误差。因此，双方当事人应当在合同条款中约定货物在储存保管和运输过程中的损耗标准和磅差标准。

此类标准有国家或行业标准的，采用国家或行业标准，无国家或行业标准的，双方协商确定标准。

（7）计费项目、标准和结算方式、银行账号、时间条款。计费项目包括仓储费、转仓费、出入库装卸搬运费、车皮、站台、包装整理、商品养护等费用。在此条款中除了要写明上述费用由哪一方承担外，还应标明各种费用的计算标准、支付方式、地点、开户银行、账号等。

（8）责任划分和违约处理条款。仓储合同可以从货物的入库、验收、保管、包装、出库等方面明确双方当事人的权利和义务。同时双方应约定，什么性质的违约行为承担什么性质的违约责任，并且明确约定承担违约责任的方式，即支付违约金、赔偿金及赔偿实际损失等，约定赔偿金的数额和计算方法。双方当事人有以下违约责任。

① 仓储合同保管人的主要违约责任如下所述。

- 保管人不能完全按合同约定及时提供仓位，致使货物不能全部入库，或者在合同有效期限内要求存货人退仓的，应当按约定支付违约金。

- 保管人未按国家规定或者合同约定的项目、方法等验收储存货物或者验收不准确,应承担由此造成的实际经济损失。验收后发现仓储物的品种、数量、质量不符合规定的,应当承担损害赔偿责任。
- 货物在储存保管期间,因未按合同规定的储存条件和保管要求保管货物而造成货物损坏、短少、变质以至灭失的,保管人承担违约责任。因保管或操作不当而使包装发生损毁,由保管人负责修复或折价赔偿,造成损失的,由保管人承担赔偿责任。
- 货物保管期满后,保管人没有按照合同规定的时间、数量返还储存保管物的,保管人应承担违约责任。保管人按照约定负责发货而未按约定的时间、地点发货,承担由此而给存货人造成的经济损失。
- 合同双方约定的其他违约责任。

② 仓储合同存货人的主要违约责任如下所述。
- 存货人未按合同约定向保管方交付储存货物的,或者在约定的时间内中途要求退仓的,应当支付违约金或赔偿保管方的损失。赔偿损失的数额一般相当于保管方应得费用与报酬,再减去由于空出仓位给保管方带来的其他收入。
- 货物入库时,存货人未向保管人提供验收资料或提供的资料不齐全、不及时,因此造成损失的,责任自负。储存易燃、易爆等危险品和易变质品未事先向保管人说明并出示有关资料,而造成货物损毁或人身伤亡时,存货人承担损害赔偿责任。
- 由于仓储物包装不符合约定或者超过有效储存期而造成仓储物变质、损坏的,由存货人承担责任。
- 货物运输方式、到站和接收人有变更而未按合同规定的期限通知保管人,造成延期发货或错发的,存货人承担因此而增加的费用。
- 储存期届满或保管人已通知货物出库,由于存货人的原因或提货人的原因不能提货出库,存货人除按合同规定交仓储费外,还应偿付合理的违约金。

(9) 合同的有效期限及变更解除条款。双方当事人在合同中应约定合同的有效期限即货物的储存期限。当事人还可以在合同中约定或者按照法律规定设定变更或解除合同的条款。

(10) 争议的解决方式及双方认为需要约定的条款。在合同中约定发生纠纷的解决方法,还可根据需要约定其他经双方同意的条款。

上述10项,是仓储合同的主要条款。除此之外,合同双方可根据双方利益考虑,还可以对其他更多、更广泛的事项做出约定。

范例

合同编号:_____

保管人：_____　　签订地点：_____

存货人：_____　　签订时间：_____

第一条　仓储物。

仓储物名称	品种规格	性质	数量	质量	包装	件数	标记	仓储费
合计人民币金额（大写）								

第二条　储存场所、储存物占用仓库位置及面积：_____。

第三条　仓储物（是/否）有瑕疵。瑕疵是：_____。

第四条　仓储物（是/否）需要采取特殊保管措施。特殊保管措施是：_____。

第五条　仓储物入库检验的方法、时间与地点：_____。

第六条　存货人交付仓储物后，保管当给付仓早。

第七条　储存期限：从_____年_____月_____日至_____年_____月_____日。

第八条　仓储物的损耗标准及计算方法：_____。

第九条　仓储物的损耗标准及计算方法：_____。

第十条　仓储物有(是/否)已办理保险，险种名称：_____，保险金额：_____，保险期限：_____保险人名称：_____。

第十一条　仓储物出库检验的方法与时间：_____。

第十二条　结算方式与时间及期限：_____。

第十三条　储存期间届满，存货人或仓单持有人应当凭仓单提取仓储物。存货人或者仓单持有人逾期提取的，应当加收仓储费，具体如下：_____。提前提取的不减收仓储费。

第十四条　存货人未向保管人支付仓储费的，保管人（是/否）可以留滞仓储物。

第十五条　违约责任：_____。违约损失赔偿计算方法：_____。

第十六条　本合同解除的条件：_____。订作人可以随时解除合同，但应及时书面通知承揽人并承担由此给承揽人造成的损失。

第十七条　合同争议的解决方式：本合同项下发生的争议，由双方当事人协商解决，也可以由当地工商行政管理部门调解；协商或调解不成的，按下列第_____种方式解决：

（一）提交_____仲裁委员会仲裁。

（二）依法向_____人民法院起诉。

第十八条　其他约定事项：_____。

保管人：_____（公章）　　存货人：_____（公章）

代表人：_____（公章）　　代表人：_____（公章）
地址：_____　　　　　　地址：_____
开户银行：_____　　　　 开户银行：_____
账号：_____　　　　　　 账号：_____

10.2.6　仓储合同的生效和无效

仓储合同为诺成性合同，在合同成立时就生效。

仓储合同生效的条件：双方签署合同书；合同确认书送达对方；受约方的承诺送达对方；公共保管人签发格式合同或仓单；存货人将仓储物交付保管人，保管人接受合同等。

在仓储合同生效后，发生的存货人未交付仓储物、保管人不能接收仓储物都属于未履行仓储合同，违约责任由责任人承担。

已订立的合同，但由于合同违反了法律规定，从而被认定为无效，视为无效合同。由人民法院或仲裁机构、工商行政机关认定合同无效，可以在合同订立之后、履行之前、合同履行之中或者合同履行之后认定合同无效。

一方以欺诈、胁迫手段订立合同，损害国家利益的仓储合同；恶意串通，损害国家、集体或者第三人利益的仓储合同；以合法形式掩盖不法目的的仓储合同；损害社会公共利益的仓储合同；违反法律、行政法规强制性规定的仓储合同；无效代理的合同均是无效仓储合同。对于因重大误解订立的合同、在订立合同中显失公平的合同，当事人一方有权请求人民法院或者仲裁机构给予变更或者撤销。

无论无效合同于何时被订立，都是自始无效，也就是说无效合同所产生的民事关系没有效力。依法采取返还财产、折价赔偿等使因无效合同所产生的利益消亡，通过没收所得对违法造成合同无效一方给予处罚。

10.2.7　仓储合同的变更、解除

在合同生效后，当事人应按照约定全面履行自己的义务，任何一方不得擅自变更和更改合同。该合同履行原则被《合同法》明确规定。仓储经营具有极大的变动性和复杂性，会因为主客观情况的变化而产生变化，为了避免当事人双方的利益受到更大的损害，变更或者解除已生效的不利合同可以成为更有利的选择。

1. 仓储合同变更

对已生效的仓储合同的内容进行修改或者补充,不改变原合同的关系和本质事项称为仓储合同变更。仓储合同当事人一方因为利益需要,向另一方提出将合同进行变更的要求,并要求另一方在限期内答复,另一方答复同意变更,则合同发生变更,双方按照变更后的合同履行。如果另一方在期限内明确拒绝变更,则合同变更不能成立。合同变更后按变更后的合同履行,对变更前已履行的部分没有追溯力。但因为不完全履行发生的利益损害,可以成为请求赔偿的原因,或者变更合同的条件。

2. 仓储合同的解除

未履行的合同或合同尚未履行部分不再履行,使希望发生的权利义务关系消亡或使合同履行终止称为仓储合同的解除。

(1) 仓储合同解除有以下两种方式。

① 存货人与保管人协议解除合同。协议解除合同和协议订立合同一样,是双方意见一致的结果,具有最高效力。解除合同协议可以在合同生效后、履行完毕之前双方协商达成,也可以在订立合同时订立解除合同的条款。当约定的解除合同的条件发生时,一方通知另一方解除合同。

② 出现法律规定的仓储合同解除条件而解除合同。这是当事人一方依照《合同法》规定采取解除合同的行为。《合同法》中规定:因不可抗力致使合同的目的不能实现,任一方可通知对方合同被解除;一方当事人预期违约,另一方可以行使合同解除权;仓储合同的一方当事人迟延对合同义务进行履行,经催告后在合理期限内仍未履行,另一方可以解除合同;仓储合同一方当事人迟延履行义务或者有其他违约行为,致使合同目的不能得到实现,另一方可以解除合同。一方依法选择解除合同的,要书面向对方发出解除合同的通知,通知到达对方,合同解除。有权解除合同一方也可以要求人民法院或仲裁机构确定解除合同。

(2) 仓储合同解除后会有什么样的后果呢?合同解除后,因为仓储合同所产生的存货人和保管人的权利义务关系消灭,对于未履行的合同自然应该终止履行。合同解除对合同的清算条款的效力没有影响,双方仍需要按照清算条款的约定承担责任并赔偿损失。需承担违约责任的一方仍要依据合同规定的条款承担违约责任、采取补救措施和赔偿经济损失。如违约的存货人需要对仓库空置给予补偿,造成合同解除的保管人则需要对运输费、转仓费、仓储费差额等损失赔偿进行承担。

10.3 合同当事人的权利与义务

仓储合同一经成立,即发生法律效力。作为合同当事人,存货人和仓储保管人在享有合法权利的同时,都应按照合同的约定履行自己的义务。

10.3.1 保管方的主要权利与义务

1. 保管方的主要权利

(1) 要求存货方按合同规定及时交付标的物。

(2) 有权要求存货方对货物进行必要的包装。

(3) 有权要求存货人告知货物情况并提供相关验收资料。根据法律规定,存货人违反规定或约定,不提交特殊物品的验收资料的,仓管人可以拒收仓储物,也可以采取相应措施以避免损失的发生,由此产生的费用由存货人承担。

(4) 有权要求存货人对变质或损坏的货物进行处理。

(5) 有权要求存货人按期提取货物。

(6) 具有提存权。

(7) 有权按约定收取储存管理货物的各项费用和约定的劳务报酬。

2. 保管方的主要义务

(1) 应存货人要求填发仓单的义务。

(2) 接受和验收存货人的货物入库的义务。

(3) 妥善保管储存物的义务。

(4) 危险通知义务。储存的货物出现危险时,保管人应及时通知存货人。危险情形主要包括:第一,保管人对入库仓储物发现有变质或者其他损坏,危及其他仓储物的安全和正常保管的,应当催告存货人或仓单持有人做出必要的处置。因情况紧急代存货人做出必要处置的,应当于事后将该情况及时通知存货人或仓单持有人。第二,遇有第三人对其保管的货物主张权利而起诉或扣押时,保管人应及时通知存货人或仓单持有人。

(5) 还保管物的义务。合同约定的保管期届满或因其他事由终止合同时,保管人应将储存的原物返还给存货人或存货人指定的第三人。合同中约定有储存期限的在仓储合同期限届满前,保管人不得要求存货人提前取回保管物;存货人要求提前取回时,保管人不得拒绝,但保管人有权不减收仓储费。

10.3.2 存货方的主要权利与义务

1. 存货方的主要权利

(1) 有权要求仓管方妥善管理货物。

(2) 有权要求仓管方亲自看守管理仓储货物。

(3) 有权要求仓管方及时验收货物。

(4) 合同约定由仓管方运送货物或代办托运的,存货人有权要求对方将货物送至指定的地点或办理托运手续。

(5) 有权检查仓储物。

合同法赋予了货物所有人随时检查或提取样品的权利,有的仓储物在仓储过程中可能发生某些变化,若等到提取时才发现问题,不仅不能避免损失,还会发生损失承担的争议,所以行使该权利无疑为避免纠纷打下良好基础。

2. 存货方的主要义务

(1) 按照合同约定交付仓储物入库。

(2) 向仓管方支付报酬,即仓储费。

(3) 偿付必要费用。存货方应当支付仓管方因堆藏、保管货物所支出的必要费用,包括运费、修缮费、保险费、转仓费等。

(4) 凭单提取仓储物并提交验收资料。

10.3.3 仓储合同中的违约责任和免责

1. 仓储合同中保管人的违约责任

(1) 保管人验收仓储物后,在仓储期间发生仓储物的品种、数量、质量、规格、型号不符合合同约定的,承担违约赔偿责任。

(2) 仓储期间,因保管人保管不善造成仓储物毁损、灭失,保管人承担违约赔偿责任。

(3) 仓储期间,因约定的保管条件发生变化而未及时通知存货人,造成仓储物的毁损、灭失,由保管人承担违约损害责任。

2. 仓储合同中存货人的违约责任

(1) 存货人没有按合同的约定对仓储物进行必要的包装或该包装不符合约定要求,造成仓储物的毁损、灭失,自行承担责任,并由此承担给仓储保管人造成的损失。

(2) 存货人没有按合同约定的仓储物的性质交付仓储物,或者超过储存期,造成仓储物的毁损、灭失,自行承担责任。

(3) 危险有害物品必须在合同中注明,并提供必要的资料,存货人未按合同约定而造成损失,自行承担民事和刑事责任,并承担由此给仓储人造成的损失。

(4) 逾期储存,承担加收费用的责任。

(5) 储存期满不提取仓储物,经催告后仍不提取,仓储人承担由此提存仓储物的违约赔偿责任。

晨达配送中心与流花食品厂签订配送合同,该厂将货物存储在配送中心。3月20日,20箱薯片由晨达配送到新世纪超市。到货后,超市收货人在未做验货的情况下签收配送单。3月21日,超市人员发现该批薯片大部分由于长期保存不当受潮,且在送货途中颠簸碎裂。超市向流花食品厂进行索赔,但该厂要求晨达进行赔偿,并扣压支付给晨达的各项费用。晨达不服,将配送剩余物强行占有,以超市已签单为由,拒不归还。

请分析:在此事件中,配送人、委托人、收货人三方具有的权利与义务分别是什么?

3. 违约金和赔偿方法

(1) 违反货物入库和货物出库的规定时,当事人必须向对方交付违约金。违约金的数额,为违约所涉及的那一部分货物的几个月保管费(或租金)或几倍的劳务费。

(2) 因违约使对方遭受经济损失时,如违约金不足抵偿实际损失,还应以赔偿金的形式补偿其差额部分。

(3) 前述违约行为,给对方造成损失的,一律赔偿实际损失。

(4) 赔偿货物的损失,一律按照进货价或国家批准调整后的价格计算。有残值的,应扣除其残值部分或残件归赔偿方,不负责赔偿实物。

4. 免责

免责,即免除民事责任,指不履行合同或法律规定的义务,致使他人财产受到损害时,由于有不可归责于违约方的事由,法律规定违约方可以不承担民事责任的情况。仓储合同订立后,如果客观上发生了某些情况阻碍了当事人履行仓储合同义务,这些情况如果符合法律规定的条件,违约方的违约责任就可以依法免除。

1) 不可抗力

不可抗力指当事人不能预见、不能避免且不能克服的客观情况。它包括自然灾害和某些社会现象,前者如火山爆发、地震、台风、冰雹和洪水侵袭等,后者如战争、罢工等。因不可抗力造成仓储保管合同不能履行或不能完全履行,违约方不承担民事责任。不可抗力的免责是有条件的,在不可抗力发生以后,作为义务方必须要采取以下积极的措施才可以免除其违约责任。

(1) 发生不可抗力事件后,应当积极采取有效措施,尽最大努力避免和减少损失。

(2) 发生不可抗力事件后,应当及时向对方通报不能履行或延期履行合同的理由。

(3) 发生不可抗力事件后,应当取得有关证明。

2) 仓储物自然特性

根据《合同法》及有关规定,由于储存货物本身的自然性质和合理损耗,造成货物损失的,当事人不承担责任。

3) 存货人的过失

由于存货人的原因造成仓储物的损害,如包装不符合约定、未提供准确的验收资料、隐瞒和夹带、存货人的错误指示和说明等,保管人不承担赔偿责任。

4) 合同约定的免责

基于当事人的利益,双方在合同中约定免责事项,对负责事项造成的损失,不承担互相赔偿责任。如约定货物入库时不验收重量,则保管人不承担重量短少的赔偿责任;约定不检验货物内容质量的,保管人不承担非作业保管不当的内容变质损坏责任。

仓储营业人在合同中滥用免责条款

免责条款是指当事人以协议排除或者限制其未来责任的合同条款。这与法律规定的不可抗力致使合同不能履行的免责不同。根据《合同法》及《仓储保管合同实施细则》规定的法定免责事由只能是不可抗力、自然原因和货物本身的性质引起的货损,当事人也可以对免责条款进行协商达成协议。由于仓储合同往往采用格式合同的形式,免责条款的问题应尤加注意,存货人要仔细阅读合同中的免责条款事项,如果发现对方利用其优势地位未经对方同意加入了超出法定范围的免责事由,应及时表示异议,要求予以修改或拒绝签订合同,以防步入免责陷阱,对自己的利益造成损害。

10.4 仓单管理

10.4.1 仓单概述

1. 概念

根据我国《合同法》的规定,存货人交付仓储物的,保管人应当给付仓单,并应在仓单上签字或盖章。

仓单是保管人向存货人填发的表明仓储保管关系的存在,以及保管人愿意向仓单持有人履行交付仓储物的义务。仓单是一种要式证券,因此,其填发必须遵循法律特别规定的形式。根据此规定,仓库业务部门可以凭储存凭证向存货人签发仓单。

2. 仓单的法律特征

1) 仓单为有价证券

《合同法》第387条规定:"仓单是提取仓储物的凭证。存货人或者仓单持有人在仓单上背书并经保管人签字或者盖章的,可以转让提取仓储物的权利。"可见,仓单表明存货人或者仓单持有人对仓储物的交付请求权,故为有价证券。

2) 仓单为要式证券

《合同法》第386条规定:须经保管人签名或者盖章,且须具备一定的法定记载事项,故为要式证券。

3) 仓单为物权证券

仓单上所载仓储物的移转,必须自移转仓单始生所有权转移的效力,故仓单为物权证券。

4) 仓单为文义证券仓单

所谓文义证券,是指证券上权利义务的范围以证券的文字记载为准。仓单的记载事项决定当事人的权利义务,当事人必须依仓单上的记载主张权利义务,故仓单为文义证券、不要因证券。

5) 仓单为自付证券

仓单是由保管人自己填发的,又由自己负担给付义务,故仓单为自付证券。

仓单证明存货人已经交付了仓储物和保管人已经收到了仓储物的事实,它作为物品证券,在保管期限届满时,存货人或者仓单持有人可凭仓单提取仓储物,也可以背书的形式转让仓单所代表的权利。

3. 仓单的作用

仓单是仓储保管的凭证,作用主要表现在以下几个方面。

(1) 仓单是保管人向存货人出具的货物收据。当存货人交付的仓储物经保管人验收后,保管人就向存货人填发仓单。仓单是保管人已经按照仓单所载状况收到货物的证据。

(2) 仓单是仓储合同存在的证明。仓单是存货人与保管人双方订立的仓储合同存在的一种证明,只要签发仓单,就证明了合同的存在。

(3) 仓单是货物所有权的凭证。它代表仓单上所列的货物,谁占有仓单就等于占有该货物,仓单持有人有权要求保管人返还货物,有权处理仓单所列的货物。仓单的转移,也就是仓储物所有权的转移。因此,保管人应该向持有仓单的人返还仓储物。也正由于仓单代表其项下货物的所有权,所以,仓单作为一种有价证券,也可以按照《中华人民共和国担保法》的规定设定权利质押担保。

(4) 仓单是提取仓储物的凭证。仓单持有人向保管人提取仓储物时,应当出示仓单。保管人一经填发仓单,则持单人对于仓储物的受领,不仅应出示仓单,而且还应缴回仓单。仓单持有人为第三人,而该第三人不出示仓单的,除了能证明其提货身份外,保管人应当拒绝返还仓储物。

此外,仓单还是处理保管人与存货人或提单持有人之间关于仓储合同纠纷的依据。

10.4.2 仓单要件和内容

1. 仓库要件

1) 保管人须在仓单上签字或者盖章

保管人在仓单上签字或者盖章表明保管人对收到存货人交付仓储物的事实进行确认。保管人未签字或者盖章的仓单说明保管人还没有收到存货人交付的仓储物,故该仓单不发生法律效力。当保管人为法人时,由其法定代表人或其授权的代理人及雇员签字;当保管人为其他经济组织时,由其主要负责人签字;当保管人为个体工商户时,由其经营者签字。盖章指加盖保管人单位公章。签字或者盖章由保管人选择其一即可。

2) 仓单须包括一定的法定必要记载事项

依《合同法》第386条的规定,仓单的法定必要记载事项共有八项,其中,存货人的名称或者姓名和住所，仓储物的品种、数量、质量、包装、件数和标记，储存场所，填发人、填发地和填发日期四项为绝对必要记载事项，不记载则不发生相应的证券效力。其余四项属于相对必要记载事项，如当事人不记载，则按法律的规定来处理。

2. 仓单的主要内容

（1）存货人的名称或者姓名和住所。仓单是记名证券，因此应当记载存货人的名称或姓名和住所。

（2）仓储物的品种、数量、质量、包装、件数和标记。在仓单中，有关仓储物的有关事项必须记载，因为这些事项与当事人的权利义务直接相关。有关仓储物的事项包括仓储物的品种、数量、质量、包装、件数和标记等。这些事项应当记载准确、详细，以防发生争议。

（3）仓储物的损耗标准。仓储物在储存过程中，由于自然因素和货物本身的自然性质可能发生损耗，如干燥、风化、挥发等，这就不可避免地会造成仓储物数量上的减少。对此，在仓单中应当明确规定仓储物的损耗标准，以免在返还仓储物时发生纠纷。

（4）储存场所。储存场所是存放仓储物的地方。仓单上应当明确载明储存场所，以便存货人或仓单持有人能够及时、准确地提取仓储物。同时，也便于确定债务的履行地点。

（5）储存期间。储存期间是保管人为存货人储存货物的起止时间。储存时间在仓储合同中十分重要，它不仅是保管人履行保管义务的起止时间，也是存货人或仓单持有人提取仓储物的时间界限。因此，仓单上应当明确储存时间。

（6）仓储费。仓储费是保管人为存货人提供仓储保管服务而获得的报酬。仓储合同是有偿合同，仓单上应当载明仓储费的有关事项，如数额、支付方式、支付地点、支付时间等。

（7）仓储物已经办理保险的，其保险金额、时间以及保险人的名称应该明确在合同中。如果存货人在交付仓储物时，已经就仓储物办理了财产保险，则应当将保险的有关情况告知保管人，由保管人在仓单上记载保险金额、保险时间以及保险公司的名称。

（8）填发人、填发地点和填发时间。保管人在填发仓单时，应当将自己的名称或姓名以及填发仓单的地点和时间记载于仓单上，以便确定当事人的权利义务。

10.4.3 仓单的使用

仓单常见业务是发生在保管人和存货人之间的业务，是仓储业的日常管理工作，是保管人对存货人是否予以提货、向谁提货的核准。

1. 仓单的签发

当存货人将仓储物交给保管人，并要求保管人签署仓单时，保管人需对仓储物进行检查和理数，确认仓储物的状态，在全部仓储物收妥后，将所接收的仓储物的实际情况如实记录在仓单上，特别是对仓储物的不良状况更要准确批注，如果存货人不同意批注且仓储物的瑕疵不影响仓储物的价值或质量等级时，保管人可以接受存货人的担保而不批注，否则必须批注，或者拒绝签发仓单。

根据《合同法》规定,仓单一式两份,一份是正式仓单,交给存货人;另一份为存底单,由保管人保管。仓单可以有副本,可以根据业务需要复制相应的份数,但需要注明"副本"字样。

2．仓单的分割

存货人将一批仓储物交给保管人时,因为转让的需要,要求保管人签发分为几份的仓单,或者仓单持有人要求保管人将原先的一份仓单分拆成多份仓单以便向不同人转让,这就遇到仓单的分割业务。仓单的分割不仅只是单证的处理,还意味着保管人需要对仓储物进行分割,且达成对残损、地脚货的分配协议并对分割后的仓单持有人有约束力,分割后仓单的仓储物总和数与仓储物总数相同。保管人对已签发出的仓单进行分割后,必须将原仓单收回。

3．仓单的转让

仓单持有人需要转让仓储物时,可以通过背书转让的方式进行。仓单转让生效的条件为:背书过程完整,经仓储保管人签字。

作为记名单证,仓单的转让通过背书的方式进行。背书转让的出让人为背书人,受让人为被背书人,背书格式如下。

兹将本仓单转让给×××(被背书人的完整名称)

×××(背书人的完整名称)

背书经办人签名、日期

仓单可以进行多次背书转让,第一次背书转让的存货人为第一背书人。在第二次转让时,第一次被背书人就成为第二背书人,因而背书过程是衔接完整的过程,任何参与该仓单转让的人都在仓单的背书过程中记载。

存货人将仓单转让,意味着仓储保管人需要对其他人履行仓储义务,仓储保管人与存货人订立仓储合同的意境和氛围都因仓单的转让发生了变化,仓储保管人对仓单受让人履行仓单义务需要了解义务对象的变化,因而需要对仓单的转让予以认可。因此,仓单的转让需要保管人签署后,受让人方可凭单提取仓储物。

4．凭单提货

在保管期满或者经保管人同意的提货时间内,仓单持有人可以出示身份证明后向保管人提货,具体工作步骤如下。

(1)核对仓单。保管人核对提货人所提交的仓单和存货底单,确定仓单的真实性;对于转让的仓单需要核查仓单的背书是否完整,过程衔接是否明白;核对仓单上存货人或者被背书人与其所出示的身份证明是否一致。

(2)提货人缴纳费用。如果仓单记载由提货人缴纳仓储费用的,保管人需根据仓储合同约定以及仓单上的记载,要求提货人按约定缴纳费用。

(3)保管人签发提货单证并安排提货。保管人收取费用、收回仓单后,签发提货单证,安排货物出库准备。

(4) 提货人验收仓储物。提货人根据仓单的记载与保管人共同查验仓储物，签收提货单证，收取仓储物。如果查验时发现仓储物状态不良，现场编制记录，并要求保管人签署，必要时申请商品检验，以备事后索赔。

5．仓单灭失

仓单因故毁损或灭失，将会出现无单提货的现象。仓单灭失的提货方法有以下两种。

（1）通过人民法院的公示催告使仓单失效。根据民事诉讼法，原仓单持有人或者仓储合同人可以申请人民法院对仓单进行公示催告。当60天公示期满无人争议时，人民法院可以判决仓单无效，申请人可以向保管人要求提取仓储物。在公示期内有人争议时，则由法院审理判决，确定有权提货人，并凭法院判决书提货。

（2）提供担保提货。提货人向保管人提供仓储标的物的担保后提货，由保管人掌握担保财产，将来另有人出示仓单而不能交货需要赔偿时，保管人使用担保财产进行赔偿。该担保在可能存在的仓单失效后，方可解除担保。

6．不记名仓单

如果保管人和存货人达成协议，由保管人签发不记名仓单，则所签发的仓单的存货人项就可以空白。不记名仓单在转让时无须背书，存期届满由持有人签署，并提示同样的身份证明就能提货。不记名仓单不能提前提货，使用不记名仓单的存货人和保管人双方都存在一定的风险，仓储保管人不能控制仓单的转让，也不知道将来要向谁交货，仓单持有人遗失仓单就等于遗失仓储物。在仓单的存货人项不填写真正的存货人或所有人，而只填写通知人或者经手人等非实际仓储物的所有人的仓单也属于不记名仓单。仓单正、反字例如表 10-2 和表 10-3 所示。

表 10-2　仓单（正面）

公司名称：					
公司地址：					
电话：		传真：			
账号：		批号：			
储货人：		发单日期：			
货主名称：		起租日期：			
兹收到下列货物依本公司条款（见后页）					
唛头及号码	数量	所报货物	每件收费	每月仓租	进仓费	出仓费
总件数：			经手人：			
总件数（大写）：						
备注：						
核对人：						

表 10-3 仓单（反面）

存货记录					
日期	提单号码	提货单位	数量	结余	备注

储 货 条 款

一、本仓库所载之货物种类、唛头、箱号等，均系按照储货人所称填写，本公司对货物内容、规格等概不负责。

二、货物在入仓交接过程中，若发现与储货方填列内容不符，我公司有权拒收。

三、本仓库不储存危险物品，客户保证入库货物绝非为危险品，如果因储货人的货物品质危及我公司其他货物造成损失时，储货方必须承担因此而产生的一切经济赔偿责任。

四、本仓单有效期一年，过期自动失效。已提货之分仓单和提单档案保留期亦为一年。期满尚未提清者，储货人须向本公司换领新仓单。本仓单须经我公司加印硬印方为有效。

五、客户（储货人）凭背书之仓单或提货单出货。本公司收回仓单和分提单，证明本公司已将该项货物交付无误，本公司不再承担责任。

复 习 思 考

一、填空题

1. 现代仓储经营方法主要包括（   ）、（   ）、（   ）、（   ）、流通加工经营等。
2. 仓库租赁经营是通过出租（   ）、（   ）、（   ），由存货人自行保管物资的仓库经营方式。
3. 订立仓储合同的原则有（   ）、（   ）、（   ）、（   ）等。
4. 仓储合同格式有（   ）、（   ）、（   ）、（   ）等几种类型。
5. 由人民法院或仲裁机构、工商行政机关认定合同无效，可以在（   ）、（   ）、（   ）认定合同无效。

二、判断题

1. 保管仓储中，仓储保管费取决于仓储物的数量、仓储时间。（   ）
2. 不动产也可作为仓储物。（   ）
3. 保管仓储中，保管人只需以相同种类、相同品质、相同数量的替代物返还给存储人。（   ）
4. 在消费仓储中，仓储费收入是次要收入，有时甚至采取无收费仓储。（   ）
5. 仓储租赁经营可以是整体性的出租。（   ）

6. 仓储合同的标的是仓储物。（ ）
7. 仓储合同的格式可以是计划表。（ ）
8. 发出要约的人被称为"受要约人"，接受要约的人被称为"要约人"。（ ）
9. 提货人向保管人提供仓储标的物的担保后提货，由保管人掌握担保财产，将来另有人出示仓单而不能交货需要赔偿时，保管人使用担保财产进行赔偿。（ ）
10. 如果保管人和存货人达成协议，由保管人签发不记名仓单，则所签发的仓单的存货人项就不可以空白。（ ）

三、单项选择题

1. 保管对象是特定物而非种类物的仓储方式是（ ）。
    A. 保管仓储　　　B. 混藏式仓储　　　C. 消费仓储　　　D. 租赁仓储
2. 将仓储物交付仓储的一方是（ ）。
    A. 保管人　　　B. 存货人　　　C. 托运人　　　D. 承运人
3. 能作为仓储物的是（ ）。
    A. 货币　　　B. 知识产权　　　C. 唱片　　　D. 唱片的著作权
4. 在签订仓储合同时，有权选择对方当事人，这体现了（ ）。
    A. 平等原则　　　B. 自愿原则　　　C. 公平原则　　　D. 诚实信用原则
5. 不属于不可抗力的是（ ）。
    A. 罢工　　　B. 台风　　　C. 洪水　　　D. 保管人过错
6. 属于存货方的主要权利的是（ ）。
    A. 获取仓储物孳息的权利　　　　B. 收取仓储费的权利
    C. 验收物资的权利　　　　　　　D. 保管人的提存权
7. 不属于保管方的主要义务的是（ ）。
    A. 提供合适的仓储条件　　　　　B. 验收物资
    C. 签发仓单　　　　　　　　　　D. 支付仓储费和偿付必要费用
8. 以下说法不正确的是（ ）。
    A. 仓单是存货人向保管人出具的物资收据
    B. 仓单是仓储合同存在的证明
    C. 仓单是物资所有权的凭证
    D. 仓单是提取仓储物的凭证
9. （ ）根据仓单的记载与保管人共同查验仓储物，签收提货单证，收取仓储物。
    A. 提货人　　　B. 收货人　　　C. 委托人　　　D. 第三方
10. 如果保管人和存货人达成协议，由（ ）签发不记名仓单，则所签发的仓单的存货人项就可以空白。
    A. 提货人　　　B. 收货人　　　C. 委托人　　　D. 保管人

四、简答题

1. 简述仓储经营管理的内容。
2. 仓储经营的方法有哪些？
3. 仓库租赁的经营有何特点？
4. 仓储增值服务有哪些？
5. 简述仓储商务活动的内容。
6. 仓储商务管理的作用有哪些？
7. 仓储合同有何特征？
8. 什么情况下可以免责？
9. 简述仓单的法律特征。
10. 仓单灭失的提货方法有哪些？

五、案例分析

仓单转让纠纷案例

海燕服装公司与被告富来货仓公司签订了一份仓储合同，合同约定：货仓公司为服装公司储存20万件羽绒服，并在储存期间保证羽绒服完好无损，不发生虫蛀、霉变；服装公司交纳2万元仓储费；储存期间至同年12月20日。合同签订后，服装公司依约将羽绒服送至货仓公司处，并交纳了仓储费。货仓公司在收到羽绒服并验收后签发了仓单。同年12月初，第一百货商场向服装公司订购了20万件羽绒服。服装公司为了简便手续，让第一百货商场早日提货并节省交易费用，于是将仓单背书转让给第一百货商场，实际上是把提取羽绒服的权利转让给了百货商场，并在事后通知了货仓公司。第一百货商场持仓单向货仓公司提货时，货仓公司以第一百货商场不是合法的仓单持有人为由拒绝交付羽绒服。第一百货商场则认为，该仓单已由原存货人合法背书转让，且服装公司已通知了货仓公司，货仓公司应履行返还义务。由于货仓公司拒不给货，耽误了时节，羽绒服作为季节性商品已过旺季销售，第一百货商场遭受严重损失。遂向人民法院起诉，要求货仓公司赔偿损失。

（资料来源：http://www.examw.com/wuliu/anli/资料引用经笔者修改）

讨论

1. 请分析此案例，引起纠纷的原因是什么？
2. 你认为该纠纷应如何解决？

参 考 文 献

[1] 唐秀丽.物流仓储管理[M].上海:上海交通大学出版社,2008.
[2] 黄静.仓储管理实务[M].大连:大连理工大学出版社,2007.
[3] 李永生,郑文岭.仓储与配送管理[M].3版.北京:机械工业出版社,2011.
[4] 朱新民.物流仓储[M].北京:清华大学出版社,2007.
[5] 郑文岭,赵阳.仓储管理[M].北京:机械工业出版社,2008.
[6] 钱芝网.仓储管理实务情景实训[M].北京:电子工业出版社,2008.
[7] 史小峰.仓储作业实务[M].北京:化学工业出版社,2009.
[8] 周云霞.仓储管理实务[M].北京:电子工业出版社,2007.
[9] 钟苹,胡卫平.仓储管理实务[M].大连:大连理工大学出版社,2009.
[10] 中国物流行业岗位规范指导丛书编委会.物流企业仓储作业岗位管理[M].北京:中国海关出版社,2008.
[11] 沈瑞山.仓储管理[M].北京:中国人民大学出版社,2009.
[12] 刘莉.仓储管理实务[M].北京:中国物资出版社,2006.
[13] 黄浩.仓储管理实务[M].北京:北京理工大学出版社,2009.
[14] 霍红,刘莉.物流仓储管理[M].北京:化学工业出版社,2009.
[15] 谢雪梅.物流仓储与配送[M].北京:北京理工大学出版社,2010.
[16] 李洪奎.仓储管理[M].北京:机械工业出版社,2007.
[17] 李英.仓储管理实务[M].南京:东南大学出版社,2010.
[18] 赵阳.仓储管理实务[M].北京:北京理工大学出版社,2010.
[19] 孙秋高.仓储管理实务[M].北京:电子工业出版社,2010.
[20] 田源,张文杰.仓储规划与管理[M].北京:清华大学出版社,2009.
[21] 王冬.仓储管理技术[M].北京:北京大学出版社,2010.
[22] 仓储中心三种地坪的选择方法.中国大物流网,http://www.a1156.com/www/52/2010-06/41146.html.
[23] 商业仓库管理办法.中国物流与采购网,http://www.chinawuliu.com.on//law/content/200312/20031045.html.
[24] 重力式货架.中国仓储物流设备网,http://www.cnstorage.com/storage/huojia/.

教师服务

感谢您选用清华大学出版社的教材！为了更好地服务教学，我们为授课教师提供本书的教学辅助资源，以及本学科重点教材信息。请您扫码获取。

❯❯ 教辅获取

本书教辅资源，授课教师扫码获取

❯❯ 样书赠送

物流与供应链管理类重点教材，教师扫码获取样书

 清华大学出版社

E-mail: tupfuwu@163.com
电话: 010-83470332 / 83470142
地址: 北京市海淀区双清路学研大厦 B 座 509
网址: http://www.tup.com.cn/
传真: 8610-83470107
邮编: 100084